工业和信息化高职高专"十三五"规划教材立项项目

高等职业教育财经类**名校精品**规划教材

会计从业资格考试辅导教材

BASIC ACCOUNTING EXAM GUIDE AND SIMULATION TEST

会计基础应试指导及全真模拟测试题

刘小海　贺旭红　何万能　主编

刘赛　罗健　刘洋　管晨智　副主编

陈春泉　王文成　主审

U0732512

人民邮电出版社

北京

图书在版编目（CIP）数据

会计基础应试指导及全真模拟测试题 / 刘小海，贺
旭红，何万能主编. —— 北京：人民邮电出版社，
2016.8
高等职业教育财经类名校精品规划教材
ISBN 978-7-115-43392-3

Ⅰ. ①会… Ⅱ. ①刘… ②贺… ③何… Ⅲ. ①会计学
－高等职业教育－教学参考资料 Ⅳ. ①F230

中国版本图书馆CIP数据核字(2016)第193187号

内 容 提 要

　　本书根据财政部会计从业资格考试的最新大纲组织编写。内容编排上，既结合会计基础工作的
特点，又遵循职业教育"5 个对接"原则；既执行会计从业资格考试的标准，又兼顾会计信息化实
务操作的实际。按照上述思路，各章设计了主要考点、复习重点、历年真题及解析、强化练习、强
化练习参考答案及解析等模块，帮助考生掌握重点内容，并通过一些典型的习题来理解和巩固所学
的知识点，顺利通过会计从业资格考试。

　　全书共分为 10 章：第一章总论、第二章会计要素与会计等式、第三章会计科目与账户、第四章
会计记账方法、第五章借贷记账法下主要经济业务的账务处理、第六章账务处理程序、第七章会计
凭证、第八章会计账簿、第九章财产清查、第十章财务会计报告。

　　本书既可作为会计从业资格考试的复习教材，也可供会计从业人员学习会计基础知识。

　◆　主　　编　刘小海　贺旭红　何万能
　　　副 主 编　刘　赛　罗　健　刘　洋　管晨智
　　　主　　审　陈春泉　王文成
　　　责任编辑　李育民
　　　责任印制　焦志炜
　◆　人民邮电出版社出版发行　　北京市丰台区成寿寺路 11 号
　　　邮编　100164　电子邮件　315@ptpress.com.cn
　　　网址　http://www.ptpress.com.cn
　　　北京鑫正大印刷有限公司印刷
　◆　开本：787×1092　1/16
　　　印张：18.25　　　　　　　　　2016 年 8 月第 1 版
　　　字数：482 千字　　　　　　　2016 年 8 月北京第 1 次印刷

定价：42.00 元
读者服务热线：(010)81055256　印装质量热线：(010)81055316
反盗版热线：(010)81055315

前　言

Preface

　　本书以财政部最新的会计从业资格考试教材和考试大纲为准绳，在经过很长时间的一线教学和对历年考题的反复研究的基础上编撰而成。

　　本套习题可以概括为："简""新""准"三大特点。

　　"简"——整套习题紧扣会计从业资格考试大纲和教材，精选习题，将学习难点化繁为简，方便考生把握重点、难点，提高复习效率。

　　"新"——整套习题按最新会计从业资格考试大纲和要求编写，准确抓住考试重点，具有很强的针对性。

　　"准"——整套习题涵盖会计从业资格考试的全部重要考点，书中的主要考点部分能精准地把握考题中最有可能出现的考点。

　　本书每章分为5个部分：第1部分主要是让考生了解各章节的考点，把握本章要复习的重点内容；第2部分为各章复习重点，主要帮助考生从整体上全面、系统、有重点、有针对性地总结出考试的重点、难点及容易忽视的薄弱环节，以提高学习效率；第3部分为历年真题及解析，主要让考生了解近年来各章的考试题型和出题方式，了解考试的难易程度；第4部分为强化练习，主要是让考生通过做一些典型的习题来理解和巩固所学的知识点，帮助记忆，以便更好地掌握教材中的重点内容；第5部分为强化练习参考答案及解析。

　　本书由湖南财经工业职业技术学院刘小海、贺旭红、何万能、刘赛、罗健、刘洋、管晨智、汪肖、刘萍、李慧、衡阳雁能集团财务部部长丁友林等共同编写，其中刘小海、贺旭红、何万能任主编，刘赛、罗健、刘洋、管晨智任副主编，陈春泉、王文成为主审。

编　者

2016年7月

目 录
Contents

第一章
总论

主要考点

1. 会计的基本职能
2. 会计对象、会计核算方法
3. 会计核算的基本假设
4. 权责发生制和收付实现制
5. 会计信息质量要求

复习重点

第一节 会计的概论与目标

一、会计的概念及特征

1. 会计的概念

关于会计本质的认识最有代表性的观点有两种，一是"会计管理活动论"，二是"会计信息系统论"。

会计管理活动论的代表人物是我国著名的会计学家杨纪琬教授和阎达五教授。

会计信息系统论的代表人物是我国著名的会计学家葛家澍教授、余绪缨教授和裘宗舜教授等。

会计是以货币为主要计量单位，反映和监督一个单位经济活动的一种经济管理工作。

2. 会计的基本特征

（1）会计以货币为主要计量单位。会计计量可以采用货币计量、实物计量和劳动计量，但会计是价值核算，必然要以货币计量单位为主。

（2）会计拥有一系列专门方法，这种专门方法包括设置会计科目、复式记账、填制会计凭证、登记账簿、成本计算、财产清查、编制会计报表，这是会计管理区别于其他经济管理的重要特征之一。

（3）会计具有核算和监督的基本职能。会计的职能主要有：①会计核算；②会计监督；③预测经济前景；④参与经济决策；⑤计划组织；⑥评价（分析）经济业绩。其中，基本职能是进行会计核算（也称反映职能）和会计监督（也称控制职能），最基本的职能是会计核算。

3. 会计的发展历程

（1）我国有关会计事项记载的文字，最早出现在商朝的甲骨文中，这表明大约在西周前后，我国就初步形成了会计工作组织系统，当时已形成文字叙述式的"单式记账法"。

（2）近代会计以复式记账法的产生和"簿记论"的问世为标志。

（3）1952年，国际会计师联合会正式通过"管理会计"这一专业术语，标志着会计正式分为财务会计和管理会计两大领域。

二、会计的对象与目标

1. 会计对象

会计对象是指会计所要核算和监督的内容。凡是特定主体能够以货币表现的经济活动，都是会计核算和监督的内容，也就是会计的对象。以货币表现的经济活动通常又称价值运动或资金运动，即社会再生产过程中的资金运动。

在市场经济条件下，会计的一般对象可以表述为"社会再生产过程中以货币表现的经济活动"或"社会再生产过程中的资金运动"。

工业企业的资金运动包括资金投入、资金循环与周转和资金退出3种形式。

企业的资金退出包括偿还各项债务、缴纳各项税费、向投资者分配利润等。

【例1-1】下列属于资金退出企业的形式有（　　　）。

A．归还银行借款　　　　B．上交税金　　　　C．向投资者分配利润　　　　D．支付货款

答案：A、B、C

【解析】企业资金退出企业有3种形式，即企业偿还债务、向国家缴纳税金、向投资者分配利润。

2. 会计目标

会计目标也称会计目的，即向财务会计报告使用者提供与企业财务状况、经营成果和现金流量等有关的会计信息，反映企业管理层受托责任的履行情况，有助于财务会计报告使用者做出经济决策。

财务会计报告使用者主要包括投资者、债权人、政府及其有关部门和社会公众等。

第二节 | 会计的职能与方法

一、会计的职能

会计具有会计核算和会计监督两项基本职能，还具有预测经济前景、参与经济决策、评价经营业绩、计划、组织等拓展职能。

1. 基本职能

（1）会计的核算职能。核算职能是会计最基本的职能，它体现为记账、算账、报账3个阶段，贯穿于经济活动的全过程。

会计核算的具体内容主要包括如下几点。

① 款项和有价证券的收付。

② 财务的收发、增减和使用。

③ 债权、债务的发生和结算。

④ 资本的增减。

⑤ 收入、支出、费用、成本的计算。

⑥ 财务成果的计算和处理。

⑦ 需要办理会计手续、进行会计核算的其他事项。

【例1-2】会计核算的具体内容可以包括下列（　　）经济活动。

A．企业财务主管欠银行的住房贷款

B．企业单位负责人股票投资取得的收入

C．企业收到投资者投入的货币资金

D．企业销售产品取得的收入

答案：C、D

【解析】企业会计核算的具体内容是指企业发生的各项经济业务，不包括企业内部员工的各项欠款及职工个人所发生的各种经济活动。

（2）会计的监督职能。会计的监督职能又称会计控制职能，是指对特定主体经济活动和相关会计核算的真实性、合法性和合理性进行监督检查。会计监督是我国经济监督体系的重要组成部分。会计监督分为内部监督和外部监督。其中，外部监督又分为国家监督和社会监督。会计监督是一个过程，它分为事前监督、事中监督和事后监督。

社会监督主要是通过社会中介组织对各单位的会计工作进行监督和服务，主要包括注册会计师审计，它是外部会计监督的重要分支之一。

国家监督主要是指国家有关职能部门对各单位的会计资料实施监督，它包括国家财政、审计、税务、人民银行、证券监管、保险监管等有关部门对各单位的监督。

【例1-3】下列（　　）属于国家监督。

A．注册会计师　　　B．上海证券交易所　　　C．某省财政厅　　　D．国家税务总局

答案：B、C、D

【解析】注册会计师审计属于社会监督。

2．拓展职能

（1）预测经济前景。

（2）参与经济决策。

（3）评价经营业绩。

（4）计划、组织。

二、会计核算方法

会计核算方法体系由填制和审核会计凭证、设置会计科目和账户、复式记账、登记会计账簿、成本计算、财产清查、编制财务会计报告等专门方法构成。

（1）填制和审核会计凭证。填制和审核会计凭证是为了审查经济业务是否真实、合法，保证登记账簿的会计记录正确、完整而采用的一种专门方法。只有经过审核并认为正确无误的会计凭证，才能作为登记账簿的依据。填制和审核会计凭证是会计工作的起点。

【例1-4】企业应当根据会计凭证登记会计账簿。（　　）

答案：×

【解析】企业应当根据审核无误的会计凭证登记会计账簿。

（2）设置会计科目和账户。会计科目是对会计要素的具体内容进行分类核算的项目。账户是根据会计科目设置的，具有一定格式和结构，用于分类反映会计要素增减变动情况及其结果的载

体。设置会计科目和账户是保证会计核算具有系统性的专门方法。

（3）复式记账。复式记账是对每一笔经济业务，都必须以相等的金额在两个或两个以上相互联系的账户中进行登记，全面、系统地反映会计要素增减变化及其结果的一种记账方法。复式记账是会计核算方法体系的核心。

（4）登记会计账簿。登记会计账簿简称记账，是以审核无误的会计凭证为依据，将会计凭证记录的经济业务，分类、连续、完整地记入有关账簿中所开立的账户。账簿记录所提供的各种核算资料，是编制财务报表的直接依据。

（5）成本计算。成本核算是按照一定对象归集和分配生产经营过程中发生的各种费用，以便确定各该对象的总成本和单位成本的一种专门方法。

（6）财产清查。财产清查是指通过对货币资金、实物资产和往来款项的盘点或核对，确定其实存数，查明账存数与实存数是否相符的一种专门方法。

（7）编制财务会计报告。编制财务会计报告是全面、系统地反映企业在某一特定日期的财务状况或某一会计期间的经营成果和现金流量的一种专门方法。

第三节 会计基本假设与会计基础

一、会计基本假设

会计基本假设包括会计主体、持续经营、会计分期和货币计量。

1. 会计主体

会计主体又称会计实体，是指会计所核算和监督的特定单位或者组织，是会计确认、计量和报告的空间范围。

需要注意的是，会计主体与法律主体（法人）并不是同一概念。一般来说，法律主体必然是会计主体，但会计主体并不一定是法律主体。

2. 持续经营

持续经营是指在可以预见的将来，会计主体将会按当前的规模和状态持续经营下去，不会停业，也不会大规模削减业务。

如果企业发生破产清算，所有以持续经营为前提的会计程序与方法就不再适用，而应当采用破产清算的会计程序和方法。

3. 会计分期

会计期间分为年度和中期。中期是指短于一个完整的会计年度的报告期间，包括月度、季度和半年度。

有了会计分期假设，就产生了本期和非本期的区别，产生了收付实现制和权责发生制，划分了收益性支出和资本性支出，产生了收入和费用配比等要求以及应收和应付等会计处理。

在我国，以公历年度作为企业的会计年度，即以公历1月1日起至12月31日止。会计年度确定后，一般按日历确定半年度、季度和月份。

4. 货币计量

单位的会计核算应以人民币为记账本位币。业务收支以人民币以外的货币为主的单位，可以选定其中一种货币作为记账本位币，但编制的财务报告应当折算为人民币。

货币计量的核算前提主要包括以下两点：①货币作为会计的统一计量单位；②作为会计计量

单位的货币，其币值是稳定不变的。当发生通货膨胀和通货紧缩时，币值不变就不能反映资产的真实价值。按照国际惯例，当币值波动不大或前后波动能抵消时，会计核算中仍认为币值是稳定的。但在发生恶性通货膨胀时，应采用特殊的会计准则加以处理，此时货币计量仍然是会计核算的基本前提。

【例1-5】当企业经营的外部环境发生恶性通货膨胀时，下列关于货币计量的说法中正确的有（　　）。

A．认为货币币值稳定不变能反映资产的真实价值

B．企业按原有的会计准则加以处理

C．企业认为货币计量不再是会计核算的基本前提

D．企业认为货币计量仍然是会计核算的基本假设

答案：D

【解析】按照国际惯例，当币值波动不大或前后波动能抵消时，会计核算中仍认为币值是稳定的。但在发生恶性通货膨胀时，应采用特殊的会计准则加以处理，此时货币计量仍然是会计核算的基本前提。

会计主体假设确立了会计核算的空间范围，持续经营假设确立了会计核算的时间范围，会计分期假设是在会计主体假设和持续经营假设的基础上对实际会计工作在时间上所做的更具体的划分，而货币计量假设则是进行会计核算的必要手段。

二、会计基础

1．会计基础的概念

会计确认、计量、报告的基础，简称会计基础。由于会计分期假设，产生了本期与非本期的区别，从而出现了权责发生制与收付实现制的区别。会计基础主要有两种：权责发生制和收付实现制基础。企业应当以权责发生制为基础进行会计确认、计量和报告。

2．权责发生制

凡是当期已经实现的收入和已经发生或应当负担的费用，无论款项是否收付，都应当作为当期收入和费用，计入利润表；凡是不属于当期的收入和费用，即使款项已在当期收付，也不应当作为当期收入和费用（即以本期是否有收款的权利或付款的义务为标准确认本期的收入和费用）。

3．收付实现制

收付实现制是以收到或支付现金作为确认收入和费用等的依据（即以款项是否实际收到或付出为标准来确定本期收入和费用）。

目前，我国的行政单位会计采用收付实现制，事业单位会计除经营业务可以采用权责发生制外，其他大部分业务采用收付实现制。

【例1-6】甲企业2016年1月发生了下列经济业务。

① 以存款预付2016年上半年的广告费6 000元。

② 以存款支付本月的电话费400元。

③ 销售产品一批，取得收入10 000元，本月收回8 000元。

④ 取得A企业预付款项5 000元，存入银行。

在权责发生制下，甲企业的收入、费用各为（　　）元。

A．9 400　　　　B．8 000　　　　C．10 000　　　　D．1 400

答案：C、D

【解析】在权责发生制下，业务①中本月应确认的费用为 6 000÷6=1 000（元）；业务②中本月应确认的费用为 400 元；业务③中本月应确认的收入为 10 000 元；业务④为预收款项，按权责发生制要求不能确认本期收入，故在权责发生制下，本期应确认的收入为 10 000 元，本期确认的费用为 1 000+400=1 400（元）。

第四节 会计信息的使用者及其质量要求

一、会计信息的使用者

会计信息的使用者主要包括投资者、债权人、企业管理者、政府及其相关部门和社会公众等。

企业投资者通常关心企业的盈利能力和发展能力。企业贷款人、供应商等债权人通常关心企业的偿债能力和财务风险。政府及其有关部门作为经济管理和经济监督部门，通常也关心经济资源分配的公平合理、市场经济秩序的公正有序、宏观决策所依据信息的真实可靠等。社会公众也关心企业的生产经营活动，包括企业对其所在地经济发展的贡献，如增加就业、刺激消费、提供社区服务等。

二、会计信息质量要求

会计信息质量要求主要包括可靠性、相关性、可理解性、可比性、实质重于形式、重要性、谨慎性和及时性等。

1. 可靠性

可靠性要求企业应当以实际发生的交易或者事项为依据进行会计确认、计量和报告，如实反映符合确认和计量要求的各项会计要素及相关信息。

2. 相关性

相关性要求企业应当在确认、计量和报告会计信息的过程中，充分考虑使用者的决策模式和信息需要。

3. 可理解性

可理解性要求企业提供的会计信息应当清晰明了，便于财务报告使用者理解和使用。

4. 可比性

可比性要求企业提供的会计信息应当相互可比，具体包括：①同一企业不同时期可比；②不同企业相同会计期间可比。

5. 实质重于形式

实质重于形式要求企业应当按照交易或者事项的经济实质进行会计确认、计量和报告，而不仅仅以交易或者事项的法律形式为依据。

6. 重要性

重要性要求企业提供的会计信息应当反映与企业财务状况、经营成果和现金流量有关的所有重要交易或者事项。

7. 谨慎性

谨慎性要求企业对交易或者事项进行会计确认、计量和报告时应当保持应有的谨慎，不应高估资产或者收益、低估负债或者费用。

8. 及时性

及时性要求企业对于已经发生的交易或者事项，应当及时进行会计确认、计量和报告，不得提前或者延后。

第五节 | 会计准则体系

一、会计准则的构成

我国已颁布的会计准则有《企业会计准则》《小企业会计准则》和《事业单位会计准则》。

二、企业会计准则

企业会计准则体系自 2007 年 1 月 1 日起在上市公司范围内施行，鼓励其他企业执行。我国的企业会计准则体系包括基本准则、具体准则、应用指南和解释公告等。

三、小企业会计准则

2011 年 10 月 18 日，财政部发布了《小企业会计准则》，要求符合适用条件的小企业自 2013 年 1 月 1 日起执行。《小企业会计准则》一般适用于在我国境内依法设立的、经济规模较小的企业。

四、事业单位会计准则

2012 年 12 月 6 日，财政部修订发布了《事业单位会计准则》，自 2013 年 1 月 1 日起在各级各类事业单位施行。

历年真题及解析

一、单项选择题

1. 会计的基本职能是（ ）。
    A. 分析和考核　　 B. 预测和决策　　 C. 核算和监督　　 D. 核算和决策
答案：C
【解析】会计的基本职能是核算职能（反映职能）和监督职能（控制职能）。

2. 企业销售商品时，如果没有将商品所有权上的风险和报酬转移给购货方，即使已经将商品交付给购货方，也不应当确认销售收入，体现了会计信息质量（ ）的基本要求。
    A. 谨慎性　　　 B. 实质重于形式　　 C. 相关性　　　 D. 重要性
答案：B
【解析】实质重于形式要求企业应当按照交易或者事项的经济实质进行会计确认、计量和报告，而不仅仅以交易或者事项的法律形式为依据。

3. 关于会计核算的基本前提，下列说法中不正确的是（ ）。
    A. 会计基本假设包括会计主体、持续经营、会计分期和货币计量
    B. 如果企业发生破产清算，经相关部门批准后，可以继续适应持续经营假设
    C. 在我国，以公历年度作为企业的会计年度，即公历 1 月 1 日至 12 月 31 日
    D. 会计的货币计量假设包含两层含义，一是以货币作为会计的统一计量单位，二是作为会计计量单位的货币，其币值是稳定不变的
答案：B
【解析】如果企业发生破产清算，所有以持续经营为前提的会计程序与方法就不再适用，而

应当采用破产清算的会计程序和方法。

4. 会计中期不包括（　　）。

    A. 年度　　　　　　　B. 季度　　　　　　　C. 半年度　　　　　　　D. 月度

答案：A

【解析】会计期间分为年度和中期，中期是指短于一个完整年度的会计期间，包括月度、季度和半年度。

5. 企业提供的会计信息应当清晰明了，便于财务报告使用者理解和使用，是企业会计信息质量的（　　）要求。

    A. 可靠性　　　　　　B. 可比性　　　　　　C. 可理解性　　　　　　D. 相关性

答案：C

【解析】可理解性要求企业提供的会计信息应当清晰明了，便于财务报告使用者理解和使用。

6. 目前，在我国采用收付实现制进行会计核算的是（　　）。

    A. 中小型企业　　　　B. 上市公司　　　　　C. 国有企业　　　　　　D. 行政单位

答案：D

【解析】目前我国行政单位采用收付实现制进行会计核算，企业采用权责发生制进行会计核算。

7. 会计的基本职能是（　　）。

    A. 分析和考核　　　　B. 核算与监督　　　　C. 核算和分析　　　　　D. 预测和决策

答案：B

【解析】会计的基本职能是核算职能和监督职能。

8. 会计以（　　）为主要计量单位。

    A. 货币　　　　　　　B. 实物　　　　　　　C. 劳动量　　　　　　　D. 工作量

答案：A

【解析】会计是以货币为主要计量单位的。

9. 会计监督分为（　　）。

    A. 内部监督和外部监督　　　　　　　　　　B. 内部监督和社会监督

    C. 国家监督和社会监督　　　　　　　　　　D. 外部监督和国家监督

答案：A

【解析】会计监督可以分为内部监督和外部监督，其中外部监督又分为国家监督和社会监督。

10. 企业应当在符合重要性和成本效益原则的前提下，保证会计信息的完整性，其中包括编报的报表及其附注内容等应当保持完整，不能随意遗漏或者减少应予披露的信息，（　　）都应当充分披露。

    A. 与使用者决策相关的有用信息　　　　　　B. 会计人员所掌握的信息

    C. 经营管理信息　　　　　　　　　　　　　D. 企业核心技术信息

答案：A

【解析】企业应当在符合重要性和成本效益原则的前提下，保证会计信息的完整性，其中包括编报的报表及其附注内容等应当保持完整，不能随意遗漏或者减少应予披露的信息，与使用者决策相关的有用信息都应当充分披露。

二、多项选择题

1. 下列关于会计主体的说法中，正确的有（　　）。

A. 会计主体一定是法律主体

B. 会计主体可以是独立法人，也可以是非法人

C. 会计主体可以是一个企业，也可以是企业中的一个特定组成部分

D. 会计主体有可能是单一企业，也可能是几个企业组成的企业集团

答案：B、C、D

【解析】会计主体与法律主体的关系是：法律主体一定是会计主体，但会计主体并不一定是法律主体。

2. 下列各项中，可以作为会计主体的是（　　　）。

A. 企业　　　　　　　B. 企业集团　　　　　C. 企业的事业部　　　D. 分公司

答案：A、B、C、D

【解析】会计主体可以是独立的法人，也可以是非法人；可以是一个企业，也可以是企业内部的某一个单位或企业的一个特定部分；但不能是个人。

3. 某企业本月销售货物5 000元，并且该批货物所有权已转移给购货方，本月实际收到货款3 000元，余款将于下月收到。该企业以权责发生制为基础确认收入和费用，企业应于本月确认的销售收入金额，不正确的是（　　　）元。

A. 5 000　　　　　　B. 3 000　　　　　　C. 0　　　　　　　　D. 2 000

答案：B、C、D

【解析】权责发生制要求，凡是当期已经实现的收入和已经发生或应当负担的费用，无论款项是否收付，都应当作为当期收入和费用。故本月应当确认的收入为5 000元。

4. 下列关于利润的说法中，正确的有（　　　）。

A. 利润是企业一定会计期间的经营成果

B. 与所有者投入资本相关的利得或者损失也应计入利润

C. 收入减去费用后的净额反映企业日常经营活动的业绩

D. 直接计入当期利润的利得和损失反映企业非日常经营活动的业绩

答案：A、C、D

【解析】与所有者投入资本相关的利得或者损失应计入所有者权益中的"资本公积"科目，不计入利润。

5. 会计的核算职能是指会计能够按公认的会计准则和制度要求，通过（　　　）从数量上综合反映各单位已经发生或完成的经济活动，以达到揭示会计事项的本质，提供财务及其他相关经济信息的目的。

A. 确认　　　　　　　B. 计量　　　　　C. 记录　　　　　　　D. 报告

答案：A、B、C、D

【解析】会计的核算职能是指会计能够按公认的会计准则和制度要求，通过确认、计量、记录和报告，从数量上综合反映各单位已经发生或完成的经济活动，以达到揭示会计事项的本质，提供财务及其他相关经济信息的目的。

6. 按国际会计惯例，当币值波动不大或前后波动能抵消时，会计核算中仍认为币值是稳定的，在发生恶性通货膨胀时，（　　　）。

A. 仍然认为币值是稳定不变的

B. 应采用特殊的会计准则加以处理

C. 不再假设币值是稳定不变的

    D. 货币计量仍然是会计核算的基本假设

答案：B、D

【解析】按照国际惯例，当币值波动不大或前后波动能抵消时，会计核算中仍认为币值是稳定的。但在发生恶性通货膨胀时，应采用特殊的会计准则加以处理，此时货币计量仍然是会计核算的基本前提。

    7. 下列项目中，会计核算的具体内容包括（　　　）。

    A. 单位负责人欠银行的贷款

    B. 收入、支出、费用、成本的计算

    C. 财务成果的计算和处理

    D. 需要办理会计手续进行会计核算的其他事项

答案：B、C、D

【解析】会计核算的具体内容包括：①款项和有价证券的收付；②财务的收发、增减和使用；③债权、债务的发生和结算；④资本的增减；⑤收入、支出、费用、成本的计算；⑥财务成果的计算和处理；⑦需要办理会计手续、进行会计核算的其他事项。以上包括的内容均是指企业发生的经济业务，不包括个人。

三、判断题

    1. 会计以货币计量为基本形式，凡是不能用货币计量的经济活动，都不是会计所反映的内容。（　　　）

答案：√

【解析】会计是以货币为主要计量单位的。

    2. 注册会计师审计属于国家监督，是外部会计监督的重要分支之一。（　　　）

答案：×

【解析】注册会计师审计属于社会审计，是外部会计监督的重要分支之一。

    3. 权责发生制基础下，企业不能将预收或预付的款项作为本期的收入或费用处理。（　　　）

答案：√

【解析】权责发生制要求，凡是当期已经实现的收入和已经发生或负担的费用，无论款项是否收付，都应当作为当期收入和费用，计入利润表；凡是不属于当期的收入和费用，即使款项已在当期收付，也不应作为当期收入和费用。

    4. 所有者权益是企业资产扣除负债后由所有者享有的剩余权益。（　　　）

答案：√

【解析】所有者权益是企业资产扣除负债后由所有者享有的剩余权益。

    5. 在市场经济条件下，会计的一般对象可以表述为"社会再生产过程中以货币表现的经济活动"或"社会再生产过程中的资金运动"。（　　　）

答案：√

【解析】在市场经济条件下，会计的一般对象可以表述为"社会再生产过程中以货币表现的经济活动"或"社会再生产过程中的资金运动"。

    6. 会计主体与法律主体（法人）不是同一概念，一般来说，会计主体必然是法律主体，但法律主体并不都是会计主体。（　　　）

    答案：×

【解析】会计主体与法律主体（法人）不是同一概念，一般来说，法律主体必然是会计主体，但会计主体不一定是法律主体。

强化练习

一、单项选择题

1. 企业应当采用（　　）进行确认、计量和报告。
   A. 权责发生制　　　　B. 收付实现制　　　　C. 实收实付制　　　　D. 统一核算制

2. 甲企业 2015 年 12 月发生了下列经济业务。
   ① 以存款预付 2016 年全年报销的杂志费 2 400 元。
   ② 以存款支付本月的办公费 2 000 元。
   ③ 销售产品，取得收入 10 000 元。本月收回 8 000 元，余款下月收回。
   ④ 预收材料款 20 000 元存入银行。
   在权责发生制下，甲企业的利润为（　　）元。
   A. 8 000　　　　　　B. 20 000　　　　　　C. 10 000　　　　　　D. 23 600

3. 根据上述业务，在收付实现制下，甲企业的利润为（　　）元。
   A. 8 000　　　　　　B. 2 000　　　　　　C. 10 000　　　　　　D. 23 600

4. （　　）要求企业真实地反映会计信息。
   A. 可靠性　　　　　　B. 真实性　　　　　　C. 可比性　　　　　　D. 及时性

5. （　　）体现了会计信息是否具有价值。
   A. 可理解性　　　　　B. 可比性　　　　　　C. 相关性　　　　　　D. 重要性

6. 融资租入设备，在会计核算时属于本企业的固定资产，体现了（　　）。
   A. 重要性　　　　　　B. 谨慎性　　　　　　C. 可比性　　　　　　D. 实质重于形式

7. 企业计提坏账准备体现了（　　）。
   A. 可比性　　　　　　B. 谨慎性　　　　　　C. 及时性　　　　　　D. 相关性

8. 会计最基本的职能是（　　）。
   A. 会计核算　　　　　B. 会计监督　　　　　C. 计划　　　　　　　D. 组织

9. （　　）体现了记账、算账与报账 3 个阶段。
   A. 核算职能　　　　　B. 监督职能　　　　　C. 预测职能　　　　　D. 决策职能

10. （　　）在可预见的将来，会计主体会按当前状态经营，不会大规模削减业务。
    A. 会计主体　　　　　B. 持续经营　　　　　C. 会计分期　　　　　D. 货币计量

11. 资产的评估、费用在受益期的分配等是建立在（　　）核算前提之上。
    A. 会计主体　　　　　B. 持续经营　　　　　C. 会计分期　　　　　D. 货币计量

12. 企业的生产经营活动通常包括供应、生产和销售 3 个阶段，下列各项中，属于供应过程的有（　　）。
    A. 购买原材料　　　　B. 建造厂房　　　　　C. 购买生产线　　　　D. 购买设备

13. 资金运动过程中，资金形态也相应发生变化，经历了①生产资金、②货币资金、③储备资金、④产品资金、⑤结算资金等过程，下列各项中，正确反映资金形态变化顺序的是（　　）。
    A. ③②①④⑤②　　　B. ⑤②③①④⑤　　　C. ②③①④⑤②　　　D. ①②③④⑤②

14. 甲企业于 2015 年 8 月临时租入一套设备用生产产品，9 月份支付 8 月、9 月、10 月 3 个月租金共计 90 000 元，对该项租金支出正确的处理是（   ）。

    A. 按一定的方法分摊计入 8 月、9 月、10 月的制造成本

    B. 全额计入 9 月的制造成本

    C. 全额计入 10 月的制造成本

    D. 全额计入 8 月的制造成本

15. 下列各项中，属于会计在其核算中对特定主体经济活动的合法性和合理性进行审查的是
（   ）。

    A. 会计分析   B. 会计控制   C. 会计监督   D. 会计核算

16. 下列关于权责发生制的表述中，不正确的是（   ）。

    A. 权责发生制要求，凡是不属于当期的收入和费用，即使款项已在当期收付，也不作为
        当期的收入和费用

    B. 权责发生制是以收入和费用是否归属本期为标准来确认本期收入和费用的一种方法

    C. 权责发生制要求，凡是本期收到的收入和付出的费用，不论是否属于本期，都应作为
        本期的收入和费用

    D. 权责发生制要求，凡是当期已实现的收入和已经发生或应当负担的费用，无论款项是
        否收付，都应当作为当期的收入和费用

17. 下各项中，不属于企业资金循环和周转环节的是（   ）。

    A. 供应过程   B. 销售过程   C. 分配过程   D. 生产过程

18. 下列各项中，属于会计会计基本职能的是（   ）。

    A. 会计控制与会计决策   B. 会计预测与会计决策

    C. 会计计划与会计决策   D. 会计核算与会计监督

19. 下列各项中，属于会计工作基础的是（   ）。

    A. 会计决策   B. 会计核算   C. 会计监督   D. 会计预测

20. 年末，企业内部审计部门对财务部门编制的会计报表进行审查，下列表述中正确的是
（   ）。

    A. 该审查属于单位内部监督和事后监督   B. 该审查属于单位内部监督和事中监督

    C. 该审查属于社会监督和事后监督   D. 该审查属于社会监督和事中监督

21. 企业用现金购买办公用品，会计人员认为办公用品用于总经理日常办公，故将该项支出
作为管理费用处理，关于上述过程，表述正确的是（   ）。

    A. 该项处理属于会计报告   B. 该项处理属于会计计量

    C. 该项处理属于会计确认   D. 该项处理属于会计记录

22. 下列各项中，作为审核原始凭证所记录的经济业务是否符合企业生产经营活动的需要、
是否符合有关计划和预算的目的的是（   ）。

    A. 真实性   B. 合理性   C. 合法性   D. 完整性

23. 下列各项中，属于会计对特定主体的经济内容进行确认、计量和报告，如实反映主体的
财务状况，经营成果和现金流量等信息这一职能的是（   ）。

    A. 会计核算职能   B. 会计预测职能   C. 会计控制职能   D. 会计监督职能

24. 下列各项中，不属于会计核算具体内容的是（   ）。

    A. 收入的计算   B. 财务成果的计算   C. 会计计划的制订   D. 资产的增减

25. 某企业 9 月份以银行存款支付 4 个季度的保险费 24 000 元，对该项保险费支出正确的处

理是（ ）。

    A. 全额计入 12 月的费用

    B. 按一定的方法分摊计入 10 月、11 月、12 月的费用

    C. 全额计入 10 月的费用

    D. 全额计入 9 月的费用

26. 企业收到某公司支付的款项 10 万元，其中 6 万元为已经实现的销售，4 万元为预收账款，会计人员确认预收账款为 4 万元而不是 10 万元，这个确定具体金额的过程属于（ ）。

    A. 会计确认   B. 会计报告   C. 会计计量   D. 会计记录

27. 下列各项中，属于会计监督中事中监督的事项是（ ）。

    A. 编制预算   B. 对年度财务报表进行审核

    C. 纠正生产过程中的偏差   D. 制定定额

28. 使各有关会计期间损益的确定更为合理的会计基础是（ ）。

    A. 收付实现制   B. 权责发生制   C. 分类制   D. 现金制

二、多项选择题

1. 关于会计的认识具有（ ）观点。

    A. 会计管理活动论   B. 会计经济活动论

    C. 会计信息系统论   D. 会计经济管理论

2. 会计以（ ）作为计量单位。

    A. 货币   B. 实物   C. 劳动   D. 其他

3. 会计的核算方法包括（ ）。

    A. 复式记账   B. 登记账簿   C. 成本计算   D. 财产清查

4. 会计的职能包括（ ）。

    A. 核算   B. 监督   C. 计划组织   D. 参与经济决策

5. 会计核算的具体内容包括（ ）。

    A. 款项与有价证券的收付   B. 债权、债务的发生和结算

    C. 财务成果的计算和处理   D. 资本的增减

6. 会计核算的基本前提包括（ ）。

    A. 会计实体   B. 持续经营   C. 会计分期   D. 劳动计量

7. 下列（ ）属于会计主体。

    A. 企业集团   B. 生产车间   C. 销售部门   D. 张三

8. 会计中期包括（ ）。

    A. 月份   B. 季度   C. 半年度   D. 年度

9. 会计信息质量要求包括（ ）。

    A. 可靠性   B. 可比性   C. 合法性   D. 合理性

10. 下列关于会计对象的说法中正确的有（ ）。

    A. 会计对象是会计核算和监督的内容

    B. 凡特定主体能够以货币表现的经济活动就是会计核算的对象

    C. 社会再生产过程中以货币表现的经济活动就是会计核算的对象

    D. 社会再生产过程中的资金运动就是会计核算的对象

11. 下列关于会计分期的说法中正确的有（　　　）。

    A. 会计分期产生了本期和非本期的区别

    B. 会计分期产生了收付实现制和权责发生制

    C. 会计分期划分了收益性支出和资本性支出

    D. 会计分期产生了收入与费用配比的要求

12. 下列关于货币计量的说法中正确的有（　　　）。

    A. 货币计量也是会计的核算方法之一

    B. 它要求对所有会计核算的对象采用同一种货币作为统一的尺度来计量

    C. 作为会计计量单位的货币，其币值是稳定不变的

    D. 由于通货膨胀和通货紧缩的存在，货币币值可能发生变动

13. 下列（　　　）属于国家监督的主体。

    A. 国家财政部门　　　B. 中国人民银行　　　C. 中国建设银行　　　D. 上级主管单位

14. 会计本身是一种管理活动，它要对经济业务进行（　　　）的计算和记录，以及进行微观
管理。

    A. 连续　　　　　　　B. 系统　　　　　　　C. 综合　　　　　　　D. 单一

15. 下列各项中，属于会计所运用的专门方法的有（　　　）。

    A. 成本计算　　　　　B. 设置会计科目　　　C. 编制财务报告　　　D. 复式记账

16. 下列各项中，可以作为会计主体的有（　　　）。

    A. 一个社会团体　　　B. 一个学校　　　　　C. 一个企业　　　　　D. 一个医院

17. 下列各项中，属于会计监督审查主要内容的有（　　　）。

    A. 经济活动的真实性　　　　　　　　　B. 经济活动的实用性

    C. 经济活动的合理性　　　　　　　　　D. 经济活动的合法性

18. 下列各项中，属于事前监督的有（　　　）。

    A. 执行计划　　　　　B. 签订合同　　　　　C. 制定定额　　　　　D. 编制预算

19. 下列关于会计基本特征的表述中，正确的有（　　　）。

    A. 核算和监督是会计的基本职能　　　　B. 会计的本质就是管理活动

    C. 会计拥有一系列专门的方法　　　　　D. 会计只以货币作为计量单位

20. 下列关于会计的表述中，正确的有（　　　）。

    A. 会计是一种经济管理活动

    B. 企业法人、非法人单位都可以成为会计主体

    C. 会计的主要计量单位是货币

    D. 会计的基本职能是对经济活动进行核算与监督

21. 下列各项中，属于会计核算内容的有（　　　）。

    A. 成本、费用的计算　　　　　　　　　B. 财务成果的计算

    C. 购股票、债券　　　　　　　　　　　D. 财物的收支

22. 单位财务会计报告反映的内容有（　　　）。

    A. 某一会计期间的经营成果　　　　　　B. 某一会计期间的成本水平

    C. 某一特定日期的财务状况　　　　　　D. 某一会计期间的现金流量

23. 下列各项中，属于会计基本职能的有（　　　）。

    A. 会计监督　　　　　B. 会计核算　　　　　C. 会计预测　　　　　D. 会计决策

24. 下列各项中，属于以货币表现的经济活动的是（　　）。
    A. 资产运动　　　　　　B. 营销活动　　　　　　C. 货币运动　　　　　　D. 资金运动
25. 下列各项中，属于会计监督合理性审查的内容的有（　　）。
    A. 是否执行了单位的财务收支计划　　　　　B. 是否符合单位内部的管理要求
    C. 是否符合经济运行的客观规律　　　　　　D. 是否有利于经营目标和预算目标的实现
26. 下列会计基本假设中，确立了会计核算时间范围的是（　　）。
    A. 会计主体假设　　　B. 持续经营假设　　　C. 货币计量假设　　　D. 会计分期假设
27. 本月收到上月销售产品的货款存入银行，下列表述中正确的有（　　）。
    A. 权责发生制下，不能作为本月收入　　　　B. 权责发生制下，应当作为本月收入
    C. 现金收付制下，应当作为本月收入　　　　D. 现金收付制下，不能作为本月收入
28. 下列有关于会计基本假设的表述中，正确的有（　　）。
    A. 货币计量为会计核算提供了必要手段
    B. 没有会计主体，就不会有持续经营，没经持续经营，就不会有会计分期，没有货币计量，就不会有现代会计
    C. 持续经营与会计分期确立了会计核算的时间长度
    D. 会计主体确立了会计核算的空间范围
29. 下列有关会计核算和会计监督关系的表述中，正确的有（　　）。
    A. 会计监督与会计核算没有必然的关系
    B. 两者之间密切相关，相辅相成，辩证统一
    C. 会计核算是会计监督的前提
    D. 会计监督是会计核算的保障
30. 会计监督贯穿于会计管理活动的全程，按监督实施时机，会计监督包括（　　）。
    A. 事后监督　　　　　B. 事中监督　　　　　C. 政府监督　　　　　D. 事前监督
31. 母公司拥有若干子公司、分公司的情况下，下列各项中，可以作为会计主体的有（　　）。
    A. 子公司　　　　　　B. 分公司　　　　　　C. 企业集团　　　　　D. 母公司
32. 下列业务中，属于资金循环过程的有（　　）。
    A. 销售商品　　　　　　　　　　　　　　　B. 向投资者分配净利润
    C. 将原材料投入产品生产　　　　　　　　　D. 购买原材料

三、判断题

1. 反映职能是会计最基本的职能。（　　）
2. 凡是特定主体能够以货币表现的经济活动，都是会计核算的对象。（　　）
3. 会计主体假设确定了会计核算的时间范围。（　　）
4. 法律主体一定是会计主体，会计主体并不一定是法律主体。（　　）
5. 固定资产折旧、无形资产摊销是建立在持续经营假设之上的。（　　）
6. 资本性支出和收益性支出的划分是建立在会计分期假设之上的。（　　）
7. 在我国人民币就是记账本位币。（　　）
8. 注册会计师对企业进行审计既属于社会监督又属于事后监督。（　　）
9. 我国境内的外商投资企业，可以采用美元作为记账本位币。（　　）
10. 法律主体不一定是会计主体。（　　）

11. 注册会计师审计属于国家监督。（　　　）

12. 会计监督可以分为内部监督和社会监督。（　　　）

13. 记账就是运用一定的程序和方法来记录该会计主体在整个生产经营过程中有关资产、负债、所有者权益、收入、成本、费用以及损益情况。（　　　）

14. 我国的会计年度按公历起讫日计算。（　　　）

15. 会计信息质量的重要性，要求企业应当在确认、计量和报告会计信息的过程中，充分考虑使用者的决策模式和信息需要。（　　　）

16. 持续经营假设是指在可以预见的将来，会计主体将会按当前的规模和状态继续经营下去，不会停业，也不会大规模削减业务。（　　　）

17. 权责发生制下，企业在一定会计期间所形成的收入，可能在本期已经收到货币资金，也可能在本期尚未收到货币资金。（　　　）

18. 资本的增减直接影响企业的经营规模和收益分配，因此会计上要求对资本的增减必须及时地进行会计核算。（　　　）

19. 在持续经营的前提下，会计主体在可预见的将来不会破产清算。（　　　）

20. 收付实现制以实际收到或支付现金的时间、金额作为确认收入和费用的依据。（　　　）

21. 会计工作需要先行设定一些基本前提，并在这些假设限定的情况下进行会计核算。（　　　）

22. 会计一方面要对经济活动进行确认、计量和报告，另一方面还要对业务活动的合法性和合理性进行审查。（　　　）

23. 会计的实质就是记账、算账、报账。（　　　）

24. 会计核算是会计工作的基础，会计监督是会计工作质量的保证。（　　　）

25. 将符合确认条件的会计要素登记入账并列报于财务报表而确定其金额的过程称为会计计量。（　　　）

26. 企业可以按照投资者的要求进行会计核算。（　　　）

27. 所有者只能以货币资金的形式向企业投入资本金。（　　　）

28. 会计确认解决的是量问题，以判断企业发生的经济业务是否属于会计核算内容，归属于哪类会计要素。（　　　）

29. 过去的交易或事项是企业在过去的一个时期里，计划在未来一个时期从银行提取现金、购买股票、计发工资等业务活动。（　　　）

30. 作为一个法人，应当独立反映其财务状况、经营成果和现金流量，因而有必要将每个法人作为一个会计主体进行核算。（　　　）

31. 任何单位的资金都要经过资金投入、循环、退出的运动过程，不会因为单位所在的国家和地区不同而有所不同。（　　　）

32. 现代意义上的会计不再局限于记账、算账等一些基础的会计工作，还需要参与企业的经营管理，进行经营决策，因此会计人员也是管理工作者。（　　　）

33. 会计核算工作的好坏，直接影响到会计信息质量的高低。（　　　）

34. 纠正生产过程中材料支出的预算定额，属于事后监督。（　　　）

35. 企业内部的部门可以视为一个会计主体，但不是法人。（　　　）

36. 如果没有会计核算基本假设，就无法选择正确的核算方法，没有统一的计量标准，就很难及时地将某一特定单位的财务状况、经营成果和现金流量准确地体现出来。（　　　）

37. 收付实现制会计基础下，凡在本期实际收到的现金收入，不论其应否归属于本期，均应

作为本期收入处理。（   ）

    38. 现代意义上的会计以参与经济管理、进行经营决策为主，以记账、算账、报账为辅。（   ）

    39. 会计主体假设明确界定了从事会计工作和提供会计信息的空间范围。（   ）

    40. 为了满足不同使用者对会计信息的需要，单位向不同的会计信息使用者提供的财务会计报告，其编制依据、编制基础、编制原则和方法可以不一致。（   ）

    41. 会计工作是围绕着会计要素的记账、算账和报账而展开的。（   ）

    42. 不同的单位，其资金的循环和周转是不相同的。（   ）

    43. 现实生活中的经济活动复杂多样，不同单位的情况千差万别，会计工作需要根据相关的法律规定和经济业务发生的情况，选择合适的会计方法进行处理。（   ）

    44. 会计是通过核算为管理提供会计信息，通过监督直接履行管理职能，二者缺一不可。（   ）

强化练习参考答案及解析

一、单项选择题

1. 答案：A

【解析】企业会计准则规定企业应当采用权责发生制进行会计确认、计量和报告。行政单位应当采用收付实现制。事业单位除经营业务采用权责发生制外，其他均采用收付实现制。

2. 答案：A

【解析】在权责发生制下，业务①不确认费用，业务②确认 2 000 元费用，业务③确认 10 000 元收入，业务④不确认收入。利润=收入（10 000 元）-费用（2 000 元）=8 000（元）。

3. 答案：D

【解析】在收付实现制下，业务①确认费用 2 400 元，业务②确认费用 2 000 元，业务③确认收入 8 000 元，业务④确认收入 20 000 元，利润=收入（8 000+20 000）-费用（2 400+2 000）=23 600（元）。

4. 答案：A

【解析】可靠性要求企业应当以实际发生的交易或者事项为依据进行会计确认、计量和报告。如实反映符合确认和计量要求的各项会计要素及其他相关信息，保证会计信息真实可靠、内容完整。

5. 答案：C

【解析】会计信息是否具有价值，关键看其与使用者的决策需要是否相关。

6. 答案：D

【解析】实质重于形式要求企业应当按照交易或者事项的经济实质进行会计确认、计量和报告，而不仅仅以交易或者事项的法律形式为依据。根据《企业会计准则》规定，融资租入固定资产属于自有资产的范围。

7. 答案：B

【解析】企业计提坏账准备体现了谨慎性原则。

8. 答案：A

【解析】会计的基本职能是会计核算和会计监督，其中最基本的职能是会计核算。

9. 答案：A

【解析】核算职能体现了记账、算账和报账 3 个阶段。

10. 答案：B

【解析】持续经营是指在可以预见的将来，会计主体将会按当前的规模和状态持续经营下去，不会停业，也不会大规模削减业务。

11. 答案：B

【解析】资产的评估、费用在受益期的分配、负债的按期偿还以及所有者权益和经营成果的计算等均建立在持续经营核算的前提之上。

12. 答案：A

【解析】企业的生产经营活动通常包括供应、生产和销售3个阶段，购买原材料属于供应过程。

13. 答案：C

【解析】资金的循环与周转就是从货币资金开始依次转化为储备资金、生产资金、产品资金、结算资金，最后又回到货币资金的过程。

14. 答案：A

【解析】凡是当期已经实现的收入和已经发生或应当负担的费用，无论款项是否收付，都应当作为当期收入和费用，计入利润表；凡是不属于当期的收入和费用，即使款项已在当期收付，也不应当作为当期收入和费用（即以本期是否有收款的权利或付款的义务为标准确认本期的收入和费用）。

15. 答案：C

【解析】会计监督职能，又称会计控制职能，是指对特定主体的经济活动和相关会计核算的真实性、合法性和合理性进行监督检查。

16. 答案：C

【解析】凡是当期已经实现的收入和已经发生或应当负担的费用，无论款项是否收付，都应当作为当期收入和费用，计入利润表；凡是不属于当期的收入和费用，即使款项已在当期收付，也不应当作为当期收入和费用（即以本期是否有收款的权利或付款的义务为标准确认本期的收入和费用）。

17. 答案：C

【解析】企业的资金运用是指资金投入企业后，在供应、生产和销售环节不断循环与周转。

18. 答案：D

【解析】会计具有会计核算和会计监督两项基本职能。

19. 答案：B

【解析】会计核算是会计工作的基础。

20. 答案：A

【解析】年末，企业内部审计部门对财务部门编制的会计报表进行审查，属于单位内部监督和事后监督。

21. 答案：C

【解析】会计确认是指运用特定的会计方法，以文字和金额同时描述某一交易或事项，使其金额反映在特定的主体财务报表中的会计程序。企业将办公费用作为管理费用处理，属于会计确认。

22. 答案：B

【解析】合理性审查是指检查各项财务收支是否符合客观经济规律及经营管理方面的要求，保证各项财务收支符合特定的财务收支计划，实现预算目标。

23. 答案：A

【解析】会计核算职能又称会计反映职能，是指会计以货币为主要计量单位，对特定主体的经济内容进行确认、计量和报告。

24. 答案：C

【解析】会计核算贯穿于经济活动的全过程，是会计最基本的职能。会计核算的具体内容主要包括：①款项和有价证券的收付；②财务的收发、增减和使用；③债权、债务的发生和结算；④资本的增减；⑤收入、支出、费用、成本的计算；⑥财务成果的计算和处理；⑦需要办理会计手续、进行会计核算的其他事项。

25. 答案：B

【解析】凡是当期已经实现的收入和已经发生或应当负担的费用，无论款项是否收付，都应当作为当期收入和费用，计入利润表；凡是不属于当期的收入和费用，即使款项已在当期收付，也不应当作为当期收入和费用（即以本期是否有收款的权利或付款的义务为标准确认本期的收入和费用）。

26. 答案：C

【解析】会计计量是为了将符合确认条件的要素登记入账，并列报于财务报表而确定其金额的过程。

27. 答案：C

【解析】事中监督是指对正在发生的经济活动过程及其核算资料进行审查，并据以纠正经济活动过程中的偏差和失误，使其按预定计划进行。"制定定额"和"编制预算"属于事前监督。"对年度财务报表进行审核"属于事后监督。

28. 答案：B

【解析】凡是当期已经实现的收入和已经发生或应当负担的费用，无论款项是否收付，都应当作为当期收入和费用，计入利润表；凡是不属于当期的收入和费用，即使款项已在当期收付，也不应当作为当期收入和费用（即以本期是否有收款的权利或付款的义务为标准确认本期的收入和费用）。

二、多项选择题

1. 答案：A、C

【解析】在我国，关于会计本质的认识具有代表性的观点有两种，一是"会计管理活动论"，二是"会计信息系统论"。

2. 答案：A、B、C

【解析】会计计量单位分为3种：货币、实物、劳动。但是通常以货币作为主要计量单位。

3. 答案：A、B、C、D

【解析】会计核算方法包括设置会计科目、复式记账、填制会计凭证、登记账簿、成本计算、财产清查、编制会计报表。

4. 答案：A、B、C、D

【解析】会计的职能包括会计核算、会计监督、预测经济前景、参与经济决策、计划组织、评价经济业绩。其中，基本职能是核算与监督。

5. 答案：A、B、C、D

【解析】会计核算的具体内容包括：①款项和有价证券的收付；②财务的收发、增减和使用；

③债权、债务的发生和结算；④资本的增减；⑤收入、支出、费用、成本的计算；⑥财务成果的计算和处理；⑦需要办理会计手续、进行会计核算的其他事项。

6. 答案：A、B、C

【解析】会计核算的基本前提又称为会计假设，包括会计主体（会计实体）、持续经营、会计分期、货币计量。

7. 答案：A、B、C

【解析】会计主体可以是企业一个特定单位，也可以是特定单位中的某一部分。

8. 答案：A、B、C

【解析】会计中期是指短于一个会计年度的报告期间，包括月份、季度、半年度，不包括年度。

9. 答案：A、B

【解析】会计信息质量要求包括可靠性、相关性、可理解性、可比性、实质重于形式、重要性、谨慎性和及时性等。

10. 答案：A、B、C、D

【解析】会计对象是会计核算和监督的内容。凡特定主体能够以货币表现的经济活动就是会计核算的对象。社会再生产过程中以货币表现的经济活动就是会计核算的对象，或者说社会再生产过程中的资金运动就是会计核算的对象。

11. 答案：A、B、C、D

【解析】有了会计分期，就产生了本期和非本期的区别，产生了收付实现制和权责发生制，划分了收益性支出和资本性支出，产生了收入与费用配比等要求以及应收和应付等会计处理。

12. 答案：A、B、C

【解析】作为会计计量单位的货币，其币值是稳定不变的。故选项 D 不正确。

13. 答案：A、B

【解析】国家监督的主体主要包括国家财政、审计、税务、人民银行、证券监管、保险监管等，不包括商业银行和上级主管单位。

14. 答案：A、B、C

【解析】会计本身是一种管理活动，它要对经济业务进行连续、系统、综合、全面的计算和记录，进行微观管理。

15. 答案：A、B、C、D

【解析】会计核算方法体系由填制和审核会计凭证、设置会计科目和账户、复式记账、登记会计账簿、成本计算、财产清查、编制财务会计报告等专门方法构成。

16. 答案：A、B、C、D

【解析】会计主体又称会计实体，是指会计所核算和监督的特定单位或者组织，是会计确认、计量和报告的空间范围。

17. 答案：A、C、D

【解析】会计监督审查的主要内容是对特定的主体经济活动和相关会计核算的真实性、合法性和合理性进行监督检查。

18. 答案：C、D

【解析】事前监督包括制定定额、编制预算。

19. 答案：A、B、C

【解析】会计的本质就是管理活动；会计具有会计核算和会计监督两项基本职能；会计是以

货币为主要计量单位，反映和监督一个单位经济活动的一种经济管理工作。会计拥有一系列专门方法，这种专门方法包括设置会计科目、复式记账、填制会计凭证、登记账簿、成本计算、财产清查、编制会计报表，这是会计管理区别于其他经济管理的重要特征之一。

20．答案：A、B、C、D

【解析】会计的本质是人们为了适应生产管理、企业管理和经济管理的需要而产生和发展起来的一种经济管理活动。会计以货币为主要计量单位。其基本职能是核算与监督。会计主体不同于法律主体，一般而言，法律主体必须是一个会计主体，而会计主体不一定是法律主体。

21．答案：A、B、C、D

【解析】会计核算贯穿于经济活动的全过程，是会计最基本的职能。会计核算的具体内容主要包括：①款项和有价证券的收付；②财物的收发、增减和使用；③债权、债务的发生和结算；④资本的增减；⑤收入、支出、费用、成本的计算；⑥财务成果的计算和处理；⑦需要办理会计手续、进行会计核算的其他事项。

22．答案：A、C、D

【解析】编制财务会计报告是全面、系统地反映企业在某一特定日期的财务状况或某一会计期间的经营成果和现金流量的一种专门方法。

23．答案：A、B

【解析】会计的基本职能是核算与监督。

24．答案：A、C、D

【解析】企业的资产、货币、资金运动均属于货币表现的经济活动。

25．答案：A、B、C、D

【解析】合理性审查是指检查各项财务收支是否符合客观经济规律及经营管理方面的要求，保证各项财务收支符合特定的财务收支计划，实现预算目标。

26．答案：B、D

【解析】持续经营假设、会计分期假设确立了会计核算的时间范围。

27．答案：A、C

【解析】在权责发生制下，上月销售的产品收入无论什么时候收回均应作为销售当月的收入；在收付实现制下，上月销售的产品收入只有在实际收到时才能作为当月的收入。

28．答案：A、B、C、D

【解析】没有会计主体，就不会有持续经营，没经持续经营，就不会有会计分期，没有货币计量，就不会有现代会计。会计主体确立了会计核算的空间范围。持续经营与会计分期确立了会计核算的时间长度。货币计量为会计核算提供了必要手段。

29．答案：B、C、D

【解析】会计核算与会计监督是相辅相成、辩证统一的。会计核算是会计监督的基础，会计监督是会计核算的质量保障。

30．答案：A、B、D

【解析】会计监督贯穿于会计管理活动的全程。按监督实施时机，会计监督包括事前监督、事中监督和事后监督。

31．答案：A、B、C、D

【解析】会计主体可以是独立的法人，也可以是非法人；可以是一个企业，也可以是企业内部的某一个单位或企业的一个特定部分。

32. 答案：A、C、D

【解析】资金的循环与周转就是从货币资金开始依次转化为储备资金、生产资金、产品资金，最后再回到货币资金的过程。向投资者分配净利润属于资金退出。

三、判断题

1. 答案：√

【解析】会计的基本职能包括核算与监督，核算职能又称为反映职能，是会计最基本的职能。

2. 答案：√

【解析】凡是特定主体能够以货币表现的经济活动，都是会计核算的对象。

3. 答案：×

【解析】会计主体假设确定了会计核算的空间范围，持续经营确定了会计核算的时间范围。

4. 答案：√

【解析】法律主体一定是会计主体，会计主体并不一定是法律主体。

5. 答案：√

【解析】持续经营假设是企业不会发生破产，如果企业破产那么固定资产折旧、无形资产摊销就失去了意义。

6. 答案：√

【解析】有了会计分期假设，就产生了本期和非本期的区别，产生了收付实现制和权责发生制，划分了收益性支出和资本性支出，产生了收入与费用配比等要求应收和应付等会计处理。

7. 答案：×

【解析】记账本位币和人民币并非对等的概念，记账本位币即以什么货币为主体进行会计计量。一般来说我国企业以人民币作为记账本位币，但并不是记账本位币就是人民币。

8. 答案：√

【解析】注册会计师对企业进行审计既属于社会监督又属于事后监督。

9. 答案：√

【解析】业务收支以人民币以外的货币为主的单位可以选定其中一种货币作为记账本位币，但编制财务会计报告时应当折算为人民币。

10. 答案：×

【解析】法律主体一定是会计主体，但会计主体并不一定是法律主体。

11. 答案：×

【解析】注册会计师审计属于社会监督。

12. 答案：×

【解析】会计监督可以分为内部监督和外部监督。

13. 答案：×

【解析】记账就是运用一定的程序和方法把一个单位所发生的全部经济业务在账簿上予以登记。算账就是在记账的基础上，运用一定的程序和方法来计算该会计主体在整个生产经营过程中有关资产、负债、所有者权益、收入、成本费用以及损益的情况。

14. 答案：√

【解析】我国的会计年度按公历起讫日计算，即以公历1月1日起至12月31日止。

15. 答案：×

【解析】会计信息质量的相关性要求企业在确认、计量和报告会计信息的过程中，充分考虑使用者的决策模式和信息需要。

16. 答案：√

【解析】持续经营是指在可以预见的将来，会计主体将会按当前的规模和状态持续经营下去，不会停业，也不会大规模削减业务。

17. 答案：√

【解析】权责发生制要求凡是当期已经实现的收入和已经发生或应当负担的费用，无论款项是否收付，都应当作为当期收入和费用，计入利润表；凡是不属于当期的收入和费用，即使款项已在当期收付，也不应当作为当期收入和费用。

18. 答案：√

【解析】会计核算的具体内容主要包括：①款项和有价证券的收付；②财务的收发、增减和使用；③债权、债务的发生和结算；④资本的增减；⑤收入、支出、费用、成本的计算；⑥财务成果的计算和处理；⑦需要办理会计手续、进行会计核算的其他事项。

19. 答案：√

【解析】持续经营是指在可以预见的将来，会计主体将会按当前的规模和状态持续经营下去，不会停业，也不会大规模削减业务。

20. 答案：√

【解析】收付实现制是以收到或支付现金作为确认收入和费用等的依据（即以款项是否实际收到或付出为标准来确定本期收入和费用）。

21. 答案：√

【解析】会计工作需要先行设定一些基本前提，并在这些假设限定的情况下进行会计核算，包括会计核算对象的确定、会计政策的选择、会计数据的搜集与加工等，都要以这些基本前提为依据。会计基本假设包括会计主体、持续经营、会计分期和货币计量。

22. 答案：×

【解析】会计一方面要对经济活动进行确认、计量和报告，另一方面还要对业务活动的真实性、合法性和合理性进行审查。

23. 答案：×

【解析】会计的实质是管理，会计本身是一种管理活动。

24. 答案：√

【解析】会计核算是会计工作的基础，会计监督是会计核算的质量保障。

25. 答案：√

【解析】为了将符合确认条件的会计要素登记入账并列报于财务报表而确定其金额的过程，称为会计计量。

26. 答案：×

【解析】投资者投入到企业的财产就是企业资产，要按企业的财务制度核算，投资者不能干涉。

27. 答案：×

【解析】投资者投入企业的资本按其投资形式的不同，可分为货币资金投资、实物资产投资等。

28. 答案：√

【解析】会计确认是指运用特定的会计方法，以文字和金额同时描述某一交易或事项，使其金额反映在特定的主体财务报表中的会计程序。

29. 答案：×

【解析】过去的交易或事项是企业在过去的一个时期里已经发生的，而不是将在未来的时期里发生。

30. 答案：√

【解析】会计主体与法律主体（法人）并不是同一个概念。一般来说，法律主体必然是会计主体，但会计主体并不一定是法律主体。

31. 答案：√

【解析】企业的资金运动表现为资金投入、资金运用和资金退出 3 个过程。

32. 答案：√

【解析】现代意义上的会计不再局限于记账、算账等一些基础的会计工作，还需要参与企业的经营管理，进行经营决策，因此会计人员也是管理工作者。

33. 答案：√

【解析】会计核算工作的好坏，直接影响到会计信息质量的高低。

34. 答案：×

【解析】纠正生产过程中材料支出的预算定额，属于事中监督。

35. 答案：√

【解析】企业内部的部门可以视为一个会计主体，但不是法人。只有一个单位的负责人才可能成为法人。

36. 答案：√

【解析】会计核算的基本假设是会计确认、计量和报告的前提。

37. 答案：√

【解析】收付实现制是以收到或支付现金作为确认收入和费用等的依据（即以款项是否实际收到或付出为标准来确定本期收入和费用）。

38. 答案：√

【解析】现代意义上的会计以参与经济管理、进行经营决策为主，以记账、算账、报账为辅。

39. 答案：√

【解析】会计主体假设明确会计核算的空间范围。

40. 答案：×

【解析】为了满足不同使用者对会计信息的需要，单位向不同的会计信息使用者提供的财务会计报告，其编制依据、编制基础、编制原则和方法必须一致。

41. 答案：×

【解析】会计工作就是围绕着会计要素的确认、计量、记录和报告展开的。

42. 答案：×

【解析】不同的单位，其资金的循环和周转是相同的。

43. 答案：√

【解析】企业可以根据自身的情况，选择合适的会计方法进行会计处理。

44. 答案：√

【解析】会计核算与会计监督是相辅相成、辩证统一的。会计核算是会计监督的基础，会计监督是会计核算的质量保障。

第二章
会计要素与会计等式

主要考点

主要考点

1. 6大会计要素的定义、特征及分类
2. 会计要素的计量
3. 会计等式的表现形式以及经济业务对会计等式的影响

复习重点

第一节 | 会计要素

一、会计要素的确认

会计要素是对会计对象的基本分类，是会计核算对象的具体化，可以分为反映财务状况的会计要素和反映经营成果的会计要素。反映财务状况的会计要素包括资产、负债和所有者权益，反映经营成果的会计要素包括收入、费用和利润。

1. 资产

资产是指企业过去的交易或者事项形成的、由企业拥有或者控制的、预期会给企业带来经济利益的资源。

资产具有以下几个方面的特征。

（1）资产是企业拥有或者控制的资源。

（2）资产预期会给企业带来经济利益。

（3）资产是由企业过去的交易或者事项形成的。

资产按照其流动性可以分为流动资产和非流动资产。流动资产是指可以在一年或超过一年的一个营业周期内变现或耗用的资产，主要包括货币资金、应收预付款项、存货等。非流动资产是指在超过一年或者一个营业周期变现或者耗用的资产，主要包括长期股权投资、固定资产、无形资产等。

将一项资源确认为资产，需要符合资产的定义，还应同时满足以下两个条件。

（1）与该资源有关的经济利益很可能流入企业。

（2）该资源的成本或者价值能够可靠地计量。

2．负债

负债是指由企业过去的交易或者事项形成的、预期会导致经济利益流出企业的现时义务。

负债具有以下几个方面的特征。

（1）负债是企业承担的现时义务。现时义务是指企业在现行条件下已承担的义务。未来发生的交易或者事项形成的义务不属于现时义务，不应当确认为负债。现时义务可以是法定义务，也可以是推定义务。

（2）负债的清偿预期会导致经济利益流出企业。

（3）负债是由企业过去的交易或者事项形成的。

负债按偿还期限的长短分为流动负债和非流动负债。流动负债是指在一年（含一年）或者超过一年的一个营业周期内偿还的债务，包括短期借款、应付预收款项、应交税费等。非流动负债是指偿还期限在一年或者超过一年的一个营业周期以上的负债，包括长期借款、应付债券等。

将一项现时义务确认为负债，需要符合负债的定义，还应同时满足以下两个条件。

（1）与该义务有关的经济利益很可能流出企业。

（2）未来流出的经济利益的金额能够可靠地计量。

3．所有者权益

所有者权益是指企业资产扣除负债后，由所有者享有的剩余权益。公司的所有者权益又称为股东权益。所有者权益反映了所有者对企业资产的剩余索取权，它既可反映所有者投入资本的保值增值情况，又可体现保护债权人权益的理念。

所有者权益具有以下几个方面的特征。

（1）除非发生减资、清算或分派现金股利，企业不需要偿还所有者权益。

（2）企业清算时，只有在清偿所有的负债后，所有者权益才返还给所有者。

（3）所有者凭借所有者权益能够参与企业利润的分配。

所有者权益按其来源主要分为所有者投入的资本、直接计入所有者权益的利得和损失、留存收益等。

留存收益是企业历年实现的净利润留存于企业的部分，主要包括计提的盈余公积和未分配利润。

4．收入

收入是指在企业在日常活动中形成的、会导致所有者权益增加的、与所有者投入的资本无关的经济利益的总流入。

收入具有以下几个方面的特征。

（1）收入应当是企业在日常活动中形成的。

（2）收入应当会导致经济利益的流入，该流入不包括所有者投入的资本。

（3）收入应当最终会导致所有者权益的增加。

按照企业所从事的日常活动的性质，收入可以分为销售收入、劳务收入和让渡资产使用权收入；按照日常活动在企业中所处的地位，收入可以分为主营业务收入和其他业务收入。

5．费用

费用是指企业在日常活动中发生的、会导致所有者权益减少的、与向所有者分配利润无关的经济利益的总流出。

费用具有以下几个方面的特征。

（1）费用是指企业在日常活动中发生的。

（2）费用应当会导致经济利益的流出，该流出不包括向所有者分配的利润。

（3）费用应当最终会导致所有者权益的减少。

按照日常活动在企业中所处的地位，费用可以分为主要经营费用和其他业务费用；按照费用与收入的关系，费用可以分为营业成本和期间费用。其中，营业成本分为主营业务成本和其他业务成本；期间费用包括管理费用、销售费用和财务费用。

上述定义的费用是狭义的费用，仅指与商品或劳务的提供相联系的耗费。广义的费用还包括营业外支出和所得税费用。

6. 利润

利润是指企业在一定会计期间的经营成果。

利润主要包括营业利润、利润总额和净利润。

营业利润是指营业收入（主营业务收入加上其他业务收入）减去营业成本（主营业务成本加上其他业务成本）和营业税金及附加，减去销售费用、管理费用和财务费用，减去资产减值损失加上（减去）投资收益，加上（减去）公允价值变动损益后的净额。

利润总额是指营业利润加上营业外收入，减去营业外支出后的净额。

净利润是指利润总额减去所得税费用后的净额。

二、会计要素的计量

会计要素的计量是为了将符合确认条件的会计要素登记入账，并列报于财务报表而确认其金额的过程。它主要包括历史成本、重置成本、可变现净值、现值和公允价值等。

1. 历史成本

历史成本又称为实际成本。在历史成本计量下，资产按照购置时支付的现金或者现金等价物的金额，或者按照购置时所付出的对价的公允价值计量；负债按照其应承担的现时义务而实际收到的款项或者资产的金额，或者承担现时义务的合同金额，或者日常活动中为偿还负债预期需要支付的现金或者现金等物的金额计量。

【例2-1】在历史成本计量下，下列说法中正确的有（   ）。

A．资产按照购置时支付的现金或者现金等价物的金额计量

B．负债按照承担现时义务的合同金额计量

C．负债按照现在偿付该项债务所需支付的现金或者现金等价物的金额计量

D．资产按照购置时所付出的对价的公允价值计量

答案：A、B、D

【解析】选项 C 是在重置成本计量的情况下，负债按照现在偿付该项债务所需支付的现金或者现金等价物的金额计量。

2. 重置成本

在重置成本计量下，资产按照现在购买相同或者相类似资产所需要支付的现金或者现金等价物的金额计量；负债按照现在偿付该项债务所需支付的现金或者现金等价物的金额计量。

3. 可变现净值

在可变现净值计量下，资产按照其正常对外销售所能收到现金或现金等价物的金额扣除该资产至完工时估计将要发生的成本、估计的销售费用以及相关税金后的金额计量。

【例2-2】计算存货可变现净值时，下列项目中应当从可预计收入中扣除的项目有（   ）。

A．该存货的账面成本　　　　　　　　B．该存货生产加工发生的成本

C．销售时发生的各项费用 　　　　　　D．销售时发生的各项税费

答案：B、C、D

【解析】可变现净值等于正常对外销售所能收到现金或现金等价物的金额扣除该资产至完工时估计将要发生的成本、估计的销售费用以及相关税金。

4．现值

在现值计量下，资产按照预计从持续使用和最终处置中所产生的未来净现金流入量的折现金额计量；负债按照预计期限内需要偿还的未来现金流出量的折现金额计量。

5．公允价值

公允价值是指市场参与者在计量日发生的有序交易中，出售一项资产所能收到或者转移一项负债所需支付的价格。有序交易是指在计量日前一段时期内相关资产或负债具有惯常市场活动的交易。公允价值主要应用于交易性金融资产、交易性金融负债、可供出售金融资产、采用公允价值计量的投资性房地产等的计量。

【例2-3】交易性金融资产的取得和期末计价采用（　　）计量。

A．历史成本 　　　　　B．重置成本 　　　　　C．可变现净值 　　　　　D．公允价值

答案：D

【解析】交易性金融资产的取得和期末计价采用公允价值进行计量。

第二节 | 会计等式

会计等式又称会计恒等式、会计方程式或会计平衡式，它是表明各会计要素之间基本关系的等式。

一、会计等式的表现形式

1．财务状况等式

资产=权益（静态会计等式）

由于企业的资产来源于企业的债权人和投资者两个方面，所以权益由债权人权益和所有者权益两部分构成。资产与权益在任何一个时点都必然保持恒等的关系。会计恒等式也可以进一步表示为如下形式。

资产=负债+所有者权益

这一等式也是设置会计账户、进行复式记账、编制资产负债表的理论依据。

2．经营成果等式

收入-费用=利润（动态会计等式）

这一等式称为经营成果等式，亦称动态会计等式，是用以反映企业一定时期收入、费用和利润之间恒等关系的会计等式。这一等式反映了利润的实现过程，是编制利润表的依据。

二、经济业务对会计恒等式的影响

经济业务的类型有以下几种。

（1）资产内部一增一减。

（2）资产增加，权益减少。

① 资产增加，负债减少。

② 资产增加，所有者权益减少。

（3）资产减少，权益增加。

① 资产减少，负债增加。

② 资产减少，所有者权益增加。

（4）权益内部一增一减。

① 负债内部一增一减。

② 负债增加，所有者权益减少。

③ 所有者权益一增一减。

④ 负债减少，所有者权益增加。

【例2-4】下列（　　）经济业务能引起资产总额不变。

A．以存款支付现金股利　　　　　　　　B．支付前欠货款

C．以现金支付职工预借款项　　　　　　D．收到投资者投入资本

答案：C

【解析】选项A的会计分录为借记应付股利，贷记银行存款，表现为资产和负债同时减少。选项B的会计分录为借记应付账款，贷记银行存款，表现为资产和负债同时减少。选项C的会计分录为借记其他应收款，贷记库存现金，表现为资产内部一增一减，资产总额不变。选项D的会计分录为借记银行存款，贷记实收资本，表现为资产增加，所有者权益增加。

🌱 历年真题及解析

一、单项选择题

1. 下列各项中，属于表现企业资金运动显著变动状态的会计要素有（　　）。

　　A．收入　　　　　B．所有者权益　　　　　C．资产　　　　　D．负债

答案：A

【解析】会计要素分为反映财务状况的会计要素和反映经营成果的会计要素。反映财务状况的会计要素（静态会计要素）包括资产、负债和所有者权益，反映经营成果的会计要素（动态会计要素）包括收入、费用和利润。

2. 企业的预付账款属于会计要素中的（　　）。

　　A．资产　　　　　B．负债　　　　　C．所有者权益　　　　　D．费用

答案：A

【解析】"预付账款"属于资产类科目。

二、多项选择题

1. 资产的基本特征包括（　　）。

　　A．资产应为企业拥有或控制的资源。

　　B．资产预计会给企业带来经济利益。

　　C．资产是由企业过去的交易或者事项形成的。

　　D．资产是由企业将要发生的交易或者事项形成的。

答案：A、B、C

【解析】资产的特征包括：①资产是由企业过去的交易或事项所形成的；②资产是由企业拥有或控制的资源；③资产预计能给企业带来经济利益。

2. 下列各类负债项目中，属于非流动负债的有（　　　）。

　　A. 长期借款　　　　　B. 递延所得税负债　　　C. 应付债券　　　　　D. 长期应付款

答案：A、B、C、D

【解析】选项 A、B、C、D 均属于非流动负债项目。

3. 下列关于负债特征的说法中，正确的有（　　　）。

　　A. 负债是企业承担的现时义务

　　B. 负债的清偿预期会导致经济利益流出企业

　　C. 负债是由企业过去的交易或者事项形成的

　　D. 企业将在未来发生的承诺、签订的合同等交易或者事项，达到一定的条件，也形成负债

答案：A、B、C

【解析】负债的特征有：①负债是由企业过去的交易或事项形成的；②负债是企业承担的现时义务；③负债的清偿预期会导致经济利益流出企业。

4. 下列各项中，属于流动负债的有（　　　）。

　　A. 短期借款　　　　　B. 应付职工薪酬　　　C. 应付债券　　　　　D. 其他应付款

答案：A、B、D

【解析】应付债券属于非流动负债。

5. 按照企业所从事的日常活动的性质，狭义的收入包括（　　　）。

　　A. 销售收入　　　　　　　　　　　　B. 劳务收入

　　C. 让渡资产使用权收入　　　　　　　D. 营业外收入

答案：A、B、C

【解析】狭义的收入仅指营业收入，不包括营业外收入。

三、判断题

1. 在历史成本计量下，资产按照购置时支付的现金或者现金等价物的金额，或者按照购置资产时所付出的对价的公允价值计量。（　　　）

答案：√

【解析】在历史成本计量下，资产按照购置时支付的现金或者现金等价物的金额，或者按照购置资产时所付出的对价的公允价值计量。

2. 应收账款是流动资产性质的债权，不包括长期债权。（　　　）

答案：√

【解析】应收账款属于流动资产账户，所以不包括长期债权。

3. 在历史成本计量下，资产按照购置时支付的现金或者现金等价物的金额，或者按照购置时所付出的对价的公允价值计量。（　　　）

答案：√

【解析】在历史成本计量下，资产按照购置时支付的现金或者现金等价物的金额，或者按照购置时所付出的对价的公允价值计量；负债按照其应承担的现时义务而实际收到的款项或者资产的金额，或者承担现时义务的合同金额，或者日常活动中为偿还负债预期需要支付的现金或者现金等价物的金额计量。

强化练习

一、单项选择题

1. 负债按（ ）分为流动负债和非流动负债。
   A. 流动性　　　　B. 偿还期限　　　　C. 偿还方式　　　　D. 来源
2. 下列不属于长期负债的有（ ）。
   A. 长期借款　　　B. 应付债券　　　　C. 长期应付款　　　D. 应付股利
3. 下列项目中，符合收入定义的是（ ）。
   A. 现金盘盈利得　　　　　　　　B. 政府补助
   C. 处置固定资产净收入　　　　　D. 销售商品取得收入
4. 在（ ）计量下，资产按照预计从其持续使用和最终处置中所产生的未来净现金流入量的折现金额计量。
   A. 历史成本　　　B. 可变现净值　　　C. 公允价值　　　D. 现值
5. 下列（ ）成本类科目如果期末有余额则不应当计入资产负债表中的存货项目。
   A. 生产成本　　　B. 制造费用　　　　C. 劳务成本　　　D. 研发支出
6. 在（ ）计量下，负债按照现在偿付该项债务所需支付的现金或现金等价物的金额计量。
   A. 重置成本　　　B. 现值　　　　　　C. 可变现净值　　　D. 公允价值
7. 在历史成本下，下列关于负债的计量说法错误的是（ ）。
   A. 负债按照其应承担的现时义务而实际收到的款项或者资产的金额计量
   B. 负债按照承担现时义务的合同金额计量
   C. 负债按照日常活动中为偿还负债预期需要支付的现金或者现金等价物的金额计量
   D. 负债按照预计期限内需要偿还的未来净现金流出量的折现金额计量
8. "资产=负债+所有者权益"属于（ ）会计等式。
   A. 动态　　　　　B. 静态　　　　　　C. 关系　　　　　　D. 其他
9. 某企业6月初资产总额为15万元，负债总额为5万元，6月发生下列业务：取得收入共计6万元，发生费用共计4万元，假定不考虑其他因素，6月底，该企业所有者权益总额为（ ）万元。
   A. 16　　　　　　B. 10　　　　　　　C. 12　　　　　　　D. 17
10. 下列各项中，应当确认为负债的是（ ）。
    A. 因购买生产设备而已支付的设备款　　B. 因违规而已支付的税款滞纳金
    C. 因向A公司投资而支付的款项　　　　D. 因出售商品而应交纳的增值税
11. 下列各项中，应当确认为资产的是（ ）。
    A. 收到A公司作为资产投入的办公楼　　B. 因销售商品而应交纳的增值税
    C. 支付税款滞纳金　　　　　　　　　　D. 发放销售人员薪酬
12. 明晰企业产权关系的重要标志是（ ）。
    A. 资本　　　　　B. 利润　　　　　　C. 资产　　　　　　D. 借款额
13. 企业以银行存款支付应付账款，会引起相关会计要素变化，下列表述中，正确的是（ ）。
    A. 一项负债减少，另一项负债增加　　　B. 一项资产增加，另一项资产减少
    C. 一项资产减少，一项负债减少　　　　D. 一项资产减少，一项负债增加

14. 下列各项中，属于企业生产经营过程中形成的债权项目的是（　　　）。

    A. 应付账款　　　　　　　B. 预收账款　　　　　　C. 应收账款　　　　　　D. 交易性金融资产

15. 下列各项中，属于企业非日常活动形成的利得的是（　　　）。

    A. 企业销售商品取得的收入　　　　　　B. 企业收到产品的销售收入

    C. 企业出租无形资产取得的租金收入　　D. 企业出售无形资产取得的净收益

16. 下列各项中，不属于所有者权益的是（　　　）。

    A. 盈余公积　　　　　　B. 未分配利润　　　　　C. 实收资本　　　　　　D. 净利润

17. 下列各项中，应计入营业外收入的是（　　　）。

    A. 交易性金融资产出售利得　　　　　　B. 非流动资产处置利得

    C. 原材料销售收入　　　　　　　　　　D. 商品销售收入

18. 下列会计等式中，正确反映了企业在任一时点所拥有的资产以及债权人和所有者对企业资产要求求权的基本状况的是（　　　）。

    A. 资产=负债+所有者权益+收入-费用　　B. 收入-费用=利润

    C. 资产=负债+所有者权益+收入　　　　　D. 资产=负债+所有者权益

19. 下列交易或事项中，应确认为流动负债的是（　　　）。

    A. 企业向银行借入 5 年期借款，借款已到账

    B. 企业拟于 3 个月后购买设备一台，款项未付

    C. 企业计划购买 A 公司发行的 5 年期债券

    D. 企业拟销售一批家电产品，预收货款到账

20. 某公司购入机器一台共 9 万元，机器已经投入使用，货款尚未支付，下列关于这项业务的表述中，正确的是（　　　）。

    A. 资产减少 9 万元，负债增加 9 万元　　B. 资产增加 9 万元，负债增加 9 万元

    C. 资产减少 9 万元，负债减少 9 万元　　D. 资产增加 9 万元，负债减少 9 万元

21. 某企业用盈余公积转增了实收资本，下列各项中，表明此业务对会计要素影响的是（　　　）。

    A. 负债减少　　　　　　B. 资产增加　　　　　　C. 所有者权益不变　　D. 所有者权益增加

22. 某公司资产总额为 6 万元，负债总额为 3 万元，以银行存款 2 万元偿还短期借款，并以银行存款 1.5 万元购买设备，上述业务记账后，该公司的资产总额为（　　　）万元。

    A. 1.5　　　　　　　　B. 4　　　　　　　　　C. 2.5　　　　　　　　D. 3

23. 甲公司年初资产总额为 100 万元，本期负债减少 5 万元，所有者权益增加 20 万元，下列选项中，正确反映期末资产总额的是（　　　）。

    A. 100 万元　　　　　　B. 125 万元　　　　　　C. 115 万元　　　　　　D. 120 万元

24. 下列业务发生后，直接增加所有者权益的有（　　　）。

    A. 延迟支付货款　　　　　　　　　　　B. 从银行借入资金

    C. 股东投入资金　　　　　　　　　　　D. 收到他人捐赠资金

25. 依据《企业会计准则》，下列对 6 大会计要素的划分正确的有（　　　）。

    A. 资产、负债、权益、收入、利得和利润

    B. 资产、负债、净资产、收入、支出和结余

    C. 资产、负债、净资产、收入、费用和利润

    D. 资产、负债、股东权益、收入、费用和利润

二、多项选择题

1. 反映财务状况的会计要素包括（　　　　）。

   A. 资产　　　　　　　B. 收入　　　　　　C. 费用　　　　　　D. 负债

2. 资产的特征有（　　　　）。

   A. 资产是由未来的交易或事项所形成的　　　B. 资产应为企业拥有或控制的资源

   C. 资产预期能给企业带来经济利益　　　　　D. 经济利益能够流入企业

3. 负债按偿还期限的长短可分为（　　　　）。

   A. 流动负债　　　　　B. 非流动负债　　　C. 货币性负债　　　D. 非货币性负债

4. 下列（　　　）科目属于货币性负债。

   A. 应付账款　　　　　B. 长期借款　　　　C. 应付股利　　　　D. 预收账款

5. 下列（　　　）属于所有者权益。

   A. 实收资本　　　　　　　　　　　　　　　B. 利得

   C. 直接计入所有者权益的损失　　　　　　　D. 未分配利润

6. 狭义上的收入包括（　　　）。

   A. 主营业务收入　　　B. 其他业务收入　　C. 营业外收入　　　D. 资产减值损失

7. 下列关于费用的特征说法正确的有（　　　）。

   A. 费用是企业在非日常活动中形成的　　　　B. 费用应当会导致经济利益的流出

   C. 费用会导致所有者权益减少　　　　　　　D. 费用会导致资产增加

8. 期间费用包括（　　　）。

   A. 管理费用　　　　　B. 销售费用　　　　C. 财务费用　　　　D. 所得税费用

9. 广义的费用包括（　　　）。

   A. 营业税金及附加　　B. 管理费用　　　　C. 营业外支出　　　D. 所得税费用

10. 下列影响营业利润的有（　　　）。

   A. 销售费用　　　　　B. 投资收益　　　　C. 营业外收入　　　D. 所得税费用

11. 会计计量属性包括（　　　）。

   A. 实际成本　　　　　B. 重置成本　　　　C. 现值　　　　　　D. 公允价值

12. 负债的特征有（　　　）。

   A. 负债是企业承担的现时义务　　　　　　　B. 负债的清偿预期会导致经济利益流出企业

   C. 负债是由企业过去的交易或者事项形成的　D. 负债将来需要企业以货币资金偿还

13. "资产=权益"这一会计等式是（　　　）的理论依据。

   A. 设置会计账户　　　B. 复式记账　　　　C. 编制资产负债表　D. 编制利润表

14. 下列关于经济业务的类型说法正确的有（　　　）。

   A. 资产增加，权益减少　　　　　　　　　　B. 资产内部有增有减，总额不变

   C. 负债增加，所有者权益减少　　　　　　　D. 负债减少，所有者权益增加

15. 下各项中，属于流动资产的有（　　　）。

   A. 应收账款　　　　　B. 长期股权投资　　C. 货币资金　　　　D. 存货

16. 下列会计科目中，反映流动负债的有（　　　）。

   A. 预收账款　　　　　B. 应付债券　　　　C. 应付账款　　　　D. 应付职工薪酬

17. 下列关于负债的表述中，正确的有（　　）。

A. 负债是能够用货币确切计量或合理估计的经济责任

B. 负债是潜在存在的，由未来的经济业务所产生的经济责任

C. 负债需要在将来通过转让资产或提供劳务予以清偿

D. 负债是现时存在的，由过去的经济业务所产生的经济责任

18. 下列关于会计恒等式的选项中，正确的有（　　）。

A. 收入-费用=利润

B. 本期借方发生额合计=本期贷方发生额合计

C. 本期借方余额合计=本期贷方余额合计

D. 资产=负债+所有者权益

19. 下列关于会计等式的表述中，正确的有（　　）。

A. 企业各项经济业务的发生并不会破坏会计基本等式的平衡关系

B. "资产=负债+所有者权益"这一会计等式说明了企业经营成果对资产和所有者权益产生的影响，体现了会计6大要素之间的内存联系

C. "资产=负债+所有者权益"是最基本的会计等式，表明了会计主体在某一特定时期拥有的各种资产与债权人、所有者之间的动态关系

D. "收入-费用=利润"这一等式动态地反映了经营成果与相应期间的收入和费用之间的关系，是企业编制利润表的基础

20. 下列各项中，属于资产的有（　　）。

A. 在途材料　　　B. 经营租出的设备　　　C. 融资租入的设备　　　D. 计划购入的设备

21. 下列各项中，属于收入的有（　　）。

A. 出售无形资产收到的价款　　　　B. 出售原材料收到的价款

C. 出租固定资产收到的租金　　　　D. 签订合同时收到的定金

22. 下列各项中，影响利润的因素有（　　）。

A. 收入　　　B. 资产　　　C. 负债　　　D. 费用

23. 下列各项中，属于所有者权益的有（　　）。

A. 长期股权投资　　　B. 实收资本　　　C. 资本公积　　　D. 未分配利润

24. 下列各项中，因企业取得收入而产生影响的有（　　）。

A. 银行存款的增加　　　B. 现金的增加　　　C. 其他资产的增加　　　D. 负债的减少

25. 下列各项中，属于流动负债的有（　　）。

A. 应付股利　　　B. 其他应付款　　　C. 应付债券　　　D. 应付职工薪酬

26. 下列会计要素中，能够体现企业资金动态表现的有（　　）。

A. 利润　　　B. 所有者权益　　　C. 资产　　　D. 费用

27. 下列关于收入和利得的表述中，正确的是（　　）。

A. 收入会导致所有者权益的增加，利得不一定会导致所有者权益的增加

B. 收入会影响企业的利润，利得不一定会影响企业的利润

C. 收入会导致经济利益的流入，利得不一定会导致经济利益的流入

D. 收入属于日常活动，利得源于非日常活动

28. 下列关于利润的表述中，正确的是（　　）。

A. 利润的确认只能依赖于收入和费用

B. 利润是企业在一定会计期间的经营成果

C. 利润等于收入减去费用的净额

D. 利润的增加表明企业收入的增加、负债的减少

29. 下列各项中，属于负债的有（　　　）。

    A. 预付账款　　　　　B. 短期借款　　　　　C. 应交税费　　　　　D. 预收账款

30. 下列会计科目中，不属于资产类科目但属于资产类要素的有（　　　）。

    A. 管理费用　　　　　B. 生产成本　　　　　C. 劳务成本　　　　　D. 制造费用

31. 下列各项中，属于非流动资产的有（　　　）。

    A. 工程物资　　　　　B. 无形资产　　　　　C. 长期股权投资　　　　　D. 固定资产

32. 下列各项中，属于企业应收款项的有（　　　）。

    A. 应收账款　　　　　B. 其他应收款　　　　　C. 预收账款　　　　　D. 应收票据

33. 企业取得收入时，可能影响到的会计要素有（　　　）。

    A. 负债　　　　　B. 费用　　　　　C. 所有者权益　　　　　D. 资产

34. 下列各项中，应当确认为负债的是（　　　）。

    A. 向银行借入的款项　　　　　B. 因销售商品而预收的定金

    C. 因销售商品而应收的款项　　　　　D. 因购买材料应付未付的款项

35. 某公司销售商品，并符合收入确认条件，款项尚未收到。下列选项中，正确反映此项业务的有（　　　）。

    A. 负债增加　　　　　B. 收入增加　　　　　C. 资产增加　　　　　D. 费用增加

36. 企业收入增加可能会导致（　　　）。

    A. 预收账款减少　　　　　B. 库存现金增加　　　　　C. 应收账款增加　　　　　D. 银行存款增加

37. 下列关于所有者权益的表述中，正确的有（　　　）。

    A. 所有者权益的形成来源包括所有者投入的资本、直接计入所有者权益的利得和损失、留存收益等

    B. 所有者权益是企业资产中扣除债权人权益后应由所有者享有的部分

    C. 所有者权益表明企业归谁所有

    D. 所有者权益是所有者对企业资产的剩余索取权

38. 下列各项中，工业企业应确认为其他业务收入的有（　　　）。

    A. 对外销售材料收入　　　　　B. 转让商标使用权收入

    C. 出售专利所有权收入　　　　　D. 处置固定资产净收益

39. 下列等式中，正确的有（　　　）。

    A. 净利润=利润总额-所得税费用

    B. 资产=负债+所有者权益

    C. 利润总额=营业利润+营业外收入-营业外支出

    D. 营业利润=主营业务收入+其他业务收入-主营业务成本-其他业务成本+投资收益+公允价值变动收益

三、判断题

1. 会计对象是对会计要素进行的基本分类。（　　　）

2. 预收账款属于非货币性负债。（　　　）

3. 营业外收入属于广义上的收入。（　　　　）

4. 按收入与费用的关系，费用可以分为主要经营费用和其他业务费用。（　　　　）

5. 会计计量是为了将符合确认条件的会计要素登记入账，并列报于财务报表而确定其金额的过程。（　　　）

6. 会计要素就是对会计科目的具体内容进行分类核算的项目。（　　　）

7. 现时义务是指企业在现行条件下已承担的义务，在会计准则中仅指法定义务。（　　　）

8. 狭义的费用包括期间费用和所得税费用。（　　　）

9. 在可变现净值计量下，资产按照现在购买相同或者相似资产所需支付的现金或现金等价物的金额计量。（　　　）

10. 企业取得的资产、负债一般应当按历史成本进行初始计量。（　　　）

11. 收入是指企业在日常活动中发生的、会导致所有者权益增加的、与所有者投入资本无关的经济利益的总流入。（　　　）

12. 从本质上说，费用就是资产的转化形式，是企业总资产的耗费。（　　　）

13. 债务是企业承担的需要偿付的现时义务。（　　　）

14. 会计要素为企业财务会计报表构筑了基本框架，因而会计要素也可称为会计报表要素。（　　　）

15. 收入是指企业在销售商品、提供劳务及让渡资产使用权等日常活动中形成的现金或银行存款的总流入。（　　　）

16. 资产必须是由企业过去的交易或事项形成的，由企业拥有所有权的经济资源。（　　　）

17. 会计科目是对会计要素的具体分类，因此会计科目和会计要素分为 6 大类。（　　　）

18. 利润是收入与成本相抵后的差额，是经营成果的最终要素。（　　　）

19. 收入会导致所有者权益增加，利得不一定会导致所有者权益增加。（　　　）

20. 所有者权益是企业所有者在企业资产中享有的经济利益，其金额为企业的资产总额。（　　　）

21. 依据《企业会计准则》，企业的会计对象共划分为资产、负债、净资产、收入、支出和结余 6 大会计要素。（　　　）

22. 甲企业 2015 年 9 月售出一批商品给乙企业，合同规定乙企业应于当年 12 月支付货款。乙企业信用良好。甲企业确认该批商品销售收入的时间应为当年 9 月份。（　　　）

23. 会计要素中既有反映企业财务状况的会计要素，又有反映企业经营成果的会计要素。（　　　）

24. 资产与权益恒等式关系是复式记账法的理论基础，也是企业编制资产负债表的依据。（　　　）

25. 收入是导致所有者权益增加的经济利益的总流入。（　　　）

26. 流动资产以外的资产称为非流动资产。（　　　）

27. 企业利得和损失包括直接计入所有者权益的利得和损失以及直接计入当期利润的利得和损失。（　　　）

28. 企业收入通常包括销售商品收入、提供劳务收入和让渡资产使用权收入等。（　　　）

29. 可变现净值是在考虑资金时间价值的情况下，计量资产在正常经营过程中可带来的预期现金流入或流出。（　　　）

30. 历史成本计量应当基于经济业务的实际交易成本，考虑随后市场价格变动的影响。（　　　）

31. 企业对会计要素计量时，一般应当采用公允价值。（　　）
32. 公允价值强调站在企业主体的角度，以投资到某项资产上的价值作为公允价值。（　　）

强化练习参考答案及解析

一、单项选择题

1. 答案：B

【解析】负债按偿还期限长短分为流动负债和非流动性负债。

2. 答案：D

【解析】选项 A、B、C 属于长期负债，选项 D 属于流动负债。

3. 答案：D

【解析】选项 A、B、C 均属于营业外收入，即利得。收入是指企业在日常活动中形成的、会导致所有者权益增加的、与所有者投入资本无关的经济利益的总流入，包括主营业务收入和其他业务收入，但不包括营业外收入。

4. 答案：D

【解析】在现值计量下，资产按照预计从其持续使用和最终处置中所产生的未来净现金流入量的折现金额计量；负债按照预计期限内需要偿还的未来净现金流出量的折现金额计量。

5. 答案：D

【解析】研发支出会计期末如果有余额应当计入资产负债表中的开发支出项目。

6. 答案：A

【解析】在重置成本计量下，负债按照现在偿付该项债务所需支付的现金或现金等价物的金额计量。

7. 答案：D

【解析】在现值计量下，负债按照预计期限内需要偿还的未来净现金流出量的折现金额计量。

8. 答案：B

【解析】"资产=负债+所有者权益"这一会计等式是由资产、负债及所有者权益 3 个要素所构成的。3 个会计要素归属于静态会计要素，所以组成的会计等式属于静态会计等式，故选 3。

9. 答案：C

【解析】资产=负债+所有者权益，期初所有者权益=15-5=10（万元），本期所有者权益增加6-4=2（万元），则所有者权益期末总额为 10+2=12（万元）。

10. 答案：D

【解析】负债是指由企业过去的交易或者事项形成的、预期会导致经济利益流出企业的现时义务。A、B、C 选项都是已经完成的义务。

11. 答案：A

【解析】资产是指由企业过去的交易或者事项形成的、由企业拥有或者控制的，预期会给企业带来经济利益的资源。B、C、D 选项不符合资产的定义。

12. 答案：A

【解析】资本是投资者为开展生产经营活动而投入的资金。会计上的资本专指所有者权益中的投入资本，包括实收资本（股本）和资本公积。资本是企业进行生产经营活动的必要条件，是现代企业明晰产权关系的重要标志。

13. 答案：C

【解析】银行存款属于资产，应付账款属于负债，以银行存款支付应付账款，属于一项资产减少，一项负债减少。

14. 答案：C

【解析】企业生产经营过程中形成的债权包括应收账款、应收票据、预付账款、其他应收款，既属于资产类科目的往来科目，又是债权。应付账款、预收账款属于债务，交易性金融资产不是资产类往来科目，不属于债权。

15. 答案：D

【解析】利得是指由企业非日常活动所形成的、会导致所有者权益增加的、与所有者投入资本无关的经济利益的流入。企业销售商品取得的收入、出租无形资产取得的租金收入均属于日常活动形成的收入。

16. 答案：D

【解析】所有者权益主要包括实收资本、资本公积、盈余公积和未分配利润。

17. 答案：B

【解析】非流动资产处置利得计入营业外收入，交易性金融资产出售利得计入投资收益，原材料销售收入计入其他业务收入，商品销售收入计入主营业务收入。

18. 答案：D

【解析】反映企业在任一时点所拥有的资产以及债权人和所有者对企业资产要求权的基本状况的是：资产=负债+所有者权益；反映企业一定时期的经营成果的是：收入-费用=利润。

19. 答案：D

【解析】流动负债是指在一年（含一年）或者超过一年的一个营业周期内偿还的债务，包括短期借款、应付预收款项、应交税费等。

20. 答案：B

【解析】购入机器设备，款项尚未支付，属于一项资产增加，一项负债增加。

21. 答案：C

【解析】盈余公积转增了实收资本，属于所有者权益内部的增减变动，所有者权益总额不会发生变化。

22. 答案：B

【解析】期初资产总额为 6 万元，本期以银行存款 2 万元偿还短期借款，属于资产减少 2 万元，负债减少 2 万元；以银行存款 1.5 万元购买设备，属于资产内部一增一减。公司的资产总额为 6-2=4（万元）。

23. 答案：C

【解析】资产=负债+所有者权益，期末资产总额为 100-5+20=115（万元）。

24. 答案：C

【解析】所有者权益主要包括所有者投入的资本、直接计入所有者权益的利得和损失、留存收益等。股东投入资金会直接增加所有者权益。

25. 答案：D

【解析】我国《企业会计准则》将会计要素划分为资产、负债、所有者权益、收入、费用和利润 6 类。

二、多项选择题

1. 答案：A、D

【解析】反映财务状况的会计要素包括资产、负债、所有者权益，反映经营成果的会计要素包括收入、费用、利润。

2. 答案：B、C

【解析】根据资产的定义，资产具有以下几个方面的特征：①资产应为企业拥有或者控制的资源；②资产预期会给企业带来经济利益；③资产是由企业过去的交易或者事项形成的。所以，A选项不选。D选项是资产的确认条件，不属于资产的特征。资产的确认条件除了要符合资产的特征以外，还要符合两点：①经济利益能够流入企业；②成本能够可靠计量。

3. 答案：C、D

【解析】负债按偿还方式分为货币性负债和非货币性负债。

4. 答案：A、B、C

【解析】货币性负债是指未来需要以货币资金偿还的债务，如应付账款、应付票据、应付职工薪酬、应付股利、应交税费、短期借款、长期借款等。非货币性负债是指将来需要以提供劳务或商品的方式偿还的债务，如预收账款等。

5. 答案：A、C、D

【解析】所有者权益按其来源主要分为所有者投入的资本，直接计入所有者权益的利得和损失、留存收益等。留存收益是企业历年实现的净利润留存于企业的部分，主要包括计提的盈余公积和未分配利润。

6. 答案：A、B

【解析】狭义上的收入即营业收入，主要包括主营业务收入、其他业务收入。

7. 答案：B、C

【解析】根据费用的定义，费用具有以下几个方面的特征：①费用应当是企业在日常活动中发生的；②费用应当会导致经济利益的流出；③费用应当最终会导致所有者权益的减少。

8. 答案：A、B、C

【解析】期间费用包括管理费用、销售费用和财务费用。

9. 答案：A、B、C、D

【解析】广义的费用包括营业成本和期间费用，还包括营业外支出和所得税费用。

10. 答案：A、B

【解析】营业利润=营业收入-营业成本-营业税金及附加-管理费用-财务费用-销售费用-资产减值损失+公允价值变动收益（-公允价值变动损失）+投资收益（-投资损失），利润总额=营业利润+营业外收入-营业外支出，净利润=利润总额-所得税费用，故选选项A和B。选项C影响的是利润总额，选项D影响的是净利润。

11. 答案：A、B、C、D

【解析】会计计量属性反映的是会计要素金额的确定基础，它主要包括历史成本、重置成本、可变现净值、现值和公允价值等。历史成本又称为实际成本。

12. 答案：A、B、C

【解析】负债的特征有：①负债是企业承担的现时义务；②负债的清偿预期会导致经济利益流出企业；③负债是由企业过去的交易或者事项形成的。

13. 答案：A、B、C

【解析】"收入−费用=利润"是编制利润表的理论依据，故 D 选项不选。

14. 答案：B、C、D

【解析】经济业务的类型有：①资产和负债要素同时等额增加；②资产和负债要素同时等额减少；③资产和所有者权益要素同时等额增加；④资产和所有者权益要素同时等额减少；⑤资产要素内部项目等额有增有减，负债和所有者权益要素不变；⑥负债要素内部项目等额有增有减，资产和所有者权益要素不变；⑦所有者权益要素内部项目等额有增有减，资产和负债要素不变；⑧负债要素增加，所有者权益要素等额减少，资产要素不变；⑨负债要素减少，所有者权益要素等额增加，资产要素不变。

15. 答案：A、C、D

【解析】流动资产主要包括货币资金、交易性金融资产、应收票据、应收账款、预付款项、应收利息、应收股利、其他应收款、存货等。

16. 答案：A、C、D

【解析】流动负债是指在一年（含一年）或者超过一年的一个营业周期内偿还的债务，包括短期借款、应付预收款项、应交税费等。

17. 答案：A、C、D

【解析】负债是指由企业过去的交易或者事项形成的、预期会导致经济利益流出企业的现时义务。负债的主要特征有：①负债是企业过去的交易或事项形成的现时义务；②负债的清偿预期会导致经济利益流出企业。

18. 答案：A、D

【解析】会计恒等式的表现形式分为：①反映财务状况的等式为"资产=负债+所有者权益"；②反映经营成果的等式为"收入−费用=利润"。

19. 答案：A、B、D

【解析】企业各项经济业务的发生并不会破坏会计基本等式的平衡关系，"资产=负债+所有者权益"是最基本的会计等式，表明了会计主体在某一特定时期拥有的各种资产与债权人、所有者之间的静态关系；"收入−费用=利润"这一等式动态地反映出经营成果与相应期间的收入和费用之间的关系，是企业编制利润表的基础。

20. 答案：A、B、C

【解析】资产是指由企业过去经营交易或各项事项形成的、由企业拥有或控制的、预期会给企业带来经济利益的资源。

21. 答案：B、C

【解析】收入是指企业在日常活动中所形成的、会导致所有者权益增加的、非所有者投入资本的经济利益的总流入，包括销售商品收入、劳务收入、让渡资产使用权收入、利息收入、租金收入、股利收入等，但不包括为第三方或客户代收的款项。

22. 答案：A、D

【解析】收入−费用=利润。

23. 答案：B、C、D

【解析】所有者权益主要包括实收资本、资本公积、盈余公积和未分配利润。长期股权投资属于资产。

24. 答案：A、B、C、D

【解析】收入是指企业在日常活动中所形成的、会导致所有者权益增加的、非所有者投入资本的经济利益的总流入。收入的增加可能会使资产增加、负债减少。

25. 答案：A、B、D

【解析】流动负债是指在一年（含一年）或者超过一年的一个营业周期内偿还的债务，包括短期借款、应付预收款项、应交税费等。应付债券属于非流动负债。

26. 答案：A、B、D

【解析】收入、费用、利润体现企业资金的动态表现，资产、负债、所有者权益体现企业资金的静态表现。

27. 答案：B、D

【解析】收入是指企业在日常活动中所形成的、会导致所有者权益增加的、非所有者投入资本的经济利益的总流入。利得是指由企业非日常活动所形成的、会导致所有者权益增加的、与所有者投入资本无关的经济利益的流入。利得包括直接计入所有者权益的利得和直接计入当期利润的利得。

28. 答案：B、D

【解析】利润是指企业一定会计期间的经营成果。利润反映收入减去费用、直接计入当期利润的利得和损失后的净额。利润的确认主要依赖于收入和费用，以及直接计入当期利润的利得和损失的确认，其金额的确定也主要取决于收入、费用、利得、损失金额的计量。

29. 答案：B、C、D

【解析】负债按偿还期限的长短，一般可划分为流动负债和非流动负债。流动负债包括短期借款、应付预收款项、应交税费等。非流动负债主要包括长期借款、应付债券、长期应付款。应付债券属于非流动负债。预付账款属于资产。

30. 答案：B、C、D

【解析】"管理费用"属于损益类科目，且属于费用类要素。"生产成本""劳务成本""制造费用"属于成本类科目，但属于资产类要素。

31. 答案：A、B、C、D

【解析】非流动资产主要包括长期股权投资、工程物资、固定资产、无形资产和其他非流动资产等。

32. 答案：A、B、D

【解析】企业应收款项主要包括应收账款、应收票据、预付账款、其他应收款等。

33. 答案：A、C、D

【解析】收入的增加可能会引起资产的增加、负债的减少、所有者权益的增加。

34. 答案：A、B、D

【解析】负债是指由企业过去的交易或者事项形成的、预期会导致经济利益流出企业的现时义务。因销售商品而应收的款项属于资产。

35. 答案：B、C

【解析】销售商品，并符合收入确认条件，款项尚未收到，此业务属于收入增加、资产增加。

36. 答案：A、B、C、D

【解析】收入增加可能会导致资产增加或负债减少。

37. 答案：A、B、C、D

【解析】所有者权益是指企业资产扣除负债后由所有者享有的剩余权益，在股份制企业中又称为股东权益。所有者权益是企业投资人对企业净资产的所有权。所有者权益的形成来源包括所有者投入的资本、直接计入所有者权益的利得和损失、留存收益等。

38. 答案：A、B

【解析】销售材料、让渡资产使用权应确认为其他业务收入。出售专利所有权收入、处置固定资产净收益应计入营业外收入。

39. 答案：A、B、C

【解析】利润=利润总额-所得税费用；资产=负债+所有者权益；利润总额=营业利润+营业外收入-营业外支出；营业利润=主营业务收入+其他业务收入-主营业务成本-其他业务成本-营业税金及附加-销售费用-财务费用-管理费用-资产减值损失+投资收益+公允价值变动收益。

三、判断题

1. 答案：×

【解析】会计要素是对会计对象进行的基本分类，是会计核算对象的具体化。

2. 答案：√

【解析】非货币性负债是指将来需要以提供劳务或商品的方式偿还的债务，如预收账款等。

3. 答案：√

【解析】广义的收入既包括企业从日常经营活动中所获得的收入，也包括从偶发的其他活动中所获得的收入，包括营业收入和营业外收入等。

4. 答案：×

【解析】按照费用与收入的关系，费用可分为营业成本和期间费用。营业成本分为主营业务成本和其他业务成本。期间费用包括管理费用、销售费用和财务费用。

5. 答案：√

【解析】会计计量是为了将符合确认条件的会计要素登记入账，并列报于财务报表而确定其金额的过程。企业应当按照规定的会计计量属性进行计量，确定相关金额。会计计量属性反映的是会计要素金额的确定基础，它主要包括历史成本、重置成本、可变现净值、现值和公允价值等。

6. 答案：×

【解析】会计科目就是对会计要素的具体内容进行分类核算的项目。

7. 答案：×

【解析】现时义务是指企业在现行条件下已承担的义务。未来发生的交易或者事项形成的义务不属于现时义务，不应当确认为负债。现时义务可以是法定义务，也可以是推定义务。

8. 答案：×

【解析】狭义的费用仅指与商品或劳务的提供相联系的耗费，包括营业成本和期间费用。

9. 答案：×

【解析】在可变现净值计量下，资产按照其正常对外销售所能收到现金或者现金等价物的金额扣减该资产至完工时估计将要发生的成本、估计的销售费用以及相关税金后的金额计量。

10. 答案：√

【解析】企业取得的资产、负债一般应当按历史成本进行初始计量，采用其他几种计量模式有前提条件。

11. 答案：√

【解析】收入是指企业在日常活动中发生的、会导致所有者权益增加的、与所有者投入资本无关的经济利益的总流入。

12. 答案：×

【解析】费用是企业在日常活动中发生的会导致所有者权益减少的、与向所有者分配利润无关的经济利益的总流出。

13. 答案：√

【解析】负债是指由企业过去的交易或者事项形成的、预期会导致经济利益流出企业的现时义务。

14. 答案：√

【解析】会计要素是会计对象的分类，是会计报表的基本框架。

15. 答案：×

【解析】收入是指企业在日常活动中发生的、会导致所有者权益增加的、与所有者投入资本无关的经济利益的总流入。

16. 答案：×

【解析】资产是指由企业过去的经营交易或各项事项形成的，由企业拥有或控制的，预期会给企业带来经济利益的资源。

17. 答案：×

【解析】会计科目是对会计要素的具体分类，会计要素分为资产、负债、所有者权益、收入、费用和利润。而会计科目按经济内容可分为资产、负债、所有者权益、成本、损益类、共同类。

18. 答案：×

【解析】利润是指企业在一定会计期间的经营成果。利润反映收入减去费用、直接计入当期利润的利得和损失后的净额。

19. 答案：×

【解析】利得一定会导致所有者权益的增加。

20. 答案：×

【解析】所有者权益是指企业资产扣除负债后由所有者享有的剩余权益，是企业投资人对企业净资产的所有权。

21. 答案：×

【解析】依据《企业会计准则》，企业的会计对象共划分为资产、负债、所有者权益、收入、费用和利润6大类会计要素。

22. 答案：√

【解析】商品销售收入同时满足下列条件时，才能予以确认：①企业已将商品所有权上的主要风险和报酬转移给购货方；②企业既没有保留通常与所有权相联系的继续管理权，也没有对已售出的商品实施有效控制；③收入的金额能够可靠地计量；④相关的经济利益很可能流入企业；⑤相关的已发生或将发生的成本能够可靠地计量。 甲企业2015年9月售出一批商品给乙企业，满足①②⑤；乙企业信用良好，满足③④。

23. 答案：√

【解析】6大会计要素中，反映财务状况的有资产、负债和所有者权益；反映经营成果的有收入、费用和利润。

24. 答案：√

【解析】"资产=负债+所有者权益"这一恒等式是复式记账的理论基础，也是企业编制资产负债表的依据。

25. 答案：×

【解析】收入是指企业在日常活动中形成的、会导致所有者权益增加的、与所有者投入资本无关的经济利益的总流入。

26. 答案：√

【解析】资产按流动的强弱分为流动资产和非流动资产，除流动资产以外的资产属于非流动资产。

27. 答案：√

【解析】利得和损失分为两种：一种是直接计入所有者权益的利得或损失；另一种是直接计入当期利润的利得或损失。

28. 答案：√

【解析】收入按性质不同，可分为销售商品收入、提供劳务收入和让渡资产使用权收入等。

29. 答案：×

【解析】可变现净值等于预计售价减去进一步加工成本和销售费用以及相关税费后的净值。

30. 答案：×

【解析】历史成本是指为取得或制造某项财产物资实际支付的现金或其他等价物，不考虑随后市场价格变动的影响。

31. 答案：×

【解析】企业对会计要素计量时，一般应当采用历史成本。

32. 答案：×

【解析】公允价值是指市场参与者在计量日发生的有序交易中，出售一项资产所能收到或者转移一项负债所需支付的价格。

第三章

会计科目与账户

复习重点

第一节 | 会计科目

一、会计科目的概念与分类

1. 会计科目的概念

会计科目，简称科目，是对会计要素的具体内容进行分类核算的项目，是进行会计核算和提供会计信息的基础。

2. 会计科目的分类

（1）按反映的经济内容分类。企业会计科目按反映的经济内容不同，可分为资产类科目、负债类科目、共同类科目、所有者权益类科目、成本类科目和损益类科目6大类。

① 资产类科目。资产类科目是用来核算和监督企业拥有或者控制的、能以货币计量的经济资源的增减变动及结余情况的会计科目。其按资产的流动性又可分为反映流动资产的科目和反映非流动资产的科目。

② 负债类科目。负债类科目是用来核算和监督企业承担的能以货币计量、需以资产或劳务偿还的债务的增减变动和结余情况的会计科目。其按负债的偿还期限又可分为反映流动负债的科目和反映长期负债的科目。

③ 共同类科目。共同类科目是既有资产性质又有负债性质的科目。

④ 所有者权益类科目。所有者权益类科目按所有者权益的形成和性质，可分为反映资本的科目和反映留存收益的科目。其中，反映留存收益的科目有"盈余公积""本年利润""利润分配"等。

⑤ 成本类科目。成本类科目按成本的不同内容和性质可以分为反映制造成本的科目和反映劳务成本的科目。

⑥ 损益类科目。损益类科目按损益的不同内容，可以分为反映收入的科目和反映费用的科目。

（2）按提供信息的详细程度及其统驭关系分类。会计科目按提供信息的详细程度及其统驭关系，可分为总分类科目和明细分类科目。

① 总分类科目。总分类科目又称一级科目或总账科目，是对会计要素具体内容进行总括分类、提供总括信息的会计科目。

② 明细分类科目。明细分类科目又称明细科目，是对总分类科目所做的进一步分类，提供更为详细和具体会计信息的科目。如果某一总分类科目所属的明细分类科目较多，可在总分类科目下设置二级明细科目，在二级明细科目下设置三级明细科目。

总分类科目和明细分类科目的关系是：总分类科目对其所属的明细分类科目具有统驭和控制作用；而明细分类科目是对其所归属的总分类科目的补充和说明。

二、会计科目的设置原则

1. 合法性原则

合法性原则是指所设置的会计科目应当符合国家统一的会计制度的规定。企业能根据自身的生产经营特点，适当自行增设、减少或合并某些会计科目。

2. 相关性原则

相关性原则是指所设置的会计科目应当为提供有关各方所需要的会计信息服务，满足对外报告与对内管理的要求。

3. 实用性原则

实用性原则是指所设置的会计科目应当符合单位自身的特点、满足单位的实际需要。

第二节 | 账户

一、账户的概念与分类

1. 账户的概念

账户是根据会计科目设置的，具有一定的格式和结构，用于分类反映会计要素增减变动情况及结果的载体。会计科目的名称就是账户的名称。

会计科目仅仅是对会计要素的具体内容进行分类核算的项目和标志，它不能反映交易事项的发生所引起的会计要素各项目的增减变动情况和结果。

2. 账户的分类

（1）根据核算的经济内容分类。根据核算的经济内容，账户分为资产类账户、负债类账户、共同类账户、所有者权益类账户、成本类账户和损益类账户6类。

（2）根据提供信息的详细程度及其统驭关系分类。根据提供信息的详细程度及统驭关系，账户可以分为总分类账户和明细分类账户。

① 总分类账户，又称总账账户或一级账户，是根据总分类科目设置的账户。在总分类账户中，只使用货币计量单位，它可以提供总括的核算资料和指标，是对其所属的明细分类账户资料的综合，总分类账户以下统称为明细分类账户。

② 明细分类账户，又称明细账账户，它是根据明细分类科目设置的账户。明细分类账户的核算，除了用货币计量以外，必要时还需要使用实物量、劳动量单位等来计量。明细账是提供明

细核算资料的指标，它是对总分类账户的具体化和补充说明。

特别需要注意的是，不同企业以及同一企业不同会计期间，其明细账账户的设立均可能存在一定差异。并不是所有的总分类账户都需要进行细分并设立明细账账户，细分与否视企业实际情况而定。

二、账户的功能与结构

1. 账户的功能

账户的期初余额、期末余额、本期增加发生额和本期减少发生额统称为账户的 4 个金额要素。它们之间的基本关系如下。

$$期末余额=期初余额+本期增加发生额-本期减少发生额$$

2. 账户的结构

账户的结构是账户的组成部分及其相互关系。账户通常由账户名称（即会计科目）、日期、凭证字号、摘要和金额组成。

账户的基本结构在实务中被形象地称为"丁"字账户或"T"型账户。就某个具体账户而言，该账户可以左边登记增加额，右边登记减少额；也可以左边登记减少额，右边登记增加额。至于账户哪一方登记增加额，哪一方登记减少额，则取决于企业所采用的记账方法和所记录经济内容的性质。

三、账户与会计科目的关系

会计科目与账户都是对会计对象具体内容的分类，两者的核算内容一致、性质相同。会计科目是账户的名称，也是设置账户的依据；账户是会计科目的具体运用，具有一定的结构和格式，并通过其结构反映某项经济内容的增减变动及其余额。

📚 历年真题及解析

一、单项选择题

1. 企业期初短期借款余额为 100 000 元，本期借方发生额为 70 000 元，本期贷方发生额为 90 000 元，则短期借款期末余额为（　　）元。

    A. 80 000　　　　　B. 100 000　　　　　C. 60 000　　　　　D. 120 000

答案：D

【解析】"短期借款"属于负债类科目，期初余额一般在贷方。负债类科目的期末余额=期初贷方余额+本期贷方发生额-本期借方发生额，即 100 000+90 000-70 000=120 000（元）。

2. 下列不属于资产类科目的是（　　）。

    A. 存出保证金　　　B. 累计摊销　　　C. 商誉　　　D. 预收账款

答案：D

【解析】选项 A 计入"其他应收款"科目核算，因此属于资产类科目。选项 B、C 均属于资产类科目，选项 D 属于负债类科目。

3. 下列各项中，属于损益类科目的是（　　）。

    A. 银行存款　　　B. 固定资产　　　C. 资产减值损失　　　D. 应付利息

答案：C

【解析】选项 A 和 B 属于资产类科目，选项 D 属于负债类科目。

4. 按账户的经济内容分类，"材料采购"属于（　　　）账户。

A. 资产类　　　　　　B. 负债类　　　　　　C. 损益类　　　　　　D. 成本类

答案：A

【解析】"材料采购"属于资产类科目，属于资产中的流动资产，应当将该科目的余额计入资产负债表中的存货项目。

二、多项选择题

1. 会计科目按其核算详细程度的不同，可以分为（　　　）。

A. 总分类科目　　　　B. 子目　　　　　　C. 资产类科目　　　　D. 明细科目

答案：A、B、D

【解析】会计科目按其核算详细程度的不同，可分为总分类科目和明细分类科目。明细分类科目包括子目（二级科目）和细目（三级科目或明细科目）。

2. 下列各项中，不属于损益类账户的是（　　　）。

A. 实收资本　　　　　B. 利润分配　　　　　C. 制造费用　　　　　D. 主营业务收入

答案：A、B、C

【解析】实收资本、利润分配属于所有者权益类账户，制造费用属于成本类账户，主营业务收入属于损益类账户。

3. 下列各项中，属于所有者权益类科目的有（　　　）。

A. 实收资本　　　　　B. 本年利润　　　　　C. 应付股利　　　　　D. 库存股

答案：A、B、D

【解析】"应付股利"属于负债类科目。

4. 下列会计科目中，属于流动资产类的有（　　　）。

A. 预收账款　　　　　B. 银行存款　　　　　C. 交易性金融资产　　D. 预付账款

答案：B、C、D

【解析】预收账款属于流动负债。

三、判断题

1. 成本计算账户是专门用来核算一定时期内所发生的应计入当期损益的各项费用损失和支出的账户。（　　　）

答案：×

【解析】损益类账户是专门用来核算一定时期内所发生的应计入当期损益的各项费用损失和支出的账户。

2. 明细科目从属于某个总账科目的核算内容，总账科目统驭其所属的全部明细科目。（　　　）

答案：√

【解析】此考点是总分类科目与明细分类科目的关系，总分类科目对其所属的明细分类科目具有统驭和控制作用；而明细分类科目是对其所归属的总分类科目的补充和说明。

3. 会计科目的名称就是会计账户的名称。（　　　）

答案：√

【解析】账户是根据会计科目来设置的，所以账户的名称就是会计科目。

4. 资产类科目是用来核算和监督企业承担的能以货币计量、需以资产或劳务偿付的债务的增减变动和结余情况的会计科目。（　　　）

答案：×

【解析】负债类科目是用来核算和监督企业承担的能以货币计量、需以资产或劳务偿付的债务的增减变动和结余情况的会计科目。

强化练习

一、单项选择题

1. 成本类科目如果期末有余额表示（   ）。
   A. 资产　　　　　　B. 负债　　　　　　C. 所有者权益　　　　D. 损益

2. 下列账户中期末余额在借方的是（   ）。
   A. 坏账准备　　　　B. 应收票据　　　　C. 应付股利　　　　　D. 预收账款

3. 甲企业某月初资产总额为 200 万元，某月发了下列经济业务：①从银行提取现金 1 万元备用；②以存款支付前欠货款 5 万元；③购入一台设备，价款为 100 万元，以存款支付。期末的权益总额为（   ）元。
   A. 94 万　　　　　　B. 195 万　　　　　C. 299 万　　　　　　D. 100 万

4. 负债类科目按负债的（   ）分为流动负债科目和长期负债科目。
   A. 流动性　　　　　B. 偿还期限　　　　C. 偿还方式　　　　　D. 来源

5. 下列（   ）科目属于非流动资产。
   A. 银行存款　　　　B. 库存商品　　　　C. 无形资产　　　　　D. 原材料

6. 下列（   ）科目不属于存货项目。
   A. 原材料　　　　　B. 生产成本　　　　C. 工程物资　　　　　D. 委托加工物资

7. 下列科目中与生产成本科目属于同一类科目的是（   ）。
   A. 累计折旧　　　　B. 劳务成本　　　　C. 盈余公积　　　　　D. 资产减值损失

8. 下列科目中与"预付账款"科目属于同一类科目的是（   ）。
   A. 应收账款　　　　B. 工程物资　　　　C. 预收账款　　　　　D. 累计摊销

9. （   ）是对会计要素具体内容进行总括分类、提供总括信息的会计科目。
   A. 总分类科目　　　B. 明细分类科目　　C. 二级科目　　　　　D. 子目

10. 下列（   ）损益类账户期末不应当将发生额全部转入本年利润账户。
    A. 管理费用　　　　　　　　　　　　B. 公允价值变动损益
    C. 所得税费用　　　　　　　　　　　D. 以前年度损益调整

11. 直接计入所有者权益的损失，应当计入下列（   ）会计科目。
    A. 实收资本　　　　B. 资本公积　　　　C. 盈余公积　　　　　D. 未分配利润

12. 企业所设置的会计科目应为提供有关各方面所需要的会计信息服务，满足对外报告和对内管理的要求，指的是会计科目设置的（   ）。
    A. 相关性原则　　　B. 实用性原则　　　C. 合法性原则　　　　D. 可比性原则

13. 2016 年 8 月 31 日，甲公司银行存款账户结存余额为 26 万元，8 月份增加 50 万元，减少 34 万元。2016 年 8 月 1 日，甲公司银行存款账户的结存金额应是（   ）万元。
    A. −58　　　　　　B. 42　　　　　　　C. 10　　　　　　　　D. 0

14. 下列各项中，属于非流动资产类科目的是（   ）。
    A. 长期待摊费用　　B. 预收账款　　　　C. 应收账款　　　　　D. 库存商品

15. 会计科目按其所归属的会计要素进行分类，正确的是（　　　）。

    A. 资产类、负债类、所有者权益类、成本类、收入与利润类

    B. 资产类、负债类、所有者权益、成本类、损益类

    C. 资产类、负债类、所有者权益、费用类、损益类

    D. 资产类、负债类、所有者权益、费用类、收入与利润类

16. 下列各项中，属于负债类科目的是（　　　）。

    A. 长期待摊费用　　　B. 预付账款　　　　　C. 预收账款　　　　　D. 应收账款

17. 甲公司月初"银行存款"科目借方余额为 100 万元，本月发生下列业务：①以银行存款购买原材料 10 万元；②向银行借款 60 万元，款项存入银行；③以银行存款归还前欠货款 30 万元；④收回应收账款 20 万元，款项已存入银行，月末甲公司"银行存款"科目借方余额为（　　　）万元。

    A. 60　　　　　　　　B. 140　　　　　　　　C. 100　　　　　　　　D. 120

18. "应付账款"账户期初贷方余额为 78 000 元，本期借方发生额为 230 000 元，本期贷方发生额为 200 000 元，下列关于期末余额的表述中，不正确的是（　　　）。

    A. 借方 278 000 元　　B. 贷方 48 000 元　　C. 贷方 88 000 元　　D. 借方 30 000 元

19. 下列关于所有者权益类科目的表述中，正确的是（　　　）。

    A. 增加记借方　　　　B. 增加记贷方　　　　C. 减少记贷方　　　　D. 期末无余额

20. 下列各项中，属于成本类会计科目的是（　　　）。

    A. 主营业务成本　　　B. 劳务成本　　　　　C. 营业外支出　　　　D. 其他业务成本

21. 资产类科目的本期期初余额为 5 600 元，本期期末余额为 5 700 元，本期减少额为 800 元。该科目本期增加额为（　　　）元。

    A. 1 600　　　　　　B. 700　　　　　　　C. 12 100　　　　　　D. 900

22. 下列各项中，不属于损益类科目的是（　　　）。

    A. 本年利润　　　　　B. 投资收益　　　　　C. 营业外收入　　　　D. 其他业务收入

23. "应收账款"科目的期初余额为借方 2 000 元，本期借方发生额 1 000 元，本期贷方发生额 8 000 元，下列选项中，该科目期末余额为（　　　）元。

    A. 借方 5 000　　　　B. 贷方 8 000　　　　C. 借方 3 000　　　　D. 贷方 5 000

24. 某企业月初资产总额为 300 万元，本月发生下列经济业务：①赊购材料 10 万元；②用银行存款偿还短期借款 20 万元；③收到购货单位偿还欠款 15 万元存入银行，月末资产总额为（　　　）万元。

    A. 310　　　　　　　B. 305　　　　　　　C. 290　　　　　　　D. 295

25. "生产成本"账户的期末借方余额反映的是（　　　）。

    A. 完工产品的实际成本　　　　　　　　B. 尚未加工完成的各项产品的成本

    C. 累计发生的各项生产费用　　　　　　D. 当期发生的各项费用

二、多项选择题

1. 下列会计科目中，期末一定没有余额的是（　　　）。

    A. 生产成本　　　　　B. 销售费用　　　　　C. 主营业务收入　　　D. 应付账款

2. 反映留存收益的科目包括（　　　）。

    A. 盈余公积　　　　　B. 本年利润　　　　　C. 利润分配　　　　　D. 资本公积

3. 会计科目的设置原则包括（　　　）。

　　A. 合法性　　　　　B. 合理性　　　　　C. 相关性　　　　　D. 实用性

4. 下列（　　　）科目属于损益类科目。

　　A. 主营业务收入　　B. 本年利润　　　　C. 以前年度损益调整　D. 坏账准备

5. 会计科目按其归属的会计要素，可分为（　　　）。

　　A. 资产类科目　　　B. 盘存类科目　　　C. 成本类科目　　　D. 短期借款

6. 计入当期损益的利得，应当通过下列（　　　）会计科目核算。

　　A. 营业外收入　　　B. 其他业务收入　　C. 公允价值变动损益　D. 投资收益

7. 计入当期损益的损失，应当通过下列（　　　）会计科目核算。

　　A. 营业外支出　　　B. 公允价值变动损益　C. 资产减值损失　　D. 管理费月

8. 下列（　　　）科目与长期借款科目属于同一类科目。

　　A. 应付账款　　　　B. 应付债券　　　　C. 长期应付款　　　D. 应收票据

9. 下列（　　　）科目属于损益类科目。

　　A. 所得税费用　　　B. 以前年度损益调整　C. 研发支出　　　　D. 劳务成本

10. 下列各项中，不属于利润要素但属于所有者权益的会计科目是（　　　）。

　　A. 资本公积　　　　B. 盈余公积　　　　C. 本年利润　　　　D. 实收资本

11. 从会计科目分类的角度看，下列各项中不属于所有者权益的有（　　　）。

　　A. 长期投资　　　　B. 投资收益　　　　C. 营业外收入　　　D. 盈余公积

12. 对于制造企业，"原材料"科目属于（　　　）。

　　A. 资产类科目　　　B. 总分类科目　　　C. 明细分类科目　　D. 成本类科目

13. 属于成本类科目的有（　　　）。

　　A. 销售费用　　　　B. 主营业务成本　　C. 制造费用　　　　D. 生产成本

14. 下列选项中，属于总账科目的有（　　　）。

　　A. 应交所得税　　　B. 交易性金融资产　C. 应收账款　　　　D. 固定资产

15. 下列会计科目中，属于损益类的有（　　　）。

　　A. 营业税金及附加　B. 投资收益　　　　C. 待处理财产损溢　D. 所得税费用

16. 下列会计科目中，反映费用的有（　　　）。

　　A. 主营业务成本　　B. 财务费用　　　　C. 管理费用　　　　D. 制造费用

17. 下列关于损益类科目的表述中，正确的有（　　　）。

　　A. 年末一定要转到"利润分配"科目　　　B. 收入类科目的减少额记借方

　　C. 期末一般无余额　　　　　　　　　　D. 费用类科目的增加额记借方

18. 下列各项中，属于损益类科目的有（　　　）。

　　A. 主营业务成本　　B. 制造费用　　　　C. 营业外支出　　　D. 管理费用

19. 下列会计科目中，反映资本的有（　　　）。

　　A. 资本公积　　　　B. 实收资本　　　　C. 本年利润　　　　D. 盈余公积

三、判断题

1. 成本类账户结构与费用类账户结构相同。（　　　）

2. "管理费用"科目期末将发生额转入"本年利润"科目。（　　　）

3. 《企业会计准则》规定，企业在设置会计科目时必须先设置总账科目，然后设置二级科目，最后设置三级科目。（　　）

4. 总分类科目对其所属的明细科目具有统驭和控制作用。（　　）

5. 会计科目的设置原则中的合法性原则是指设置的会计科目应当符合财政部的统一规定。（　　）

6. 资产类科目是用来核算和监督企业拥有或控制的、能以货币计量的经济资源的增减变动及结余情况的会计科目。（　　）

7. 反映资本的科目，如"实收资本""资本公积"等，用来反映各方投资者对企业投入的原始资本总额。（　　）

8. 会计科目设置原则中的实用性原则是指设置的会计科目应当为提供有关各方所需要的会计信息服务，满足对外报告与对内管理的要求。（　　）

9. 按损益的不同内容，利润类科目分为反映收入的科目和反映费用的科目。（　　）

10. 成本类科目期末一般无余额。（　　）

11. 会计科目的本期发生额是动态资料，而期末余额与期初余额是静态资料。（　　）

12. 所有者权益类科目的余额在贷方，表示所有者权益的结存数。（　　）

13. 企业期末结转利润时，应将各损益类科目的金额转入"本年利润"科目，结平各损益类科目。（　　）

14. 会计科目反映会计要素的构成及其变化情况。（　　）

15. 会计科目按照提供信息的详细程度及其统驭关系，可以分为一级科目和二级科目。（　　）

16. 合法性原则是指企业设置的会计科目应该与企业自身的经济业务相关。（　　）

17. 企业根据自己的需要设置某会计科目，这体现了相关性原则。（　　）

强化练习参考答案及解析

一、单项选择题

1. 答案：A

【解析】成本类科目期末如果有余额表示尚未完工的产品应负担的成本，即在产品成本，属于企业资产。

2. 答案：B

【解析】选项 A、C、D 余额一般在贷方。根据账户结构的规定，资产类账户的余额一般在借方，负债、所有者权益账户的余额一般在贷方。选项 A 属于应收款项的备抵账户，备抵账户的账户结构与被调整账户的账户结构刚好相反，应收款项的余额在借方，故坏账准备账户的余额在贷方。

3. 答案：B

【解析】本题权益总额应根据"资产=权益"的恒等式计算，也就是说只要将资产总额计算出来就可以了。业务①的会计分录为：借记库存现金 1，贷记银行存款 1，表现为资产内部一增一减、总额不变。业务②的会计分录为：借记应付账款 5，贷记银行存款 5，表现为负债和资产同时减少 5 万元。业务③的会计分录为：借记固定资产 100，贷记银行存款 100，表现为资产内部一增一减、总额不变。故最后资产总额=200-5=195（万元），由于资产=权益，所以选 B。

4. 答案：B

【解析】负债类科目按负债的偿还期限分为反映流动负债的科目和反映长期负债的科目。

5. 答案：C

【解析】选项 A、B、D 均属于流动资产。

6. 答案：C

【解析】选项 A、B、D 均属于存货项目。

7. 答案：B

【解析】"生产成本"属于成本类科目，选项 B 属于成本类科目，选项 A 属于资产类科目，选项 C 属于所有者权益类科目，选项 D 属于损益类科目。

8. 答案：A

【解析】"预付账款"属于资产类科目中的流动资产科目，"应收账款"科目与之相同，"工程物资""累计摊销"属于资产类科目中的非流动资产科目，"预收账款"属于负债类中的流动负债科目。

9. 答案：A

【解析】总分类科目，又称一级科目或总账科目，它是对会计要素具体内容进行总括分类、提供总括信息的会计科目；总分类科目反映各种经济业务的概括情况，是进行总分类核算的依据。

10. 答案：D

【解析】"以前年度损益调整"账户期末应当将发生额转入"利润分配——未分配利润"账户，选项 ABC 应当在期末将发生额转入本年利润账户。

11. 答案：B

【解析】直接计入所有者权益的损失，应当计入"资本公积——其他资本公积"科目。

12. 答案：A

【解析】相关性原则是指会计科目的设置应为提供有关各方面所需要的会计信息服务，满足对外报告和对内管理的要求。

13. 答案：C

【解析】期末余额=期初余额+本期增加发生额-本期减少发生额；期初余额=26+34-50=10（万元）。

14. 答案：C

【解析】非流动资产类科目主要包括"长期股权投资""长期应收款""固定资产""在建工程""无形资产"和"长期待摊费用"等。"预收账款"属于流动负债类科目，"应收账款""库存商品"属于流动资产类科目。

15. 答案：B

【解析】会计科目按其所归属的会计要素进行分类（反映的经济内容不同），可分为资产类、负债类、所有者权益类、成本类、损益类和共同类。

16. 答案：C

【解析】A、B、D 选项属于资产类科目。

17. 答案：B

【解析】月末银行存款科目余额=月初余额+本期增加发生额-本期减少发生额，即 100+（60+20）-（10+30）=140（万元）。

18. 答案：B

【解析】"应付账款"账户期末贷方余额=期初贷方余额+本期贷方发生额-本期借方发生额，故"应付账款"账户期末贷方余额=78 000+200 000-230 000=48 000（万元）。

19. 答案：B

【解析】所有者权益类科目借方记减少，贷方记增加，期末余额一般在贷方。

20. 答案：B

【解析】选项 A、C、D 属于损益类会计科目。

21. 答案：D

【解析】资产类会计科目期末余额=月初余额+本期增加发生额-本期减少发生额，故该科目本期增加额=期末余额-月初余额+本期减少发生额=5 700-5 600+800=900（元）。

22. 答案：A

【解析】"本年利润"属于所有者权益类会计科目。

23. 答案：D

【解析】"应收账款"账户期末余额=期初借方余额+本期借方发生额-本期贷方发生额，故该科目期末余额=2 000+1 000-8 000=-5 000（元），故为贷方余额。

24. 答案：C

【解析】赊购材料 10 万元，增加资产 10 万元；用银行存款偿还短期借款 20 万元，减少资产 20 万元，收到购货单位偿还欠款 15 万元存入银行，资产内部一增一减，不影响资产总额。故资产总额=300+10-20=290（万元）。

25. 答案：B

【解析】"生产成本"账户期末借方余额反映尚未加工完成的各项产品的成本。

二、多项选择题

1. 答案：B、C

【解析】期末没有余额的账户是损益类，故选 B、C。选项 A 如果产品全部完工就没有余额，如果部分完工就有余额，余额在借方。选项 D 属于负债类科目，一般情况下期末有余额，余额在贷方。

2. 答案：A、B、C

【解析】反映留存收益的科目有"盈余公积""本年利润""利润分配"等。

3. 答案：A、C、D

【解析】会计科目的设置原则必须遵循以下原则：①合法性原则；②相关性原则；③实用性原则。

4. 答案：A、C

【解析】选项 B 属于所有者权益类科目，选项 D 属于资产类科目。

5. 答案：A、C

【解析】会计科目按其归属的会计要素可分为：①资产类科目；②负债类科目；③所有者权益类科目；④成本类科目；⑤损益类科目。

6. 答案：A、C

【解析】计入当期损益的利得，应当通过营业外收入和公允价值变动损益科目核算。

7. 答案：A、B、C

【解析】计入当期损益的损失，应当通过营业外支出、公允价值变动损益和资产减值损失科目核算。

8. 答案：B、C

【解析】"长期借款"属于负债中的非流动负债科目，与之相同的有"应付债券"和"长期应付款"科目，"应付账款"属于流动负债科目，"应收票据"属于资产类科目。

9. 答案：A、B

【解析】"研发支出"和"劳务成本"均属于成本类科目。

10. 答案：A、B、D

【解析】"本年利润"属于利润要素。

11. 答案：A、B、C

【解析】"长期投资"属于资产类会计科目，"投资收益""营业外收入"属于损益类会计科目。

12. 答案：A、B

【解析】"原材料"按经济内容分属于资产类科目，按所提供信息的详细程度及其统驭关系分属于总分类科目。

13. 答案：C、D

【解析】按经济内容分类，"制造费用""生产成本"属于成本类科目，"销售费用""主营业务成本"属于损益类科目。

14. 答案：B、C、D

【解析】按所提供信息的详细程度及其统驭关系，可将会计科目分为总账科目和明细分类科目。应交所得税属于明细分类科目。

15. 答案：A、B、D

【解析】"待处理财产损溢"属于资产类会计科目。

16. 答案：A、B、C

【解析】"制造费用"反映的是成本。

17. 答案：B、C、D

【解析】损益类会计科目期末一般无余额，收入类增加在贷方，减少在借方；费用类增加在借方，减少在贷方。年末通过"本年利润"转到"利润分配"。

18. 答案：A、C、D

【解析】"制造费用"属于成本类会计科目。

19. 答案：A、B

【解析】反映资本的科目有"实收资本""资本公积"。

三、判断题

1. 答案：√

【解析】资产、成本、费用账户结构相同，均是借方登记增加，贷方登记减少。

2. 答案：√

【解析】损益类科目期末应将发生额均转入"本年利润"科目。

3. 答案：×

【解析】二级科目的设置关键看明细科目的多少，也就是说当明细科目较多时，企业才设置二级科目，如果明细科目不多，企业就不用设置二级科目。

4. 答案：√

【解析】总分类科目对其所属的明细科目具有统驭和控制作用。

5. 答案：×

【解析】会计科目设置原则中的合法性原则，是指所设置的会计科目应当符合国家统一的会计制度的规定。

6. 答案：√

【解析】资产类科目是用来核算和监督企业拥有或控制的、能以货币计量的经济资源的增减变动及结余情况的会计科目。

7. 答案：√

【解析】反映资本的科目，如"实收资本""资本公积"等，用来反映各方投资者对企业投入的原始资本总额。

8. 答案：×

【解析】相关性原则是指设置的会计科目应当为提供有关各方所需要的会计信息服务，满足对外报告与对内管理的要求。

9. 答案：×

【解析】按损益的不同内容，损益类科目可分为反映收入的科目和反映费用的科目。

10. 答案：√

【解析】成本类科目期末一般无余额，如有余额，则在借方表示尚未加工完成的各项产品的成本。

11. 答案：√

【解析】本期发生额反映一定期间的动态资料，期末余额与期初余额反映某一时点的静态资料。

12. 答案：√

【解析】所有者权益类科目增加记贷方，减少记借方，期末余额一般在贷方，表示所有者权益的结存数。

13. 答案：√

【解析】期末就应将各损益类科目的发生额转入"本年利润"，结平各损益类科目。

14. 答案：√

【解析】会计科目是对会计对象的基本分类，是会计要素的具体化。单位发生的交易或事项，必然引起各项会计要素具体内容发生数量、金额的增减变化。

15. 答案：×

【解析】会计科目按照提供信息的详细程度及其统驭关系，可以分为总账科目和明细分类科目。总账科目又称一级科目，而明细分类科目又可分为二级科目、三级科目等。

16. 答案：×

【解析】合法性原则是指为了保证会计信息的可比性，所设置的会计科目应当符合国定统一的会计制度的规定。

17. 答案：×

【解析】企业根据自己的需要设置某会计科目，这体现的是实用性原则。

第四章
会计记账方法

主要考点

1. 复式记账的概念
2. 账户结构
3. 试算平衡

复习重点

第一节 | 会计记账方法的种类

一、单式记账法

单式记账法是指对发生的每一项经济业务，只在一个账户中加以登记的记账方法。

二、复式记账法

1. 复式记账法的概念

复式记账法是指对每一笔经济业务，都必须用相等的金额在两个或两个以上相互联系的账户中进行登记，全面、系统地反映会计要素增减变化的一种记账方法。

2. 复式记账法的优点

（1）能够全面反映经济业务内容和资金运动的来龙去脉。

（2）能够进行试算平衡，便于查账和对账。

3. 复式记账法的基本原则

（1）以会计等式作为记账基础。

（2）对每项经济业务，必须在两个或两个以上相互联系的账户中进行等额记录。

（3）必须按经济业务对会计等式的影响类型进行记录。

（4）定期汇总的全部账户记录必须平衡。

通过复式记账对每笔经济业务进行双重等额记录后，定期汇总的全部账户的数据必然会保持会计等式的平衡关系。复式记账试算平衡有发生额平衡法和余额平衡法两种。

4. 复式记账的种类

复式记账有 3 种，即借贷记账法、增减记账法、收付记账法。

第二节 │ 借贷记账法

一、借贷记账法的概念

借贷记账法是以"资产=负债+所有者权益"这一会计基本等式作为记账原理，以"借"和"贷"作为记账符号，反映会计主体资产、负债及所有者权益增减变化的一种复式记账方法。

二、借贷记账法下账户的基本结构

借贷记账法的记账符号是"借"和"贷"。对账户来说，它们是账户的两个部分，分别代表左方和右方，左方为借方，右方为贷方（左借右贷），这一规定适用于所有类型的账户。所有账户的借方和贷方按相反方向记录增加数和减少数，至于"借"表示增加，还是"贷"表示增加，则取决于账户的性质与所记录经济业务内容的性质。通常而言，资产、成本和费用类账户的增加用"借"表示，减少用"贷"表示；负债、所有者权益和收入类账户的增加用"贷"表示，减少用"借"表示。备抵账户的结构与所调整账户的结构正好相反。

1. 资产类账户的结构

对于资产类账户，一般是借方登记资产金额的增加，贷方登记资产金额的减少。在一个会计期间（年、季、月）内，借方记录的合计金额称为借方发生额，贷方记录的合计金额称为贷方发生额。在每一个会计期间的期末将借、贷方发生额进行比较，其差额称为期末余额，期末余额转到下一期就成为下一期的期初余额。资产类账户的期末余额一般在借方，用公式表示如下。

$$资产类账户期末余额=期初借方余额+本期借方发生额-本期贷方发生额$$

【例 4-1】应收账款账户的期初借方余额为 100 万元，本期贷方发生额为 80 万元，期末余额为 50 万元，则本期增加发生额为（　　　）万元。

A. 70　　　　　　　　B. 130　　　　　　　　C. 30　　　　　　　　D. 80

答案：C

【解析】应收账款本期增加发生额即本期借方发生额=50-100+80=30（万元）。

2. 负债类和所有者权益类账户的结构

负债类和所有者权益类账户的贷方登记负债和所有者权益的增加，借方登记负债和所有者权益的减少。这两类账户的期末余额一般在贷方。公式如下。

$$负债和所有者权益类账户期末余额=期初贷方余额+本期贷方发生额-本期借方发生额$$

3. 成本类账户的结构

成本类账户的结构与资产类会计科目的结构相同，即其借方登记成本费用的增加（发生），贷方登记成本费用的减少（结转、转销）。如果该类科目期末有余额，则表示尚未完工的产品（在产品）应负担的成本，即期末在产品成本。在产品属于企业的资产。

【例 4-2】"生产成本"账户的期末余额表示在产品成本，计入资产负债表中的"流动资产"项目（　　　）。

答案：√

【解析】"生产成本"属于成本类科目，期末如果有余额表示在产品成本，计入资产负债表中的"存货"项目。"存货"属于企业的流动资产。

4．损益类账户的结构

损益类账户分为收入类账户和费用类账户两类。其中，收入类账户反映企业收入的会计科目，其结构与所有者权益类账户的结构相同。即收入类账户的贷方登记收入的增加，借方登记收入的减少（结转）；期末收入结转后，该类账户没有余额。费用类账户反映期间费用（成本、支出、税金），其结构与成本类账户的结构相同。即费用（成本、支出、税金）类账户的借方登记费用（成本、支出、税金）的增加，贷方登记费用（成本、支出、税金）的减少（结转、转销）；期末结转期间费用（成本、支出、税金）以后，该类账户没有余额。

三、借贷记账法的记账规则

有借必有贷，借贷必相等。

四、账户的对应关系和会计分录

1．账户的对应关系

账户的对应关系是指采用借贷记账法对每笔交易或事项进行记录时，相关账户之间形成的应借应贷的相互关系。存在这种对应关系的账户称为对应账户。

有些会计科目之间存在固定的对应关系，有些则没有对应关系。有时一个借方科目与一个贷方科目之间发生相互对应关系，有时一个借方科目与几个贷方科目或者几个借方科目与一个贷方科目发生相互对应关系。通过会计科目的对应关系，可以了解经济业务的具体内容。

2．会计分录

会计分录是指对某经济业务事项标明其应借应贷账户及其金额的记录，简称分录。

会计分录的要素包括账户名称、记账符号和金额。

按照所涉及账户的多少，会计分录可分为简单会计分录和复合会计分录。简单会计分录是指只涉及一个账户借方和另一个账户贷方的会计分录，即一借一贷的会计分录；复合会计分录是指由两个以上（不含两个）对应账户所组成的会计分录，即一借多贷、一贷多借或多借多贷的会计分录。

复合会计分录实际上是由简单会计分录组合而成的。

五、借贷记账法的试算平衡

1．试算平衡的含义

试算平衡是根据资产与权益的恒等关系及借贷记账法的记账规则，通过对所有账户的发生额和余额的汇总计算和比较，来检查记账是否正确的一种方法，包括发生额试算平衡法和余额试算平衡两种方法。

2．试算平衡的分类

（1）发生额试算平衡法。根据借贷记账法的记账规则，在每一笔会计分录中，借贷两方的余额完全相等，因此，一定时期内汇总全部经济业务的所有会计分录的发生额，必然形成全部会计科目的借方发生额之和等于全部会计科目的贷方发生额之和。公式如下。

$$全部会计科目的借方发生额之和=全部会计科目的贷方发生额之和$$

如果全部会计科目的借方发生额之和等于全部会计科目的贷方发生额之和，也不能肯定记账工作毫无错误。例如，存在以下几种情况：①漏记了某项经济业务；②重记了某项经济业务；③记错了有关账户；④偶尔发生多记或少记金额；⑤颠倒了记账方向。

（2）余额试算平衡法。借贷记账法以"资产=负债+所有者权益"这一会计基本等式作为记账原理。在某一特定时日，全部会计科目的期初（期末）借方余额之和，必然等于全部会计科目的期初（期末）贷方余额之和。公式如下。

全部会计科目的期初（期末）借方余额之和=全部会计科目的期初（期末）贷方余额之和

【例4-3】试算平衡表中全部会计科目的借方余额之和等于全部会计科目的贷方余额之和，这表明账户记录绝对正确。（　　）

答案：×

【解析】试算平衡表中全部会计科目的借方余额之和等于全部会计科目的贷方余额之和，这表明账户记录基本正确。因为以下几种情况不可能通过试算平衡发现：①漏记了某项经济业务；②重记了某项经济业务；③记错了有关账户；④偶尔发生多记或少记金额；⑤颠倒了记账方向。

历年真题及解析

一、单项选择题

1. 在借贷记账法下，期末没有余额的账户类别是（　　）账户。

A. 资产类　　　　　　　　　　　　B. 损益类

C. 负债类和所有者权益类　　　　　D. 成本类

答案：B

【解析】损益类账户期末将发生额全部转入本年利润账户，故期末没有余额。

2. 下列各项中，不符合借贷记账法记账规则的是（　　）。

A. 资产数额的增加记在借方　　　　B. 所有者权益、负债数额的增加记在贷方

C. 收入数额的减少记在借方　　　　D. 成本、费用数额的增加记在贷方

答案：D

【解析】在借贷记账法下，账户的借方登记资产、成本、费用的增加数或负债、所有者权益、收入的减少数。贷方登记资产、成本、费用的减少数或负债、所有者权益、收入的增加数。

3. 下列经济活动中，将导致企业所有者权益总额发生变动的是（　　）。

A. 分配现金股利　　　　　　　　　B. 提取盈余公积

C. 派发股票股利　　　　　　　　　D. 用盈余公积弥补亏损

答案：A

【解析】选项A的会计分录为借记"利润分配"，贷记"应付股利"，表现为所有者权益减少，负债增加。选项B的会计分录为借记"利润分配"，贷记"盈余公积"，表现为所有者权益内部一增一减、总额不变。选项C的会计分录为借记"利润分配"，贷记"股本（实收资本）"，表现为所有者权益内部一增一减、总额不变。选项D的会计分录为借记"盈余公积"，贷记"利润分配"，表现为所有者权益内部一增一减、总额不变。

4. 简单会计分录是指（　　）的会计分录。

A. 一借多贷　　　B. 一贷多借　　　C. 多借多贷　　　D. 一借一贷

答案：D

【解析】简单会计分录的形式是一借一贷，复合会计分录的形式为一借多贷、一贷多借和多借多贷3种。

5. 借贷记账法下，（　　）不在账户借方登记。

  A. 成本的增加   B. 收入的减少

  C. 负债的增加   D. 所有者权益的减少

答案：C

【解析】负债的增加在账户的贷方登记，负债的减少在账户的借方登记。

6. 下列关于会计分录的说法中，错误的是（　　）。

  A. 会计分录是指对某项经济业务事项表明其应借应贷账户及金额的记录

  B. 会计分录按其涉及账户的多少，分为一借一贷会计分录和多借多贷会计分录

  C. 按照国际惯例，每一个会计分录都是借方在上、贷方在下

  D. 为了便于识别，每一个会计分录都是借方在左、贷方在右

答案：B

【解析】会计分录按涉及账户的多少，分为一借一贷、一借多贷、一贷多借和多借多贷会计分录。

7. 下列关于复式记账的说法，错误的是（　　）。

  A. 复式记账法能够反映经济业务的来龙去脉

  B. 复式记账法以资产与负债的平衡关系作为记账基础

  C. 对每项经济业务，必须在两个或两个以上互相联系的账户中进行等额记录

  D. 定期汇总的全部账户记录必须平衡

答案：B

【解析】复式记账法是以资产与权益的平衡关系作为记账基础。

8. 下列经济业务中，会导致企业资产总额发生变动的是（　　）。

  A. 用银行存款 20 万元购入机器设备一台   B. 用银行存款 100 万元偿还银行贷款

  C. 生产产品领用原材料 10 万元   D. 向银行借入 80 万元偿还欠款

答案：B

【解析】选项 A 的会计分录为借记"固定资产"，贷记"银行存款"，表现为资产内部一增一减、资产总额不变。选项 B 的会计分录为借记"短期借款（长期借款）"，贷记"银行存款"，表现为负债减少、资产减少。选项 C 的会计分录为借记"生产成本"，贷记"原材料"，表现为资产内部一增一减、资产总额不变。选项 D 的会计分录为借记"应付账款"，贷记"短期借款（长期借款）"，表现为负债内部一增一减、负债总额不变。

9. 下列经济业务发生后，引起资产与负债项目同时减少的是（　　）。

  A. 购买材料，款项未支付   B. 将现金存入银行

  C. 用银行存款上缴税金   D. 用银行存款预付购货款

答案：C

【解析】选项 A 的会计分录为借记"原材料"，贷记"应付账款"，表现为资产增加、负债增加。选项 B 的会计分录为借记"银行存款"，贷记"库存现金"，表现为资产内部一增一减、资产总额不变。选项 C 的会计分录为借记"应交税费"，贷记"银行存款"，表现为负债减少、资产减少。选项 D 的会计分录为借记"预付账款"，贷记"银行存款"，表现为资产内部一增一减、资产总额不变。

二、多项选择题

1. 复式记账法必须遵循的基本原则是（　　　）。
   A. 以会计等式作为记账基础
   B. 对每项经济业务，必须在两个或两个以上相互联系的账户中进行等额登记
   C. 必须按经济业务对会计等式的影响类型进行记录
   D. 定期汇总的全部账户记录必须平衡

答案：A、B、C、D

【解析】复式记账法必须遵循以下几项基本原则：①以会计等式作为记账基础；②对每项经济业务，必须在两个或两个以上相互联系的账户中进行等额登记；③必须按经济业务对会计等式的影响类型进行记录；④定期汇总的全部账户记录必须平衡。

2. 借贷记账法的试算平衡包括（　　　）。
   A. 发生额试算平衡　　B. 余额试算平衡　　　　C. 总额试算平衡　　　　D. 差额试算平衡

答案：A、B

【解析】借贷记账法的试算平衡包括发生额试算平衡和余额试算平衡。

3. 关于借贷记账法下的账户结构，下列说法中正确的有（　　　）。
   A. 资产类账户的借方表示资产的增加
   B. 成本类账户的期末余额表示期末在产品成本
   C. 负债类和所有者权益类账户的结构有细微差别
   D. 损益类账户期末无余额

答案：A、B、D

【解析】负债类和所有者权益类账户的结构没有区别，均是借方登记负债和所有者权益的减少，贷方登记负债和所有者权益的增加。

4. 关于借贷记账法的试算平衡，下列说法正确的有（　　　）。
   A. 全部会计科目本期借方发生额之和等于全部会计科目本期贷方发生额之和
   B. 试算平衡包括发生额试算平衡和余额试算平衡两种
   C. 全部会计科目借方期初余额合计等于全部会计科目贷方期初余额合计
   D. 如果试算平衡则说明账户金额记录一定正确

答案：A、B、C

【解析】如果试算平衡也不能说明记账工作没有错误，有以下几种情况不能通过试算平衡发现其差错：①漏记了某项经济业务；②重记了某项经济业务；③记错了有关账户；④偶尔发生多记或少记金额；⑤颠倒了记账方向。

三、判断题

1. 根据复式记账法原理，任何一项经济业务的发生，都将使两个以上会计科目发生增减变化，但增减金额的绝对值不一定相等。（　　　）

答案：×

【解析】复式记账是以资产与权益的平衡关系作为记账基础，对每一项经济业务都要以相等的金额在两个或两个以上的账户中进行相互联系的登记。

2. 借贷记账法中，"借"表示增加，"贷"表示减少。（　　　）

答案：×

【解析】在借贷记账法中"借"和"贷"只是单纯的记账符号，并不表示什么含义。

3. 企业资产与所有者权益在任何一个时点都保持恒等关系。（　　　）

答案：×

【解析】企业资产与权益（负债和所有者权益）在任何一个时点都必然保持恒等关系。

强化练习

一、单项选择题

1. 我国目前采用（　　　）记账方法。

    A. 借贷记账法

    B. 增减记账法

    C. 收付记账法

    D. 企业采用借贷记账法，行政事业单位采用收付记账法

2. 应收票据的期初余额为 10 万元，本期增加发生额为 30 万元，本期减少发生额为 15 万元，期末余额为（　　　）。

    A. 借方 5 万元　　　　B. 贷方 5 万元　　　　C. 借方 25 万元　　　　D. 贷方 25 万元

3. 发生额试算平衡编制的依据是（　　　）。

    A. 资产=权益　　　　B. 记账规则　　　　C. 记账方法　　　　D. 收入-费用=利润

4. 余额试算平衡编制的依据是（　　　）。

    A. 资产=权益　　　　B. 记账规则　　　　C. 记账方法　　　　D. 收入-费用=利润

5. 下列（　　　）经济业务使资产、负债同时减少。

    A. 将现金存入银行　　　　　　　　　B. 以存款支付前欠货款

    C. 收到应收款项　　　　　　　　　　D. 以现金支付职工预借款项

6. 下列（　　　）经济业务使资产、所有者权益同时发生变动。

    A. 收到投资者投入的固定资产　　　　B. 从银行提取现金备用

    C. 购入原材料货款尚未支付　　　　　D. 将资本公积转为资本

7. 下列关于复式记账的基本原则说法错误的有（　　　）。

    A. 以会计等式作为记账基础

    B. 对每项经济业务，必须在两个或两个以上相互联系的账户中进行等额记录

    C. 必须按经济业务对会计等式的影响类型进行记录

    D. 复式记账对现代会计核算方法的发展也起到了催化作用

8. 下列关于会计科目的对应关系说法错误的有（　　　）。

    A. 会计科目之间形成的应借应贷的关系，称为会计科目的对应关系

    B. 有些会计科目之间存在固定的对应关系，有些则没有对应关系

    C. 对应关系主要包括一借一贷、一借多贷、多贷一借和多借多贷 4 种

    D. 通过会计科目的对应关系，可以了解经济业务的具体内容

9. 某企业月末在编制试算平衡表时，全部账户的本月贷方发生额合计为 6 万元，除银行存款外的本月借方发生额合计为 4.2 万元，下列关于银行存款科目的表述中，正确的是（　　　）。

    A. 本月借方余额为 1.8 万元　　　　　B. 本月贷方余额为 1.8 万元

    C. 本月贷方发生额为 1.8 万元　　　　D. 本月借方发生额为 1.8 万元

10. 在借贷记账法下，下列关于负债科目结构特点的表述中，正确的是（　　）。

 A. 借方登记减少、贷方登记增加，期末余额在贷方

 B. 借方登记增加、贷方登记减少，期末一般无余额

 C. 借方登记增加、贷方登记减少，期末余额在借方

 D. 借方登记减少、贷方登记增加，期末一般无余额

11. 在借贷记账法下，下列关于余额试算平衡公式的表述中，正确的是（　　）。

 A. 全部总分类科目借方期末余额合计=全部总分类科目贷方期末余额合计

 B. 全部总分类科目贷方期初余额合计=全部总分类科目贷方期末余额合计

 C. 全部总分类科目借方期初余额合计=全部总分类科目借方期末余额合计

 D. 全部总分类科目借方发生额合计=全部总分类科目贷方发生额合计

12. 根据《企业会计准则》规定，下列各项属于企业应采用的记账法的是（　　）。

 A. 收付记账法 B. 增减记账法 C. 单式记账法 D. 借贷记账法

13. 下列关于借贷记账法"贷"的表述中，正确的是（　　）。

 A. 费用减少 B. 负债减少 C. 收入减少 D. 资产增加

14. 下列关于借贷记账法"借"的表述中，正确的是（　　）。

 A. 费用增加 B. 收入增加 C. 所有者权益增加 D. 负债增加

15. 某企业5月份发生生产费用50万元，月末结转完工产品成本30万元，假定"生产成本"账户5月月初余额为0元，则该账户月末余额为（　　）万元。

 A. 贷方30 B. 借方20 C. 0 D. 借方50

二、多项选择题

1. 下列经济业务中会引起资产总额发生变动的有（　　）。

 A. 收回前欠货款   B. 支付办公费用

 C. 资本公积转增资本   D. 向银行借入款项

2. 复式记账的原则包括（　　）。

 A. 以会计等式作为记账基础

 B. 对多笔经济业务必须在两个以上的账务中进行等额登记

 C. 能够起到防止和检查会计数据错漏的作用

 D. 定期汇总的全部账户记录必须平衡

3. 下列关于复式记账说法正确的有（　　）。

 A. 复式记账是以资产与权益的平衡关系作为记账基础的

 B. 对于每一笔经济业务，都要在两个或两个以上相互联系的账户中进行登记

 C. 复式记账能够反映经济业务的来龙去脉

 D. 复式记账法能够防止和检查会计数据的错漏

4. 下列关于借贷记账法说法正确的有（　　）。

 A. 借表示债权，贷表示债务

 B. 以"资产=权益"这一会计等式作为记账原理

 C. 以借方和贷方作为记账符号

 D. 账户的左方代表借方，右方代表贷方

5. 复合会计分录的形式有（　　　）。

    A. 一借一贷　　　　　　B. 一借多贷　　　　　C. 多借一贷　　　　　　D. 多借多贷

6. 在编制试算平衡表时，下列（　　　）情况下，即使试算平衡也不能说记账工作毫无错误。

    A. 漏记了某项经济业务　　　　　　　　　　B. 记错了有关账户

    C. 颠倒了记账方向　　　　　　　　　　　　D. 将借方余额计入贷方

7. 会计分录的要素包括（　　　）。

    A. 记账符号　　　　　B. 借方　　　　　　　C. 贷方　　　　　　　　D. 金额

8. 在借贷记账法下，账户的借方登记（　　　）。

    A. 资产的增加　　　　B. 负债的减少　　　　C. 收入的增加　　　　　D. 成本的减少

9. 下列关于复式记账法的说法正确的有（　　　）。

    A. 复式记账法是以资产与权益的平衡关系作为记账基础的

    B. 复式记账原理实际上是会计平衡原理的一个推论，它可以通过会计恒等式得以证明

    C. 复式记账法能够反映经济业务的来龙去脉

    D. 复式记账不能查补会计中的差错

10. 下列关于借贷记账法的记账符号说法正确的有（　　　）。

    A. "借"和"贷"表示增加和减少

    B. "借"和"贷"表示账户中两个固定的部位，即左方一律为借方，右方一律为贷方

    C. "借"和"贷"与不同类型的账户相结合，分别表示增加或减少

    D. "借"和"贷"还可以表示余额的方向

11. 一项经济业务的发生，没有影响权益总额，是因为（　　　）。

    A. 资产增加、负债增加　　　　　　　　　　B. 负债增加、所有者权益减少

    C. 负债减少、所有者权益增加　　　　　　　D. 负债内部一增一减

12. 下列表述中，正确反映借贷记账法特点的有（　　　）。

    A. 可以进行发生额试算平衡和余额试算平衡

    B. 根据科目所反映的经济内容，来决定记账方向

    C. 以"借"和"贷"作为记账符号

    D. 记账规则是"有借必有贷，借贷必相等"

13. 某企业从银行提取现金 1 万元备用，下列选项中，正确的有（　　　）。

    A. 贷记"银行存款"　　　　　　　　　　　　B. 贷记"库存现金"

    C. 借记"库存现金"　　　　　　　　　　　　D. 借记"银行存款"

14. 下列各项中，可以作为在借贷记账法下收款凭证借方科目的有（　　　）。

    A. 库存现金　　　　　B. 应付账款　　　　　C. 应收账款　　　　　　D. 银行存款

15. 在借贷记账法下，下列选项中，表明会计科目借方登记内容的有（　　　）。

    A. 成本的增加　　　　　　　　　　　　　　B. 资产的增加

    C. 所有者权益的增加　　　　　　　　　　　D. 收入的减少或期末结转数

16. 下列等式中，反映试算平衡关系的有（　　　）。

    A. 全部科目本期借方发生额合计=全部科目本期贷方发生额合计

    B. 资产类科目借方发生额合计=资产类科目贷方发生额合计

    C. 负债类科目借方发生额合计=负债类科目贷方发生额合计

    D. 全部科目本期借方余额合计=全部科目本期贷方余额合计

17. 下列关于借贷记账法的表述中，正确的有（　　）。
    A. 负债类科目增加记贷方，减少记借方　　B. 资产类科目增加记贷方，减少记借方
    C. 费用类科目增加记贷方，减少记借方　　D. 收入类科目增加记贷方，减少记借方
18. 下列选项中，能使负债总额增加的有（　　）。
    A. 签发并承兑商业汇票抵付前欠货款　　B. 计提应付债券利息
    C. 短期借款转长期借款　　D. 从银行取得短期借款
19. 下列会计等式中，正确的有（　　）。
    A. 期末余额-期初余额-本期增加发生额-本期减少发生额
    B. 期末余额=期初余额+本期增加发生额-本期减少发生额
    C. 期末余额-期初余额=本期增加发生额-本期减少发生额
    D. 期末余额+本期减少发生额-期初余额=本期增加发生额

三、判断题

1. 成本类账户结构与费用类账户结构相同。（　　）
2. "固定资产"和"银行存款"是一对固定的对应账户。（　　）
3. 复合会计分录由若干简单分录组合而成。（　　）
4. 会计分录是指对某经济业务事项标明其借方、贷方及金额的记录，简称分录。（　　）
5. 借贷记账法中的"借"和"贷"，一方表示增加另一方表示减少，哪一方表示增加哪一方表示减少关键看经济业务的性质。（　　）
6. 在试算平衡时如果借方金额合计=贷方金额合计，就说明记账工作没有错误。（　　）
7. 对于不同性质的科目，"借"和"贷"的含义有所不同。（　　）
8. 在借贷记账法下，"借"表示增加，"贷"表示减少。（　　）
9. 复式记账法是以资产与负债及所有者权益的平衡关系作为记账的基础，对于每一笔经济业务都要在两个或两以上相互联系的账户中进行登记，系统地反映资金运动变化结果的一种记账方法。（　　）
10. 如果所有科目在一定期间内借、贷方发生额合计平衡，则可以断定记账肯定没有错误。（　　）
11. 借贷记账法中的记账规则，概括地说就是"有借必有贷，借贷必相等"。（　　）
12. 资产与权益恒等式关系是复式记账法的理论基础，也是企业编制资产负债表的依据。（　　）
13. 为判断会计科目记录是否正确，常用编制试算平衡表的方法，只要试算平衡表实现平衡，即说明科目记录正确无误。（　　）
14. 损益类科目增加记借方，减少记贷方，期末没有余额。（　　）
15. 复式记账法包括借贷记账法、收付记账法和增减记账法3种。（　　）
16. 期末进行试算平衡时，发现所有总分类科目的本期借方发生额合计数与所有总分类科目的本期贷方发生额合计数不相等，则说明科目记录不正确。（　　）

四、计算分析题

某月月末 A 公司有关账户的资料如下表所示，要求在下表的空格中填入正确的数字。

会计科目	期初余额		本期发生额		期末余额	
	借方	贷方	借方	贷方	借方	贷方
银行存款	（1）	—	5 000	3 000	12 000	—
应收账款	33 000	—	（2）	12 000	36 000	—
预付账款	15 000	—	20 000	（3）	25 000	—
预收账款		100 000	（4）	50 000	—	110 000
应付账款		40 000	15 000	（5）	—	55 000

强化练习参考答案及解析

一、单项选择题

1. 答案：A

【解析】1992 年《企业会计准则》颁布施行后，我国企业统一采用借贷记账法。1998 年事业单位、行政单位进行会计改革，也统一使用借贷记账法。

2. 答案：C

【解析】应收票据属于资产类账户，期初余额在借方，期末余额=期初余额（10 万）+本期增加（借方）发生额（30 万）−本期减少（贷方）发生额（15 万）=借方余额（25 万），故选 C。

3. 答案：B

【解析】发生额试算平衡即根据借贷记账法的记账规则，在每一笔会计分录中，借贷两方的金额完全相等。因此，一定时期内汇总全部经济业务的所有会计分录的发生额，必然形成全部会计科目的借方发生额之和等于全部会计科目的贷方发生额之和。

4. 答案：A

【解析】余额试算平衡以"资产=负债+所有者权益"这一会计基本等式作为记账原理。在某一特定时日，全部会计科目的期初（期末）借方余额之和，必然等于全部会计科目的期初（期末）贷方余额之和。

5. 答案：B

【解析】选项 A 的会计分录为借记"银行存款"，贷记"库存现金"，表现为资产内部一增一减、资产总额不变。选项 B 的会计分录为借记"应付账款"，贷记"银行存款"，表现为资产、负债同时减少。选项 C 的会计分录为借记"银行存款"，贷记"应收账款"，表现为资产内部一增一减、资产总额不变。选项 D 的会计分录为借记"其他应收款"，贷记"库存现金"，表现为资产内部一增一减、资产总额不变。故选 B。

6. 答案：A

【解析】选项 A 在不考虑增值税情况下的会计分录为借记"固定资产"，贷记"实收资本"，表现为资产增加、所有者权益增加。选项 B 的会计分录为借记"库存现金"，贷记"银行存款"，表现为资产内部一增一减、资产总额不变。选项 C 在不考虑增值税情况下的会计分录为借记"原材料"，贷记"应付账款"，表现为资产、负债同时增加。选项 D 的会计分录为借记"资本公积"，贷记"实收资本"，表现为所有者权益内部一增一减、总额不变。故选项 A 符合本题要求。

7. 答案：D

【解析】复式记账的基本原则是：①以会计等式作为记账基础；②对每项经济业务，必须在两个或两个以上相互联系的账户中进行等额记录；③必须按经济业务对会计等式的影响类型进行记录；④定期汇总的全部账户记录必须平衡。选项 D 是属于复式记账的作用，不属于基本原则。

8. 答案：C

【解析】会计科目的对应关系主要包括一借一贷、一借多贷和多借一贷，不包括多借多贷的对应关系。

9. 答案：D

【解析】借贷记账法下，全部账户本期贷方发生额合计=合部账户本期借方发生额合计。故银行存款的本月借方发生额为 1.8 万元。即 6-4.2=1.8（万元）。

10. 答案：A

【解析】在借贷记账法下，负债类科目借方登记减少，贷方登记增加，期末余额在贷方。

11. 答案：A

【解析】余额试算平衡公式：全部账户借方期末（初）余额合计=全部账户贷方期末（初）余额合计。

12. 答案：D

【解析】根据《企业会计准则》，我国企业现行采用借贷记账法。

13. 答案：A

【解析】费用的减少在贷方，增加在借方；负债的减少在借方，增加在贷方；收入的减少在借方，增加在贷方；资产的增加在借方，减少在贷方。

14. 答案：A

【解析】费用的减少在贷方，增加在借方；收入的减少在借方，增加在贷方；所有者权益的增加在贷方，减少在借方；负债的减少在借方，增加在贷方。

15. 答案：B

【解析】期末余额=期初余额+本期增加发生额-本期减少发生额，故月末余额=0+50-30=20（万元）。

二、多项选择题

1. 答案：B、D

【解析】选项 A 的会计分录为借记"银行存款"，贷记"应收账款"，表现为资产内部一增一减、总额不变。选项 B 的会计分录为借记"管理费用"，贷记"银行存款"，表现为费用增加、资产减少。选项 C 的会计分录为借记"资本公积"，贷记"股本（实收资本）"，表现为所有者权益内部一增一减、权益总额不变。选项 D 的会计分录为借记"银行存款"，贷记"短期借款（长期借款）"，表现为资产、负债同时增加。

2. 答案：A、C、D

【解析】复式记账的原则有：①以会计等式作为记账基础；②对每项经济业务，必须在两个或两个以上相互联系的账户中进行等额记录；③必须按经济业务对会计等式的影响类型进行登记；④定期汇总的全部账户记录必须平衡。

3. 答案：A、B、C、D

【解析】复式记账是以资产与权益的平衡关系作为记账基础，对于每一笔经济业务，都要在两个或两个以上相互联系的账户中进行登记，系统地反映资金运动变化结果的一种记账方法。复式记账法具有重要意义：首先，复式记账能够反映经济业务的来龙去脉；其次，复式记账法对于防止和检查会计数据的错漏也有重要意义。

4. 答案：B、D

【解析】借贷记账法是以"资产=负债+所有者权益"这一会计基本等式作为记账原理的，以"借"和"贷"作为记账符号。"借"和"贷"只是单纯地表示记账符号，没有其他任何含义。

5. 答案：B、C、D

【解析】复合会计分录是指由两个以上（不含两个）对应账户所组成的会计分录，即一借多贷、一贷多借、多借多贷的会计分录。

6. 答案：A、B、C

【解析】在编制试算平衡表时，以下几种情况不会影响试算平衡表的试算平衡：①漏记了某项经济业务；②重记了某项经济业务；③记错了有关账户；④偶尔多记或少记；⑤颠倒了记账方向。

7. 答案：A、D

【解析】会计分录的要素包括记账符号、会计科目和金额。

8. 答案：A、B

【解析】账户的借方登记资产、成本、费用的增加，负债、所有者权益、收入的减少。

9. 答案：A、B、C

【解析】复式记账法由于要做到试算平衡，所以对于防止和检查会计数据的错漏也有重要意义，故选项 D 不正确。

10. 答案：B、C、D

【解析】"借"和"贷"只是纯粹的记账符号，并不表示增加和减少。

11. 答案：B、C、D

【解析】权益包括负债和所有者权益，不会影响权益总额的情况是权益内部一增一减、权益总额不变。选项 A，资产、负债同时增加，故引起了权益总额的增加。

12. 答案：A、B、C、D

【解析】借贷记账法是以"借"和"贷"作为记账符号的一种复式记账法。其基本原理包括记账符号、账户结构、记账规则和试算平衡方法。记账规则：有借必有贷，借贷必相等。其哪方登记增加，哪方登记减少，取决于账户的性质与所记录经济内容的性质。

13. 答案：A、C

【解析】银行提取现金的会计分录为借记"库存现金"，贷记"银行存款"。故应选 A、C。

14. 答案：A、D

【解析】在借贷记账法下，可以作为收款凭证借方科目的有"库存现金""银行存款"。

15. 答案：A、B、D

【解析】成本增加在借方，资产增加在借方，所有者权益增加在贷方，收入的减少或期末结转数在借方。

16. 答案：A、D

【解析】借贷记账法下的试算平衡关系包括：发生额试算平衡是全部账户本期借方发生额合计=全部账户本期贷方发生额合计。余额试算平衡是全部账户借方期末（初）余额合计=全部账户贷方期末（初）余额合计。

17. 答案：A、D

【解析】借贷记账法下，资产类科目增加记借方，减少记贷方；费用类科目增加记借方，减少记贷方；负债类科目增加记贷方，减少记借方；收入类科目增加记贷方，减少记借方。故选 A、D。

18. 答案：B、D

【解析】签发并承兑商业汇票抵付前欠货款，会计分录为借记"应付账款"，贷记"应付票据"，属于一项负债的增加，另一项负债的减少；计提应付债券利息，会计分录为借记"财务费用"，贷记"应付利息"，应付利息增加，表示负债增加；短期借款转长期借款，会计分录为借记"长期借款"，贷记"短期借款"，属于一项负债的增加，另一项负债的减少；从银行取得短期借款，会计分录为借记"银行存款"，贷记"短期借款"，短期借款增加，表示负债增加。故选 B、D。

19. 答案：B、C、D

【解析】期末余额=期初余额+本期增加发生额-本期减少发生额。

三、判断题

1. 答案：√

【解析】资产、成本、费用的账户结构相同，均是借方登记增加，贷方登记减少。

2. 答案：×

【解析】有些会计科目之间存在固定的对应关系，有些则没有对应关系。"固定资产"和"银行存款"不是一对固定的对应账户。

3. 答案：√

【解析】复合会计分录是由若干个简单分录组合而成的。

4. 答案：×

【解析】会计分录是指对某经济业务事项标明其应借应贷账户及其金额的记录，简称分录。

5. 答案：√

【解析】借贷记账法中的"借"和"贷"，一方表示增加另一方表示减少，哪一方表示增加哪一方表示减少，关键看经济业务的性质。

6. 答案：×

【解析】试算平衡时有 5 种情况试算平衡表是无法检查出来的：①漏记了某项经济业务；②重记了某项经济业务；③记错了有关账户；④偶尔多记或少记；⑤颠倒了记账方向。

7. 答案：√

【解析】"借"和"贷"的含义取决于账户的性质。

8. 答案：×

【解析】将所有账户的左方定为"借"方，右方定为"贷"方，并用一方登记增加数，一方登记减少数。其哪方登记增加数，哪方登记减少数，取决于账户的性质与所记录经济内容的性质。

9. 答案：√

【解析】复式记账法必须遵循的原则：①以会计等式作为记账基础；②对每项经济业务，必须在两个或两个以上相互联系的账户中进行等额记录；③必须按经济业务对会计等式的影响类型进行记录；④定期汇总的全部账户记录必须平衡。

10. 答案：×

【解析】有些错误并不会影响借贷双方的平衡关系，如漏记某项经济业务、重记某项经济业务等。

11. 答案：√

【解析】在借贷记账法中，记账规则是"有借必有贷，借贷必相等"。

12. 答案：√

【解析】"资产=负债+所有者权益"的会计恒等式关系是复式记账法的理论基础，也是企业编制资产负债表的依据。

13. 答案：×

【解析】有些错误并不会影响借贷双方的平衡关系，如漏记某项经济业务、重记某项经济业务等。

14. 答案：×

【解析】损益类科目分为收入类和费用类，收入类科目增加记贷方，减少记借方；费用类科目增加记借方，减少记贷方。期末结转后无余额。

15. 答案：√

【解析】复式记账法包括借贷记账法、收付记账法和增减记账法3种。

16. 答案：√

【解析】期末进行试算平衡时，全部账户的本期借方发生额合计应与全部账户的本期贷方发生额合计相等，如不相等，则肯定记账有错误。

四、计算分析题

答案如下。

（1）"银行存款"账户：期初余额+本期借方发生额-本期贷方发生额=期末余额

故：期初余额=期末余额+本期贷方发生额-本期借方发生额

=12 000+3 000-5 000

=10 000

（2）"应收账款"账户：期初余额+本期借方发生额-本期贷方发生额=期末余额

故：本期借方发生额=期末余额+本期贷方发生额-期初余额

=36 000+12 000-33 000

=15 000

（3）"预付账款"账户：期初余额+本期借方发生额-本期贷方发生额=期末余额

故：本期贷方发生额=期初余额+本期借方发生额-期末余额

=15 000+20 000-25 000

=10 000

（4）"预收账款"账户：期初余额+本期贷方发生额-本期借方发生额=期末余额

故：本期借方发生额=期初余额+本期贷方发生额-期末余额

=100 000+50 000-110 000

=40 000

（5）"应付账款"账户：期初余额+本期贷方发生额-本期借方发生额=期末余额

故：本期贷方发生额=期末余额+本期借方发生额-期初余额

=55 000+15 000-40 000

=30 000

第五章
借贷记账法下主要经济业务的账务处理

复习重点

第一节 | 企业的主要经济业务

会计记录的文字应当使用中文。在民族自治地区，会计记录可以同时使用当地通用的一种民族文字。在中华人民共和国境内的外商投资企业、外国企业和其他外国组织的会计记录，可同时使用一种外国文字。

第二节 | 企业的资金筹集业务的账务处理

企业的资金筹集业务按其资金来源通常分为所有者权益筹资和负债筹资。所有者权益筹资形成所有者的权益（通常称为权益资本），包括投资者的投资及其增值，这部分资本的所有者既享有企业的经营收益，也承担企业的经营风险；负债筹资形成债权人的权益（通常称为债务资本），主要包括企业向债权人借入的资金和结算形成的负债资金等，这部分资本的所有者享有按约收回本金和利息的权利。

一、所有者权益筹资业务

1. 所有者投入资本的构成

所有者投入资本按照投资主体的不同可以分为国家资本金、法人资资本金、个人资本金和外商资本金等。

所有者投入的资本主要包括实收资本（或股本）和资本公积。实收资本（或股本）是指企业的投资者按照企业章程、合同或协议的约定，实际投入企业的资本金以及按照有关规定由资本公积、盈余公积等转增资本的资金。我国《公司法》规定，股东可以用货币资金出资，也可以用实物、知识产权和土地使用权等可以用货币估价并可依法转让的非货币财产作价出资；但是，法律、行政法规规定不得作为出资的财产除外。

资本公积是企业收到投资者投入的超出其在企业注册资本（或股本）中所占份额的投资，以及直接计入所有者权益的利得和损失等。资本公积作为企业所有者权益的重要组成部分，主要用于转增资本。

2. 账户设置

（1）"实收资本（或股本）"账户。"实收资本"账户（股份有限公司一般设置"股本"账户）属于所有者权益类账户。

（2）"资本公积"账户。"资本公积"账户属于所有者权益类账户，用以核算企业收到投资者出资额超出其在企业注册资本或股本中所占份额的投资，以及直接计入所有者权益的利得和损失等。

（3）"银行存款"账户。"银行存款"账户属于资产类账户，用以核算企业存入银行或其他金融机构的各种款项，但是银行汇票存款、银行本票存款、信用卡存款、信用证保证金存款、存出投资款、外埠存款等，通过"其他货币资金"账户核算。

3. 账务处理

企业接受投资者投入的资本，借记"银行存款""固定资产""无形资产""长期股权投资"等科目，按其在注册资本或股本中所占份额，贷记"实收资本（或股本）"科目，按其差额，贷记"资本公积—资本溢价（或股本溢价）"科目。

为了反映和监督投资者投入资本的增减变动情况，除股份有限公司以外的其他各类企业应设置"实收资本"科目进行总账核算。股份有限公司应设置"股本"科目，用于核算公司在核定的股本总额及核定的股份总额范围内实际发行股票的数额。

实收资本的构成比例即投资者的出资比例或股东的股份比例，通常是确定所有者在企业所有者权益中所占的份额和参与企业生产经营决策的基础，也是企业进行利润分配或股利分配的依据，同时，还是企业清算时，确定所有者对净资产的要求权的依据。

（1）接受现金资产投资。接受现金资产投资应按实际收到的现金资产入账。

（2）接受固定资产投资。企业接受投资者作价投入的房屋、建筑物、机器设备等固定资产，应按投资合同或协议约定价值确定固定资产的入账价值（但投资合同或协议约定价值不公允的除外）和在注册资本中应享有的份额。

（3）接受材料物资投资。企业接受投资者作价投入的材料物资，应按投资合同或协议约定价值确定材料物资价值（投资合同或协议约定价值不公允的除外）和在注册资本中应享有的份额。

（4）接受无形资产投资。企业收到以无形资产方式投入的资本，应按投资合同或协议约定价值确定无形资产价值（但按合同或协议约定价值不公允的除外）和在注册资本中应享有的份额。

接受投资者投资的账务处理程序如图 5-1 所示。

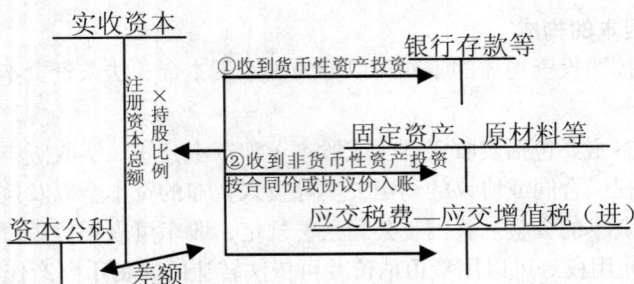

图 5-1　接受投资者投资的账务处理程序

（5）实收资本的减少。企业减少实收资本应按法定程序报经批准，股份有限公司采用收购本公司股票的方式减资的，按股票面值和注销股数计算的股票面值总额冲减资本，按注销库存股的账面余额与所冲减股本的差额冲减股本溢价，股本溢价不足冲减的，应依次冲减"盈余公积""利润分配—未分配利润"等科目。如果购回股票支付的价款低于面值总额的，所注销库存股的账面余额与所冲减股本的差额作为增加资本或股本溢价处理。

公司回购股份的账务处理程序如图 5-2 所示。

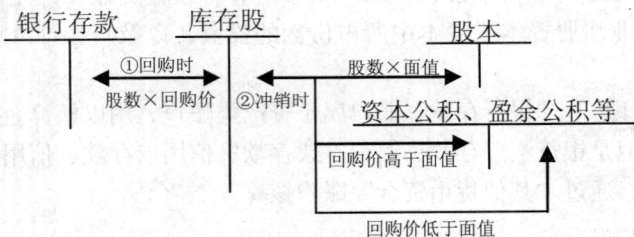

图 5-2　公司回购股份的账务处理程序

【例 5-1】某股份有限公司从证券市场上回购本公司的股票并予以注销，回购数量为 100 万股，该股份有限公司的股票面值为每股 1 元，回购价为 4 元，回购前该公司的股本为 1 000 万元，资本公积为 200 万元，盈余公积为 50 万元，未分配利润为 150 万元，则回购并注销股份以后，该公司所有者权益总额为（　　）万元。

A. 1 000　　　　　B. 1 100　　　　　C. 900　　　　　D. 1 050

答案：A

【解析】回购时企业的账务处理为：借记"库存股"100×4=400，贷记"银行存款"400。回购后注销股份时，借记"股本"100，"资本公积"200，"盈余公积"50，"未分配利润"50，贷记"库存股"400。故所有者权益总额为（1 000-100）+（150-50）=1 000（万元）。

二、负债筹资业务

1. 短期借款的构成

短期借款是指企业向银行或其他金融机构等借入的期限在一年以下（含一年）的各种借款。

2. 账户设置

（1）"短期借款"账户。短期借款是指企业向银行或非银行金融机构借入期限在一年以下（含一年）的各种借款。

（2）"长期借款"账户。该账户可按贷款单位和贷款种类，分为"本金""利息调整"等进行明细核算。

（3）"应付利息"账户。该账户用以核算企业按照合同约定应支付的利息，包括吸收存款、分期付息、到期还本的长期借款、企业债券等应支付的利息。

（4）"财务费用"账户。"财务费用"账户属于损益类账户，包括利息支出（减利息收入）、汇兑损益以及相关的手续费，企业发生的现金折扣或收到的现金折扣等，为购建或生产满足资本化条件的资产发生的应予资本化的借款费用，通过"在建工程""制造费用"等账户核算。

3．账务处理

（1）短期借款的账务处理。

① 短期借款借入和归还的账务处理。企业应通过"短期借款"科目，核算短期借款的发生、归还等情况。企业从银行或其他金融机构取得短期借款时，借记"银行存款"，贷记"短期借款"。企业短期借款到期偿还本金时，借记"短期借款"，贷记"银行存款"。

② 计提短期借款利息以及支付利息的账务处理。短期借款利息属于筹资费用，应计入"财务费用"科目。企业应当在资产负债表日按照计算确定的短期借款利息费用，借记"财务费用"，贷记"应付利息"；实际支付利息时，借记"应付利息"，贷记"银行存款"。

短期借款的账务处理程序如图5-3所示。

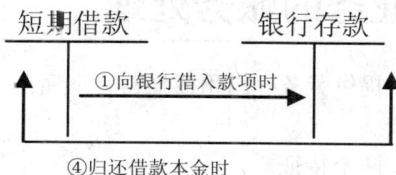

图 5-3　短期借款的账务处理程序

利息的账务处理程序如图5-4所示。

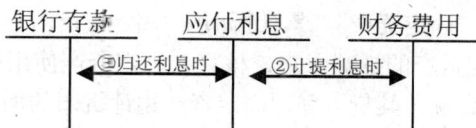

图 5-4　利息的账务处理程序

（2）长期借款的账务处理。长期借款是指企业向银行或其他金融机构借入的期限在一年以上（不含一年）的各种借款。

① 长期借款借入和归还的账务处理。企业应通过"长期借款"科目，核算长期借款的借入、归还等情况。该科目可按照贷款单位和贷款种类设置明细账，分别用"本金""利息调整"等进行明细核算。该科目的贷方登记长期借款本息的增加额；借方登记本息的减少额；贷方余额表示企业尚未偿还的长期借款。

企业借入长期借款，应按实际收到的金额，借记"银行存款"，贷记"长期借款—本金"。企业归还长期借款的本金时，应按归还的金额，借记"长期借款—本金"，贷记"银行存款"；按归还的利息，借记"应付利息"，贷记"银行存款"。

② 计提长期借款利息以及支付利息的账务处理。长期借款利息费用，应当按以下原则计入

有关成本、费用：属于筹建期间的，计入管理费用；属于生产经营期间的，计入"财务费用"。如果长期借款用于购建固定资产等符合资本化条件的资产，在资产尚未达到预定可使用状态前，所发生的利息支出数应当资本化，计入"在建工程"等相关资产成本；资产达到预定可使用状态后发生的利息支出，以及按规定不予资本化的利息支出，计入"财务费用"。

长期借款按合同利率计算确定的应付未付利息，计入"应付利息"科目，借记"在建工程""管理费用""财务费用""研发支出"等，贷记"应付利息"。

【例5-2】企业借入一年期借款所发生的利息计入（　　）科目。

A. 管理费用　　　　B. 财务费用　　　　C. 研发支出　　　　D. 在建工程

答案：B

【解析】企业借入一年期借款属于短期借款，短期借款的利息应当计入"财务费用"科目。

【例5-3】企业借入长期借款用于固定资产的购建，在固定资产尚未达到预定可使用状态之前所发生的利息应当计入（　　）科目。

A. 固定资产　　　　B. 在建工程　　　　C. 财务费用　　　　D. 管理费用

答案：B

【解析】企业借入长期借款用于固定资产的购建，在固定资产尚未达到预定可使用状态之前所发生的利息应当计入"在建工程"科目。

第三节　固定资产业务的账务处理

固定资产是指为生产商品、提供劳务、出租或经营管理而持有（而不是为了出售）的使用寿命超过一个会计期间的有形资产。

企业的固定资产应具备以下两个特征。

第一，企业持有固定资产是为了生产商品、提供劳务、出租或经营管理的需要，而不像商品一样是为了对外出售。这一特征是固定资产区别于商品等流动资产的重要标志。

第二，企业使用固定资产的期限较长，使用寿命一般超过一个会计年度。

为核算固定资产应设置"固定资产""累计折旧""固定资产清理"等账户。

"累计折旧"科目是固定资产的抵减账户，核算在固定资产使用寿命内按照确定方法对应折旧额进行系统分摊的折旧金额。其贷方登记固定资产累计折旧的增加；借方登记已提固定资产累计折旧的转销；期末贷方余额反映企业现有固定资产的累计折旧额。该科目可按类别、使用部门进行明细核算。

"固定资产清理"是资产类账户，用来核算企业因出售、报废或毁损等原因转入清理的固定资产净值以及在清理过程中所发生的清理费用和清理收入。借方登记固定资产转入清理的净值和清理过程中发生的费用；贷方登记出售固定资产取得的价款、残料价值和变价收入。其贷方余额表示清理后的净收益；借方余额表示清理后的净损失。清理完毕后净收益转入"营业外收入"账户；净损失转入"营业外支出"账户。

一、购入不需要安装的固定资产的账务处理

企业购入不需要安装的固定资产，应按实际支付的购买价款、相关税费以及使固定资产达到预定可使用状态前发生的可归属于该项资产的运输费、装卸费和专业人员服务费等，作为固定资产成本，借记"固定资产"，贷记"银行存款"。

若企业为增值税一般纳税人，则购进机器设备等固定资产的增值税不纳入固定资产成本核算，计入"应交税费—应交增值税（进项税额）"科目，可以在销项税额中抵扣。

二、固定资产折旧的账务处理

影响折旧的因素主要有以下几个方面。

（1）固定资产原价，即固定资产的成本。

（2）预计净残值，即假定固定资产预计使用寿命已满并处于使用寿命终了时的预期状态下，企业从该项资产处置中获得的扣除预计处置费用后的金额。

（3）固定资产减值准备，即已计提的固定资产减值准备累计金额。

（4）固定资产的使用寿命，即企业使用固定资产的预计期间，或者该固定资产所能生产产品、提供劳务的数量。

企业确定固定资产的使用寿命时，应当考虑下列因素。

（1）固定资产预计生产能力或实物产量。

（2）固定资产预计有形损耗，如设备使用中发生磨损、房屋建筑物受到自然侵蚀等。

（3）固定资产预计无形损耗，如因新技术的出现而使现有的资产技术水平相对陈旧、市场需求变化使产品过时等。

（4）法律或者类似规定对该项资产使用的限制。

除以下情况外，企业应当对所有固定资产计提折旧。

（1）已提足折旧仍继续使用的固定资产。

（2）单独计价入账的土地。

在确定计提折旧的范围时，还应注意以下几点。

（1）固定资产应当按月计提折旧，当月增加的固定资产，当月不计提折旧，从下月起计提折旧；当月减少的固定资产，当月仍计提折旧，从下月起不计提折旧。

（2）固定资产提足折旧后，不论能否继续使用，均不再计提折旧；提前报废的固定资产，也不再补提折旧。所谓提足折旧，是指已经提足该项固定资产的应计折旧额。

（3）已达到预定可使用状态尚未办理竣工决算的固定资产，应当按照估计价值确定其成本，并计提折旧；待办理竣工决算后，再按实际成本调整原来的暂估价值，但不需要调整原已计提的折旧额。

企业应当根据与固定资产有关的经济利益的预期实现方式，合理选择固定资产折旧方法。可选用的折旧方法包括年限平均法、工作量法、双倍余额递减法和年数总和法等。

年限平均法下折旧的计算公式如下。

$$年折旧率 = \frac{1 - 预计净残值率}{预计使用年限}$$

$$月折旧率 = \frac{年折旧率}{12}$$

$$月折旧额 = 固定资产原值 \times 月折旧率$$

根据国家有关规定，企业固定资产应按月计提折旧，计提的折旧应当计入"累计折旧"科目，并根据用途计入相关资产的成本或当期损益。基本生产车间使用的固定资产，其计提的折旧应计入"制造费用"；管理部门使用的固定资产，其计提的折旧应计入"管理费用"；销售部门使用的固定资产，其计提的折旧应计入"销售费用"；企业在自行建造固定资产过程中使用的固定资产，其计提的折旧应计入"在建工程"；经营出租的固定资产，其计提的折旧应计入"其他业务成本"。

企业计提固定资产折旧时，借记"制造费用""管理费用""销售费用""在建工程""其他业务成本"等，贷记"累计折旧"。

三、固定资产处置的账务处理

固定资产处置包括固定资产的出售、报废、毁损等。处置固定资产应通过"固定资产清理"科目核算。具体包括以下几个环节。

（1）固定资产转入清理。企业因出售、报废、毁损等转出的固定资产，按该项固定资产的账面价值，借记"固定资产清理"；按已计提的累计折旧，借记"累计折旧"；按已计提的减值准备，借记"固定资产减值准备"；按其账面余额，贷记"固定资产"。

（2）发生的清理费用等。固定资产清理过程中应支付的相关税费及其他费用，借记"固定资产清理"，贷记"银行存款""应交税费—应交营业税"等。

（3）收回出售固定资产的价款、残料价值和变价收入等，借记"银行存款""原材料"等，贷记"固定资产清理"。

（4）保险赔偿等的处理。应由保险公司或过失人赔偿的损失，借记"其他应收款"等，贷记"固定资产清理"。

（5）清理净损益的处理。固定资产清理完以后，属于生产经营期间正常的处理净损失，借记"营业外支出—处置非流动资产损失"，贷记"固定资产清理"；属于自然灾害等非正常原因造成的净损失，借记"营业外支出—非常损失"，贷记"固定资产清理"；如为贷方余额，借记"固定资产清理"，贷记"营业外收入"。

固定资产处置的账务处理程序如图5-5所示。

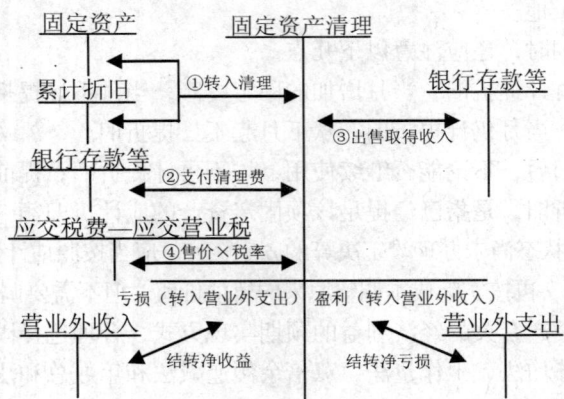

图5-5 固定资产处置的账务处理程序

【例5-4】下列各项固定资产，应计提折旧的有（　　）。

A．停用的固定资产　　　　　　　B．当月增加的固定资产

C．经营租入的固定资产　　　　　D．当月减少的固定资产

答案：A、D

【解析】当月增加的固定资产当月不计提折旧，当月减少的固定资产当月照提折旧。经营租入的固定资产由于使用所有权不属于企业，因此本企业不需要对其计提折旧。

【例5-5】A企业将一台设备对外出售，该设备的账面原值为10万元，累计折旧为4万元，发生的清理费用为1万元，出售的收入为8万元，按5%的营业税税率计算缴纳营业税，该设备的清理净收入为（　　）元。

A．10 000　　　　B．6 000　　　　C．20 000　　　　D．30 000

答案：B

【解析】清理净收入为 8-（10-4+1+8×5%）=0.6（万元）。

第四节 | 材料采购业务的账务处理

材料的采购成本是指企业物资从采购到入库前发生的全部支出，包括购买价款、相关税费、运输费、装卸费、保险费以及其他可归属于采购成本的费用。

一、原材料

原材料是指企业在生产过程中经过加工改变其形态或性质并构成产品主要实体的各种原料、主要材料和外购半成品，以及不构成产品实体但借助于产品形成的辅助材料。原材料具体包括原料及主要材料、辅助材料、外购半成品（外购件）、修理用备件（备品备件）、包装材料、燃料等。

原材料的日常收发及结存，可以采用实际成本核算，也可以采用计划成本核算。实际成本适用于规模较小、材料收发不多的企业，计划成本适用于规模较大、收发业务频繁的企业。使用的会计科目有"原材料""在途物资"等。

"原材料"科目用于核算库存各种材料的收发与结存情况。在原材料按实际成本核算时，该科目的借方登记入库材料的实际成本，贷方登记发出材料的实际成本，期末余额在借方，反映企业库存材料的实际成本。

"在途物资"科目用于核算企业采用实际成本（进价）进行材料、商品等物资的日常核算时货款已付尚未验收入库的各种物资（即在途物资）的采购成本，该科目应按供应单位和物资品种进行明细核算。该科目的借方登记企业购入的在途物资的实际成本，贷方登记验收入库的在途物资的实际成本，期末余额在借方，反映企业尚未入库的在途物资的采购成本。

二、账户设置

1."原材料"账户

"原材料"账户属于资产类账户，用以核算企业库存的各种材料，包括原材料及主要材料、辅助材料、外购半成品（外购件）、修理用备件（备品备件）、包装材料、燃料等的计划成本或实际成本。企业收到来料加工装配业务的原料、零件等，应当设置备查簿进行登记。

2."材料采购"账户

"材料采购"账户属于资产类账户，用以核算企业采用计划成本进行材料日常核算而购入材料的采购成本。

3."材料成本差异"账户

"材料成本差异"账户属于资产类账户，用以核算企业采用计划成本进行材料日常核算的材料计划成本与实际成本的差额。该账户可以分别以"原材料""周转材料"等按照类别或品种进行明细核算。

4."在途物资"账户

"在途物资"账户属于资产类账户，用以核算企业采用实际成本（或进价）进行材料、商品等物资的日常核算、货款已付尚未验收入库的在途物资的采购成本。

5."应付票据"账户

"应付票据"账户属于负债类账户，用以核算企业购买材料、商品和接受劳务等开出、承兑的商业汇票，包括银行承兑汇票和商业承兑汇票。

6．"预付账款"账户

"预付账款"账户属于资产类账户，用以核算企业按照合同规定预付的款项。预付款项情况不多的，也可以不设置该账户，将预付的款项直接计入"应付账款"账户。

7．"应交税费"账户

"应交税费"账户属于负债类账户，用以核算企业按照税法等规定计算应交纳的各种税费，包括增值税、消费税、营业税、所得税、资源税、土地增值税、城市维护建设税、房产税、土地使用税、车船税、教育费附加、矿产资源补偿费等，期末余额在贷方，反映企业尚未交纳的税费；期末余额在借方，反映企业多交或尚未抵扣的税费。

三、账务处理

材料的日常收发结存可以采用实际成本核算，也可以采用计划成本核算。

1．实际成本法核算的账务处理

实际成本法下，一般通过"原材料"和"在途物资"等科目进行核算。企业外购材料时，按材料是否验收入库分为以下两种情况。

（1）材料已验收入库。

① 如果货款已经支付，发票账单已到，材料已验收入库，应借记"原材料""应交税费—应交增值税（进项税额）"等科目，贷记"银行存款""预付账款"等科目。

② 如果货款尚未支付，材料已经验收入库，应按相关发票凭证上应付的金额，借记"原材料""应交税费—应交增值税（进项税额）"等科目，贷记"应付账款"和"应付票据"等科目。

③ 如果货款尚未支付，材料已经验收入库，但月末仍未收到相关发票凭证，按照暂估价入账，即借记"原材料"科目，贷记"应付账款"等科目。下月初做相反分录予以冲回，收到相关发票账单后再编制会计分录。

（2）材料尚未验收入库。如果货款已经支付，发票账单已到，但材料尚未验收入库，应按支付的金额，借记"在途物资""应交税费—应交增值税（进项税额）"等科目，贷记"银行存款"等科目；待验收入库时再做后续分录。

2．计划成本法核算的账务处理

计划成本法下，一般通过"材料采购""原材料""材料成本差异"等科目进行核算。

（1）材料已验收入库。

① 如果货款已经支付，发票账单已到，材料已验收入库，应按支付的实际金额，借记"材料采购""应交税费—应交增值税（进项税额）"科目，贷记"银行存款"科目；按计划成本金额，借记"原材料"科目，贷记"材料采购"科目；按计划成本与实际成本的差额，借记（或贷记）"材料采购"科目，贷记（或借记）"材料成本差异"科目。

② 如果货款尚未支付，材料已经验收入库，应按相关发票凭证上应付的金额，借记"材料采购"科目，贷记"应付账款""应付票据"等科目；按计划成本金额，借记"原材料"科目，贷记"材料采购"科目；按计划成本与实际成本之间的差额，借记（或贷记）"材料采购"科目，贷记（或借记）"材料成本差异"科目。

③ 如果材料已验收入库，货款尚未支付，月末仍未收到相关发票凭证，应按照暂估价入账，即借记"原材料"科目，贷记"应付账款"等科目。下月初做相反分录予以冲回，收到相关发票账单后再编制会计分录。

（2）材料尚未验收入库。如果相关发票凭证已到，但材料尚未验收入库，按支付或应付的实际金额，借记"材料采购"科目，贷记"银行存款""应付账款"等科目；待验收入库时再做后续分录。对于可以抵扣的增值税进项税额，一般纳税人企业应根据收到的增值税专用发票上注明的增值税额，借记"应交税费—应交增值税（进项税额）"科目。

第五节 生产业务的账务处理

一、生产费用的构成

生产费用包括直接材料、直接人工和制造费用。

制造费用是指企业为生产产品和提供劳务而发生的各项间接费用，包括企业生产部门（如生产车间）发生的水电费、固定资产折旧、无形资产摊销、管理人员的薪酬、劳动保护费、国家规定的有关环保费用、季节性和修理期间的停工损失等。

二、账户设置

1."生产成本"账户

"生产成本"账户属于成本类账户，用以核算企业生产各种产品（产成品、自制半成品等）、自制材料、自制工具、自制设备等发生的各项生产成本。该账户可按基本生产成本和辅助生产成本进行明细分类核算。

2."制造费用"账户

"制造费用"账户属于成本类账户，该账户借方登记实际发生的各项制造费用，贷方登记期末按照一定标准分配转入"生产成本"账户借方应计入产品成本的制作费用。期末结转后，该账户一般无余额。

3."库存商品"账户

"库存商品"账户属于资产类账户，用以核算企业库存的各种商品的实际成本（或进价）或计划成本（或售价），包括库存产成品、外购商品、存放在门市部准备出售的商品、发出展览的商品以及寄存在外的商品等。

4."应付职工薪酬"账户

"应付职工薪酬"账户属于负债类账户，用以核算企业根据有关规定应付给职工的各种薪酬。该账户可按"工资""职工福利""社会保险费""住房公积金""工会经费""职工教育经费''"非货币性福利""辞退福利""股份支付"等进行明细核算。

三、账务处理

1.材料费用的归集与分配

按照确定的结果将发出材料的成本借记"生产成本""制造费用""管理费用"等科目，贷记"原材料"等科目。

2.职工薪酬的归集与分配

职工薪酬是指企业为获得职工提供的服务或解除劳动关系而给予各种形式的报酬或补偿，具体包括短期薪酬、离职后福利、辞退福利和其他长期职工福利。企业提供给职工配偶、子女、受赡养人、已故员工遗属及其他受益人等的福利，也属于职工薪酬。

企业的职工，是与企业订立劳动合同的所有人员，含全职、兼职和临时工；也包括虽未与企业订立劳动合同但由企业正式任命的人员；未与企业订立劳动合同或未由其正式任命，但向企所提供服务与职工所提供服务类似的人员，也属于职工的范畴，包括通过企业与劳动中介公司签订用工合同而向企业提供服务的人员。

短期薪酬是指企业在职工提供相关服务的年度报告期间结束后 12 个月内需要全部予以支付的职工薪酬，因解除与职工的劳动关系给予的补偿除外。短期薪酬具体包括职工工资、奖金、津贴和补贴，职工福利费，基本养老保险费、基本医疗保险费、工伤保险费和生育保险费等社会保险费，住房公积金，工会经费和职工教育经费，短期带薪缺勤，短期利润分享计划，非货币性福利以及其他短期薪酬。

离职后福利是指企业为获得职工提供的服务而在职工退休或与企业解除劳动关系后，提供的各种形式的报酬和福利，短期薪酬和辞退福利除外。

辞退福利是指企业在职工劳动合同到期之前解除与职工的劳动关系，或者为鼓励职工自愿接受裁减而给予的职工补偿。

其他长期福利是指除短期薪酬、离职后福利、辞退福利之外所有的职工薪酬，包括长期带薪缺勤、长期残疾福利、长期利润分享计划等。

对于短期职工薪酬，企业应当在职工为其提供服务的会计期间，按实际发生额确认为负债，并进入当期损益或相关资产成本。

（1）应由生产产品、提供劳务负担的短期职工薪酬，计入产品成本或劳务成本。其中，生产工人的短期职工薪酬，借记"生产成本""制造费用"科目，贷记"应付职工薪酬"科目；生产车间管理人员的短期职工薪酬属于间接费用，应借记"制造费用"科目，贷记"应付职工薪酬"科目。当企业采用计件工资制时，生产工人的短期职工薪酬属于直接费用，应直接计入有关产品的成本。

当企业采用计时工资制时，对于只生产一种产品的生产工人的短期职工薪酬也属于直接费用，应直接计入产品成本；对于同时生产多种产品的生产工人的短期职工薪酬，则需采用一定的分配标准（如实际生产工时标准或定额生产工时标准等）分配计入产品成本。

（2）应由在建工程、无形资产负担的短期职工薪酬，计入建造固定资产或无形资产成本。

（3）除上述两种情况之外的其他短期职工薪酬应计入当期损益。如企业行政管理部门人员和专设销售机构销售人员的短期职工薪酬均属于期间费用，应分别借记"管理费用""销售费用"等科目，贷记"应付职工薪酬"科目。

工资的计提和发放的账务处理程序如图 5-6 所示。

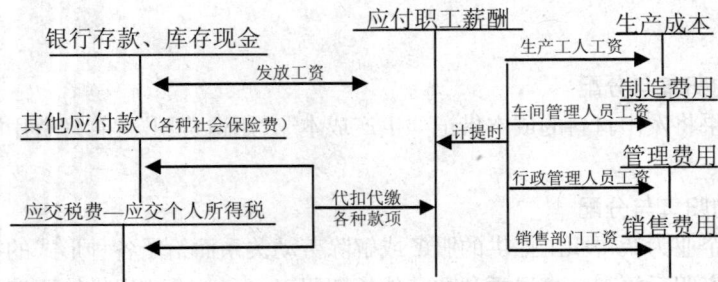

图 5-6　工资的计提和发放的账务处理程序

3．制造费用的归集与分配

企业发生的制造费用，应当按照合理的分配标准按月分配计入各成本核算对象的生产成本。企业可以采用的分配标准包括机器工时、人工工时、计划分配率等。

　　企业发生制造费用时，借记"制造费用"科目，贷记"累计折旧""银行存款""应付职工薪酬"等科目；分配时，借记"生产成本"等科目，贷记"制造费用"科目。

　　制造费用分配计入产品成本的方法一般有生产工人工时比例分配法、生产工人工资比例分配法、机器工时比例分配法、按年度计划分配率分配法。

　　（1）生产工人工时比例分配法。这种方法适用于机械化程度较低或生产单位的各种产品工艺过程机械化程度大致相同的企业。分配的计算公式如下。

$$制造费用分配率 = \frac{制造费用总额}{各种产品生产工人工时之和}$$

　　某种产品应负担的制造费用＝该产品的生产工人工时数×制造费用分配率

　　（2）生产工人工资比例分配法。生产工人工资比例分配法是以直接计入各种产品的生产工人实际工资的比例作为分配标准分配制造费用的一种方法。其分配的计算公式如下。

$$制造费用分配率 = \frac{制造费用总额}{各种生产工人工资之和}$$

　　某种产品应负担的制造费用＝该产品的生产工人工资数×制造费用分配率

　　（3）机器工时比例分配法。对机械化、自动化程度较高的车间，其制造费用可以按机器工时的比例进行分配。其分配的计算公式如下。

$$制造费用分配率 = \frac{制造费用总额}{各种产品机器工时之和}$$

　　某种产品应负担的制造费用＝该产品生产耗用机器工时数×制造费用分配率

4．库存商品

　　库存商品具体包括库存产成品、外购商品、存放在门市部准备出售的商品、发出展览的商品、寄存在外的商品、接受来料加工制造的代制品和为外单位加工修理的代修品等。已完成销售手续、但购买单位在月末未提取的产品，不应作为企业的库存商品，而应作为代管商品处理，单独设置代管商品备查簿进行登记。

　　对于库存商品采用实际成本核算的企业，当库存商品生产完成并验收入库时，应按实际成本，借记"库存商品""应交税费—应交增值税（进项税额）"科目，贷记"生产成本—基本生产成本"科目。

第六节 | 销售业务的账务处理

一、商品销售收入的确认与计量

　　企业销售商品收入的确认，必须同时符合以下条件。

　　（1）企业已将商品所有权上的主要风险和报酬转移给购货方。

　　（2）企业既没有保留通常与商品所有权相联系的继续管理权，也没有对已出售的商品实施控制。

　　（3）收入的金额能够可靠地计量。

　　（4）相关的经济利益很可能流入企业。

　　（5）相关的已发生或将发生的成本能够可靠地计量。

二、账户设置

1. "主营业务收入"账户

"主营业务收入"账户属于损益类账户。期末结转后，该账户无余额。

2. "其他业务收入"账户

"其他业务收入"账户属于损益类账户，用以核算企业确认的除主营业务活动以外的其他经营活动实现的收入，包括出租固定资产、出租无形资产、出租包装物和商品、销售材料等取得的收入。期末结转后，该账户无余额。

3. "应收账款"账户

"应收账款"账户属于资产类账户。该账户借方登记由于销售商品以及提供劳务发生的应收账款，包括应收取的价款、税款和代垫款等。期末余额通常在借方，反映企业尚未收回的应收账款；期末余额如果在贷方，反映企业预收的款项。

4. "预收账款"账户

"预收账款"账户属于负债类账户，用以核算企业按照合同规定预收的款项。预收账款情况不多的，也可以不设置本账户，而将预收的款项直接计入"应收账款"账户。期末余额在贷方，反映企业预收的款项；期末余额在借方，反映企业已转销但尚未收取的款项。

5. "主营业务成本"账户

"主营业务成本"账户属于损益类账户。期末结转后，该账户无余额。

6. "其他业务成本"账户

"其他业务成本"账户属于损益类账户，用以核算企业确认的除主营业务活动以外的其他经营活动所发生的支出，包括销售材料的成本、出租固定资产的折旧额、出租无形资产的摊销额、出租包装物的成本或摊销额等。期末结转后，该账户无余额。

7. "营业税金及附加"账户

"营业税金及附加"账户属于损益类账户，用以核算企业经营活动发生的营业税、消费税、城市维护建设税、资源税和教育费附加等相关税费。需注意的是，房产税、车船税、土地使用税、印花税通过"管理费用"账户核算。投资性房地产相关的房产税、土地使用税通过该账户核算。期末结转后，该账户无余额。

三、账务处理

1. 主营业务收入的账务处理

企业销售商品或提供劳务实现的收入，应按实际收到、应收或者预收的金额，借记"银行存款""应收账款""应收票据""预收账款"等科目，按确认的营业收入，贷记"主营业务收入"科目。

对于增值税税额，一般纳税人贷记"应交税费—应交增值税（销项税额）"科目；小规模纳税人贷记"应交税费—应交增值税"科目。

2. 主营业务成本的账务处理

期（月）末，企业应根据本期（月）销售各种商品、提供各种劳务等的实际成本，计算应结转的主营业务成本，借记"主营业务成本"科目，贷记"库存商品""劳务成本"等科目。

3. 其他业务收入与成本的账务处理

当企业发生其他业务收入时，借记"银行存款""应收账款""应收票据"等科目，按确定的收入金额，贷记"其他业务收入"科目，同时确认有关税金；结转其他业务成本金额时，借记"其他业务成本"科目,贷记"原材料""累计折旧""应付职工薪酬"等科目。

结转制造费用及销售成本的账务处理程序如图 5-7 所示。

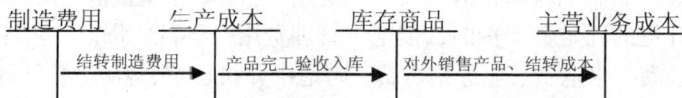

图 5-7　结转制造费用及销售成本的账务处理程序

第七节 │ 期间费用的账务处理

一、期间费用的构成

期间费用包括管理费用、销售费用和财务费用。

管理费用是指企业为组织和管理企业生产经营活动所发生的各项费用,包括企业筹建期间发生的开办费、企业董事会和行政管理部门在企业经营管理中发生的或者应当由企业统一负担的各项费用(如行政管理部门职工工资及福利费、物料消耗、低值易耗品摊销、办公费、差旅费等)、工会经费、董事会费(包括董事会成员津贴、会议费、差旅费等)、聘请中介机构费、咨询费(含顾问费)、诉讼费、业务招待费、房产税、车船税、土地使用税、印花税、技术转让费、矿产资源补偿费、研究费用、排污费用等。

销售费用是指企业在销售商品和材料、提供劳务的过程中发生的各项费用,包括保险费、包装费、展览费和广告费、商品维修费、预计产品质量保证损失、运输费、装卸等以及为销售本企业商品而专设的销售机构(含销售网点、售后服务网点等)的职工薪酬、业务费、折旧费等经营费用。为了反映和监督销售费用的发生和结转情况,企业应设置"销售费用"科目进行总账核算。该科目借方登记发生的各项销售费用;贷方登记销售费用的各种减少;期末应将余额从该科目的贷方转入"本年利润"科目的借方,结转后无余额。

财务费用是指企业为筹集生产经营所需资金而发生的筹资费用,包括利息支出(减利息收入)、汇兑损失(减汇兑收益)、相关的手续费、企业发生的现金折扣或收到的现金折扣等。该科目借方登记发生的各项财务费用;贷方登记财务费用的各项减少。

二、账户设置

1."管理费用"账户

"管理费用"账户属于损益类账户。期末应将余额从该科目的贷方转入"本年利润"科目的借方,结转后无余额。

2."销售费用"账户

"销售费用"账户属于损益类账户。期末应将余额从该科目的贷方转入"本年利润"科目的借方,结转后无余额。

3."财务费用"账户

"财务费用"账户属于损益类账户。期末应将余额从该科目的贷方转入"本年利润"科目的借方,结转后无余额。

三、账务处理

1. 管理费用的账务处理

企业在筹建期间内发生的开办费,包括人员工资、办公费、培训费、差旅费、印刷费、注册登记费以及不计入固定资产成本的借款费用等。在实际发生时，借记"管理费用"科目，贷记"应付利息""银行存款"等科目。

行政管理部门人员的职工薪酬，借记"管理费用"科目，贷记"应付职工薪酬"科目。

行政管理部门计提的固定资产折旧，借记"管理费用"科目，贷记"累计折旧"科目。行政管理部门发生的办公费、水电费、业务招待费、聘请中介机构费、咨询费、诉讼费、技术转让费、企业研究费用，借记"管理费用"科目，贷记"银行存款""研发支出"等科目。

2. 销售费用的账务处理

企业在销售商品过程中发生的包装费、保险费、展览费和广告费、运输费、装卸费等费用，借记"销售费用"科目，贷记"银行存款""库存现金"等科目。

企业发生的为销售本企业商品而专设的销售机构的职工薪酬、业务费等费用，借记"销售费用"科目，贷记"银行存款""应付职工薪酬""累计折旧"等科目。

3. 财务费用的账务处理

企业发生的财务费用，借记"财务费用"科目，贷记"银行存款""应付利息"等科目。发生的应冲减财务费用的利息收入、汇兑损益、现金折扣，借记"银行存款""应付账款"等科目，贷记"财务费用"科目。

【例5-6】某企业本期应交印花税2万元、增值税4万元、资源税3万元、车船税0.8万元、土地使用税1.2万元、耕地占用税1万元，则本期影响"管理费用"科目的金额是（   ）万元。

A. 4   B. 7   C. 11.2   D. 9

答案：A

【解析】印花税、车船税、土地使用税等税费，应计入"管理费用"科目。故影响"管理费用"科目的金额为2+0.8+1.2=4（万元）。

【例5-7】某企业本期应交房产税2万元、消费税3万元、资源税4万元、城建税1万元、土地使用税2万元、营业税1万元，则本期影响"营业税金及附加"科目的金额是（   ）万元。

A. 9   B. 11   C. 12   D. 13

答案：A

【解析】消费税、营业税、资源税、城建税等税费，应计入"营业税金及附加"科目。故影响"营业税金及附加"科目的金额为3+4+1+1=9（万元）。

第八节 | 利润形成与分配业务的账务处理

一、利润的形成及账务处理

1. 利润的形成

利润是指企业在一定会计期间的经营成果，包括收入减去费用后的净额、直接计入当期损益的利得和损失等。利润由营业利润、利润总额和净利润3个层次构成。

企业利润一般包括营业利润和营业外收支净额两部分。

$$利润总额=营业利润+营业外收支净额$$

（1）营业利润。营业利润这一指标能够比较恰当地反映企业管理者的经营业绩。

营业利润=营业收入-营业成本-营业税金及附加-

销售费用-管理费用-财务费用-资产减值损失+

投资收益（-投资损失）+公允价值变动收益（-公允价值变动损失）

记忆方法：三营三费两益一减。

（2）利润总额。利润总额又称税前利润，是营业利润加上营业外收入减去营业外支出后的金额。

利润总额=营业利润+营业外收入-营业外支出

（3）净利润。净利润又称税后利润，是利润总额扣除所得税费用后的净额。

净利润=利润总额-所得税费用

2．账户设置

（1）"本年利润"账户。"本年利润"账户属于所有者权益类账户，用以核算企业当期实现的净利润（或发生的净亏损）。企业期（月）末结转利润时，应将各损益类账户的金额转入本账户，结平各损益类账户。余额在贷方，即为当期实现的净利润；余额在借方，即为当期发生的净亏损。年度终了，应将本年收入和支出相抵后结出的本年实现的净利润（或发生的净亏损）转入"利润分配—未分配利润"账户贷方（或借方），结转后本账户无余额。

（2）"投资收益"账户。"投资收益"账户属于损益类账户。期末结转后，该账户无余额。

（3）"营业外收入"账户。"营业外收入"账户属于损益类账户，营业外收入是指企业发生的与其日常经营活动无直接关系的各项利得，包括非流动资产处置利得、非货币性资产交换利得、债务重组利得、政府补助、盘盈利得、捐赠利得等。

"营业外收入"账户贷方登记发生的营业外收入；借方登记营业外收入的各种减少；期末应将余额从该账户转入"本年利润"账户，结转后无余额。

（4）"营业外支出"账户。"营业外支出"账户属于损益类账户。营业外支出是指企业发生的与其日常经营活动无直接关系的各项损失，包括非流动资产处置损失、非货币性资产交换损失、债务重组损失、公益性捐赠支出、非常损失、盘亏损失等。该账户借方登记发生的营业外支出，贷方登记营业外支出的各种减少；期末应将余额从该账户转入"本年利润"账户，结转后无余额。

（5）"所得税费用"账户。"所得税费用"账户属于损益类账户。期末结转后，该账户无余额。

3．账务处理

（1）取得营业外收入的账务处理。

① 非流动资产处置利得。企业确认非流动资产处置利得时，借记"固定资产清理""待处理财产损溢""无形资产"等科目，贷记"营业外收入"科目。

② 确认政府补助利得。与资产相关的政府补助是企业取得的、用于购建或以其他方式形成长期资产的政府补助。确认与资产相关的政府补助，借记"银行存款"等科目，贷记"递延收益"科目，分配递延收益时，借记"递延收益"科目，贷记"营业外收入"科目。

（2）发生营业外支出的账务处理。

① 非流动资产处置损失。企业确认处置非流动资产损失时，借记"营业外支出"科目，贷记"固定资产清理""无形资产"等科目。

② 盘亏、罚款支出等损失。企业确认盘亏、罚款支出计入营业外支出时，借记"营业外支出"，贷记"待处理财产损溢""库存现金"等科目。

会计期末（月末或年末）结转各项收入时，借记"主营业务收入""其他业务收入""营业外收入"等科目，贷记"本年利润"科目；结转各项支出时，借记"本年利润"科目，贷记"主营业务成本""其他业务成本""营业税金及附加""管理费用""销售费用""财务费用""资产减值损失""营业外支出""所得税费用"等科目。

期末结转损益的账务处理程序如图 5-8 所示。

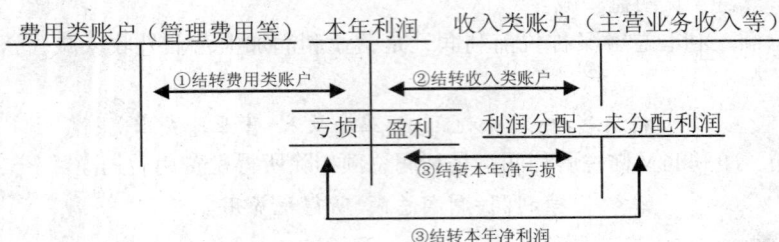

图 5-8　期末结转损益的账务处理程序

二、利润分配的账务处理

1. 利润分配的顺序

按照我国《公司法》的有关规定，利润分配应按下列顺序进行。

（1）计算可供分配的利润。公式如下。

企业可供分配的利润=当年实现的净利润+年初未分配利润-年初未弥补亏损+其他转入

如果可供分配的利润为负数（即累计亏损），则不能进行后续分配；如果可供分配的利润为正数（即累计盈利），则可进行后续分配。

（2）提取法定盈余公积。法定盈余公积应按照净利润的一定比例提取。公司制企业（包括国有独资公司、有限责任公司和股份有限公司）按《中华人民共和国公司法》规定以净利润的10%提取；非公司制企业法定盈余公积的提取比例可以超过10%。企业提取的法定盈余公积累计超过其注册资本的50%时，可以不再提取。

如果不存在年初累计亏损，提取法定盈余公积的基数为当年实现的净利润；如果存在年初亏损，提取法定盈余公积的基数应为可供分配的利润。

（3）提取任意盈余公积。公司制企业提取法定盈余公积后，经过股东大会决议，可以提取任意盈余公积；非公司制企业也可经类似权力机构批准，提取任意盈余公积。任意盈余公积的提取比例由企业视情况而定。

（4）向投资者分配利润。可供分配利润减去提取的法定盈余公积和任意盈余公积后的部分为可供投资者分配的利润，企业按一定的比例和要求在投资者之间进行分配。

可供投资者分配的利润=可供分配的利润-提取的盈余公积

企业可采用现金股利、股票股利和财产股利等形式向投资者分配利润（或股利）。

上述分配后的剩余利润即为未分配利润（或未弥补亏损），是以后期间可供分配利润的组成部分。

2. 账户设置

（1）"利润分配"账户。"利润分配"账户属于所有者权益类账户，用于核算企业利润分配（或亏损弥补）的过程及余额。该科目可按用途分别设置"提取法定盈余公积""提取任意盈余公积""应付现金股利或利润""转作股本的股利""盈余公积补亏"和"未分配利润"进行明细核算。

其中，一类明细账账户反映企业未分配利润的形成情况，即"利润分配—未分配利润"。该明细账账户贷方登记期末自"本年利润"科目转入的当期实现的净利润；借方登记"利润分配"账户中其他明细账账户转入的当期分配的利润数，包括提取的法定盈余公积、提取的任意盈余公积、向投资者分配的利润等，或期末从"本年利润"科目转入的当期发生的净亏损；贷方余额表示历年未分配利润的累计数，借方余额表示历年未弥补亏损的累计数。

另一类明细账账户反映企业利润的分配情况，包括"利润分配—提取法定盈余公积""利润分配—提取任意盈余公积""利润分配—应付利润（或股利）""利润分配—转作股本的股利""利润分配—盈余公积补亏"等明细账账户。该类明细账账户的借方登记企业当期提取的盈余公积、宣告发放的股利（或利润）、弥补的亏损等；贷方记录利润分配各项目的减少；期末应将余额从这些明细账账户转入"利润分配—未分配利润"明细账账户中，结转后无余额。

（2）"盈余公积"账户。"盈余公积"账户属于所有者权益类账户，用以核算企业从净利润中提取的盈余公积。该账户贷方登记提取的盈余公积。

（3）"应付股利"账户。"应付股利"账户属于负债类账户，用以核算企业分配的现金股利或利润。

3. 账务处理

（1）净利润转入利润分配。会计期末，企业应将当年实现的净利润转入"利润分配—未分配利润"科目，即借记"本年利润"科目，贷记"利润分配—未分配利润"科目，如为净亏损，则做相反的会计分录。结转前，如果"利润分配—未分配利润"明细科目的余额在借方，上述结转当年所实现净利润的分录同时反映了当年实现的净利润自动弥补以前年度亏损的情况。因此，在用当年实现的净利润弥补以前年度亏损时，不需另行编制会计分录。

（2）提取法定盈余公积的账务处理。企业按有关规定提取法定盈余公积，借记"利润分配—提取法定盈余公积"科目，贷记"盈余公积—法定盈余公积"科目。

（3）提取任意盈余公积的账务处理。企业按股东大会决议提取的任意盈余公积，借记"利润分配—提取任意盈余公积"科目，贷记"盈余公积—任意盈余公积"科目。

（4）向投资者分配利润的账务处理。企业股东大会或类似机构决议分配给股东现金股利，借记"利润分配—应付现金股利"科目，贷记"应付股利"科目；以股票股利转作股本的金额，借记"利润分配—转作股本股利"科目，贷记"股本"等科目。

（5）盈余公积补亏。企业发生的亏损，除用当年实现的净利润弥补外，还可使用累积的盈余公积弥补。以盈余公积弥补亏损时，借记"盈余公积"科目，贷记"利润分配—盈余公积补亏"科目。

利润分配各明细科目的结转的账务处理程序如图5-9所示。

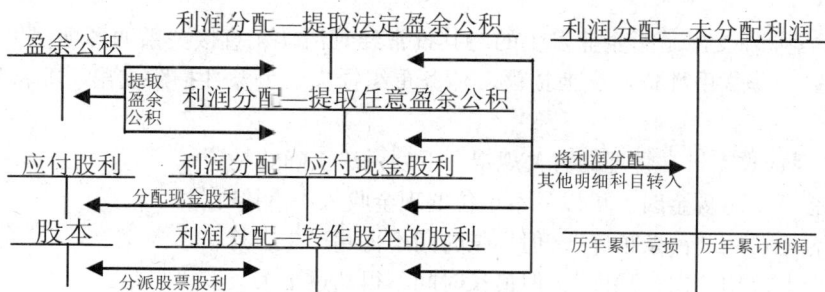

图5-9 利润分配各明细科目的结转的账务处理程序

（6）企业未分配利润的形成。年度终了，企业应将"利润分配"科目所属其他明细科目的余额转入该科目"未分配利润"明细科目，即借记"利润分配—未分配利润""利润分配—盈余公积补亏"等科目，贷记"利润分配—提取法定盈余公积""利润分配—提取任意盈余公积""利润分配—应付现金股利"利润分配—转作股本股利"等科目。结转后,"利润分配"科目中除"未分配利润"明细科目外,所属其他明细科目无余额。"未分配利润"明细科目的贷方余额表示累积未分配的利润;该科目如果出现借方余额,则表示累积未弥补的亏损。

【例5-8】A企业2014年年初未分配利润的贷方余额为500万元,2015年实现利润400万元,应交纳所得税费用为100万元。按净利的10%提取盈余公积,并向投资者分配现金股利200万元,以盈余公积转增资本100万元,该企业年末未分配利润贷方余额为（　　）万元。

A. 600 B. 570 C. 520 C. 470

答案:B

【解析】该企业年末未分配利润贷方余额为500+400-100-(400-100)×10%-200=570(万元)。以盈余公积转增资本不影响企业未分配利润。

📚 历年真题及解析

一、单项选择题

1. 公司用公积金转增资本时,所留存的该项公积金不得少于转增前公司注册资本的（　　）。

A. 30% B. 15% C. 25% D. 50%

答案:C

【解析】企业用盈余公积转增资本时,所留存的该项公积金不得少于转增前公司注册资本的25%。

2. 某公司一台机器使用期满决定报废,该机器原价为500 000元,已计提折旧470 000元,已计提减值准备15 000元,在清理过程中支付清理费用2 000元,残料变卖收入20 000元,不考虑相关税费,该机器的清理净收益是（　　）元。

A. 18 000 B. 3 000 C. 5 000 D. -10 000

答案:B

【解析】该机器的清理净收益=20 000-(500 000-470 000-15 000+2 000)=3 000(元)。

3. 下列各项中,不应计入营业外支出的是（　　）。

A. 资产减值损失 B. 公益性捐赠支出
C. 债务重组损失 D. 非流动资产处置损失

答案:A

【解析】营业外支出是指企业发生的与其日常经营活动无直接关系的各项损失,包括非流动资产处置损失、非货币性资产交换损失、债务重组损失、公益性捐赠支出、非常损失、盘亏损失等。

4. 根据现金收支日常管理的有关规定,下列说法正确的是（　　）。

A. 企业支付现金时,可以从本单位的现金收入中直接支付
B. 企业可用"白条顶库",但最长时间不得超过1个月
C. 企业可用"白条顶库",但最长时间不得超过1天
D. 企业现金收入应于当日送存开户银行,当日送存有困难的,由开户银行确定送存时间

答案:D

【解析】企业不允许"白条顶库",不得坐支,即不能从收入中直接支付自己的开支。

5. 某公司职工刘某预支差旅费8 000元,财会部门以现金支付。下列会计分录正确的是

（   ）。

  A. 借：其他应收款—刘某   8 000

    贷：库存现金   8 000

  B. 借：应收账款—刘某   8 000

    贷：库存现金   8 000

  C. 借：其他应收款—刘某   8 000

    贷：现金   8 000

  D. 借：管理费用   8 000

    贷：库存现金   8 000

答案：A

【解析】企业预借差旅费时正确的会计分录为借记"其他应收款"，贷记"库存现金"。

6. 下列各项中，不在"周转材料"科目进行核算的是（   ）。

  A. 原材料   B. 包装物

  C. 低值易耗品   D. 建筑承包商生产用的木模板

答案：A

【解析】周转材料包括包装物、低值易耗品、建筑企业中的钢模板、木模板和脚手架。

7. 某企业购进机器设备一台，价值 200 000 元，预计使用年限为 8 年，预计残值为 5 000 元，预计清理费用为 1 000 元，该企业固定资产折旧采用年限平均法，则该机器设备的月折旧率是（   ）。

  A. 1.02%   B. 12.24%   C. 1.04%   D. 2%

答案：A

【解析】月折旧额=（200 000−5 000+1 000）÷8÷12=2 041.67（元），月折旧率=2041.67÷200 000=1.02%。

8. 2008 年 12 月 31 日，甲公司应支付其销售部职工工资 200 000 元，社会保险 40 000 元，下列会计分录正确的是（   ）。

  A. 借：管理费用   240 000

    贷：应付职工薪酬—工资   200 000

      —社会保险费   40 000

  B. 借：销售费用   240 000

    贷：应付职工薪酬—工资   200 000

      —职工福利   40 000

  C. 借：销售费用   240 000

    贷：应付职工薪酬—工资   200 000

      —社会保险费   40 000

  D. 借：制造费用   240 000

    贷：应付职工薪酬—工资   200 000

      —职工福利   40 000

答案：C

【解析】销售部门的工资和社会保险费计入"销售费用"科目。

9. 股份有限公司发行股票，不考虑发行费用及相关税费，计入"股本"科目的金额是（   ）。

    A. 实际发行股票的票面总额

    B. 实际收到的银行存款

    C. 实际收到的银行存款与股票票面总额的差额

    D. 实际收到的银行存款与股票票面的总额之和

答案：A

【解析】"股本"科目的金额等于股数×面值，即实际发行股票的票面总额。

10. 甲公司向乙公司赊销商品一批，增值税专用发票上注明售价为 40 000 元，增值税额为 6 800 元。甲公司会计处理正确的是（   ）。

A. 借：应收账款	46 800
贷：主营业务收入	40 000
应交税费—应交增值税（销项税额）	6 800
B. 借：应收账款	46 800
贷：其他业务收入	40 000
应交税费—应交增值税（销项税额）	6 800
C. 借：应收账款	46 800
贷：营业外收入	40 000
应交税费—应交增值税（销项税额）	6 800
D. 借：应收账款	46 800
贷：主营业务收入	46 800

答案：A

【解析】赊销商品取得增值税专用发票，正确的会计分录为借记"应收账款"，贷记"主营业务收入""应交税费—应交增值税（销项税额）"科目。

11. 2010 年 3 月，甲公司计提行政管理部门人员工资 300 000 元。其会计处理正确的是(   )。

A. 借：生产成本	300 000
贷：应付职工薪酬	300 000
B. 借：制造费用	300 000
贷：应付职工薪酬	300 000
C. 借：销售费用	300 000
贷：应付职工薪酬	300 000
D. 借：管理费用	300 000
贷：应付职工薪酬	300 000

答案：D

【解析】行政管理部门的工资计入"管理费用"科目。

12. 甲公司 2015 年年初未分配利润贷方余额为 1 500 000 元，2015 年实现利润总额 5 000 000 元，适用的所得税税率为 25%，按净利润的 10% 提取法定盈余公积，向投资者派发股利 50 000 元。假定不考虑其他因素，甲公司 2015 年年末未分配利润的贷方余额是（   ）元。

    A. 5 950 000   B. 4 675 000   C. 4 825 000   D. 3 325 000

答案：C

【解析】2015 年的净利润=5 000 000×（1-25%）=3 750 000（元），2015 年年末未分配利润的余额=1 500 000+3 750 000-3 750 000×10%-50 000=4 825 000（元）。

13. 某企业购入需要安装的机器一台，购买价格为 60 000 元，运输费为 400 元。机器安装时支付安装工人工资 4 000 元，耗用材料 3 000 元，该机器安装完毕交付使用的入账价值为（　　）元。

    A. 60 000   B. 60 400   C. 67 400   D. 63 400

答案：C

【解析】该机器安装完毕交付使用的入账价值为=60 000+400+4 000+3 000=67 400（元）。

14. 2010 年 2 月 28 日，甲公司与乙公司签订产品销售合同，产品售价金额为 100 000 元，应纳增值税税额为 17 000 元。合同签订当日，乙公司先付全部货款的 50%给甲公司，剩余货款交货后付清。当日，甲公司收到预付部分的货款，正确的会计处理是（　　）。

    A. 借：银行存款   117 000

        贷：预收账款   100 000

          应交税费—应交增值税（销项税额）   17 000

    B. 借：银行存款   58 500

        贷：预收账款   50 000

          应交税费—应交增值税（销项税额）   8 500

    C. 借：银行存款   61 700

        贷：预收账款   50 000

          应交税费—应交增值税（销项税额）   17 000

    D. 借：银行存款   58 500

        贷：预收账款   58 500

答案：D

【解析】收到预收账款存入银行，正确的会计处理是借记"银行存款"，贷记"预收账款"。

15. A 公司购入 C 材料一批，增值税专用发票上记载的货款为 100 000 元，增值税税额为 17 000 元，对方代垫包装费 500 元，全部款项已用转账支票付讫，材料已验收入库，A 公司会计处理正确的是（　　）。

    A. 借：原材料—C 材料   100 500

          应交税费—应交增值税（进项税额）   17 000

          贷：银行存款   117 500

    B. 借：原材料—C 材料   100 000

          应交税费—应交增值税（进项税额）   17 000

          其他应收款   500

          贷：银行存款   117 500

    C. 借：原材料—C 材料   100 500

         贷：银行存款   100 500

    D. 借：原材料—C 材料   117 500

        贷：银行存款   100 500

          应交税费—应交增值税（进项税额）   17 000

答案：A

【解析】原材料的入账成本=买价+运杂费+包装费+保险费+装卸费等，故原材料的金额为 100 000+500=100 500（元）。

16. 备抵法是采用一定的方法按期估计坏账损失，计入当期费用，同时建立坏账准备，待坏账实际发生时，冲销（　　　）。

A. 本年利润　　　　　　　　　　　　B. 管理费用

C. 坏账损失　　　　　　　　　　　　D. 已计提的坏账准备和相应的应收款项

答案：D

【解析】坏账实际发生时正确的会计处理是借记"坏账准备"，贷记"应收账款"等科目。即坏账准备发生时冲销已计提的坏账准备和相应的应收款项。

17. 下列会计科目中，用于原材料核算的是（　　　）。

A. 固定资产　　　　B. 库存商品　　　　C. 在途物资　　　　D. 应付职工薪酬

答案：C

【解析】原材料在实际成本法下需要设置"在途物资""原材料"等科目进行核算。

18. 甲公司对应收 A 公司的账款进行减值测试，应收账款余额合计为 40 000 元，甲公司根据 A 公司的资信情况确定应计提 5 000 元坏账准备，甲公司计提坏账准备的会计分录正确的是（　　　）。

A. 借：坏账准备　　　　　　　　　　　　　　　　5 000

　　　贷：应收账款　　　　　　　　　　　　　　　　　　　5 000

B. 借：管理费用—计提的坏账准备　　　　　　　　5 000

　　　贷：坏账准备　　　　　　　　　　　　　　　　　　　5 000

C. 借：资产减值损失—计提的坏账准备　　　　　　5 000

　　　贷：坏账准备　　　　　　　　　　　　　　　　　　　5 000

D. 借：管理费用—计提的坏账准备　　　　　　　　5 000

　　　贷：应收账款　　　　　　　　　　　　　　　　　　　5 000

答案：C

【解析】计提坏账准备时正确的会计分录为借记"资产减值损失"，贷记"坏账准备"。

19. A 公司购入一台不需要安装即可投入使用的机器，取得的增值税专用发票上注明的设备价款为 10 000 元，该企业为增值税一般纳税人，A 公司账务处理正确的是（　　　）。

A. 借：固定资产　　　　　　　　　　　　　　　　10 000

　　　贷：银行存款　　　　　　　　　　　　　　　　　　　10 000

B. 借：固定资产　　　　　　　　　　　　　　　　10 000

　　　应交税费—应交增值税（进项税额）　　　　　 1 700

　　　贷：银行存款　　　　　　　　　　　　　　　　　　　11 700

C. 借：在建工程　　　　　　　　　　　　　　　　10 000

　　　贷：银行存款　　　　　　　　　　　　　　　　　　　10 000

D. 借：在建工程　　　　　　　　　　　　　　　　10 000

　　　应交税费—应交增值税（进项税额）　　　　　 1 700

　　　贷：银行存款　　　　　　　　　　　　　　　　　　　11 700

答案：B

【解析】企业购入不需要安装的设备，通过"固定资产"科目核算，该企业为增值税一般纳税人，税率为 17%，因此增值税额为 10 000×17%=1 700（元）。

20. 下列业务应确认为营业外支出的是（　　　）。

   A. 出租无形资产的摊销费　　　　　　B. 处置固定资产的净损失

   C. 出租固定资产计提的折旧费　　　　D. 出售不需要的材料的成本

答案：B

【解析】出租无形资产的摊销费、出租固定资产计提的折旧费、出售不需要的材料的成本均应通过"其他业务成本"科目核算。

21. 甲公司 2015 年度按企业会计准则计算的税前会计利润为 200 000 元，所得税税率为 25%，甲公司全年实发工资薪金为 40 000 元，职工福利费 10 000 元，工会经费 800 元，职工教育经费 5 000 元，经审查，甲公司当年营业外支出中有 2 000 元为税收滞纳金，假定甲公司全年无其他纳税调整因素，甲公司当期应交的所得税税额为（　　　）元。

   A. 50 000　　　　　B. 47 400　　　　　C. 52 100　　　　　D. 52 600

答案：D

【解析】纳税调整数=（10 000-40 000×14%）+（800-40 000×2%）+（5 000-40 000×2.5%）+2 000=4 400+4 000+2 000=10 400（元），应纳税所得额=200 000+10 400=210 400（元），应交所得税=210 400×25%=52 600（元）。

22. 企业基建工程领用材料，按实际成本（　　　）"原材料"，按不予抵扣的增值税额（　　　）"应交税费—应交增值税（进项税额转出），按实际成本加上不予抵扣的增值税额（　　　）"在建工程"。

   A. 贷记 借记 借记　B. 借记 贷记 贷记　C. 借记 借记 贷记　D. 贷记 贷记 借记

答案：D

【解析】根据本题的经济业务，会计分录为借记"在建工程"，贷记"原材料""应交税费—应交增值税（进项税额转出）"。

二、多项选择题

1. 甲公司成立时收到某投资者投入的原材料一批，双方确认的价值为 100 000 元(不含税费)，增值税税额为 17 000 元（准许抵扣）。甲公司注册资本为 800 000 元，该投资者出资占注册资本的 10%。甲公司进行账务处理时，应计入"资本公积"的金额不正确的是（　　　）元。

   A. 20 000　　　　　B. 0　　　　　C. 37 000　　　　　D. 17 000

答案：A、B、D

【解析】此笔经济业务正确的会计处理为借记"原材料"100 000，"应交税费—应交增值税（进项税额）"17 000，贷记"实收资本"800 000×10%=80 000，"资本公积"37 000。

2. 甲公司销售给乙公司产品一批，销售价款为 234 000 元（含税），甲公司规定的现金折扣条件为"1/10，N/30"，乙公司于 15 天后付款，甲公司适应的增值税税率为 17%。在销售货物时，下列会计分录中，错误的是（　　　）。

   A. 借：应收账款—乙公司　　　　　234 000

      贷：主营业务收入　　　　　　　　　234 000

   B. 借：应收账款—乙公司　　　　　234 000

      贷：主营业务收入　　　　　　　　　200 000

        应交税费—应交增值税（销项税额）　　34 000

C. 借：应收账款—乙公司 231 660
贷：主营业务收入 198 000
应交税费—应交增值税（销项税额） 33 660
D. 借：应收账款—乙公司 231 660
财务费用 2 340
贷：主营业务收入 200 000
应交税费—应交增值税（销项税额） 34 000

答案：A、C、D

【解析】本题中在确认收入时，应将含税销售收入换算成不含税销售收入，不含税销售收入=含税收入／（1+增值税税率）=234 000／（1+17%）=200 000（元），增值税=234 000-200 000=34 000（元），我国对现金折扣采用总价法核算，在确认收入时不需要扣减现金折扣，在现金折扣实际发生时冲减"财务费用"科目。故正确的会计处理为选项 B。

3. 下列各项中，属于"管理费用"核算内容的是（ ）。
A. 企业在筹建期间的注册登记费 B. 企业交纳的矿产资源补偿费
C. 企业交纳的排污费用 D. 业务招待费

答案：A、B、C、D

【解析】选项 A、B、C、D 均属于"管理费用"核算的内容。

4. 甲公司于 2015 年 10 月 8 日销售 A 商品给乙公司，售价为 18 000 元，商品已发出，货款未收到。2015 年 10 月 31 日，甲公司对该笔应收账款进行减值测试，确认未来现金流量的现值为 12 000 元。该公司此前未对该账款计提坏账准备，则下列会计处理错误的是（ ）。
A. 借：管理费用 6 000
贷：坏账准备 6 000
B. 借：资产减值损失—计提的坏账准备 6 000
贷：应收账款 6 000
C. 借：资产减值损失—计提的坏账准备 12 000
贷：坏账准备 12 000
D. 借：资产减值损失—计提的坏账准备 6 000
贷：坏账准备 6 000

答案：A、B、C

【解析】资产负债表日应收账款的账面价值与未来现金流量的现值进行比较，未来现金流量的现值低于账面价值的差额确认为坏账。本题中应收款项的余额为 18 000-未来现金流量现值 12 000=6 000（元），计提坏账准备的会计分录为借记"资产减值损失"，贷记"坏账准备"。

5. 企业确定固定资产使用寿命时，应当考虑的因素有（ ）。
A. 预计生产能力 B. 预计有形损耗
C. 预计无形损耗 D. 法律或类似规定对资产使用寿命的限制

答案：A、B、C、D

【解析】企业确定固定资产使用寿命时，应当考虑下列因素：①固定资产预计生产能力或实物产量；②固定资产预计有形损耗；③固定资产预计无形损耗；④法律或者类似规定对该项资产的使用限制。

6. 下列经济事项中，应通过"应付账款"科目进行核算的是（　　　）。

    A. 应付的各种赔偿款　　　　　　　　　B. 应付存入保证金

    C. 应付所购材料款　　　　　　　　　　D. 接受劳务应付款项

答案：C、D

【解析】应付的各种赔偿款应当计入"营业外支出"科目，应付存入保证金应当计入"其他应付款"科目。

7. 下列各项中，通过"其他业务收入"科目核算的有（　　　）。

    A. 提供劳务收入　　　　　　　　　　　B. 出租固定资产收入

    C. 出租包装物收入　　　　　　　　　　D. 出售无形资产收入

答案：B、C、D

【解析】提供劳务收入应当通过"主营业务收入"科目核算。

8. 下列各项中，会影响营业利润的有（　　　）。

    A. 营业收入　　　　　B. 营业税金及附加　　　C. 投资收益　　　　　　　D. 营业外收入

答案：A、B、C

【解析】营业利润=营业收入-营业成本-营业税金及附加-销售费用-财务费用-管理费用-资产减值损失+投资收益+公允价值变动损益。故营业外收入不影响营业利润。

9. 下列各项中，通过"销售费用"科目核算的有（　　　）。

    A. 商品维修费　　　　　　　　　　　　B. 矿产资源补偿费

    C. 广告费　　　　　　　　　　　　　　D. 预计产品质量保证损失

答案：A、C、D

【解析】矿产资源补偿费应当通过管理费用科目核算。

10. 下列各项中，通过"营业外支出"科目核算的有（　　　）。

    A. 公益性捐赠支出　　　　　　　　　　B. 非常损失

    C. 非流动资产处置损失　　　　　　　　D. 出租包装物的成本

答案：A、B、C

【解析】出租包装物的成本应通过"其他业务成本"科目核算。

11. A公司于2016年2月25日向B公司购买原材料500吨，货款为292 500元（含增值税42 500元），货款已通过银行支付，原材料已验收入库。2016年2月25日A公司会计处理错误的有（　　　）。

    A. 借：原材料　　　　　　　　　　　　　　　　　　　　　250 000

        应交税费—应交增值税（进项税额）　　　　　42 500

          贷：银行存款　　　　　　　　　　　　　　　　　　　292 500

    B. 借：原材料　　　　　　　　　　　　　　　　　　　　　292 000

          贷：银行存款　　　　　　　　　　　　　　　　　　　292 500

    C. 借：原材料　　　　　　　　　　　　　　　　　　　　　250 000

          贷：银行存款　　　　　　　　　　　　　　　　　　　250 000

    D. 借：原材料　　　　　　　　　　　　　　　　　　　　　250 000

        应交税费—应交增值税（销项税额）　　　　　42 500

          贷：银行存款　　　　　　　　　　　　　　　　　　　292 500

答案：B、C、D

【解析】此笔经济业务正确的会计处理为借记"原材料"292 500-42 500=250 000，"应交税费——应交增值税（进项税额）"42 500，贷记"银行存款"292 500。

12. 某公司现有生产用机器设备原价 4 200 000 元，预计使用年限为 10 年，已计提折旧 1 200 000 元。2016 年 3 月 31 日，该公司为固定资产计提折旧，全部固定资产均采用年限平均法，且均不考虑残值。下列会计处理错误的有（　　）。

A. 借：管理费用　　35 000 　　贷：累计折旧　　35 000	B. 借：制造费用　　25 000 　　贷：累计折旧　　25 000
C. 借：制造费用　　35 000 　　贷：累计折旧　　35 000	D. 借：管理费用　　25 000 　　贷：累计折旧　　35 000

答案：A、C、D

【解析】3 月份该机器设备的折旧额=（4 200 000-1 200 000）÷10÷12=25 000（元），机器设备用于生产车间生产产品，故通过制造费用科目核算。

13. 某企业第一车间汇集的本月制造费用总额为 20 000 元，该车间本月实际完成生产工人工时为 300 小时，其中 M 产品 200 小时，N 产品 100 小时，采用生产工人工时比例分配制造费用，本月 M 产品应分配的制造费用计算结果错误的有（　　）元。

A. 4 000　　　B. 8 000　　　C. 13 333.33　　　D. 10 000

答案：A、B、D

【解析】M 产品应负担的制造费用=20 000÷（200+100）×200=13 333.33（元），故选项 C 正确。

14. A 公司 2016 年 2 月从二级市场购入 M 公司股票 100 000 股，并将其划分为交易性金融资产，购买日该股票公允价值为每股 20 元，实付的价款中包含已宣告但尚未支取的现金股利每股 1 元，另外支付相关交易费用 2 000 元，该业务涉及的会计科目有（　　）。

A. 交易性金融资产　　B. 应收股利　　　C. 应收利息　　　D. 投资收益

答案：A、B、D

【解析】此笔业务的会计分录为借记"交易性金融资产"100 000×（20-1）=1 900 000，"应收股利"100 000×1=100 000，"投资收益"2 000，贷记"其他货币资金"2 002 000。

15. 企业采用汇总结算的方式购入 M 材料一批，发票及账单已收到，增值税专用发票上记载的货款为 80 000 元，增值税税额为 13 600 元，支付保险费 2 000 元，材料尚未到达，下列账务处理中，错误的有（　　）。

A. 借：在途物资　　　　　　　　　　　　　　　　82 000
　　　应交税费——应交增值税（进项税额）　　　13 600
　　　贷：银行存款　　　　　　　　　　　　　　　　95 600

B. 借：在途物资　　　　　　　　　　　　　　　　82 000
　　　应交税费——应交增值税（进项税额）　　　13 600
　　　贷：应付账款　　　　　　　　　　　　　　　　95 600

C. 借：库存商品　　　　　　　　　　　　　　　　82 000
　　　应交税费——应交增值税（进项税额）　　　13 600
　　　贷：银行存款　　　　　　　　　　　　　　　　95 600

D. 借：原材料　　　　　　　　　　　　　　　　　82 000
　　　应交税费——应交增值税（进项税额）　　　13 600
　　　贷：银行存款　　　　　　　　　　　　　　　　95 600

答案：B、C、D

【解析】企业材料尚未到达应当通过"在途物资"科目核算，因该企业采用汇兑结算方式结算，故贷方应通过"银行存款"科目核算，原材料的入账成本=买价+运杂费+保险费+装卸费等，所以选项 A 正确。

16. 某公司采用托收承付的结算方式向甲公司销售商品一批，货款为 50 000 元，增值税税额为 8 500 元，以银行存款代垫运费 1 000 元，已办理托收手续，下列账务处理中，错误的是（　　）。

    A. 借：应收账款　　　　　　　　　　　　　　　　　58 500
        贷：主营业务收入　　　　　　　　　　　　　　　　50 000
          应交税费—应交增值税（销项税额）　　　　　　8 500

    B. 借：银行存款　　　　　　　　　　　　　　　　　59 500
        贷：主营业务收入　　　　　　　　　　　　　　　　51 000
          应交税费—应交增值税（销项税额）　　　　　　8 500

    C. 借：应收账款　　　　　　　　　　　　　　　　　59 500
        贷：主营业务收入　　　　　　　　　　　　　　　　58 500
          银行存款　　　　　　　　　　　　　　　　　　1 000

    D. 借：应收账款　　　　　　　　　　　　　　　　　59 500
        贷：主营业务收入　　　　　　　　　　　　　　　　50 000
          应交税费—应交增值税（销项税额）　　　　　　85 000
          银行存款　　　　　　　　　　　　　　　　　　1 000

答案：A、B、C

【解析】企业采用托收承付的结算方式销售商品应通过"应收账款"科目核算。应收账款是指企业因销售商品、提供劳务等经营活动，应向购货单位或接受劳务单位收取的款项，主要包括企业销售商品或提供劳务等应向有关债务人收取的价款及代购货单位垫付的包装费、运杂费等。故选项 D 是正确的。

17. 某公司销售商品领用单独计价的包装物成本 12 000 元，假设不考虑成本差异，下列反映结转包装物销售成本的会计分录中，错误的有（　　）。

    A. 借：主营业务成本　　　　　　　　　　　　　　　12 000
        贷：库存商品—包装物　　　　　　　　　　　　　12 000

    B. 借：销售费用　　　　　　　　　　　　　　　　　12 000
        贷：周转材料—包装物　　　　　　　　　　　　　12 000

    C. 借：其他业务成本　　　　　　　　　　　　　　　12 000
        贷：周转材料—包装物　　　　　　　　　　　　　12 000

    D. 借：其他业务成本　　　　　　　　　　　　　　　12 000
        贷：库存商品—包装物　　　　　　　　　　　　　12 000

答案：A、B、D

【解析】企业领用单独计价的包装物在发出时应当通过"其他业务成本"科目核算。

18. 某公司 2015 年 1 月 1 日取得一项价值 180 000 元的非专利技术，2016 年 1 月 1 日出售时已累计摊销 18 000 元，未计提资产减值准备，出售时取得价款 160 000 元，应交营业税 8 000 元，不考虑其他因素，出售时编制的会计分录中，借方涉及的会计科目有（　　）。

    A. 无形资产　　　　　B. 累计摊销　　　　　C. 银行存款　　　　　D. 营业外支出

答案：B、C、D

【解析】此笔经济业务正确的会计处理为借记"银行存款"160 000,"累计摊销"18 000,"营业外支出"10 000,贷记"无形资产"180 000,"应交税费——应交营业税"8 000。

19. 某企业发生意外灾害损失原材料 7 000 元,不考虑相关税费,经批准全部转为损失时,下列账务处理错误的是（　　　）。

 A. 借：营业外支出   7 000   B. 借：营业外支出   7 000

   贷：待处理财产损溢 7 000   贷：原材料   7 000

 C. 借：管理费用   7 000   D. 借：管理费用   7 000

   贷：原材料   7 000   贷：待处理财产损溢 7 000

答案：B、C、D

【解析】企业发生意外灾害正确的会计处理是借记"待处理财产损溢"7 000,贷记"原材料"7 000；企业经批准后会计分录为借记"营业外支出"7 000,贷记"待处理财产损溢"7 000。

三、判断题

1. 股票的发行价值可以等于票面金额,也可以高于票面金额,但不得低于票面金额。（　　）

答案：√

【解析】股票发行可以采用溢价发行,也可以采用平价发行,但不能采用折价发行。

2. 企业发行股票所支付的手续费一般通过"财务费用"科目核算。（　　）

答案：×

【解析】企业发行股票所支付的手续费应当从溢价中抵扣,如果溢价不足抵扣或没有溢价应当先冲减"盈余公积",再冲减"未分配利润"科目。

3. 企业以前年度亏损未弥补完,不能提取法定盈余公积和法定公益金。（　　）

答案：√

【解析】本年度实现的净利润首先弥补以前年度的亏损,弥补亏损后的余额才能提取法定盈余公积和法定公益金。

4. 交易性金融资产是指企业为了近期内出售而持有的金融资产。（　　）

答案：√

【解析】交易性金融资产是指企业为了近期内出售而持有的金融资产,如企业以赚取差价为目的从二级市场上购入的股票、债券和基金等。

5. 当月增加的固定资产,当月应计提折旧；当月减少的固定资产,当月不计提折旧。（　　）

答案：×

【解析】当月增加的固定资产,当月不计提折旧；当月减少的固定资产,当月照提折旧。

6. 企业发生的现金折扣,通过"财务费用"科目核算。（　　）

答案：√

【解析】财务费用是指企业为筹集生产经营所需资金而发生的筹资费用,包括利息支出（减利息收入）、汇兑损益、相关的手续费、企业发生的现金折扣或收到的现金折扣等。

7. "在途物资"科目期末余额在借方,反映企业已入库原材料的采购成本。（　　）

答案：×

【解析】"在途物资"科目期末余额在借方,反映企业尚未入库原材料的采购成本。

8. 企业应当在资产负债表日对应收款项的账面价值进行检查，有客观证据表明该应收款项发生减值损失的，应当计提坏账准备。（　　　）

答案：√

【解析】企业应当在资产负债表日对应收款项的账面价值进行检查，有客观证据表明该应收款项发生减值损失的，应当计提坏账准备，计入"资产减值损失"科目。

9. 企业销售商品、提供劳务等主营业务的成本通过"主营业务成本"账户核算，该账户期末余额在借方。（　　　）

答案：×

【解析】资产负债表日"主营业务成本"账户的发生额转入"本年利润"科目后，余额为0。

10. 公允价值变动损益包括企业交易性金融资产、交易性金融负债公允价值变动形成的损益，不包括采用公允价值模式计量的投资性房地产的公允价值变动形成的损益。（　　　）

答案：×

【解析】公允价值变动收益（或损失）是指企业交易性金融资产、交易性金融负债以及采用公允价值模式计量的投资性房地产、衍生工具、套期保值业务等资产的公允价值变动形成的应计入当期损益的利得（或损失）。

11. 企业清算时，确定所有者对净资产要求权的依据是实收资本的构成比例。（　　　）

答案：√

【解析】实收资本的构成比例即投资者的出资比例或股东的股份比例，通常是确定所有者在企业所有者权益中所占的份额和参与企业生产经营决策的基础，也是企业进行利润分配或股利分配的依据，同时，还是企业清算时，确定所有者对净资产的要求权的依据。

强化练习

一、单项选择题

1. 在途物资科目借方核算的内容有（　　　）。
A. 企业购入的尚未验收入库的材料的实际成本
B. 企业购入的已验收入库的材料的实际成本
C. 企业发出材料的实际成本
D. 企业购入途中发生意外事故材料的实际成本

2. 某企业购入一批原材料，材料尚未验收入库，货款已付，下列会计分录中正确的有（　　　）。
A. 借：原材料
　　应交税费—应交增值税（进项税额）
　　　贷：银行存款
B. 借：原材料
　　应交税费—应交增值税（进项税额）
　　　贷：应付账款
C. 借：在途物资
　　应交税费—应交增值税（进项税额）
　　　贷：银行存款

D. 借：在途物资
　　　应交税费—应交增值税（进项税额）
　　贷：应付账款

3. 企业在建工程领用外购材料（假定其进项税额不允许扣除），下列会计分录中正确的有（　　）

  A. 借：在建工程
    应交税费—应交增值税（进项税额）
   贷：原材料

  B. 借：在建工程
   贷：原材料
    应交税费—应交增值税（销项税额）

  C. 借：制造费用
   贷：原材料
    应交税费—应交增值税（进项税额转出）

  D. 借：在建工程
   贷：原材料
    应交税费—应交增值税（进项税额转出）

4. 下列关于结转制造费用的会计分录正确的有（　　）。

A. 借：制造费用
  贷：生产成本
	B. 借：库存商品
	  贷：制造费用

C. 借：生产成本
  贷：制造费用
	D. 借：本年利润
	  贷：制造费用

5. 下列关于结转完工产品成本的会计分录正确的有（　　）。

A. 借：库存商品
  贷：生产成本
	B. 借：生产成本
	  贷：库存商品

C. 借：主营业务成本
  贷：库存商品
	D. 借：本年利润
	  贷：主营业务成本

6. 下列关于结转销售产品成本的会计分录正确的有（　　）。

A. 借：主营业务收入
  贷：本年利润
	B. 借：本年利润
	  贷：主营业务成本

C. 借：主营业务成本
  贷：库存商品
	D. 借：银行存款
	  贷：主营业务收入

7. A 企业为增值税一般纳税人，某月 1 日购入一台不需要安装的设备，取得的增值税专用发票上注明的售价为 100 000 元，增值税税额为 17 000 元，对方代垫运杂费 3 000 元，款项尚未支付，下列会计分录中正确的有（　　）。

  A. 借：固定资产   100 000
    应交税费—应交增值税（进项税额）   17 000
   贷：应付账款   117 000

    B. 借：在建工程   103 000

           应交税费—应交增值税（进项税额）   17 000

              贷：应付账款   120 000

    C. 借：固定资产   103 000

           应交税费—应交增值税（进项税额）   17 000

              贷：应付账款   120 000

    D. 借：固定资产   120 000

              贷：应付账款   120 000

8. 某企业 2016 年 4 月 1 日购入一台不需要安装的设备，4 月 8 日投资车间使用，则该固定资产应当从（　　　）开始计算折旧期限。

    A. 5 月 1 日   B. 5 月 8 日   C. 4 月 8 日   D. 4 月 9 日

9. 某企业购入一台设备，原值为 200 000 元，预计使用年限为 5 年，预计净残值率为 10%，企业对该设备采用直线法计提折旧，则设备的月折旧率为（　　　）。

    A. 1.8%   B. 18%   C. 1.5%   D. 15%

10. 某企业购入一台设备，原值为 200 000 元，预计使用年限为 5 年，预计净残值率为 10%，企业对该设备采用直线法计提折旧，则设备的月折旧额为（　　　）。

    A. 3 000 元   B. 3 500 元   C. 4 000 元   D. 4 500 元

11. 经营出租的固定资产，按月计提折旧，则下列会计分录中正确的有（　　　）。

    A. 借：制造费用   B. 借：管理费用

           贷：累计折旧   贷：累计折旧

    C. 借：其他业务成本   D. 借：在建工程

           贷：累计折旧   贷：累计折旧

12. 某企业将一台设备对外出售，取得售价 40 000 元存入银行，该设备的原值为 100 000 元，原已计提折旧 90 000 元，清理过程中发生清理费用 5 000 元，则固定资产净损益为（　　　）元。

    A. 2.5 万   B. −2.5 万   C. 4.5 万   D. −4.5 万

13. 固定资产出售过程中发生的营业税应通过下列（　　　）科目核算。

    A. 固定资产   B. 固定资产清理   C. 营业税金及附加   D. 营业外支出

14. 预付账款不多的企业可以不设置预付账款，而将预付账款通过（　　　）科目核算。

    A. 预收账款借方   B. 应收账款借方   C. 应付账款借方   D. 应付账款贷方

15. 预收账款不多的企业可以不设置预收账款，而将预收账款通过（　　　）科目核算。

    A. 应收账款贷方   B. 应收账款借方   C. 应付账款借方   D. 应付账款贷方

16. 企业计提坏账准备，下列会计分录中正确的是（　　　）。

    A. 借：资产减值损失   B. 借：坏账准备

           贷：坏账准备   贷：资产减值损失

    C. 借：坏账准备   D. 借：应收账款

           贷：应收账款   贷：坏账准备

17. 2015 年年初，A 企业坏账准备的余额是 1 000 元，2015 年 4 月 1 日由于债务单位破产前欠本企业的 5 000 元无法收回，年末应收款项的余额为 100 000 元。2016 年 7 月 5 日，B 企业经过资产重组偿还 A 企业 4 000 元，年末 A 企业应收款项的余额为 150 000 元，A 企业根据资信情况按应收款项的 5‰计提坏账，A 企业 2016 年年末坏账准备的余额为（　　　）元。

    A. 750   B. 800   C. 650   D. 1 000

18. A 企业从 B 企业购入一批原材料，价款为 100 000 元，增值税税额为 17 000 元，材料购入当日全部验收入库，A 企业原已预付 100 000 元，余款暂未支付，则 A 企业购入当日正确的会计处理是（　　）。

A. 借：原材料 100 000
　　　应交税费—应交增值税（进项税额） 17 000
　　贷：预付账款 100 000
　　　　应付账款 17 000

B. 借：原材料 100 000
　　　应交税费—应交增值税（进项税额） 17 000
　　贷：预付账款 117 000

C. 借：原材料 100 000
　　　应交税费—应交增值税（进项税额） 17 000
　　贷：应付账款 117 000

D. 借：在途物资 100 000
　　　应交税费—应交增值税（进项税额） 17 000
　　贷：预付账款 100 000
　　　　应付账款 17 000

19. "应付账款"科目贷方核算的内容是（　　）。

A. 企业购买材料、商品和接受劳务而发生的应付账款
B. 偿还的应付账款
C. 开出商业汇票抵付账款的款项
D. 已冲销的无法支付的应付账款

20. A 企业为增值税一般纳税人，增值税税率为 17%，销售产品一批，开出一张普通发票，售价为 100 000 元，款项当日收到并存入银行。则下列会计分录中正确的有（　　）。

A. 借：银行存款 117 000
　　贷：主营业务收入 100 000
　　　　应交税费—应交增值税（销项税额） 17 000

B. 借：银行存款 117 000
　　贷：主营业务收入 117 000

C. 借：银行存款 100 000
　　贷：主营业务收入 100 000

D. 借：银行存款 103 000
　　贷：主营业务收入 100 000
　　　　应交税费—应交增值税（销项税额） 3 000

21. 某运输企业发生运营收入，需要交纳城市维护建设税，下列关于城市维护建设税的会计分录中正确的有（　　）。

A. 借：营业税金及附加
　　贷：应交税费—应交城市维护建设税
B. 借：其他业务成本
　　贷：应交税费—应交城市维护建设税

C. 借：固定资产清理
    贷：应交税费—应交城市维护建设税
D. 借：研发支出
    贷：应交税费—应交城市维护建设税

22. 计提短期借款的利息时，下列会计分录中正确的是（　　）。

    A. 借：管理费用
       贷：应付利息

    B. 借：财务费用
       贷：应付利息

    C. 借：在建工程
       贷：应付利息

    D. 借：财务费用
       贷：短期借款

23. A 有限责任公司收到 B 企业作为资本投入的原材料一批，该批材料在 B 企业的成本价为 100 000 元，市场的售价为 150 000 元，A、B 企业双方协商的合同价为 400 000 元，假定不考虑税费，原材料按实际成本进行日常核算，下列 A 企业会计分录中正确的有（　　）。

    A. 借：原材料　　　100 000
       贷：实收资本　　　100 000

    B. 借：原材料　　　150 000
       贷：实收资本　　　150 000

    C. 借：原材料　　　400 000
       贷：实收资本　　　400 000

    D. 借：在途物资　　　150 000
       贷：实收资本　　　150 000

24. A 有限责任公司收到 B 企业作为资本投入的专利权一项，该专利权在 B 企业的成本价为 100 000 元，A、B 企业双方协商的合同价为 400 000 元，假定合同约定的价值与公允价值相符，不考虑税费，下列 A 企业会计分录中正确的有（　　）。

    A. 借：无形资产　　　100 000
       贷：实收资本　　　100 000

    B. 借：无形资产　　　400 000
       贷：实收资本　　　400 000

    C. 借：无形资产　　　400 000
       贷：股本　　　400 000

    D. 借：无形资产　　　300 000
       贷：实收资本　　　300 000

25. A 企业为一家上市公司，2016 年 10 月 30 日股本总额为 90 000 000 股，股票面值为 1 元，经股东大会决议，A 企业通过证券市场回购本公司的股票 1 000 000 股并注销，回购当日 A 企业的股票市价为每股 0.8 元，假设 A 企业按市价回购，回购当日资产公积余额为 4 000 000 元，盈余公积余额为 2 000 000 元，未分配利润余额为 4 000 000 元，不考虑其他因素，则 A 企业有关股份注销的会计处理正确的有（　　）。

    A. 借：库存股　　　　　　　　　　　　　　　　800 000
       贷：银行存款　　　　　　　　　　　　　　800 000

    B. 借：股本　　　　　　　　　　　　　　　　1 000 000
       贷：库存股　　　　　　　　　　　　　　　800 000
          资本公积　　　　　　　　　　　　　200 000

    C. 借：股本　　　　　　　　　　　　　　　　1 000 000
       贷：库存股　　　　　　　　　　　　　　　800 000
          盈余公积　　　　　　　　　　　　　200 000

    D. 借：股本　　　　　　　　　　　　　　　　1 000 000
       贷：库存股　　　　　　　　　　　　　　　800 000
          利润分配—未分配利润　　　　　　200 000

26. 某企业 10 月甲车间制造费用总额为 100 000 元，该车间本月实际完成生产工人工时 5 000 小时，其中 A 产品工人工时 3 000 小时，B 产品工人工时 2 000 小时，该企业采用生产工人工时比例分配法分配制造费用，则 A 产品应负担的制造费用总额为（　　　）元。

  A. 40 000   B. 50 000   C. 60 000   D. 70 000

27. 某企业 10 月甲车间制造费用总额为 100 000 元，该车间本月实际发生生产工人工资 100 000 元，其中 A 产品工人工资 60 000 元，B 产品工人工资 40 000 元，该企业采用生产工人工资比例分配法分配制造费用，则 A 产品应负担的制造费用总额为（　　　）元。

  A. 40 000   B. 50 000   C. 60 000   D. 70 000

28. 某企业某月发生增值税 100 000 元，消费税 80 000 元，营业税 40 000 元，由于该企业符合免、抵、退条件，税务机关退还增值税 15 000 元，消费税 5 000 元，假设该企业应负担的城建税税率为 7%，则该企业本月应纳城建税为（　　　）元。

  A. 7 000   B. 14 000   C. 15 400   D. 8 400

29. 某企业某月发生增值税 100 000 元，消费税 80 000 元，营业税 40 000 元，由于该企业符合免、抵、退条件，税务机关退还增值税 15 000 元，消费税 5 000 元，假设该企业应负担的教育费附加的税率为 3%，则该企业本月应缴纳教育费附加为（　　　）元。

  A. 6 000   B. 6 600   C. 3 000   D. 3 300

30. 下列手续费中（　　　）属于"财务费用"的核算内容。

  A. 办理银行承兑汇票发生的手续费   B. 发行股票发生的手续费

  C. 发行债券发生的手续费   D. 购买交易性金融资产发生的手续费

31. 某企业某月主营业务收入为 100 000 元，主营业务成本为 80 000 元，其他业务收入为 50 000 元，其他业务成本为 40 000 元，投资收益借方发生额为 10 000 元，营业外收入为 20 000 元，则本月该企业的营业利润为（　　　）。

  A. 40 000 元   B. 60 000 元   C. 30 000 元   D. 20 000 元

32. 某企业某月主营业务收入为 1 000 000 元，主营业务成本为 800 000 元，其他业务收入为 500 000 元，其他业务成本为 400 000 元，投资收益借方发生额为 100 000 元，公允价值变动收益的贷方发生额为 100 000 元，营业外收入为 20 000 元，所得税费用为 50 000 元，则本月该企业的利润总额为（　　　）。

  A. 300 000 元   B. 500 000 元   C. 320 000 元   D. 170 000 元

33. 某企业某年税前会计利润为 100 万元，全年实发工资为 40 万元，职工福利费为 8 万元，工会经费为 1 万元，职工教育经费为 1 万元，取得国债利息收入 2 万元，假定不存在其他纳税调整因素，该企业所得税税率为 25%，则该企业全年应交所得税税额为（　　　）万元。

  A. 25.15   B. 25   C. 25.65   D. 26

34. 企业提取的法定盈余公积累计达到注册资本的（　　　）时，可以不再提取。

  A. 10%   B. 20%   C. 25%   D. 50%

35. 利润分配的（　　　）明细科目反映利润分配的形成情况。

  A. 提取法定盈余公积   B. 未分配利润

  C. 盈余补积补亏   D. 转作股本的股利

36. 某企业领用随同产品出售不单独计价的包装物一批，成本为 20 000 元，则下列会计分录中正确的处理是（　　　）。

  A. 借：主营业务成本   20 000

     贷：周转材料——包装物   20 000

      B. 借：其他业务成本   20 000

           贷：周转材料—包装物   20 000

      C. 借：销售费用   20 000

           贷：周转材料—包装物   20 000

      D. 借：管理费用   20 000

           贷：周转材料—包装物   20 000

37. 某企业出借包装物一批，该批包装物的成本为 10 000 元，则下列会计分录中正确的是（   ）。

      A. 借：主营业务成本   20 000

           贷：周转材料—包装物   20 000

      B. 借：其他业务成本   20 000

           贷：周转材料—包装物   20 000

      C. 借：销售费用   20 000

           贷：周转材料—包装物   20 000

      D. 借：管理费用   20 000

           贷：周转材料—包装物   20 000

38. 某企业出售专利权一项，取得收入 100 000 元，该专利权原购入的成本为 200 000 元，已累计摊销 150 000 元，营业税税率为 5%，则下列会计分录中正确的有（   ）。

      A. 借：银行存款   100 000

          累计摊销   150 000

           贷：无形资产   200 000

               应交税费—应交营业税   10 000

               营业外收入   40 000

      B. 借：银行存款   100 000

          累计摊销   150 000

           贷：无形资产   200 000

               应交税费—应交营业税   5000

               营业外收入   45 000

      C. 借：银行存款   100 000

           贷：无形资产   50 000

               应交税费—应交营业税   10 000

               营业外收入   40 000

      D. 借：银行存款   100 000

           贷：无形资产   200 000

               应交税费—应交营业税   5000

               营业外收入   45 000

39. 企业委托外单位加工一批产品，委托当日发出原材料，该批材料的成本为 40 000 元，市场售价为 50 000 元，则下列会计分录中正确的有（   ）。

      A. 借：生产成本   40 000   B. 借：生产成本   50 000

           贷：原材料   40 000   贷：原材料   50 000

C. 借：委托加工物资　40 000　　　　　　　D. 借：委托加工物资　50 000
　　贷：原材料　　　　40 000　　　　　　　　　贷：原材料　　　　50 000

40. 企业生产经营过程中，生产车间为组织管理生产领用原材料应当通过下列（　　　）科目核算。

　　A. 生产成本　　　　B. 制造费用　　　　C. 管理费用　　　　D. 财务费用

41. "累计折旧"科目不可按（　　　）进行明细核算。

　　A. 固定资产的类别　　　　　　　　　　B. 固定资产的部门
　　C. 固定资产的使用期限　　　　　　　　D. 固定资产的名称

42. 某企业 2016 年年初坏账准备的余额为 2 000 元，该年年末应收账款的余额为 1 000 000 元，该企业按 3‰对应收账款计提减值，则下列会计分录中正确的是（　　　）。

　　A. 借：资产减值损失　　　　　　　　　　　　　　　1 000
　　　　贷：坏账准备　　　　　　　　　　　　　　　　　　　1 000
　　B. 借：坏账准备　　　　　　　　　　　　　　　　　1 000
　　　　贷：资产减值损失　　　　　　　　　　　　　　　　　1 000
　　C. 借：资产减值损失　　　　　　　　　　　　　　　3 000
　　　　贷：坏账准备　　　　　　　　　　　　　　　　　　　3 000
　　D. 借：资产减值损失　　　　　　　　　　　　　　　5 000
　　　　贷：坏账准备　　　　　　　　　　　　　　　　　　　5 000

43. 某企业实际发生坏账，在进行账务处理时，贷方不可能出现的科目为（　　　）。

　　A. 资产减值损失　　B. 应收账款　　　　C. 其他应收款　　　D. 应收票据

44. 在计算城市维护建设税时，不应以（　　　）税费为依据。

　　A. 增值税　　　　　B. 消费税　　　　　C. 营业税　　　　　D. 资源税

45. 某企业获得现金捐赠，应当通过下列（　　　）科目核算。

　　A. 营业外收入　　　B. 资本公积　　　　C. 其他业务收入　　D. 主营业务收入

46. 企业以银行存款支付税务机关的罚款及罚息，应当通过（　　　）科目核算。

　　A. 财务费用　　　　B. 营业外支出　　　C. 其他业务成本　　D. 管理费用

47. 下列固定资产的折旧方法中体现了谨慎性原则的有（　　　）。

　　A. 双倍余额递减法　B. 直接转销法　　　C. 直线法　　　　　D. 工作量法

48. A 企业将一台设备对外出售，该设备的账面原值为 100 万元，累计折旧为 60 万元，发生的清理费用为 5 万元，出售收入为 40 万元，按 5%的营业税税率计算缴纳营业税，该设备的清理净收入为（　　　）元。

　　A. 70 000　　　　　B. -70 000　　　　　C. 60 000　　　　　D. -60 000

49. A 企业本期应交印花税 2 万元，增值税 4 万元，资源税 3 万元，车船税 0.8 万元，土地使用税 1.2 万元，耕地占用税 1 万元，则本期影响应交税费科目的金额是（　　　）万元。

　　A. 12　　　　　　　B. 11　　　　　　　C. 11.2　　　　　　D. 9

50. A 股份有限公司从证券市场上回购本公司的股票并予以注销，回购数量为 100 万股，该股份有限公司的股票面值为每股 1 元，回购价为 4 元，回购前该公司的股本为 1 000 万元，资本公积为 200 万元，盈余公积为 50 万元，未分配利润为 150 万元，则回购并注销股份以后，该公司未分配利润的余额为（　　）万元。

  A. 0   B. 50   C. 100   D. 150

51. A 企业 2011 年年初未分配利润的借方余额为 500 万元，2011 年实现利润 700 万元，该企业所得税税率为 20%。假设未发生其他事项，则该企业年末未分配利润的余额为（　　）万元。

  A. 160   B. 60   C. −160   D. 1 160

52. 2013 年 4 月 1 日，甲公司可银行借入资金 400 000 元，借款期限 2 年，年利率为 6%（假定合同利率等于实际利率，单利计息），甲公司借入款项时应编制的会计分录为（　　）。

  A. 借：长期借款　　　400 000   B. 借：短期借款　　　400 000
    贷：银行存款　　400 000   贷：银行存款　　400 000
  C. 借：银行存款　　　400 000   D. 借：银行存款　　　400 000
    贷：长期借款　　400 000   贷：短期借款　　400 000

53. 下列各项中，属于企业生产经营过程中形成的债权项目的是（　　）。

  A. 应付账款 B. 预收账款 C. 应收账款 D. 交易性金融资产

54. "生产成本"账户的期末借方余额反映的是（　　）。

  A. 完工产品的实际成本   B. 尚未完工的各项在产品的成本
  C. 累计发生的各项生产费用   D. 当期发生的各项生产费用

55. 下列各项中，属于企业非日常活动形成的利得的是（　　）。

  A. 企业生产销售商品取得的收入   B. 企业收到产品的销售收入
  C. 企业出租无形资产取得的租金收入   D. 企业出售无形资产取得的净收益

56. 下列各项中，不属于企业货币资金的是（　　）。

  A. 银行本票存款 B. 外埠存款 C. 银行汇票存款 D. 企业债券

57. 下列各项中，不通过"应付职工薪酬"科目核算的是（　　）。

  A. 应付职工奖金   B. 应付职工津补贴
  C. 应付职工出差报销款   D. 应付职工工资

58. 下列各项中，应计入营业外收入的是（　　）。

  A. 交易性金融资产出售利得   B. 非流动资产处置利得
  C. 原材料销售收入   D. 商品销售收入

59. 下列各项中，通过"银行存款"科目核算的是（　　）。

  A. 存出投资款   B. 银行基本账户存款
  C. 信用卡存款   D. 银行汇票存款

60. 下列各项税费中，通过"营业税金及附加"科目核算的是（　　）。

  A. 增值税 B. 营业税 C. 个人所得税 D. 企业所得税

61. 企业发生的下列各项费用中，不应计入"销售费用"的是（　　）。

  A. 销售商品应结转的商品成本   B. 销售部门办公设备折旧费
  C. 销售商品广告费   D. 销售人员工资

62. 某企业盈余公积年初余额为 50 万元，本年利润总额为 600 万元，所得税费用为 150 万元，按当年净利润的 10%提取法定盈余公积，按当年净利润的 5%提取任意盈余公积。该企业盈余公积年末余额为（　　）万元。

    A．140   B．67.5   C．117.5   D．50

63．某企业只生产和销售甲产品，4 月份发生如下费用：领用材料 6 万元，生产工人工资 2 万元，制造费用 1 万元，总部行政管理部门物料消耗 1.5 万元，专设销售机构固定资产折旧费 0.8 万元。假定甲产品全部当月投产当月完工，该企业 4 月份完工甲产品的生产成本为（　　）万元。

    A．8   B．11.3   C．10.5   D．9

64．甲公司月初"银行存款"科目借方余额为 100 万元。本月发生下列业务：①以银行存款购买原材料 10 万元；②向银行借款 60 万元，款项存入银行；③以银行存款归还前欠货款 30 万元；④收回应收账款 20 万元，款项已存入银行。月末甲公司"银行存款"科目借方余额为（　　）万元。

    A．60   B．140   C．100   D．120

65．"应付账款"账户期初贷方余额为 78 000 元，本期借方发生额为 230 000 元，贷方发生额为 200 000 元。下列关于期末余额的表述中，正确的是（　　）。

    A．借方 30 000 元   B．贷方 48 000 元
    C．借方 278 000 元   D．贷方 88 000 元

66．企业预付给甲公司购货款 10 万元，应借记的科目是（　　）。

    A．应收账款   B．库存现金   C．其他应付款   D．预付账款

67．企业将其销货款 38 000 元存入银行，应计入的借方科目是（　　）。

    A．货币资金   B．应收账款   C．库存现金   D．银行存款

68．企业购买材料，核算应付而未付货款的科目是（　　）。

    A．应付利息   B．应付账款   C．长期应付款   D．其他应付款

69．企业出售不需使用的设备一台，应计入的借方科目是（　　）。

    A．固定资产清理 B．长期股权投资 C．固定资产   D．待处理财产损溢

70．下列关于"实收资本"科目的表述中，不正确的是（　　）。

    A．贷方登记投资者投入的资本   B．借方登记按规定减少的资本
    C．属于所有者权益类科目   D．期末无余额

71．企业本年 8 月 1 日计划从甲公司购买一台机器设备，交易完成时间为 8 月 15 日，8 月 20 日支付设备款给甲公司。则企业应当确认固定资产增加的日期是（　　）。

    A．8 月 1 日   B．8 月 15 日   C．8 月 20 日   D．以上哪天都可以

72．以生产或销售商品为主要业务的企业，销售商品产生的收入应计入的科目是（　　）。

    A．主营业务收入 B．其他业务收入 C．营业外收入   D．投资收益

73．企业购买材料，核算应付而未付货款的科目是（　　）。

    A．长期应付款   B．其他应付款   C．应付账款   D．应付利息

74．企业购入不需要安装的生产设备一台，应借记的科目是（　　）。

    A．库存商品   B．无形资产   C．工程物资   D．固定资产

75. 企业收到所有者投入资金 50 万元并存入银行。下列会计科目中，应贷记的科目是（　　）。

　　A. 可供出售金融资产　　　　　　　　B. 银行存款

　　C. 实收资本　　　　　　　　　　　　D. 长期股权投资

76. 某公司资产总额为 6 万元，负债总额为 3 万元，以银行存款 2 万元偿还短期借款，并以银行存款 1.5 万元购买设备。上述业务入账后，该公司的资产总额为（　　）万元。

　　A. 1.5　　　　　　B. 4　　　　　　　C. 2.5　　　　　　D. 3

77. 分配生产车间直接参加产品生产工人的职工薪酬时，应借记的账户是（　　）。

　　A. 应付职工薪酬　　B. 生产成本　　　C. 制造费用　　　　D. 管理费用

78. 下列各项中，不应计入"营业收入"的是（　　）。

　　A. 提供劳务收入　　　　　　　　　　B. 固定资产处置净收益

　　C. 原材料销售收入　　　　　　　　　D. 商品销售收入

79. 下列各项中，不应计入产品成本的是（　　）。

　　A. 生产产品用机器设备折旧　　　　　B. 厂部管理人员工资

　　C. 直接从事产品生产的工人工资　　　D. 生产产品耗用的直接材料

80. 2015 年 12 月 20 日，某企业购入小汽车一辆供行政管理部门使用，支付价款（不含增值税）为 450 000 元，预计使用寿命为 6 年，预计净残值为 30 000 元，采用年限平均法计提折旧。2016 年计提小汽车折旧的会计分录为（　　）。

　　A. 借：管理费用　　70 000　　　　　　B. 借：制造费用　　　75 000

　　　　贷：累计折旧　　70 000　　　　　　　　贷：累计折旧　　　75 000

　　C. 借：管理费用　　75 000　　　　　　D. 借：管理费用　　　70 000

　　　　贷：累计折旧　　75 000　　　　　　　　贷：固定资产　　　70 000

81. 下列各项中，不属于财务成果计算和处理的是（　　）。

　　A. 债务的偿还　　　　　　　　　　　B. 利润的分配或亏损弥补

　　C. 利润的计算　　　　　　　　　　　D. 所得税的计算和缴纳

82. A 企业 2015 年 10 月 1 日销售一批产品给 B 公司，货已发出，专用发票上注明的销售收入为 10 万元，增值税税额为 1.7 万元。收到 B 公司交来的商业承兑汇票一张，期限为 4 个月。该业务中，应收票据的入账金额是（　　）万元。

　　A. 10　　　　　　　B. 11.7　　　　　　C. 1.7　　　　　　D. 11

83. 下列关于"生产成本"科目期末借方余额的表述中，正确的是（　　）。

　　A. 生产成本的增加数　　　　　　B. 生产费用总和

　　C. 完工产品的实际成本　　　　　D. 未完工的在产品和半成品的成本

84. 企业计算应交所得税进行会计处理时，下列会计分录中，正确的是（　　）。

　　A. 借：所得税费用　　　　　　　　　B. 借：所得税费用

　　　　　贷：应交税费—应交所得税　　　　　贷：银行存款

　　C. 借：本年利润　　　　　　　　　　D. 借：管理费用

　　　　　贷：所得税费用　　　　　　　　　　贷：所得税费用

85. 下列各项中，不通过"其他货币资金"科目核算的是（　　）。

　　A. 信用证保证金存款　　　　　　　B. 库存现金

　　C. 银行本票存款　　　　　　　　　D. 外埠存款

86. 下列各项中，属于企业在一定时期内为生产一定种类、一定数量的产品所支出的各种费用总和的是（　　）。

    A. 制造费用　　　　　B. 直接成本　　　　　C. 间接成本　　　　　D. 制造成本

87. 小王出差回来报销差旅费 2600 元，原借 3000 元，交回多余现金 400 元。下列关于该报销业务的会计分录中，正确的是（　　）。

    A. 借：库存现金　　　　400
           管理费用　　　2 600
       贷：银行存款　3 000

    B. 借：管理费用　　　3 000
       贷：其他应收款　3 000

    C. 借：管理费用　　　3 000
       贷：应收账款　　3 000

    D. 借：库存现金　　　　400
           管理费用　　　2 600
       贷：其他应收款　3 000

二、多项选择题

1. 原材料具体包括（　　）。

    A. 原料　　　　　　　B. 辅助材料　　　　　C. 修理用配件　　　　D. 燃料

2. 企业原材料的核算，可采用（　　）。

    A. 实际成本法　　　　B. 计划成本法　　　　C. 直接转销法　　　　D. 平行法

3. 企业医务室改建领用原外购材料一批，成本为 10 万元，该批材料现对外销售的售价为 15 万元，该企业为增值税一般纳税人，下列会计分录中错误的有（　　）。

    A. 借：在建工程　　　　　　　　　　　　　　　　　　　　11.7
       贷：原材料　　　　　　　　　　　　　　　　　　　　10
          应交税费—应交增值税（进项税额转出）　　　1.7

    B. 借：应付职工薪酬　　　　　　　　　　　　　　　　　　17.55
       贷：原材料　　　　　　　　　　　　　　　　　　　　15
          应交税费—应交增值税（进项税额转出）　　　2.55

    C. 借：应付职工薪酬　　　　　　　　　　　　　　　　　　11.7
       贷：原材料　　　　　　　　　　　　　　　　　　　　10
          应交税费—应交增值税（进项税额转出）　　　1.7

    D. 借：应付职工薪酬　　　　　　　　　　　　　　　　　　17.55
       贷：原材料　　　　　　　　　　　　　　　　　　　　15
          应交税费—应交增值税（销项税额）　　　　　2.55

4. 企业出售原材料时，下列成本结转的会计分录错误的有（　　）。

    A. 借：生产成本　　　　　　　　　　B. 借：制造费用
       贷：原材料　　　　　　　　　　　　　贷：原材料

    C. 借：其他业务收入　　　　　　　　D. 借：其他业务成本
       贷：原材料　　　　　　　　　　　　　贷：原材料

5. 库存商品核算的内容有（　　）。

    A. 外购商品

    B. 发出展览的商品

    C. 已完成销售手续、但购买单位在月末未提取的产品

    D. 接受来料加工制造的代制品

6. 下列关于"累计折旧"账户的说法正确的有（　　　）。

  A. "累计折旧"科目是"固定资产"的抵减科目

  B. 该科目贷方登记固定资产累计折旧的转销

  C. 该科目借方登记已提固定资产累计折旧的增加

  D. 期末贷方余额反映企业现有固定资产的累计折旧额

7. 下列固定资产的（　　　）行为需要通过固定资产清理科目核算。

  A. 出售   B. 盘亏   C. 对外投资   D. 债务重组

8. "固定资产清理"科目贷方核算的内容有（　　　）。

  A. 转出的固定资产净值   B. 清理过程中发生的营业税

  C. 出售时的变价收入   D. 将净损失转入营业外支出

9. 影响固定资产折旧的因素主要有（　　　）。

  A. 固定资产净值   B. 预计残值

  C. 固定资产减值准备   D. 固定资产的使用寿命

10. 下列固定资产中，（　　　）企业可以按月计提折旧。

  A. 经营租入的设备   B. 融资租出的设备

  C. 大修理期间的设备   D. 暂停使用的设备

11. 固定资产清理完成后，属于生产经营期间正常的损失，应通过下列（　　　）科目核算。

  A. 固定资产清理   B. 营业外支出

  C. 投资收益   D. 公允价值变动损益

12. 应收款项减值的核算方法有（　　　）。

  A. 备抵法 B. 直接转销法 C. 红字更正法 D. 账款分析法

13. 下列关于"坏账准备"科目的说法正确的有（　　　）。

  A. 贷方登记当期计提的坏账准备金额

  B. 借方登记实际发生的坏账损失金额

  C. 期末余额在贷方，反映企业已计提尚未转销的坏账准备

  D. 期末余额在借方，反映企业已计提尚未转销的坏账准备

14. 企业在确定固定资产使用寿命时，应当考虑下列（　　　）因素。

  A. 固定资产预计无形损耗   B. 固定资产预计有形损耗

  C. 固定资产预计生产能力   D. 法律规定对该项资产使用的限制

15. 企业实际发生坏账，下列会计分录中正确的是（　　　）。

  A. 借：坏账准备   B. 借：坏账准备

    贷：资产减值损失   贷：应收账款

  C. 借：坏账准备   D. 借：应收账款

    贷：预付账款   贷：坏账准备

16. "应付职工薪酬"科目可以设置（　　　）明细科目。

  A. 工资   B. 职工福利   C. 工会经费   D. 住房公积金

17. A企业5月份工资总额为100 000元，其中代扣房租费5 000元，个人所得税4 000元，实发工资90 000元，则下列会计分录中正确的有（　　　）。

  A. 借：应付职工薪酬   100 000

    贷：库存现金   100 000

B. 借：应付职工薪酬　　　　　　　　　　　　　　　　　　　14 000
　　　贷：其他应收款—职工房租　　　　　　　　　　　　　　　　　5 000
　　　　　应交税费—应交个人所得税　　　　　　　　　　　　　　　9 000
C. 借：应付职工薪酬　　　　　　　　　　　　　　　　　　　14 000
　　　贷：其他应付款—职工房租　　　　　　　　　　　　　　　　　5 000
　　　　　应交税费—应交个人所得税　　　　　　　　　　　　　　　9 000
D. 借：应付职工薪酬　　　　　　　　　　　　　　　　　　　90 000
　　　贷：库存现金　　　　　　　　　　　　　　　　　　　　　　　90 000

18. 下列（　　　）税金，不通过"应交税费"科目核算。
　　A. 印花税　　　　　　B. 耕地占用税　　　　　C. 资源税　　　　　D. 消费税

19. 下列业务中，需要缴纳增值税的是（　　　）。
　　A. 销售货物　　　　　　　　　　　　　　B. 进口货物
　　C. 提供应税劳务　　　　　　　　　　　　D. 提供修理修配劳务

20. 下列"应交税费—应交增值税"的明细科目中，应当在借方登记的有（　　　）。
　　A. 进项税额　　　　　B. 销项税额　　　　　C. 已交税金　　　　　D. 出口退税

21. "长期借款"的明细科目有（　　　）。
　　A. 本金　　　　　　　B. 利息调整　　　　　C. 应计利息　　　　　D. 应付利息

22. 计提长期借款利息时，下列正确的会计分录有（　　　）。
　　A. 借：管理费用　　　　　　　　　　　　B. 借：财务费用
　　　　　贷：应付利息　　　　　　　　　　　　　贷：应付利息
　　C. 借：在建工程　　　　　　　　　　　　D. 借：制造费用
　　　　　贷：应付利息　　　　　　　　　　　　　贷：应付利息

23. A 企业为一家上市公司，2016 年 10 月 30 日股本总额为 90 000 000 股，股票面值为 1 元，经股东大会决议，A 企业通过证券市场回购本公司的股票 1 000 000 股并注销，回购当日 A 企业的股票市价为每股 10 元，假设 A 企业按市价回购，回购当日资本公积余额为 4 000 000 元，盈余公积余额为 2 000 000 元，未分配利润余额为 4 000 000 元，不考虑其他因素，则 A 企业有关股份回购并注销的会计处理正确的有（　　　）。
　　A. 借：库存股　　　　　　　　　　　　　　　10 000 000
　　　　　贷：银行存款　　　　　　　　　　　　　　　　10 000 000
　　B. 借：库存股　　　　　　　　　　　　　　　　9 000 000
　　　　　贷：银行存款　　　　　　　　　　　　　　　　　9 000 000
　　C. 借：股本　　　　　　　　　　　　　　　　1 000 000
　　　　　资本公积　　　　　　　　　　　　　　　4 000 000
　　　　　盈余公积　　　　　　　　　　　　　　　2 000 000
　　　　　利润分配—未分配利润　　　　　　　　　3 000 000
　　　　　贷：库存股　　　　　　　　　　　　　　　　10 000 000
　　D. 借：股本　　　　　　　　　　　　　　　　1 000 000
　　　　　资本公积　　　　　　　　　　　　　　　4 000 000
　　　　　盈余公积　　　　　　　　　　　　　　　2 000 000
　　　　　利润分配—未分配利润　　　　　　　　　2 000 000
　　　　　贷：库存股　　　　　　　　　　　　　　　　9 000 000

24. "其他业务收入"的核算内容包括（　　　）。

    A. 销售材料的收入   B. 出租固定资产的收入

    C. 出售固定资产的收入   D. 出租无形资产的收入

25. 某企业出售包装物一批，该批包装物的成本为 20 000 元，对外的售价为 30 000 元，增值税专用发票上注明的增值税税额为 5 100 元，款项当日收到并存入银行，则下列会计分录中正确的有（　　　）。

    A. 借：银行存款   35 100

          贷：主营业务收入   30 000

              应交税费—应交增值税（销项税额）   5 100

    B. 借：银行存款   35 100

          贷：其他业务收入   30 000

              应交税费—应交增值税（销项税额）   5 100

    C. 借：主营业务成本   20 000

          贷：周转材料—包装物   20 000

    D. 借：其他业务成本   20 000

          贷：周转材料—包装物   20 000

26. "生产成本"科目借方核算的内容有（　　　）。

    A. 企业生产单位为生产产品或提供劳务所发生的直接材料、直接人工和其他费用

    B. 由"制造费用"科目转入的生产单位发生的制造费用

    C. 结转的生产单位完工入库产品成本

    D. 结转的已完成的劳务成本

27. 下列关于"制造费用"科目说法正确的有（　　　）。

    A. 该科目用来核算各生产单位为组织和管理生产的各项间接费用

    B. 该科目属于成本类科目，贷方登记期末分配结转的制造费用

    C. 借方登记企业各生产单位为生产产品和提供劳务而发生的各项费用

    D. 该科目期末结转后肯定无余额

28. 将"制造费用"转入"生产成本"的分配方法有（　　　）。

    A. 工人工时比例分配法   B. 工人工资比例分配法

    C. 机器工时比例分配法   D. 年度计划分配率分配法

29. 下列（　　　）税金需要通过"营业税金及附加"科目核算。

    A. 营业税   B. 城市维护建设税   C. 资源税   D. 车船使用税

30. 消费税的计税方法主要有（　　　）。

    A. 从价定率   B. 从量定额   C. 复合计税   D. 从价定额

31. 下列（　　　）属于"销售费用"的核算内容。

    A. 销售过程中发生的运输费、保险费   B. 销售部门发生的业务招待费

    C. 销售部门发生的折旧费   D. 销售部门的固定资产折旧费

32. 下列（　　　）属于"管理费用"的核算内容。

    A. 广告费   B. 展览费

    C. 管理部门发生的办公费   D. 筹建期间的开办费

33. 下列（　　）税费通过"管理费用"科目核算。

A. 房产税
B. 印花税
C. 资源税
D. 矿产资源补偿费

34. 下列（　　）属于"财务费用"的核算内容。

A. 利息支出　　　B. 利息收入　　　C. 汇兑损失　　　D. 现金折扣

35. "营业外收入"科目的核算内容包括（　　）。

A. 处置固定资产所得
B. 出租无形资产所得
C. 债务重组所得
D. 接受捐赠所得

36. 下列关于政府补助的说法正确的有（　　）。

A. 与资产相关的政府补助是企业取得的、用于购建或以其他方式形成长期资产的政府补助
B. 根据配比原则，企业取得与资产相关的政府补助，应全额确认为当期收益
C. 收到与资产相关的政府补助应当确认为递延收益
D. 将确认为递延收益的政府补助自长期资产可供使用的次月起，按照长期资产的预计使用年限，将递延收益平均分摊计入当期损益

37. 2015年6月1日，A企业收到该市政府部门的拨款1 000 000元，用于改建企业原有的旧设备。当月25日，A企业购入一台不需要安装的新设备投入车间使用，取得增值税普通发票一张，发票上注明设备的价款为1 000 000元，增值税税额为170 000元，假定该设备从7月1日起开始使用，使用期限为5年，企业对该设备采用年限平均法计提折旧，则从收到政府补助起到该年年末止下列会计分录中正确的有（　　）。

A. 借：银行存款　　　　　　　　　　　　　　　1 000 000
　　　贷：递延收益　　　　　　　　　　　　　　1 000 000
B. 借：固定资产　　　　　　　　　　　　　　　1 000 000
　　　应交税费—应交增值税（进项税额）　　　170 000
　　　贷：银行存款　　　　　　　　　　　　　　1 170 000
C. 借：制造费用　　　　　　　　　　　　　　　100 000
　　　贷：累计折旧　　　　　　　　　　　　　　100 000
D. 借：递延收益　　　　　　　　　　　　　　　100 000
　　　贷：营业外收入　　　　　　　　　　　　　100 000

38. 某企业出纳人员在进行现金盘点时，发现现金长款1 000元，原因不明，下列会计分录中正确的有（　　）。

A. 借：库存现金　　　　　　　　　　　　　　　1 000
　　　贷：待处理财产损溢　　　　　　　　　　　1 000
B. 借：待处理财产损溢　　　　　　　　　　　　1 000
　　　贷：库存现金　　　　　　　　　　　　　　1 000
C. 借：待处理财产损溢　　　　　　　　　　　　1 000
　　　贷：管理费用　　　　　　　　　　　　　　1 000
D. 借：待处理财产损溢　　　　　　　　　　　　1 000
　　　贷：营业外收入　　　　　　　　　　　　　1 000

39. 下列（　　）属于"营业外支出"的核算内容。

A. 出售无形资产发生的损失　　　　B. 非货币性交换损失

C. 发生自然灾害造成的存货盘亏损失　　D. 出售原材料的损失

40. 某企业发生火灾造成库存材料损失 20 000 元，其中保险公司同意赔偿 12 000 元，余款企业自己承担，则下列会计分录中正确的有（　　）。

A. 借：待处理财产损溢　　　　　　　　20 000

　　贷：原材料　　　　　　　　　　　　　　20 000

B. 借：其他应收款　　　　　　　　　　12 000

　　贷：待处理财产损溢　　　　　　　　　　12 000

C. 借：管理费用　　　　　　　　　　　12 000

　　贷：待处理财产损溢　　　　　　　　　　12 000

D. 借：营业外支出　　　　　　　　　　12 000

　　贷：待处理财产损溢　　　　　　　　　　12 000

41. 下列（　　）项目影响营业利润。

A. 销售费用　　　B. 投资收益　　　C. 营业外收入　　　D. 所得税费用

42. 下列属于"利润分配"明细科目的有（　　）。

A. 转作资本的股利　B. 应付现金股利　C. 未分配利润　　D. 资本公积补亏

43. "利润分配"的（　　）明细科目反映企业利润的分配情况。

A. 提取法定盈余公积　　　　　　　　B. 未分配利润

C. 盈余补积补亏　　　　　　　　　　D. 转作股本的股利

44. 下列关于"利润分配—未分配利润"科目说法正确的有（　　）。

A. 贷方登记期末自"本年利润"科目转入的当期实现的净利润

B. 借方登记利润分配账户中其他明细账账户转入的当期分配的利润数

C. 贷方余额表示当年未分配的利润数额

D. 借方余额表示当年未弥补的亏损数额

45. 某企业年末实现净利润，下列关于损益类科目的结转及"本年利润"转入"利润分配"科目的会计分录中正确的是（　　）。

A. 借：主营业务成本　　　　　B. 借：本年利润

　　贷：本年利润　　　　　　　　　贷：管理费用

C. 借：本年利润　　　　　　　D. 借：利润分配

　　贷：利润分配　　　　　　　　　贷：本年利润

46. 某企业某年年末实现税后利润 100 万元，按 10%提取法定盈余公积，向股东分配现金股利 50 万元，则下列会计分录中正确的有（　　）。

A. 借：利润分配—提取法定盈余公积　　10

　　贷：盈余公积　　　　　　　　　　　　10

B. 借：利润分配—应付现金股利　　　　50

　　贷：应付股利　　　　　　　　　　　　50

C. 借：盈余公积　　　　　　　　　　　10

　　贷：利润分配—提取法定盈余公积　　　10

     D. 借：利润分配—未分配利润   60

        贷：利润分配—提取法定盈余公积   10

          利润分配—应付现金股利   50

47. "固定资产"科目核算企业固定资产的原始价值，其借方登记企业由于（　　）等增加的固定资产。

    A. 购建   B. 投资者投入   C. 抵债   D. 出售

48. 下列关于实收资本的说法正确的有（　　）。

    A. 实收资本的构成比例即投资者的出资比例或股东的股份比例

    B. 通常用来确定所有者在企业所有者权益中所占的份额和参与企业生产经营决策的基础

    C. 是企业进行利润分配或股利分配的依据

    D. 企业清算时，是确定所有者对净资产的要求权的依据

49. 企业预付货款采购物资，下列业务中，应当贷记"预付账款"科目的有（　　）。

    A. 补付预付不足的货款   B. 向供应单位预付款项

    C. 收到所购物资确认物资成本   D. 收回多余的货款

50. 期末结平各损益类账户时，"本年利润"账户贷方的对应账户有（　　）。

    A. 主营业务收入   B. 投资收益   C. 营业税金及附加   D. 主营业务成本

51. 下列各项中，通过"其他货币资金"科目核算的有（　　）。

    A. 外埠存款   B. 信用卡存款   C. 银行本票存款   D. 银行汇票存款

52. 下列关于"生产成本"科目的表述中，正确的有（　　）。

    A. 可按成本核算对象设置基本生产成本和辅助生产成本明细账

    B. 期末一定无余额

    C. 借方反映所发生的各项生产费用

    D. 贷方反映完工转出的产品成本

53. 下列各项中，属于收入的有（　　）。

    A. 出售无形资产收到的价款   B. 出售原材料收到的价款

    C. 出租固定资产收到的租金   D. 签订合同时收到的定金

54. 某企业从银行提取现金1万元备用，下列表述中，正确的有（　　）。

    A. 贷记"库存现金"科目   B. 贷记"银行存款"科目

    C. 借记"库存现金"科目   D. 借记"银行存款"科目

55. 下列各项中，应当确认为负债的有（　　）。

    A. 因购买材料应付未付的款项   B. 因销售商品而预收的定金

    C. 因销售商品而应收的款项   D. 向银行借入的款项

56. 下列各项税费中，通过"营业税金及附加"科目核算的有（　　）。

    A. 城市维护建设税   B. 营业税   C. 增值税   D. 教育费附加

57. 某企业销售一批商品，开具的增值税专用发票上注明的售价为100 000元，增值税税额为17 000元，该批商品已发出，实际生产成本为70 000元，款项尚未收到。该企业应编制的会计分录有（　　）。

    A. 借：银行存款   117 000

        贷：主营业务收入   100 000

          应交税费—应交增值税（销项税额）   17 000

    B. 借：主营业务成本   70 000

           贷：主营业务收入   70 000

    C. 借：应收账款   117 000

           贷：主营业务收入   100 000

              应交税费——应交增值税（销项税额）   17 000

    D. 借：主营业务成本   70 000

           贷：库存商品   70 000

58. 下各项中，应直接或间接计入产品"生产成本"的有（　　　）。

    A. 管理费用   B. 制造费用   C. 直接材料   D. 直接人工

59. 企业发生的下列各项费用中，应计入"销售费用"的有（　　　）。

    A. 销售部门办公设备折旧费   B. 销售人员工资

    C. 销售商品应结转的商品成本   D. 销售商品广告费

60. 企业的生产经营活动通常包括供应、生产和销售 3 个阶段，下列各项中，属于供应过程的有（　　　）。

    A. 购买原材料   B. 购买设备   C. 建造厂房   D. 购买生产线

61. 下列关于"生产成本"科目的表述中，正确的有（　　　）。

    A. 属于成本类科目   B. 属于成本要素   C. 属于资产类科目   D. 属于资产要素

62. 下列选项中，能使企业负债总额增加的有（　　　）。

    A. 签发并承兑商业汇票抵付前欠货款   B. 计提应付债券利息

    C. 短期借款转长期借款   D. 从银行取得短期借款

63. 下列关于"生产成本"科目表述中，正确的有（　　　）。

    A. 贷方反映完工转出的产品成本

    B. 借方反映所发生的各项生产费用

    C. 期末借方余额反映尚未加工完成的各项在产品的成本

    D. 主要用于核算企业进行工业性生产发生的各项生产成本

64. 下列各项中，企业应计入营业收入的有（　　　）。

    A. 非流动资产处置利得   B. 包装物租金收入

    C. 出售交易性金融资产利得   D. 商品销售收入

65. 下列各项中，工业企业通常通过"其他业务收入"科目核算的有（　　　）。

    A. 无形资产使用费收入   B. 固定资产出租收入

    C. 商品销售收入   D. 原材料销售收入

66. 下列各项中，应通过"应付职工薪酬"科目核算的有（　　　）。

    A. 应付职工津补贴   B. 应付职工奖金

    C. 应付职工工资   D. 应付职工生活困难补助

67. 下列关于"银行存款"科目的表述中，正确的有（　　　）。

    A. 借方登记银行存款的增加

    B. 核算内容包括银行汇票存款、银行本票存款、信用卡存款、外埠存款

    C. 主要用于核算企业存入银行或其他金融机构的各种款项

    D. 贷方登记银行存款的减少

68. 下列各项中，因企业取得收入而产生的影响有（　　　）。

    A. 银行存款增加   B. 现金增加   C. 其他资产增加   D. 负债减少

69. 股份有限公司接受投资者投入资本，可能贷记的会计科目有（　　　）。

    A. 盈余公积   B. 营业外收入   C. 资本公积   D. 股本

70. 下列损益类账户中，期末应将其余额转入"本年利润"账户贷方的有（　　　）。

    A. 其他业务收入   B. 主营业务收入   C. 销售费用   D. 营业外收入

71. 某企业于 2016 年 1 月 1 日向银行借入一笔生产经营用短期借款，共计 50 000 元，期限为 6 个月，年利率为 6%。利息分月预提，按季支付，到期一次归还本金。6 月 30 日，该企业归还本金并支付第二季度利息费用，应编制的会计分录有（　　　）。

    A. 借：短期借款　　　　500
               财务费用　　　　250
                 贷：银行存款　　　　750

    B. 借：短期借款　　　50 000
                 贷：银行存款　　　50 000

    C. 借：应付利息　　　　500
               财务费用　　　　250
                 贷：银行存款　　　　750

    D. 借：短期借款　　　50 750
                 贷：银行存款　　　50 750

72. 下列各项税费中，不通过"营业税金及附加"科目核算的有（　　　）。

    A. 企业所得税   B. 营业税   C. 增值税   D. 教育费附加

73. 企业本年实现净利润 960 000 元，年末提取盈余公积 96 000 元，决定向投资者分配利润 200 000 元。该企业年末利润分配时应编制的会计分录有（　　　）。

    A. 借：利润分配　　　960 000
               贷：本年利润　　　960 000

    B. 借：利润分配　　　200 000
               贷：应付利润　　　200 000

    C. 借：本年利润　　　960 000
               贷：利润分配　　　960 000

    D. 借：利润分配　　　96 000
               贷：盈余公积　　　96 000

74. 企业发生的下列各项费用中，应计入管理费用的有（　　　）。

    A. 行政管理人员工资   B. 筹建期间发生的开办费

    C. 行政部门办公设备折旧费   D. 业务招待费

75. 下列各项中，属于"库存商品"科目核算内容的有（　　　）。

    A. 存放在门市部准备出售的商品   B. 发出展览的商品

    C. 外购商品   D. 库存产成品

76. 下列各项中，属于收入的有（　　　）。

    A. 出售无形资产收到的价款   B. 出租固定资产收到的租金

    C. 签订合同时收到的定金   D. 出售原材料收到的价款

77. 下列各项中，属于企业存货的有（　　　）。

    A. 库存商品   B. 原材料   C. 在产品   D. 半成品

78. 下列各项中，属于财务成果计算和处理的有（　　　）。

    A. 所得税的计算   B. 弥补亏损   C. 利润分配   D. 利润的计算

79. 下列各项税金中，应通过"应交税费"科目进行核算的有（　　　）。

    A. 消费税   B. 增值税   C. 所得税   D. 印花税

三、判断题

1. 在中国境内的外商投资企业、外国企业和其他外国组织的会计记录，可以不使用中文而

只使用一种外国文字。（　　　）

2. 库存现金是指存放于企业财务会计部门，由出纳人员经管的货币，仅指人民币。（　　　）

3. 汽车制造企业自产的汽车作为固定资产核算。（　　　）

4. 已达到预定可使用状态但尚未办理竣工决算的固定资产，应当按照估计价值确定其成本，并计提折旧，待办理竣工决算后，再按实际成本调整原来的暂估价值，同时调整原已计提的折旧额。（　　　）

5. 固定资产毁损过程中发生的应由保险公司或过失人赔偿的损失，正确的会计分录为借记"应收账款"，贷记"固定资产清理"。（　　　）

6. 因债务人死亡等原因而造成无法收回的款项，在会计中称为坏账。（　　　）

7. 备抵法将坏账损失计入同一期间的损益，体现了配比原则的要求，避免了企业明亏实盈的现象。（　　　）

8. 应交税费科目的借方余额反映企业尚未缴纳的税费。（　　　）

9. 短期借款是指企业向银行或其他金融机构等借入的期限在一年以下（不含一年）的各种借款。（　　　）

10. 长期借款利息费用应当在资产负债表日按照实际利率法计算确定，属于筹建期间应负担的利息费用，计入"管理费用"科目。（　　　）

11. 长期借款利息费用应当在资产负债表日按照实际利率法计算确定，属于生产经营期间应负担的利息费用，全部计入"财务费用"科目。（　　　）

12. 股份有限公司接受投资者投资，通过"实收资本"科目核算。（　　　）

13. 会计期末应将"主营业务收入"的余额从借方转入"本年利润"的贷方，结转后该科目无余额。（　　　）

14. 生产工人工时比例分配法主要适用于机械化程度较高或生产单位生产的各种产品工艺过程机械化程度大致相同的企业。（　　　）

15. 机械化、自动化程度较高的车间，在分配制造费用时可采用机器工时比例分配法。（　　　）

16. 资源税是对在我国境内开采国家规定的矿产资源和生产盐的单位和个人所征收的一种税。（　　　）

17. 诉讼费、劳动保护费均通过"管理费用"科目核算。（　　　）

18. 企业实现利润以后均应按10%的比例提取法定盈余公积。（　　　）。

19. 公司制企业提取法定盈余公积后，经过董事会决议，可以提取任意盈余公积，任意盈余公积的提取比例由企业视情况而定。（　　　）

20. 可供投资者分配的利润加上法定盈余公积加上任意盈余公积后等于可供分配利润。（　　　）

21. 会计期末应将"利润分配"科目下的其他明细科目余额全部转入"未分配利润"明细科目。（　　　）

22. 原材料在实际成本核算的情况下，材料的入库时间与付款时间可能不一致。（　　　）

23. 某企业经营出租一幢厂房，该会计人员在记账时，应将该厂房纳入"固定资产"核算。（　　　）

24. "累计折旧"科目是固定资产的抵减账户，核算在固定资产使用寿命内按照确定方法对应计折旧额进行系统分摊的折旧金额。（　　　）

25. 增值税小规模纳税人应纳增值税额=当期的销项税额-当期的进项税额。（　　　）

26. 如果费用按一定种类和数量的产品归集，则形成生产成本；如果费用不能按某一特定对象归集而与一定期间相关，则形成期间费用。（   ）

27. "主营业务成本"科目借方登记销售各种产品、提供各种劳务的实际成本及销售退回转出的成本。（   ）

28. 营业税是对提供应税劳务、转让无形资产和销售不动产所征收的一种税。其中，销售不动产是指房地产企业有偿转让不动产的所有权和使用权的行为。（   ）

29. 资产负债表日，公允价值与账面价值的差额计入投资收益。（   ）

30. 原材料是指企业在生产过程中经过加工不改变其形态或性质并构成产品主要实体的各种原料、主要材料等。（   ）

31. 如果企业出现本年亏损，将"本年利润"的借方余额转入"利润分配—未分配利润"后，"利润分配—未分配利润"账户一定为借方余额。（   ）

32. 未提足折旧就提前报废的固定资产必须补提折旧，直至提足折旧为止。（   ）

33. "累计折旧"科目属于"固定资产"的调整科目，用于核算企业固定资产的累计折旧。（   ）

34. 如果企业本年有净利润，则将"本年利润"的贷方余额转入"利润分配—未分配利润"表示企业所有者权益的增加。（   ）

35. 企业应收款项包括应收票据、应收账款和其他应收款等。（   ）

36. 企业出售原材料取得的款项扣除其成本及相关费用后的净额，应当计入"营业外收入"或"营业外支出"。（   ）

37. 当月增加的固定资产，当月计提折旧；当月减少的固定资产，当月不提折旧。（   ）

38. 不存在纳税调整事项的情况下，企业应纳税所得额等于税前会计利润。（   ）

39. 银行汇票存款、银行本票存款、信用证保证金存款、信用卡存款、外埠存款和存出投资款，应通过"其他货币资金"科目核算。（   ）

40. 企业行政管理部门领用材料，价值 2 000 元，这 2 000 元材料费应确认为企业的费用。（   ）

41. 企业在提取法定盈余公积前不得向投资者分配利润。（   ）

42. "累计折旧"科目期末余额通常在借方，反映企业固定资产的累计折旧额。（   ）

43. 企业根据税法规定应交纳的增值税、消费税、营业税、所得税等应通过"应交税费"科目进行核算。（   ）

44. 月末结转各损益类科目后，"本年利润"科目如为贷方余额，表示自年初到本月末累计实现的盈利。（   ）

45. 企业计提固定资产折旧费除了计入"制造费用"以外，都应该计入"管理费用"。（   ）

46. 固定资产清理收入计入"营业外收入"科目，清理费用、相关税金和净值损失计入"营业外支出"科目。（   ）

47. "生产成本"属于成本类科目，但属于费用类要素。（   ）

48. 企业存货是指日常活动中持有以备出售的产成品或商品，处在生产过程中的在产品、在生产过程或提供劳务过程中耗用的材料、物料等。（   ）

49. 企业资本主要包括实收资本和资本公积。（   ）

50. 生产多种产品的车间中，为生产产品发生的各项间接费用，应首先通过"制造费用"科目归集，期末再按一定的标准和方法分配计入各种产品成本。（   ）

51. 企业出售原材料取得的款项扣除其成本及相关费用后的净额，应当计入"营业外收入"

或"营业外支出"。（　　　）

四、计算分析题

1. 某企业 12 月份发生下列有关存货的经济业务。

（1）12 月 1 日，购入 A 材料 50 千克，每千克 100 元，计价款 5 000 元，增值税进项税额 850 元，均已用银行存款支付，材料尚未到达。

（2）12 月 5 日，购入 B 材料 200 千克，每千克 400 元，计价款 80 000 元，增值税进项税额 13 600 元，款项未付，材料已验收入库。

（3）12 月 6 日，上月购入的 C 材料 200 千克，每千克 200 元，今日到达并验收入库。

（4）12 月 12 日，销售给红光厂甲产品 100 千克，每千克 2 000 元，增值税销项税额 34 000 元，款项尚未收到。

（5）12 月 17 日，收到红光厂转来的货款 234 000 元，存入银行。

要求：根据上述资料，使用借贷记账法编制会计分录。

2. 某企业 2016 年 6 月发生如下经济业务。

（1）生产产品领用材料 60 000 元，车间一般耗用材料 3 000 元。

（2）将当月制造费用 6 000 元转入生产成本。

（3）完工产品 50 000 元验收入库。

（4）结转已销售产品成本 30 000 元。

（5）将上述业务所涉及的损益类账户金额结转至"本年利润"。

要求：根据上述资料，使用借贷记账法编制会计分录。

3. 甲公司 2016 年有关损益类科目的年末余额如下。

科目名称	结账前余额（元）
主营业务收入	4 500 000（贷）
其他业务收入	525 000（贷）
投资收益	450 000（贷）
营业外收入	37 500（贷）
主营业务成本	3 450 000（借）
其他业务成本	300 000（借）
营业税金及附加	60 000（借）
销售费用	375 000（借）
管理费用	450 000（借）
财务费用	75 000（借）
营业外支出	150 000（借）

甲公司适用的所得税税率为 25%。假定当年不存在纳税调整事项。

甲公司按当年净利润的 10%提取法定盈余公积，按当年净利润的 5%提取任意盈余公积，并决定向投资者分配利润 500 000 元。

要求：

（1）编制甲公司年末结转各损益类科目余额的会计分录。

（2）计算甲公司 2016 年应交所得税金额。

（3）编制甲公司确认并结转所得税费用的会计分录。

（4）编制甲公司将"本年利润"科目余额转入"利润分配——未分配利润"科目的会计分录。

（5）编制甲公司提取盈余公积和宣告分配利润的会计分录。

4. 2015 年 4 月，甲公司某生产车间生产完成 A 产品 200 件和 B 产品 300 件，月末完工产品全部入库。有关生产资料如下：①领用的原材料 6 000 吨，其中 A 产品耗用 4 000 吨，B 产品耗用 2 000 吨，该原材料单价为每吨 150 元；②生产 A 产品发生的直接生产人员工时为 5 000 小时，B 产品为 3 000 小时，每工时的标准工资为 20 元；③生产车间发生管理人员工资、折旧费、水电费等 100 000 元，该车间本月仅生产了 A 和 B 两种产品，甲公司采用生产工人工时比例法对制造费用进行分配。假定月初、月末均不存在任何在产品。

要求：

（1）计算 A 产品应分配的制造费用。

（2）计算 B 产品应分配的制造费用。

（3）计算 A 产品当月生产成本。

（4）计算 B 产品当月生产成本。

（5）编制产品完工入库的会计分录。

5. A 公司为增值税一般纳税人，2015 年 12 月发生下列业务。

（1）对外销售多余材料一批，开具的增值税专用发票上注明的售价为 10 000 元，增值税税额为 1 700 元，款项尚未收到。该批原材料的实际成本为 8 000 元。

（2）从市场上购入一台不需要安装的设备，增值税专用发票上注明价款为 100 000 元，增值税税额为 17 000 元。设备已经收到并投入生产使用，款项已通过银行支付。

（3）经计算，本月应计提固定资产折旧 20 000 元，其中厂部使用的固定资产应提折旧 8 000 元，车间使用的固定资产应提折旧 12 000 元。

（4）用银行存款 200 000 元从其他单位购入一项专利权。

（5）采购原材料，收到增值税专用发票，注明价款为 20 000 元，增值税税额为 3 400 元，款项通过银行转账支付，材料尚未收到。

要求：根据上述资料，使用借贷记账法编制会计分录。

强化练习参考答案及解析

一、单项选择题

1. 答案：A

【解析】"在途物资"科目借方登记企业购入的尚未验收入库的材料的实际成本，贷方登记验收入库的在途物资的实际成本。

2. 答案：C

【解析】材料尚未验收入库，通过"在途物资"科目核算，货款已付，通过"银行存款"科目核算，故选 C。

3. 答案：D

【解析】企业在建工程领用材料借方应通过"在建工程"科目核算，其增值税不允许扣除，应将进项税额转出，故正确的会计分录为 D。

4. 答案：C

【解析】会计期末应将制造费用的发生额转入生产成本，故结转制造费用时借记"生产成本"，贷记"制造费用"。

5. 答案：A

【解析】会计期末应将完工产品的成本转入库存商品，故结转完工产品成本的会计分录为借记"库存商品"，贷记"生产成本"。

6. 答案：C

【解析】企业产品销售后结转销售产品成本的会计分录为借记"主营业务成本"，贷记"库存商品"。

7. 答案：C

【解析】该企业购入的是不需要安装的设备，故应当通过"固定资产"科目核算，既是一般纳税人又取得增值税专用发票，按我国《增值税暂行条例》，增值税符合税务机关的抵扣条件，故将发生的增值税通过"应交税费—应交增值税（进项税额）"科目核算，所以正确答案是C。

8. 答案：A

【解析】固定资产应当按月计提折旧，当月增加的固定资产，当月不计提折旧，从下月起计提折旧；当月减少的固定资产，当月仍计提折旧，从下月起不计提折旧。

9. 答案：C

【解析】月折旧率=（1-10%）÷5÷12=1.5%，故选C。

10. 答案：A

【解析】月折旧额=（200 000-200 000×10%）÷5÷12=3 000（元），故选A。

11. 答案：C

【解析】经营出租固定资产的会计分录为借记"其他业务成本"，贷记"累计折旧"。

12. 答案：A

【解析】固定资产净损益=40 000-（100 000-90 000）-5000=2.5（万元）。

13. 答案：B

【解析】固定资产出售过程中发生的营业税应通过"固定资产清理"科目核算。

14. 答案：C

【解析】预付账款不多的企业可以不设置"预付账款"账户，而将预付账款通过"应付账款"账户的借方核算。

15. 答案：B

【解析】预收账款不多的企业可以不设置"预收账款"账户，而将预收账款通过"应收账款"账户的借方核算。

16. 答案：A

【解析】企业计提坏账准备，正确的会计处理是借记"资产减值损失"，贷记"坏账准备"。

17. 答案：A

【解析】"坏账准备"是"应收账款"的备抵账户，它的余额一般在贷方，2015年4月1日会计分录为借记"坏账准备"5 000，贷记"应收账款"5 000。2015年年末应计提坏账准备为100 000×5‰+4 000=9 000(元)，会计分录为借记"资产减值损失"9 000，贷记"坏账准备"9 000。2016年7月5日会计分录为借记"应收账款"4 000，贷记"坏账准备"4 000；借记"银行存款"4 000，贷记"应收账款"4 000。2011年年末应计提坏账准备为150 000×5‰-9 000=-8 250（元），会计分录为借记"坏账准备"8 250，贷记"资产减值损失"8 250。坏账准备的余额为1 000-5 000+9 000+4 000-8 250=750（元）。

18. 答案：B

【解析】企业材料验收入库需要通过"原材料"科目核算，由于原已预付款项，所以贷方科目通过"预付账款"科目核算即可。

19. 答案：A

【解析】"应付账款"科目贷方核算的内容是企业购买材料、商品和接受劳务而发生的应付账款。借方核算的内容是偿还的应付账款或开出商业汇票抵付账款的款项或已冲销的无法支付的应付账款。

20. 答案：A

【解析】A 企业为增值税一般纳税人，销售方无论开出什么发票，均按 17% 计算销项税额，故选 A。

21. 答案：A

【解析】城市维护建设税通过营业税金及附加科目核算。

22. 答案：B

【解析】计提短期借款的利息时，正确的会计分录为借记"财务费用"，贷记"应付利息"。

23. 答案：B

【解析】企业接受投资者作价投入的材料物资，应按投资合同或协议约定价值确定材料物资价值（投资合同或协议约定价值不公允的除外）和在注册资本中应享有的份额。本题中实际售价为 15 万元，而合同价为 40 万元，投资合同或协议约定价值不公允，故在计价时采用公允价值。

24. 答案：B

【解析】企业收到以无形资产投入的资本，应按投资合同或协议约定价值确定无形资产价值（但投资合同或协议约定价值不公允的除外）和注册资本中应享有的份额。本题中专利权是属于"无形资产"的核算内容，故选 B。

25. 答案：B

【解析】股份有限公司采用回购本公司股票方式减资的，按股票面值和注销股数计算的股票面值额冲减股本，如果购回股票支付的价格低于面值总额的，所注销库存股的账面余额与所冲减股本的差额作为增加资本或股本溢价处理。

26. 答案：C

【解析】制造费用分配率=100 000÷（3 000+2 000）=20（元/小时），A 产品应负担的制造费用总额为 3 000×20=60 000（元）。

27. 答案：C

【解析】制造费用分配率=100 000÷（60 000+40 000）=1（元/小时），A 产品应负担的制造费用总额为 60 000×1=60 000（元）。

28. 答案：B

【解析】城市维护建设税以其实际缴纳的增值税、消费税、营业税为依据，按纳税人所在地适用的不同税率和费率计算征收的税费。本题中实际缴纳的三税之和为 100 000+80 000+40 000−15 000−5 000=200 000（元），因此城建税=200 000×7%=14 000（元）。

29. 答案：A

【解析】教育费附加是以其实际缴纳的增值税、消费税、营业税为依据，按纳税人所在地适用的不同税率和费率计算征收的税费。本题中实际缴纳的三税之和为 100 000+80 000+40 000−15 000−5 000=200 000（元），因此教育费附加=200 000×3%=6 000（元）。

30. 答案：A

【解析】选项 B 发生的手续费从股票的溢价中扣除，选项 C 发生的手续费从债券冻结资金期间产生的利息收入中扣除，选项 D 发生的手续费通过"投资收益"科目核算。

31. 答案：D

【解析】营业利润=（100 000+50 000）-（80 000+40 000）-10 000（"投资收益"的借方发生额表示亏损，故在计算营业利润时应当减去）=20 000（元）。

32. 答案：C

【解析】利润总额=（1 000 000+500 000）-（800 000+400 000）-100 000+100 000+20 000=320 000（元）。投资收益的借方发生额表示亏损，故在计算营业利润时应当减去。公允价值变动收益是贷方发生额表示收益，在计算时应当加上。

33. 答案：A

【解析】纳税调整数=（8-40×1.5%）+（1-40×2%）+（1-40×2.5%）-2=0.6（万元），应纳税所得额=100+0.6=100.6（万元），当年应交所得税额=100.6×25%=25.15（万元）。按税法规定，国债利息收入属于免税收入，故不需要计征所得税。

34. 答案：D

【解析】企业提取的法定盈余公积累计达到注册资本的 50%时，可以不再提取。

35. 答案：B

【解析】未分配利润反映利润分配的形成情况。

36. 答案：C

【解析】严格来说，此题超出了考试的范围，但 2011 年考题中有此类题型出现，故应加强练习。在本题中，企业领用随同产品出售不单独计价的包装物，由于是不单独计价，故无法确定收入，因此成本结转通过"销售费用"科目核算。

37. 答案：C

【解析】出借包装在发出时由于没有取得相应的收入，故发生的成本通过"销售费用"科目核算。在领用包装物时有 4 种情况需要注意区分，出租和出借、单独计价和不单独计价。这 4 种情况下会计处理的区别是，出租和单独计价对于成本结转应当通过"其他业务成本"科目核算，出借和不单独计价由于没有确认收入，故应当通过"销售费用"科目核算。

38. 答案：B

【解析】在出售无形资产时，应交纳的营业税=售价×税率，在本题中售价为 100 000 元，税率为 5%的情况下，营业税为 100 000×5%=5 000（元），故选项 B 正确。

39. 答案：C

【解析】委托外单位加工发出原材料应通过"委托加工物资"科目核算，发出时应按成本价进行账务处理。

40. 答案：B

【解析】生产车间管理部门领用原材料应当通过"制造费用"科目核算。

41. 答案：C

【解析】"累计折旧"科目可按类别、使用部门等进行明细核算。

42. 答案：A

【解析】"坏账准备"属于"应收账款"的备抵账户，它的期初余额一般在贷方，本题中当期应计提的坏账准备=1 000 000×3‰-2 000=1 000（元），故选 A。

43. 答案：A

【解析】某企业实际发生坏账时，借记"坏账准备"，贷记"应收账款""应收票据""其他应收款"等科目。

44．答案：D

【解析】在计算城市维护建设税时，应当以纳税人实际缴纳的增值税、消费税和营业税为依据。

45．答案：A

【解析】企业接受现金捐赠，应当通过"营业外收入"科目核算。

46．答案：B

【解析】企业以银行存款支付税务机关的罚款及罚息，应当通过"营业外支出"科目核算。

47．答案：A

【解析】双倍余额递减法又称为加速折旧法。在固定资产的使用初期，由于固定资产生产的产品性能较高，故计提的折旧额较大，随着使用期限的延长，生产设备的老化，在固定资产的使用后期计提的折旧额较小，这体现了谨慎性原则。

48．答案：B

【解析】清理净收入为 40-（100-60+5+40×5%）=-7（万元）。

49．答案：D

【解析】印花税和耕地占用税不通过"应交税费"科目核算，故不影响本期应交税费，所以本期影响"应交税费"科目的金额为增值税 4 万元+资源税 3 万元+车船税 0.8 万元+土地使用税 1.2 万元=9 万元。

50．答案：C

【解析】回购时企业的账务处理为借记"库存股"100×4=400，贷记"银行存款"400。回购注销股份以后，借记"股本"100，"资本公积"200，"盈余公积"50，"未分配利润"50，贷记"库存股"400。故"未分配利润"的余额为 150-50=100（万元）。

51．答案：A

【解析】该企业年初"未分配利润"为借方余额表示亏损，本年度实现净利润应先弥补亏损，亏损弥补完后再缴纳所得税。故本期税前利润为 700-500=200（万元），本期应交所得税费用为 200×20%=40（万元），故本期的净利润为 200-40=160（万元）。

52．答案：C

【解析】借入长期借款时，根据借款本金借记"银行存款"科目，贷记"长期借款"科目。

53．答案：C

【解析】应付账款、预收账款属于负债；交易性金融资产属于金融资产，不属于债权。

54．答案：B

【解析】"生产成本"账户的期末借方余额表示尚在加工过程中未完工的产品成本。

55．答案：D

【解析】商品销售收入、无形资产出租的租金收入属于日常活动形成的收入。出售无形资产属于非日常活动。

56．答案：D

【解析】企业货币资金包括库存现金、银行存款及其他货币资金。银行本票存款、外埠存款、银行汇票存款均属于其他货币资金。企业债券属于有价证券。

57．答案：C

【解析】应付职工出差报销款计入期间费用形成当期损益。

58. 答案：B

【解析】交易性金融资产出售利得计入"投资收益"，非流动资产处置利得计入"营业外收入"，原材料销售收入计入"其他业务收入"，商品销售收入计入"主营业务收入"。

59. 答案：B

【解析】存出投资款、信用卡存款、银行汇票存款通过其他货币资金核算。

60. 答案：B

【解析】"营业税金及附加"科目核算的内容不包括增值税与个人所得税，企业所得税通过"所得税费用"核算。

61. 答案：A

【解析】销售商品应结转的商品成本计入"主营业务成本"。

62. 答案：C

【解析】该企业盈余公积年末余额=50+（600-150）×（10%+5%）=117.5（万元）。

63. 答案：D

【解析】该企业4月份完工甲产品的生产成本=6+2+1=9（万元）。

64. 答案：B

【解析】月末甲公司"银行存款"科目借方余额=100-10+60-30+20=140（万元）。

65. 答案：B

【解析】期末余额=78 000-230 000+200 000=48 000（元）。

66. 答案：D

【解析】预付款项通过"预付账款"科目核算。

67. 答案：D

【解析】销售款存入银行，应借记"银行存款"科目。

68. 答案：B

【解析】"应付账款"用以核算企业因购买材料、商品、接受劳务等经营活动应付而未付的款项。

69. 答案：A

【解析】企业出售不需使用的设备一台，转入清理时应借记"固定资产清理""累计折旧"等科目，贷记"固定资产"科目。

70. 答案：D

【解析】"实收资本"科目期末不一定无余额。

71. 答案：B

【解析】固定资产增加的日期应该是交易完成的时间。

72. 答案：A

【解析】确认商品销售收入，应计入"主营业务收入"科目。

73. 答案：C

【解析】"应付账款"用以核算企业因购买材料、商品、接受劳务等经营活动应付而未付的款项。

74. 答案：D

【解析】企业购入不需要安装的固定资产，按应计入固定资产成本的金额，借记"固定资产"

科目。

75. 答案：C

【解析】"实收资本"账户属于所有者权益类账户，用以核算企业接受投资者投入的资本。

76. 答案：C

【解析】资产总额=6-2-1.5+1.5=4（万元）。

77. 答案：B

【解析】生产车间直接参加产品生产的工人的职工薪酬应计入产品"生产成本"。

78. 答案：B

【解析】固定资产处置净收益应计入"营业外收入"。

79. 答案：B

【解析】厂部管理人员工资应计入"管理费用"。

80. 答案：A

【解析】行政管理部门使用的固定资产折旧额应计入"管理费用"科目。
年折旧额=（450 000-30 000）÷6=70 000（元）。

81. 答案：A

【解析】财务成果的计算和处理包括利润的计算、所得税的计算和缴纳、利润分配或亏损弥补等。

82. 答案：B

【解析】应收票据的入账金额=10+1.7=11.7（万元）。

83. 答案：D

【解析】"生产成本"科目期末借方余额表示未完工的在产品和半成品的成本。

84. 答案：A

【解析】企业计算应交纳的所得税，应借记"所得税费用"，贷记"应交税费——应交所得税"。

85. 答案：B

【解析】信用证保证金存款、银行本票存款、外埠存款通过"其他货币资金"科目核算。

86. 答案：D

【解析】制造成本属于企业在一定时期内为生产一定种类、一定数量的产品所支出的各种费用的总和。

87. 答案：D

【解析】个人借款通过"其他应收款"科目核算，差旅费通过"管理费用"科目核算。

二、多项选择题

1. 答案：A、B、C、D

【解析】原材料具体包括原料及主要材料、辅助材料、外购半成品（外购件）、修理用配件（备品备件）、包装材料、燃料等。

2. 答案：A、B

【解析】原材料的日常核算既可以采用实际成本核算，也可以采用计划成本核算。

3. 答案：A、B、D

【解析】医务室属于福利部门，外购材料用于福利部门的建造首先应当通过"应付职工薪酬"，然后将进项税额转出，转出时的金额是成本乘以税率。贷方按成本价做原材料的减少，故选项 C

正确。

4. 答案：A、B、C

【解析】企业出售原材料，因为取得了收入，计入"其他业务收入"科目，故成本结转应当通过"其他业务成本"科目，所以选项 D 是正确的。

5. 答案：A、B、D

【解析】"库存商品"核算的内容具体包括库存产成品、外购商品、存放在门市部准备出售的商品、发出展览的商品、寄存在外的商品、接受来料加工制造的代制品和为外单位加工修理的代修品等。已完成销售手续、但购买单位在月末未提取的产品，不应作为企业的库存商品，而应作为代管商品处理，单独设置代管商品备查簿进行登记。

6. 答案：A、D

【解析】"累计折旧"科目贷方登记固定资产累计折旧的增加，借方登记已提固定资产累计折旧的转销。

7. 答案：A、C、D

【解析】"固定资产清理"科目核算企业因出售、报废、毁损、对外投资、非货币性交换、债务重组等原因转出的固定资产的价值以及在清理过程中发生的费用等。

8. 答案：C、D

【解析】选项 A、B 均属于固定资产清理科目借方核算的内容。

9. 答案：B、C、D

【解析】影响固定资产折旧的因素主要有：①固定资产原价；②预计净残值（净残值=预计残值-预计清理费用）；③固定资产减值准备；④固定资产的使用寿命。

10. 答案：C、D

【解析】除下列情况以外，企业应当对所有固定资产计提折旧：①已提足折旧但仍继续使用的固定资产；②单独计价入账的土地。经营租入的设备和融资租出的设备的所有权均不属于企业，故企业不需要计提折旧。

11. 答案：A、B

【解析】固定资产清理完成后，属于生产经营期间正常的损失，应计入"营业外支出"科目，会计分录为借记"营业外支出"，贷记"固定资产清理"。

12. 答案：A、B

【解析】应收款项减值的核算方法有备抵法和直接转销法，我国《企业会计准则》规定，企业采用备抵法确定应收款项的减值。

13. 答案：A、B、C

【解析】坏账准备借方登记实际发生坏账损失的金额，贷方登记当期计提的坏账准备金额，期末余额在贷方，反映企业已计提尚未转销的坏账准备。

14. 答案：A、B、C、D

【解析】企业在确定固定资产使用寿命时，应当考虑的因素有：①固定资产预计生产能力；②固定资产预计无形损耗；③固定资产预计有形损耗；④法律规定对该项资产使用的限制。

15. 答案：B、C

【解析】企业实际发生坏账时，会计分录为借记"坏账准备"，贷记"应收账款""其他应收款""应收票据""预付账款"等科目。

16. 答案：A、B、C、D

【解析】"应付职工薪酬"科目的明细科目有"工资""职工福利""社会保险费""住房公积金""工会经费""职工教育经费""非货币性福利"等。

17. 答案：C、D

【解析】发放职工工资正确的会计分录为选项C、D。

18. 答案：A、B

【解析】印花税、耕地占用税等不需要通过"应交税费"科目核算。

19. 答案：A、B、D

【解析】增值税纳税义务人包括在我国境内销售货物、进口货物或提供加工、修理修配劳务的企业单位和个人。

20. 答案；A、C

【解析】"应交税费—应交增值税"的明细科目中，应当在借方登记的有"进项税额"和"已交税金"，在贷方登记的有"销项税额""出口退税"和"进项税额转出"。

21. 答案：A、B、C

【解析】"长期借款"的明细科目有"本金""利息调整"和"应计利息"等，选项D属于总账科目。

22. 答案：A、B、C、D

【解析】长期借款按合同利率计算确定的应付未付利息，计入"应付利息"科目，借记"在建工程""管理费用""财务费用""研发支出""制造费用"等科目，贷记"应付利息"科目。

23. 答案：A、C

【解析】股份有限公司采用回购本公司股票方式减资的，按股票面值和注销股数计算的股票面值额冲减"股本"，按注销库存股的账面余额与冲减股本的差额冲减"股本溢价"，股本溢价不足冲减的，应依次冲减"盈余公积""利润分配—未分配利润"等科目。

24. 答案：A、B、D

【解析】其他业务收入包括销售材料的收入、出租固定资产的收入、出租无形资产的收入、出租包装物的收入等主营业务收入以外的其他销售或其他业务收入。出售固定资产的收入属于"营业外收入"的核算内容。

25. 答案：B、D

【解析】出售包装物属于"其他业务收入"的核算范围，所以成本的结转应当通过"其他业务成本"科目，故选BD。

26. 答案：A、B

【解析】"生产成本"科目借方核算的内容有企业生产单位为生产产品或提供劳务所发生的直接材料费用、直接人工费用、其他费用或"制造费用"科目转入的生产单位发生的制造费用。贷方核算的内容有结转的生产单位完工入库产品成本和已完成的劳务成本。

27. 答案：A、B、C

【解析】除季节性生产企业外，期末结转后该科目无余额。

28. 答案：A、B、C、D

【解析】制造费用分配计入产品成本的方法一般有生产工人工时比例分配法、生产工人工资比例分配法、机器工时比例分配法、按年度计划分配率分配法等。

29. 答案：A、B、C

【解析】营业税金及附加是指企业日常活动应负担的税金及附加，包括营业税、消费税、城市维护建设税、资源税和教育费附加等相关税费。

30. 答案：A、B、C

【解析】消费税的计税方法主要有从价定率、从量定额和复合计税 3 种。

31. 答案：A、C、D

【解析】业务招待费无论是在哪个环节发生的，均通过"管理费用"科目核算。

32. 答案：C、D

【解析】选项 AB 属于"销售费用"的核算内容。

33. 答案：A、B、D

【解析】选项 C 通过"营业税金及附加"科目核算。

34. 答案：A、B、C、D

【解析】财务费用是指企业为筹集生产经营所需资金而发生的筹资费用，包括利息支出（减利息收入）、汇兑损失（减汇兑收益）、相关的手续费、企业发生的现金折扣或收到的现金折扣等。

35. 答案：A、C、D

【解析】营业外收入是指企业发生的与其日常经营活动无直接关系的各项利得，包括非流动资产处置利得、非货币性资产交换利得、债务重组利得、政府补助利得、盘盈利得、捐赠利得等。选项 B 属于"其他业务收入"的核算内容。

36. 答案：A、C

【解析】根据配比原则，企业取得与资产相关的政府补助，不能全额确认为当期收益，应当随着相关资产的使用逐渐计入以后各期的收益。将确认为递延收益的政府补助自长期资产可供使用时起，按照长期资产的预计使用年限，将递延收益平均分摊计入当期损益。

37. 答案：A、D

【解析】由于企业购入设备时取得增值税普通发票，固定资产的成本应该是设备的价款加上增值税，故选项 B 错误，该设备从 7 月 1 日开始计提折旧，到年末折旧总额=1 170 000÷5÷12×6=117 000（元）。故选项 C 错误。

38. 答案：A、D

【解析】本题中的现金长款即现金盘盈，现金盘盈属于无法查明原因的计入"营业外收入"科目，故正确答案为选项 AD。

39. 答案：A、B、C

【解析】营业外支出是企业发生的与其日常活动无直接关系的各项损失，包括非流动资产处置损失、非货币性资产交换损失、债务重组损失、公益性捐赠支出、非常损失、盘亏损失等。

40. 答案：A、B、D

【解析】意外事故造成的损失通过营业外支出科目核算，故选项 C 错误。

41. 答案：A、B

【解析】选项 C 影响利润总额，选项 D 影响净利润。

42. 答案：A、B、C

【解析】利润分配的明细科目有"提取法定盈余公积""提取任意盈余公积""应付现金股利或利润""转作股本（或资本）的股利""盈余公积补亏"和"未分配利润"。

43. 答案：A、C、D

【解析】反映企业利润分配情况的明细科目有"提取法定盈余公积""提取任意盈余公积""盈

余补积补亏""转作股本的股利"等。

44. 答案：A、B

【解析】贷方余额表示历年未分配利润的累计数。借方余额表示历年未弥补亏损的累计数。

45. 答案：B、C

【解析】将"主营业务成本"转入"本年利润"的会计分录为借记"本年利润"，贷记"主营业务成本"，故选项A错误，选项D是结转本年发生的亏损。

46. 答案：A、B、D

【解析】企业提取法定盈余公积会导致"利润分配"减少，"盈余公积"增加，故选项C错误。

47. 答案：A、B

【解析】抵债和出售属于固定资产贷方登记的内容。

48. 答案：A、B、C、D

【解析】实收资本的构成比例即投资者的出资比例或股东的股份比例，通常是确定所有者在企业所有者权益中所占的份额和参与企业生产经营决策的基础，也是企业进行利润分配或股利分配的依据，同时，还是企业清算时确定所有者对净资产的要求权的依据。

49. 答案：C、D

【解析】A、B选项应计入"预付账款"科目的借方。

50. 答案：A、B

【解析】会计期末结转各项收入时，借记"主营业务收入""其他业务收入""营业外收入"等科目，贷记"本年利润"科目。

51. 答案：A、B、C、D

【解析】存出投资款、外埠存款、信用卡存款、信用证保证金存款、银行本票存款、银行汇票存款等，通过"其他货币资金"账户核算。

52. 答案：A、C、D

【解析】"生产成本"科目期末如有余额，表示尚未完工的在产品的成本，所以B选项不正确。

53. 答案：B、C

【解析】出售无形资产属于非日常活动，不能确认为收入。签订合同时收到的定金应确认为其他应付款，不能确认为收入。

54. 答案：B、C

【解析】从银行提取现金应借记"库存现金"科目，贷记"银行存款"科目。

55. 答案：A、B、D

【解析】因销售商品而应收的款项应确认为债权。

56. 答案：A、B、D

【解析】"营业税金及附加"科目核算企业经营活动发生的营业税、消费税、城市维护建设税、资源税和教育费附加等相关税费。增值税属于价外税，不通过"营业税金及附加"科目核算。

57. 答案：C、D

【解析】本题考核销售商品确认收入及结转成本的账务处理。

58. 答案：B、C、D

【解析】计入产品生产成本的项目包括直接材料、直接人工与制造费用。

59. 答案：A、B、D

【解析】销售商品应结转的商品成本应计入"主营业务成本"。

60. 答案：A、B、D

【解析】建造厂房属于基础设施资源，不属于供应过程。

61. 答案：A、D

【解析】"生产成本"科目按会计要素分类属于资产类要素，按反映的经济内容分类属于成本类科目。

62. 答案：B、D

【解析】A、C 选项使一项负债增加、一项负债减少，负债总额不变；B 选项使一项负债增加、一项费用增加，D 选项使一项负债增加、一项资产增加，负债总额增加。

63. 答案：A、B、C、D

【解析】本题考核"生产成本"科目的核算内容。

64. 答案：B、D

【解析】非流动资产处置利得计入"营业外收入"，出售交易性金融资产利得计入"投资收益"。

65. 答案：A、B、D

【解析】本题考核"其他业务收入"科目的核算范围。商品销售收入通过"主营业务收入"核算。

66. 答案：A、B、C、D

【解析】本题考核"应付职工薪酬"科目的核算范围。

67. 答案：A、C、D

【解析】银行汇票存款、银行本票存款、信用卡存款、外埠存款通过"其他货币资金"核算。

68. 答案：A、B、C、D

【解析】企业取得收入可能使银行存款、现金等货币资金增加，也可能使应收款项等债权资产增加。收入直接抵消负债，也可使负债减少。

69. 答案：C、D

【解析】股份有限公司接受投资者投入资本，借记"银行存款"等科目，按其在股本中所占份额，贷记"股本"科目，按其差额 贷记"资本公积—股本溢价"科目。

70. 答案：A、B、D

【解析】会计期末结转各项收入时，借记"主营业务收入""其他业务收入""营业外收入"等科目，贷记"本年利润"科目。

71. 答案：B、C

【解析】企业归还短期借款时，按借款本金，借记"短期借款"科目，贷记"银行存款"科目。支付利息时，按前期已计提的部分，借记"应付利息"科目；按当月无需计提的利息费用，借记"财务费用"科目，贷记"银行存款"科目。

72. 答案：A、C

【解析】企业所得税通过"所得税费用"科目核算。增值税属于价外税，不通过"营业税金及附加"科目核算。

73. 答案：B、C、D

【解析】本题考核企业利润分配业务的账务处理。

74. 答案：A、B、C、D

【解析】本题考核"管理费用"的核算内容。

75. 答案：A、B、C、D

【解析】本题考核"库存商品"科目的核算内容。

76. 答案：B、D

【解析】出售无形资产属于非日常业务，收到的价款不属于收入。签订合同时收到的定金应计入"其他应付款"科目核算。

77. 答案：A、B、C、D

【解析】本题考核"存货"的核算范围。

78. 答案：A、B、C、D

【解析】财务成果的计算和处理一般包括利润的计算、所得税的计算和交纳、利润分配或亏损弥补等。

79. 答案：A、B、C

【解析】"应交税费"科目核算企业按照税法等规定计算应交纳的各种税费，包括增值税、消费税、营业税、所得税、资源税、土地增值税、城市维护建设税、房产税、土地使用税、车船使用税、教育费附加、矿产资源补偿费等。企业代扣代交的个人所得税等，也通过本科目核算。印花税、耕地占用税和契税在交纳时直接计入相关资产成本或当期费用，不通过"应交税费"科目核算。

三、判断题

1. 答案：×

【解析】在中国境内的外商投资企业、外国企业和其他外国组织的会计记录，可以同时使用一种外国文字，但必须使用中文。

2. 答案：×

【解析】库存现金是指存放于企业财务会计部门，由出纳人员经管的货币，包括人民币和外币。

3. 答案：×

【解析】汽车制造企业自产的汽车可能通过"固定资产"核算，也可能通过"存货"核算，关键是看自用、出租还是对外出售。如果是自用或出租，则在企业会计核算中计入"固定资产"；如果是对外出售，则在企业会计核算中计入"存货"。

4. 答案：×

【解析】已达到预定可使用状态但尚未办理竣工决算的固定资产，应当按照估计价值确定其成本，并计提折旧，待办理竣工决算后，再按实际成本调整原来的暂估价值，但不需要调整原已计提的折旧额。

5. 答案：×

【解析】固定资产毁损过程中发生的应由保险公司或过失人赔偿的损失，正确的会计分录为借记"其他应收款"，贷记"固定资产清理"。

6. 答案：√

【解析】因债务人死亡等原因而造成无法收回的款项，在会计中称为坏账。

7. 答案：×

【解析】备抵法将坏账损失计入同一期间的损益，体现了配比原则的要求，避免了企业明盈实亏的现象。

8. 答案：×

【解析】"应交税费"科目的借方余额反映企业多交或尚未抵扣的税费。

9. 答案：×

【解析】短期借款是指企业向银行或其他金融机构等借入的期限在一年以下（含一年）的各种借款。

10. 答案：√

【解析】长期借款利息费用应当在资产负债表日按照实际利率法计算确定，属于筹建期间的计入"管理费用"科目。

11. 答案：×

【解析】长期借款利息费用应当在资产负债表日按照实际利率法计算确定，属于生产经营期间的计入"财务费用"科目。但如果是用于购建固定资产等符合资本化条件的资产，在资产尚未达到预定可使用状态前，所发生的利息支出应当资本化，计入"在建工程"科目，资产达到预定可使用状态后发生的利息支出，以及按规定不要资本化的利息支出，计入"财务费用"科目。

12. 答案：×

【解析】股份有限公司接受投资者投资，通过"股本"科目核算。

13. 答案；√

【解析】会计期末应将"主营业务收入"的余额从借方转入"本年利润"的贷方，结转后该科目无余额。

14. 答案：×

【解析】生产工人工时比例分配法主要适用于机械化程度较低或生产单位生产的各种产品工艺过程机械化程度大致相同的企业。

15. 答案：√

【解析】机械化、自动化程度较高的车间，其制造费用可以按机器工时的比例进行分配。

16. 答案：√

【解析】资源税是对在我国境内开采国家规定的矿产资源和生产盐的单位、个人征收的一种税。

17. 答案：×

【解析】诉讼费通过"管理费用'科目核算，劳动保护费通过"制造费用"科目核算，劳动保险费通过"管理费用"科目核算。

18. 答案：×

【解析】公司制企业按我国《公司法》规定，以净利润的 10%提取法定盈余公积，非公司制企业法定盈余公积的提取比例可以超过 10%。

19. 答案：×

【解析】公司制企业提取法定盈余公积后，经过股东大会决议，可以提取任意盈余公积，任意盈余公积的提取比例由企业视情况而定。

20. 答案：×

【解析】可供分配利润=当年实现的净利+年初未分配利润（-年初未弥补亏损）+其他转入。

21. 答案：√

【解析】会计期末应将"利润分配"科目下的其他明细科目余额全部转入"未分配利润"明细科目。

22. 答案：√

【解析】原材料在实际成本核算的情况下，材料的入库时间与付款时间可能一致，也可能不一致。

23. 答案：×

【解析】对于经营出租的建筑物不纳入"固定资产"科目核算，而应当纳入"投资性房地产"科目核算。固定资产中的出租是指经营出租设备和交通工具，不包括出租房屋、建筑物。

24. 答案：√

【解析】"累计折旧"科目是"固定资产"的抵减科目，用来核算在固定资产使用寿命内按照确定方法对应计折旧额进行系统分摊的折旧金额。

25. 答案：×

【解析】增值税小规模纳税人应纳增值税额按照销售额和规定的征收率计算确定。

26. 答案：√

【解析】如果费用按一定种类和数量的产品归集，则形成生产成本；如果费用不能按某一特定对象归集而与一定期间相关，则形成期间费用。

27. 答案：×

【解析】"主营业务成本"科目借方登记销售各种产品、提供各种劳务的实际成本，贷方登记销售退回转出的成本。

28. 答案：×

【解析】销售不动产是指非房地产企业有偿转让不动产的所有权和使用权以及将不动产无偿赠与他人的行为。

29. 答案：×

【解析】资产负债表日，公允价值与账面价值的差额计入公允价值变动损益。

30. 答案：×

【解析】原材料是指企业在生产过程中经过加工改变其形态或性质并构成产品主要实体的各种原料、主要材料和外购半成品，以及不构成产品实体但有助于产品形成的辅助材料。

31. 答案：×

【解析】企业出现本年亏损，将"本年利润"的借方余额转入"利润分配—未分配利润"后，未分配利润不一定是借方余额的，因为以前年度的未分配利润也在该科目里反映，如果以前年度的利润大于今年的亏损，则结转后仍是贷方余额的。

32. 答案：×

【解析】未提足折旧提前报废的固定资产不需再计提折旧。

33. 答案：√

【解析】本题考核"累计折旧"科目的核算内容。

34. 答案：×

【解析】"本年利润"科目与"利润分配—未分配利润"科目均属于所有者权益类科目。将"本年利润"的贷方余额转入"利润分配—未分配利润"，会使一项所有者权益增加，一项所有者权益减少，所有者权益总额不变。

35. 答案：√

【解析】本题考核"应收款项"科目的核算内容。

36. 答案：×

【解析】企业出售原材料属于日常业务，企业出售原材料取得的款项应确认为"其他业务收入"。

37. 答案：×

【解析】当月增加的固定资产，当月不计提折旧，从下月开始计提折旧；当月减少的固定资产，当月仍计提折旧，从下月开始不计提折旧。

38. 答案：√

【解析】企业应纳税所得额要在企业利润总额（即税前利润）的基础上按照国家规定进行相关调整确定。假定不存在纳税调整事项，则企业应纳税所得额等于税前会计利润，应缴纳的所得税即是企业当期所得税费用。

39. 答案：√

【解析】本题考核"其他货币资金"科目的核算内容。

40. 答案：√

【解析】企业行政管理部门领用材料，应确认为"管理费用"。

41. 答案：√

【解析】按照我国《公司法》的有关规定，利润分配应按下列是顺序进行：①计算可供分配的利润；②提取法定盈余公积；③提取任意盈余公积；④向投资者分配利润。

42. 答案：×

【解析】"累计折旧"科目期末余额通常在贷方，反映企业固定资产的累计折旧额。

43. 答案：√

【解析】本题考核"应交税费"科目的核算内容。

44. 答案：√

【解析】"本年利润"科目核算企业当期实现的净利润（或发生的净亏损）。该账户如为贷方余额，表示自年初到本月末累计实现的盈利；如为借方余额，表示自年初到本月末累计发生的净亏损。

45. 答案：×

【解析】专设销售机构使用的固定资产计提的折旧，应计入"销售费用"。

46. 答案：×

【解析】固定资产清理收入、清理费用、相关税金均通过"固定资产清理"科目进行核算。净损失计入"营业外支出"科目，净收益计入"营业外收入"科目。

47. 答案：×

【解析】"生产成本"属于成本类科目，但属于资产类要素。

48. 答案：√

【解析】本题考核存货的概念。

49. 答案：√

【解析】企业投资者投入的资本主要包括实收资本（或股本）和资本公积。

50. 答案：√

【解析】本题考核"制造费用"的归集与分配方法。

51. 答案：×

【解析】企业出售原材料属于日常经济活动，企业出售原材料取得的款项应确认为其他业务收入。

四、计算分析题

1. 答案如下。

（1）借：在途物资   5 000
    应交税费—应交增值税（进项税额）   850
    贷：银行存款   5 850

（2）借：原材料   80 000
    应交税费—应交增值税（进项税额）   13 600
    贷：应付账款   93 600

（3）借：原材料   40 000
    贷：在途物资   40 000

（4）借：应收账款   234 000
    贷：主营业收入   200 000
    应交税费—应交增值税（销项税额）   34 000

（5）借：银行存款   234 000
    贷：应收账款   234 000

2. 答案如下。

（1）借：生产成本   60 000
    制造费用   3 000
    贷：原材料   63 000

（2）借：生产成本   6 000
    贷：制造费用   6 000

（3）借：库存商品   30 000
    贷：生产成本   30 000

（4）借：主营业务成本   30 000
    贷：库存商品   30 000

（5）借：本年利润   30 000
    贷：主营业务成本   30 000

3. 答案如下。

（1）借：主营业务收入   4 500 000
    其他业务收入   525 000
    投资收益   450 000
    营业外收入   37 500
    贷：本年利润   5 512 500
    借：本年利润   4 860 000
    贷：主营业务成本   3 450 000
    其他业务成本   300 000
    营业税金及附加   60 000
    销售费用   375 000
    管理费用   450 000
    财务费用   75 000
    营业外支出   150 000

（2）应交所得税=（5 512 500-4 860 000）×25%=652 500×25%=163 125（元）。

（3）借：所得税费用　　　　　　　　　　　　　　　　　　　163 125

　　　　贷：应交税费—应交所得税　　　　　　　　　　　　　　　163 125

　　借：本年利润　　　　　　　　　　　　　　　　　　　　　163 125

　　　　贷：所得税费用　　　　　　　　　　　　　　　　　　　　163 125

（4）借：本年利润　　　　　　　　　　　　　　　　　　　　489 375

　　　　贷：利润分配—未分配利润　　　　　　　　　　　　　　　489 375

（5）借：利润分配—提取法定盈余公积　　　　　　　　　　　48 937.5

　　　　　　　　—提取任意盈余公积　　　　　　　　　　　24 468.75

　　　　　　　　—应付现金股利　　　　　　　　　　　　　500 000

　　　　贷：盈余公积—提取法定盈余公积　　　　　　　　　　　48 937.5

　　　　　　　　—提取任意盈余公积　　　　　　　　　　　　24 468.75

　　　　　　应付股利　　　　　　　　　　　　　　　　　　500 000

4. 答案如下。

制造费用分配率=100 000/（5 000+3 000）=12.5。

（1）A产品应分配的制造费用=5 000×12.5=62 500（元）。

（2）B产品应分配的制造费用=3 000×12.5=37 500（元）。

（3）A产品当月生产成本=4 000×150+5 000×20+62 500=762 500（元）。

（4）B产品当月生产成本=2 000×150+3 000×20+37 500=397 500（元）。

（5）借：库存商品—A产品　　　　　　　　　　　　　　　　762 500

　　　　　　　—B产品　　　　　　　　　　　　　　　　397 500

　　　　贷：生产成本—A产品　　　　　　　　　　　　　　　　762 500

　　　　　　　—B产品　　　　　　　　　　　　　　　　　397 500

5. 答案如下。

（1）借：应收账款　　　　　　　　　　　　　　　　　　　　11 700

　　　　贷：其他业务收入　　　　　　　　　　　　　　　　　　10 000

　　　　　　应交税费—应交增值税（销项税额）　　　　　　　　1 700

　　借：主营业务成本　　　　　　　　　　　　　　　　　　　8 000

　　　　贷：库存商品　　　　　　　　　　　　　　　　　　　　8 000

（2）借：固定资产　　　　　　　　　　　　　　　　　　　100 000

　　　　应交税费—应交增值税（进项税额）　　　　　　　　17 000

　　　　贷：银行存款　　　　　　　　　　　　　　　　　　　117 000

（3）借：管理费用　　　　　　　　　　　　　　　　　　　　8 000

　　　　制造费用　　　　　　　　　　　　　　　　　　　　12 000

　　　　贷：累计折旧　　　　　　　　　　　　　　　　　　　20 000

（4）借：无形资产　　　　　　　　　　　　　　　　　　　200 000

　　　　贷：银行存款　　　　　　　　　　　　　　　　　　　200 000

（5）借：在途物资　　　　　　　　　　　　　　　　　　　　20 000

　　　　应交税费—应交增值税（进项税额）　　　　　　　　　3 400

　　　　贷：银行存款　　　　　　　　　　　　　　　　　　　23 400

第六章
账务处理程序

主要考点

1. 记账凭证账务处理程序、科目汇总表账务处理程序、汇总记账凭证账务处理程序的特点

2. 记账凭证账务处理程序、科目汇总表账务处理程序、汇总记账凭证账务处理程序的优点、缺点和适用范围

3. 记账凭证账务处理程序、科目汇总表账务处理程序、汇总记账凭证账务处理程序的一般步骤

4. 记账凭证账务处理程序、科目汇总表账务处理程序、汇总记账凭证账务处理程序的相同点与不同点

复习重点

账务处理程序是指会计凭证、会计账簿、财务报告相结合的方式和方法，是从审核原始凭证开始，经过编制记账凭证、登记账簿，直到编制出财务报告的方法和步骤。

账务处理程序有记账凭证账务处理程序、科目汇总表账务处理程序、多栏式日记账账务处理程序、汇总记账凭证账务处理程序、日记总账账务处理程序。其中，较常用的账务处理程序有记账凭证账务处理程序、科目汇总表账务处理程序、汇总记账凭证账务处理程序。

第一节 | 记账凭证账务处理程序

一、记账凭证账务处理程序的一般步骤

记账凭证账务处理程序是指对发生的经济业务，都要根据原始凭证或汇总原始凭证编制记账凭证，然后根据记账凭证直接登记总分类账的一种账务处理程序。

二、记账凭证账务处理程序的特点、优缺点及使用范围

1. 特点

记账凭证账务处理程序体现了会计核算的基本原理和基本程序，它是最基本的账务处理程序。总分类账应按总账科目设置，总分类账和日记账的格式均可采用三栏式；明细分类账可根

据管理的需要设置，采用三栏式、数量金额式或多栏式。

【例 6-1】记账凭证账务处理程序的特点是直接根据记账凭证编制会计报表。（　　）

答案：×

【解析】记账凭证账务处理程序的特点是直接根据记账凭证登记总分类账。

2. 优缺点

记账凭证账务处理程序的优点是简单明了，易于理解，总分类账可以较详细地反映经济业务的内容；缺点是登记总分类账的工作量比较大。

3. 适用范围

记账凭证账务处理程序一般只适用于规模小、业务量少、凭证不多的单位。

第二节 | 汇总记账凭证账务处理程序

汇总记账凭证账务处理程序是根据原始凭证或汇总原始凭证编制记账凭证，再根据记账凭证编制汇总记账凭证，然后据以登记总分类账的一种账务处理程序。

一、汇总记账凭证的编制方法

汇总记账凭证分为汇总收款凭证、汇总付款凭证和汇总转账凭证 3 种。

1. 汇总收款凭证的编制

一般每旬汇总一次，由于汇总收款凭证是按照收款凭证的借方科目设置的，因此，为了便于汇总收款凭证的编制，收款凭证应采用一借一贷或一借多贷的形式，而不能采用多借一贷和多借多贷的形式。

2. 汇总付款凭证的编制

由于汇总付款凭证是按照付款凭证的贷方科目设置的，因此，为了便于汇总付款凭证的编制，付款凭证应采用一借一贷或多借一贷的形式，而不能采用一借多贷和多借多贷的形式。

3. 汇总转账凭证的编制

由于汇总转账凭证是按照每一转账凭证的贷方科目设置的，因此，为了便于汇总转账凭证的编制，转账凭证应采用一借一贷或多借一贷的形式，而不能采用一借多贷和多借多贷的形式。

【例 6-2】在某些贷方科目对应的转账凭证数量较少时，应当编制汇总转账凭证，然后根据汇总转账凭证登记总分类账。（　　）

答案：×

【解析】在某些贷方科目对应的转账凭证数量较少时，就可以不再编制汇总转账凭证，而是直接根据转账凭证登记总分类账。

【例 6-3】汇总收款凭证、汇总付款凭证和汇总转账凭证均可以采用一借一贷的形式。（　　）

答案：√

【解析】此考点是汇总收、付、转凭证所采用的汇总形式，汇总收款凭证、汇总、付款凭证和汇总转账凭证均可以采用一借一贷的形式。

二、汇总记账凭证账务处理程序的特点、优缺点及适用范围

1. 特点

汇总记账凭证账务处理程序的特点是定期根据记账凭证分类编制汇总收款凭证、汇总付款凭证、汇总转账凭证，再根据汇总记账凭证登记总分类账。

2. 优缺点

汇总记账凭证账务处理程序的优点是在汇总记账凭证上能够清晰地反映账户之间的对应关系，并可以大大减少登记总分类账的工作量；缺点是定期编制汇总记账凭证的工作量比较大，对汇总过程中可能存在的错误难以发现。

3. 适用范围

汇总记账凭证账务处理程序一般只适用于规模较大、经济业务量较多、专用记账凭证比较多的会计主体。

第三节 | 科目汇总表账务处理程序

科目汇总表账务处理程序又称为记账凭证汇总表账务处理程序，它是根据记账凭证定期编制科目汇总表，再根据科目汇总表登记总分类账的一种账务处理程序。

一、科目汇总表账务处理程序的一般步骤

在科目汇总表账务处理程序下，由于科目汇总表不反映各科目的对应关系，因而总分类账只能采用不设立"对方科目"栏的借、贷、余三栏式。

二、科目汇总表账务处理程序的特点、优缺点及适用范围

1. 特点

科目汇总表账务处理程序的特点是编制科目汇总表据以登记总分类账。

2. 优缺点

科目汇总表账务处理程序的优点是科目汇总表的编制和使用比较简便，大大减轻了登记总分类账的工作量，并可做到试算平衡，简明易懂，方便学习；缺点是科目汇总表的总账中不反映科目对应关系，不便于分析经济业务的来龙去脉，不便于查对账目。

3. 适用范围

科目汇总表账务处理程序一般适用于经济业务较多的单位。

历年真题及解析

一、单项选择题

1. 科目汇总表账务处理程序的特点是（   ）。

    A. 根据记账凭证直接登记总分类账   B. 根据科目汇总表登记总分类账

    C. 根据汇总记账凭证登记总分类账   D. 根据记账凭证逐笔登记日记总账

答案：B

【解析】科目汇总表账务处理程序的特点是根据科目汇总表登记总分类账。选项 A 是记账凭证账务处理程序的特点，选项 C 是汇总记账凭证账务处理程序的特点。

2. 记账凭证账务处理程序的优点是（   ）。

    A. 总分类账可以比较详细地反映经济业务的内容

    B. 大大减轻了登记总分类账的工作量

    C. 汇总记账凭证上能够清晰地反映账户之间的关系

    D. 科目汇总表的编制和使用比较简便

答案：A

【解析】记账凭证账务处理程序的优点是简单明了，易于理解，总分类账可以较详细地反映经济业务的内容。

3. 汇总记账凭证账务处理程序一般适用于（   ）。

　　A. 规模较大、经济业务量较少、专用记账凭证也较少的会计主体

　　B. 规模较小、经济业务量少、专用记账凭证较多的会计主体

　　C. 规模较大、经济业务较多、专用记账凭证也较多的会计主体

　　D. 规模较小、经济业务量少、凭证不多的会计主体

答案：C

【解析】汇总记账凭证适用于规模较大、经济业务较多、专用记账凭证（收款、付款凭证）也较多的会计主体。

4. 各种不同账务处理程序中，不能作为登记总账账簿依据的是（   ）。

　　A. 记账凭证　　　　　B. 汇总记账凭证　　　　C. 原始凭证汇总表　　　D. 科目汇总表

答案：C

【解析】各种账务处理程序中没有直接根据原始凭证登记总分类账的。选项 A 是采用记账凭证账务处理程序下可以根据记账凭证登记总分类账。选项 B 是采用汇总记账凭证账务处理程序下可以根据汇总记账凭证登记总分类账。选项 D 是采用科目汇总表账务处理程序下可以根据科目汇总表登记总分类账。

5. 在编制汇总记账凭证时，正确计算发生额合计数的方法是按转账凭证的（   ）予以汇总 。

　　A. 借方科目设置，按借方科目　　　　　　B. 借方科目设置，按贷方科目

　　C. 贷方科目设置，按贷方科目　　　　　　D. 贷方科目设置，按借方科目

答案：D

【解析】汇总转账凭证是根据一定时期内的转账凭证编制的，但由于转账凭证借贷双方科目都不是主体科目，故在具体操作时规定以贷方科目作为主体科目。也就是说，汇总转账凭证是按转账凭证的贷方科目设置，按借方科目予以汇总，计算出每一借方科目相对应的发生额合计数。

二、多项选择题

1. 记账凭证账务处理程序与汇总记账凭证账务处理程序的相同之处在于（   ）。

　　A. 根据原始凭证或汇总原始凭证编制记账凭证

　　B. 根据收、付款凭证逐笔登记现金日记账和银行存款日记账

　　C. 根据各种记账凭证和有关原始凭证或原始凭证汇总表登记明细账

　　D. 根据记账凭证逐笔登记总分类账

答案：A、B、C

【解析】各种账务处理程序之间的根本区别是登记总分类账的依据和方法不同，其余各项均相同。

2. 下列各项中，属于记账凭证账务处理程序与科目汇总表账务处理程序的相同之处的有（   ）。

　　A. 根据原始凭证编制汇总原始凭证

    B. 根据原始凭证或汇总原始凭证编制记账凭证

    C. 根据记账凭证逐笔登记总分类账

    D. 根据各种记账凭证编制科目汇总表

答案：A、B

【解析】各种账务处理程序之间的根本区别是登记总分类账的依据和方法不同，选项 C、D 是记账凭证账务处理程序与科目汇总表账务处理程序的不同之处。

    3. 下列各项中，属于汇总记账凭证账务处理程序一般步骤的有（　　　）。

    A. 根据原始凭证编制原始凭证汇总表

    B. 根据收、付款凭证分别编制现金日记账和银行存款日记账

    C. 根据各种记账凭证分别编制汇总收款凭证和汇总转账凭证

    D. 根据各种汇总记账凭证登记总分类账

答案：A、B、C、D

【解析】上述选项均属于汇总记账凭证账务处理程序的步骤。

    4. 科目汇总表账务处理程序与记账凭证账务处理程序的共同之处有（　　　）。

    A. 登记总账的依据相同　　　　　　　B. 编制财务报表的依据相同

    C. 登记现金和银行存款日记账的依据相同　　D. 登记各种明细分类账的依据相同

答案：B、C、D

【解析】各种账务处理程序之间的根本区别是登记总分类账的依据和方法不同。

三、判断题

    1. 为了便于汇总转账凭证的编制，转账凭证应采用一借一贷或多借一贷的形式，而不能采用一借多贷的形式。（　　　）

答案：√

【解析】汇总转账凭证的编制与汇总付款凭证编制的依据相同，均是按贷方科目设置，因此只能采用一借一贷和多借一贷的形式，而不能采用一借多贷和多借多贷的形式。

    2. 记账凭证账务处理程序是根据记账凭证定期编制科目汇总表，再根据科目汇总表登记总分类账的一种账务处理程序。（　　　）

答案：×

【解析】记账凭证账务处理程序是根据记账凭证直接登记总分类账的一种账务处理程序。

强化练习

一、单项选择题

    1. 最基本的账务处理程序有（　　　）。

    A. 记账凭证账务处理程序　　　　　　B. 科目汇总表账务处理程序

    C. 日记总账账务处理程序　　　　　　D. 汇总记账凭证账务处理程序

    2. 下列不属于记账凭证账务处理程序的有（　　　）。

    A. 根据原始凭证编制记账凭证　　　　B. 根据记账凭证登记现金日记账

    C. 根据汇总记账凭证登记总分类账　　D. 根据总分类账和明细分类账编制会计报表

    3. 汇总收款凭证一般（　　　）汇总一次。

    A. 每旬　　　　　　B. 10 天　　　　　　C. 20 天　　　　　　D. 每月

4. 在采用汇总记账凭证账务处理程序的情况下，总分类账是根据（　　　）登记。

    A. 记账凭证　　　　　B. 科目汇总表　　　　C. 汇总记账凭证　　　D. 明细分类账

5. 可以反映科目之间对应关系的账务处理程序的是（　　　）。

    A. 记账凭证账务处理程序　　　　　　　B. 科目汇总表账务处理程序

    C. 汇总记账凭证账务处理程序　　　　　D. 多栏式日记账账务处理程序

6. 汇总记账凭证账务处理程序与科目汇总表账务处理程序的主要区别是（　　　）。

    A. 登记明细账的依据不同　　　　　　　B. 登记总分类账的依据不同

    C. 登记日记账的依据不同　　　　　　　D. 登记记账凭证的依据不同

7. 科目汇总表账务处理程序的优点是（　　　）。

    A. 可以做到试算平衡　　　　　　　　　B. 可以反映账务之间的对应关系

    C. 可以反映经济业务的来龙去脉　　　　D. 便于核对账目

8. 汇总转账凭证不应采用（　　　）的形式。

    A. 一借一贷　　　　　B. 一借多贷　　　　　C. 多借一贷　　　　　D. 以上均不对

9. 记账凭证账务处理程序的优点是（　　　）。

    A. 总分类账可以详细地反映经济业务的内容

    B. 登记总分类账的工作量较大

    C. 能够反映科目之间的对应关系

    D. 能够起到试算平衡的作用

10. 各种账务处理程序的最根本区别在于（　　　）。

    A. 编制原始凭证的依据不同　　　　　　B. 登记账簿的依据不同

    C. 登记总分类账的依据不同　　　　　　D. 编制会计报表的依据不同

二、多项选择题

1. 较常用的账务处理程序有（　　　）。

    A. 记账凭证账务处理程序　　　　　　　B. 科目汇总表账务处理程序

    C. 日记总账账务处理程序　　　　　　　D. 汇总记账凭证账务处理程序

2. 在记账凭证账务处理程序下明细分类账可采用的格式有（　　　）。

    A. 两栏式　　　　　　B. 三栏式　　　　　　C. 多栏式　　　　　　D. 数量金额式

3. 下列关于记账凭证账务处理程序说法正确的有（　　　）。

    A. 它是最基本的账务处理程序

    B. 优点是简单明了、易于理解

    C. 在这种账务处理程序下总分类账可以较详细地反映经济业务的内容

    D. 缺点是工作量较大

4. 汇总收款凭证应采用（　　　）的形式。

    A. 一借一贷　　　　　B. 一借多贷　　　　　C. 多借一贷　　　　　D. 多借多贷

5. 汇总付款凭证应采用（　　　）的形式。

    A. 一借一贷　　　　　B. 一借多贷　　　　　C. 多借一贷　　　　　D. 多借多贷

6. 下列关于汇总记账凭证说法正确的有（　　　）。

    A. 汇总记账凭证的优点是可以大大减少登记总账的工作量

    B. 缺点是对汇总过程中可能存在的错误难以发现

C. 可以根据记账凭证登记总分类账

D. 汇总记账凭证包括汇总收款凭证、汇总付款凭证和汇总转账凭证 3 种

7. 下列关于科目汇总表的说法正确的有（　　　　）。

A. 优点是可以做到试算平衡

B. 可以清晰地反映账户之间的对应关系

C. 可以减轻登记总分类账的工作量

D. 不便于分析经济业务的来龙去脉，不便于查对账目

8. 以下属于汇总记账凭证账务处理程序的有（　　　　）。

A. 根据记账凭证和原始凭证登记明细分类账

B. 根据记账凭证登记总分类账

C. 根据总分类账和明细分类账编制会计报表

D. 根据科目汇总表登记总分类账

9. 下列关于科目汇总表账务处理程序的说法正确的有（　　　　）。

A. 根据原始凭证编制汇总原始凭证

B. 根据收付款凭证逐笔登记现金日记账和银行存款日记账

C. 根据原始凭证编制科目汇总表

D. 根据科目汇总表登记总分类账

10. 汇总记账凭证账务处理程序适用于（　　　　）比较多的会计主体。

A. 收款凭证　　　　B. 付款凭证　　　　C. 转账凭证　　　　D. 记账凭证

三、判断题

1. 账务处理程序是指会计凭证、会计账簿与会计报告相结合的方式和方法。（　　　　）

2. 记账凭证账务处理程序的特点是根据记账凭证登记总分类账。（　　　　）

3. 记账凭证账务处理程序主要适用于规模小、业务少、凭证较多的单位。（　　　　）

4. 汇总收、付、转凭证均可以采用一借一贷的形式。（　　　　）

5. 在编制汇总转账凭证时，某些贷方科目对应的转账凭证数量较少时，就可以不再编制汇总转账凭证，而是直接根据转账凭证登记总分类账。（　　　　）

6. 汇总记账凭证的优点是可以清晰地反映账户之间的对应关系。（　　　　）

7. 汇总记账凭证账务处理程序一般只适用于规模大、经济业务量较多、专用凭证较少的单位。（　　　　）

8. 记账凭证汇总表账务处理程序是根据记账凭证登记总分类账的一种账务处理程序。（　　　　）

9. 科目汇总表的格式中既体现了本期发生额，又体现了余额。（　　　　）

10. 科目汇总表账务处理程序一般适用于经济业务不多的单位。（　　　　）

11. 科目汇总表账务处理程序下，企业可以采用多栏式登记现金日记账和银行存款日记账。（　　　　）

12. 汇总付款凭证可以每汇总一次就登记一次总分类账，也可以每期期末根据合计数登记总分类账。（　　　　）

13. 在记账凭证账务处理程序下，总分类账和日记账既可以采用三栏式账簿，也可以采用多栏式账簿。（　　　　）

14. 明细分类账可以根据原始凭证登记。（　　　　）

强化练习参考答案及解析

一、单项选择题

1. 答案：A

【解析】记账凭证账务处理程序是最基本的账务处理程序，其他的账务处理程序都是以此为基础。

2. 答案：C

【解析】选项 C 属于汇总记账凭证账务处理程序的特点。

3. 答案：A

【解析】汇总收款凭证一般每旬汇总一次，一旬不一定等于 10 天，故选 A。

4. 答案：C

【解析】在采用汇总记账凭证账务处理程序的情况下，总分类账是根据汇总记账凭证登记的。

5. 答案：C

【解析】可以反映科目之间对应关系的账务处理程序是汇总记账凭证账务处理程序。

6. 答案：B

【解析】各种账务处理程序的基本区别是登记总分类账的依据和方法不同。

7. 答案：A

【解析】科目汇总表账务处理程序的优点是可以做到试算平衡，大大减轻登记总分类账的工作量。

8. 答案：B

【解析】汇总转账凭证由于按转账凭证的贷方科目设置，因此只能采用一借一贷和多借一贷的形式，而不能采用一借多贷的形式。

9. 答案：A

【解析】记账凭证账务处理程序的优点是简单明了、易于理解、总分类账可以较详细地反映经济业务的内容。

10. 答案：C

【解析】各种账务处理程序最根本的区别在于登记总分类账的依据和方法不同。

二、多项选择题

1. 答案：A、B、D

【解析】账务处理程序主要有记账凭证账务处理程序、科目汇总表账务处理程序、多栏式日记账账务程序、汇总记账凭证账务处理程序、日记总账账务处理程序等。其中，较常用的账务处理程序有记账凭证账务处理程序、科目汇总表账务处理程序和汇总记账凭证账务处理程序 3 种。

2. 答案：B、C、D

【解析】在记账凭证账务处理程序下明细分类账可采用的格式有三栏式、多栏式和数量金额式 3 种。

3. 答案：A、B、C、D

【解析】选项 A、B、C、D 均正确。

4. 答案：A、B

【解析】汇总收款凭证是按照收款凭证的借方科目设置的，收款凭证应采用一借一贷或一借多贷的形式，而不能采用多借一贷和多借多贷的形式。

5. 答案：A、C

【解析】汇总付款凭证是按付款凭证的贷方科目设置的，付款凭证应采用一借一贷或多借一贷的形式，而不能采用一借多贷和多借多贷的形式。

6. 答案：A、B、D

【解析】汇总记账凭证的特点是根据汇总记账凭证登记总分类账。

7. 答案：A、C、D

【解析】选项 B 是汇总记账凭证账务处理程序的优点。

8. 答案：A、C

【解析】在汇总记账凭证账务处理程序下，应当根据汇总记账凭证登记总分类账。

9. 答案：A、B、D

【解析】在科目汇总表账务处理程序下，应当根据记账凭证编制科目汇总表。

10. 答案：A、B

【解析】汇总记账凭证账务处理程序中的汇总转账凭证按贷方科目设置，当转账凭证较多时，汇总转账凭证的工作量较大，因此它适用于收、付款凭证较多的单位。

三、判断题

1. 答案：√

【解析】账务处理程序是指会计凭证、会计账簿与会计报告相结合的方式和方法，是从审核原始凭证开始，经过编制记账凭证、登记账簿，直到编制出财务报告的方法和步骤。

2. 答案：√

【解析】记账凭证账务处理程序的特点是根据记账凭证登记总分类账。

3. 答案：×

【解析】记账凭证账务处理程序主要适用于规模小、业务少、凭证不多的单位。

4. 答案：√

【解析】汇总收、付、转凭证均可以采用一借一贷的形式。

5. 答案：√

【解析】在编制汇总转账凭证时，某些贷方科目对应的转账凭证数量较少时，就可以不再编制汇总转账凭证，而是直接根据转账凭证登记总分类账。

6. 答案：√

【解析】汇总记账凭证的优点是可以清晰地反映账户之间的对应关系，并可以大大减小登记总分类账的工作量。

7. 答案：×

【解析】汇总记账凭证账务处理程序一般只适用于规模大、经济业务量较多、专用凭证较多的单位。

8. 答案：×

【解析】记账凭证汇总表账务处理程序是根据科目汇总表登记总分类账的一种账务处理

程序。

9. 答案：×

【解析】在科目汇总表账务处理程序下，由于科目汇总表不反映各科目的对应关系，因而总分类账只能采用不设立"对方科目"栏的借、贷、余三栏式。

10. 答案：×

【解析】科目汇总表账务处理程序一般适用于经济业务较多的单位。

11. 答案：×

【解析】科目汇总表账务处理程序下，企业可以采用三栏式登记现金日记账和银行存款日记账。

12. 答案：√

【解析】汇总付款凭证可以每汇总一次登记一次总分类账，也可以每期期末根据合计数登记总分类账。

13. 答案：×

【解析】在记账凭证账务处理程序下，总分类账和日记账通常采用三栏式。

14. 答案：√

【解析】明细分类账应当根据原始凭证或原始凭证汇总表及记账凭证登记。

第七章
会计凭证

主要考点

1. 会计凭证的概念、种类
2. 原始凭证和记账凭证的基本内容
3. 原始凭证和记账凭证的填制要求
4. 原始凭证和记账凭证的审核
5. 会计凭证的传递和保管

复习重点

第一节 | 会计凭证的概述

一、会计凭证的概念及分类

会计凭证是记录经济业务事项发生或完成情况的书面证明，也是登记账簿的依据。

会计凭证按其填制程序和用途不同，可以分为原始凭证（单据）和记账凭证（记账凭单）两大类。

原始凭证又称单据，是在经济业务发生或完成时取得或填制的，用以记录或证明经济业务的发生或完成情况、明确有关经济责任的文字凭证。原始凭证是记录会计核算的原始资料，凡不能证明经济业务或完成情况的各种单证，均不能作为原始凭证并据以记账。

记账凭证又称记账凭单，是会计人员根据审核无误的原始凭证，按照经济业务事项的内容加以归类，并据以确定会计分录后所填制的会计凭证；也是作为登记账簿直接依据的会计凭证。

二、会计凭证的作用

合法地取得、正确地填制和审核会计凭证，是会计核算的基本方法之一，也是会计核算工作的起点，在会计核算中具有重要作用。

（1）记录经济业务，提供记账依据。

（2）明确经济责任，强化内部控制。

（3）监督经济活动，控制经济运行。

【例7-1】会计工作的起点是填制和审核会计凭证。（　　　）

答案：√

【解析】合法地取得、正确地填制和审核会计凭证，是会计核算的基本方法之一，也是会计核算工作的起点。

第二节 | 原始凭证

一、原始凭证的概念和种类

1. 原始凭证的概念

原始凭证又称单据，是在经济业务发生或完成时取得或填制的，用以记录或证明经济业务的发生或完成情况的文字凭据。凡不能证明经济业务发生或完成情况的各种单证，不能作为原始凭证并据以记账，如购销合同、购销申请单等。原始凭证记载着大量的经济信息，又是证明经济业务发生的初始文件，与记账凭证相比具有很强的法律效力，是一种很重要的凭证。

2. 原始凭证的种类

（1）按原始凭证取得的来源不同分类。原始凭证按其来源不同，可分为自制原始凭证和外来原始凭证两种。

① 自制原始凭证。自制原始凭证是由本单位经办业务的部门和人员在执行或完成某项经济业务时填制的、仅由本单位内部使用的原始凭证，如收料单、领料单、差旅费报销单、成本计算单等。自制原始凭证按其填制手续的不同，可分为一次凭证、累计凭证和汇总凭证3种。

【例7-2】自制原始凭证是由会计人员取得或填制的凭证。（　　　）

答案：×

【解析】自制原始凭证是由本单位经办业务的部门和人员在执行或完成某项经济业务时填制的、仅由本单位内部使用的原始凭证。

② 外来原始凭证。外来凭证是指在经济业务发生时，从其他单位或个人取得的凭证。例如，供货单位开具的发票、收据、车票等都属于外来原始凭证。

（2）按凭证的格式不同分类。原始凭证按其格式不同，可分为通用原始凭证和专用原始凭证。

① 通用原始凭证。通用原始凭证是指由有关部门统一印制、在一定范围内使用、具有统一格式和使用方法的原始凭证。通用凭证的使用范围因制作部门的不同而有所不同，可以是某一地区、某一行业，也可以在全国通用。例如，某市印制的发票、收据等在该市通用；由中国人民银行印制的银行转账结算凭证在全国通用。

② 专用原始凭证。专用原始凭证是指由单位自行印制、仅在本单位内部使用的原始凭证，如领料单、差旅费报销单、折旧计算表、工资费用分配表等。

（3）按填制的手续和内容分类。原始凭证按填制手续和内容可分为一次凭证、累计凭证和汇总凭证。

① 一次凭证。一次凭证是指一次填制完成、只记录一笔经济业务且仅一次有效的原始凭证，如收据、收料单、发货单、银行结算凭证等。

② 累计凭证。累计凭证是指一定时期内多次记录发生的同类型经济业务且多次有效的原

始凭证,如限额领料单。

③ 汇总凭证。汇总凭证是对一定时期内反映经济业务内容相同的若干张原始凭证,按照一定标准综合填制的原始凭证,如耗用材料汇总表。

二、原始凭证的基本内容

原始凭证所包含的基本内容通常称为凭证要素,具体如下。

(1)原始凭证的名称。

(2)填制原始凭证的日期和凭证的编号。

(3)填制和接受原始凭证的单位名称。

(4)经济业务的基本内容,包括经济业务所涉及的实物或劳务的品种(种类)、数量、计量单位、单位价格和金额等。

(5)填制原始凭证的单位签章。

(6)有关人员签章。

(7)凭证附件。

【例 7-3】所附原始凭证的张数是原始凭证的凭证要素。(   )

答案:×

【解析】所附原始凭证的张数是记账凭证的凭证要素,凭证附件才是原始凭证的凭证要素。此处注意区分。

三、原始凭证的填制要求

1.填制原始凭证的基本要求

(1)记录要真实。

(2)内容要完整。

(3)手续要完备。

(4)书写要清楚、规范。填制原始凭证时,应注意以下几点。

① 除了用圆珠笔复写的一式几联的凭证外,单页凭证要用钢笔或签字笔填写。

② 一式几联的原始凭证,必须注明各联的用途;复写时要用双面复写纸。

③ 阿拉伯数字要逐个书写,不得连笔写。

④ 大写数字到元或角为止的,在"元"或"角"之后应写"整"字,大写金额数字有分的,"分"字后不再写"整"字;大写金额数字前印有"人民币"字样的,"人民币"字样与金额数字之间不得留有空白。

⑤ 填写凭证时不能随意省略。填制凭证和接受凭证的单位名称必须写明省、市、单位的全称。

⑥ 编号要连续。预先印有号码的原始凭证,要按顺序连接使用,不得跳号。写错作废时应加盖"作废"的戳记,连同存根一起保存,不得撕毁。

⑦ 不得涂改、刮擦、挖补。原始凭证有错误的,应当由出具单位重开或者更正,更正处应当加盖出具单位印章。原始凭证金额有错误应当由出具单位重开,不得在原始凭证上更正。

⑧ 填制要及时。

2.自制原始凭证的填制要求

(1)一次凭证的填制。一次凭证是在经济业务发生或完成时由经办人员填制的,一般只反映一项经济业务，或者同时反映若干项同类性质的经济业务。

（2）累计凭证的填制。累计凭证用于在一定时期内不断重复地反映同类经济业务的完成情况，它是由经办人在每次经济业务完成后在其上面重复填制而成的。

（3）汇总凭证的填制。汇总凭证是指在会计的实际工作日，为了简化记账凭证的填制工作，将一定时期内若干份记录同类经济业务的原始凭证汇总编制成一张汇总凭证，用以集中反映某项经济业务的完成情况。汇总原始凭证是有关责任者根据经济管理的需要定期编制的。汇总凭证只能将同类的经济业务汇总在一起，填列在一张汇总凭证上；不能将两类或两类以上的经济业务汇总在一起，填列在一张汇总凭证上。

【例 7-4】汇总凭证用于在一定时期内不断重复地反映同类经济业务的完成情况，它是由经办人在每次经济业务完成后在其上面重复填制而成的。（　　　）

答案：×

【解析】累计凭证用于在一定时期内不断重复地反映同类经济业务的完成情况，它是由经办人在每次经济业务完成后在其上面重复填制而成的。

3．外来原始凭证的填制要求

外来原始凭证是在企业同外单位发生经济业务时，由外来单位的经办人员填制的。外来原始凭证一般由税务部门统一印制，或经税务部门批准由经济单位印制。在填制时加盖出具凭证单位的公章才有效，对于一式多联的原始凭证必须用复写纸套写。

【例 7-5】凡是外来原始凭证均是通用原始凭证。（　　　）

答案：√

【解析】通用原始凭证和外来原始凭证均是由有关部门统一印制、在一定范围内使用、具有统一格式和使用方法的原始凭证。

四、原始凭证的审核

1．原始凭证合法性的审核

原始凭证合法性的审核，包括内容的合法性和形式的合法性两个方面。审核原始凭证内容的合法性，主要审查原始凭证所反映的经济业务的内容是否符合国家的方针、政策、法律、法规及财政、财务、会计制度的规定；审核原始凭证形式上的合法性，主要审查原始凭证的形式是否符合《中华人民共和国发票管理办法》的规定，除某些专业票据如车船票等以外，其他一切发票和收款收据都必须印有税务机关的全国统一发票监制章。

2．原始凭证真实性的审核

原始凭证真实性的审核，即审查原始凭证所反映的经济业务的本来面貌，看其有无掩盖、伪造、歪曲和颠倒。真实性审核应当包括以下 4 个方面的内容。

（1）经济业务的双方当事单位和当事人必须是真实的。

（2）经济业务发生的时间、地点和填制原始凭证的日期必须是真实的。

（3）经济业务的内容必须是真实的。

（4）经济业务的"量"必须是真实的。这里所说的"量"，包括实物量、劳动量和价值量 3 种度量单位。

3．原始凭证合理性的审核

以国家的有关方针、政策、法律、法规、制度和相关的计划、合同等为依据，审核原始凭证所记录经济业务是否符合企业生产经营活动的需要，是否符合有关计划和预算等。

4．原始凭证正确性的审核

包括数字是否清晰、文字是否工整、书写是否规范、凭证联次是否正确、有无刮擦、涂改和挖补等。

5．原始凭证完整性的审核

（1）原始凭证的内容（构成要素）必须齐备，如凭证的名称、填制凭证的日期、填制和接受凭证的单位或个人、经济业务的内容和有关人员的签章等都应齐备。

（2）从外单位取得的原始凭证，必须有填制单位的公章；从个人取得的原始凭证，必须有填制人员的签名或盖章；自制原始凭证必须有经办单位负责人或其指定人员的签名或盖章；对外开出的原始凭证，必须加盖本单位公章。

（3）凡填有大写和小写金额的原始凭证，大写与小写金额必须相符。

（4）一式几联的原始凭证，应当注明各联的用途，只能以其中的一联作为报销凭证。

（5）发生销货退回时，除填制退货发票外，退款时，必须取得对方的收据或汇款银行的结算凭证，不得以退货发票代替收据。

（6）职工因公出差的借款收据，必须附在记账凭证上。收回借款时，应另开收据或退还借据副本，不得退还原借款收据。

（7）经过上级批准的经济业务，应将批准文件作为原始凭证附件。如果批准文件需要单独归档，应在原始凭证上注明批准机关名称、日期和文件字号。

6．原始凭证及时性的审核

原始凭证的及时性是保证会计信息质量的基础。

【例7-6】原始凭证的填制和取得应当与所发生的经济业务的时间基本保持一致。（　　　）

答案：√

【解析】此考点是考核原始凭证及时性的审核，原始凭证的填制和取得应当与所发生的经济业务的时间基本保持一致。

对于经审核的原始凭证，应根据下列不同情况分别处理。

（1）对于完全符合要求的原始凭证，应当及时据以编制记账凭证入账。

（2）对于真实、合法、合理但内容不够完整、填写有错误的原始凭证，应退回给有关经办人员。由其负责将有关凭证补充完整、更正错误或重开后，再办理正式的会计手续。

（3）对于不真实、不合法的原始凭证，会计机构和会计人员有权不予接受，并向单位负责人报告。

第三节 | 记账凭证

记账凭证是会计人员根据审核无误的原始凭证，按照经济业务事项的内容加以归类，并据以确定会计分录所填制的会计凭证。它是登记账簿的直接依据。

一、记账凭证的种类

1．记账凭证按用途分类

记账凭证按照用途可分为专用记账凭证和通用记账凭证。

（1）专用记账凭证。专用记账凭证是指分类反映经济业务的记账凭证。按其反映经济业务的内容可以分为收款凭证、付款凭证和转账凭证3类。

① 收款凭证。收款凭证是根据有关现金和银行存款收入业务的原始凭证编制的，因此，其借方科目只可能是"库存现金"或"银行存款"；按照借贷记账法的记账规则，其对应科目也都是贷方科目。

② 付款凭证。付款凭证的贷方科目为"库存现金"或"银行存款"；其对应科目均为借方科目。

③ 转账凭证。转账凭证是根据不涉及现金和银行存款收付的转账业务的原始凭证真制的。

【例 7-7】收款凭证的贷方科目可能为（　　　）。

A．库存现金　　　　B．应付账款　　　　C．实收资本　　　　D．主营业务收入

答案：B、C、D

【解析】收款凭证的借方科目只可能是"库存现金"或"银行存款"；按照借贷记账法的记账规则，其对应科目也都是贷方科目。

（2）通用记账凭证。通用记账凭证是指用来反映所有经济业务的记账凭证，为各类经济业务所共同使用，其格式与转账凭证基本相同。

2．记账凭证按填列方式分类

记账凭证按填列方式可分为单式记账凭证和复式记账凭证两类。

（1）单式记账凭证。单式记账凭证是在一张记账凭证上只填列每笔会计分录中的一个会计科目，其对应科目只作为参考，不据以记账。其优点是便于汇总计算每一个会计科目的发生额，便于分工记账；缺点是填制记账凭证的工作量变大，而且一旦出现差错，不易查找。

【例 7-8】单式记账凭证是在一张记账凭证上只填列每笔会计分录中的一方科目。（　　　）

答案：×

【解析】单式记账凭证是在一张记账凭证上只填列每笔会计分录中的一个科目。

（2）复式记账凭证。复式记账凭证是在一张凭证上完整地列出每笔会计分录所涉及的全部科目。其优点是可以集中反映账户的对应关系，便于了解经济业务的全貌，了解资金的来龙去脉；便于查账，同时可以减少填制记账凭证的工作量。

二、记账凭证的基本内容

记账凭证的基本内容包括 9 个方面，即记账凭证的名称；填制记账凭证的日期；记账凭证的编号；经济业务事项的内容摘要；经济业务事项所涉及的会计科目和记账方向；经济业务事项的金额；记账标记；所附原始凭证张数；制证、审核、记账、会计主管等相关人员签名或盖章。

其中，填制记账凭证的日期一般应为填制记账凭证当天的日期，但在下月月初编制上月月末的转账凭证时，应填上月最后一天的日期。

对于记账凭证的编号，会计主本若采用通用记账凭证（不分收、付、转凭证），则可以将所有的记账凭证统一编号，不标"字"。记账凭证编号要以"月"为单位，即每月月初从 1 号编起。复杂的会计事项，需要填制两张或两张以上记账凭证的，应另编分号，即在原编号后面用分数形式表示。

记账标记即会计人员将某项经济业务登记入账后，在记账凭证中所做的标记，即在记账凭证金额后面的小方格内打上"√"，以防会计凭证漏登或重复登记。

记账凭证必须附有原始凭证，但结账和更正错误的凭证可以除外。

原始凭证的张数一般应当以原始凭证的自然张数为准。凡是与记账凭证中的经济业务记录有关的每一张原始凭证，都应作为记账凭证的"附件"，有一张算一张。如果一张原始凭证所列的支出

需要几个单位共同负担，应从保管原始凭证的单位取得原始凭证分割单，作为原始凭证附在记账凭证后面。本单位保管原始凭证时，应将其他单位负担的部分，开给对方原始凭证分割单，以进行结算。本单位保管的原始凭证和开出的原始凭证分割单的存根，应同时作为记账凭证的附件。

原始凭证分割单上不但要注明分割的金额还要注明分割的原因。

三、记账凭证的填制要求

记账凭证根据审核无误的原始凭证或原始凭证汇总表填制。

1. 基本要求

（1）记账凭证可以根据每一张原始凭证填制，或根据若干张同类原始凭证汇总填制，也可以根据原始凭证汇总表填制，但不得将不同内容和类别的原始凭证汇总填制在一张记账凭证上。

（2）除结账和更正错误的记账凭证可以不附原始凭证外，其他记账凭证必须附有原始凭证。

（3）填制记账凭证时若发生错误，应当重新填制。已登记入账的记账凭证在当年内发现填写错误时，可以用红字填写一张与原内容相同的记账凭证，在摘要栏注明"注销某月某日某号凭证"字样，同时再用蓝字重新填制一张正确的记账凭证，注明"订正某月某日某号凭证"字样。如果会计科目没有错误，只是金额错误，也可将正确数字与错误数字之间的差额另编一张调整的记账凭证，调增金额用蓝字，调减金额用红字。发现以前年度记账凭证有错误的，应当用蓝字填制一张更正的记账凭证。

（4）记账凭证填制完经济业务事项后，如有空行，应当自金额栏最后一笔金额数字下的空行处至合计数上的空行处划线注销。

2. 收款凭证的填制要求

填制收款凭证时，应当按照经济业务的内容，分别在借方科目中填上"库存现金"或"银行存款"科目，以表明收入的是现金或银行存款。收款凭证上的日期填写编制凭证时的日期；"摘要"栏要求简明扼要地说明经济业务的内容；"贷方科目"栏要求根据经济业务的内容，填入与借方科目对应的总账科目和明细科目；"金额"栏要求根据原始凭证的实际金额填写。"账页"或"记账"栏要求列明这张记账凭证登记在总账和明细账的第几页；最后，由填制凭证人员及其他有关人员签章，以明确经济责任。

【例7-9】下列有关收款凭证的叙述中，正确的有（　　）。

A．收款凭证贷方科目可能是"库存现金"或"银行存款"以外的会计科目

B．收款凭证上的日期填写原始凭证取得时的日期

C．收款凭证上的"金额"栏要求根据原始凭证的实际金额填写

D．"账页"或"记账"栏要求列明这张记账凭证登记在总账和明细账的第几页

答案：A、C、D

【解析】收款凭证上的日期填写编制凭证时的日期。

3. 付款凭证的填制要求

在填制收款凭证和付款凭证时，对于现金与银行存款之间以及不同的银行存款之间的相互划转，如将现金存入银行或从银行提取现金，为避免重复记账一般只编制一张付款凭证，不编制收款凭证。

4. 转账凭证的填制要求

转账凭证是用以记录与货币资金收付无关的转账业务的凭证，它是由会计人员根据审核无误的原始凭证转账后填制的。

四、记账凭证的审核

记账凭证的审核应关注以下几点：①内容是否真实；②项目是否齐全；③科目是否正确；④金额是否正确；⑤书写是否正确。

此外，出纳人员在办理收款或付款业务后，应在凭证上加盖"收讫"或"付讫"的戳记，以避免重收、重付。

第四节 会计凭证的传递和保管

一、会计凭证的传递

会计凭证的传递是指会计凭证从取得或填制时起到归档保管的过程中，在单位内部各有关部门和人员之间的传递程序。

会计凭证的传递主要包括凭证的传递路线、传递时间和传递手续 3 个方面的内容。

各单位应根据经济业务的特点、机构设置、人员分工情况以及经营管理上的需要，明确规定会计凭证的联次和流程。

会计凭证的传递时间是指各种凭证经办部门、环节所停留的最长时间。它应根据各部门和有关人员在正常情况下办理经济业务所需时间来合理确定。一切会计凭证的传递和处理，都应在报告期内完成，否则将会影响会计核算的及时性。

会计凭证的传递路线、传递时间和传递手续，还应根据实际情况的变化及时加以修改，以确保会计凭证传递的科学化、制度化。

对会计凭证传递的总的要求是必须满足内部控制制度的要求，使传递程序合理、有效，同时尽量节约传递时间，减少传递的工作量。

二、会计凭证的保管

（1）会计凭证应定期装订成册，防止散失。从外单位取得的原始凭证遗失时，应取得原签发单位盖有公章的证明，并注明原始凭证的号码、金额、内容等，由经办单位会计机构负责人、会计主管人员和单位负责人批准后，才能代作原始凭证。若确实无法取得证明的，如车票丢失，则应当由当事人写明详细情况，由经办单位会计机构负责人、会计主管人员和单位负责人批准后，才能代作原始凭证。

（2）会计凭证封面应注明单位名称、凭证种类、凭证张数、起止号数、年度、月份、会计主管和装订人员等有关事项，会计主管人员和保管人员应在封面上签章。

（3）会计凭证应加贴封条，防止抽换凭证。原始凭证不得外借，其他单位如有特殊原因确实需要使用时，经本单位会计机构负责人、会计主管人员批准，可以复制。向外单位提供的原始凭证复制件，应在专设的登记簿上登记，并由提供人员和收取人员共同签名、盖章。

（4）原始凭证较多时可单独装订，但应在凭证封面注明所属记账凭证的日期、编号和种类，同时在所属的记账凭证上注明"附件另订"及原始凭证的名称和编号，以便查阅。

（5）每年装订成册的会计凭证，在年度终了时可暂由单位会计机构保管一年，期满后应当移交本单位档案机构统一保管；未设立档案机构的，应当在会计机构内部指定专人保管。出纳人员不得兼管会计档案。

（6）严格遵守会计凭证的保管期限要求，期满前不得任意销毁。

历年真题及解析

一、单项选择题

1. 下列各项中，不属于一次性原始凭证的是（　　）。

　　A. 收料单　　　　　　B. 领料单　　　　　　C. 耗用材料汇总表　　　　D. 发货票

答案：C

【解析】耗用材料汇总表属于汇总原始凭证。

2. 下列关于记账凭证填制的基本要求中，不正确的是（　　）。

　　A. 记账凭证各项内容必须完整，并且应当连续编号

　　B. 填制记账凭证时若发生错误，应当重新填制

　　C. 记账凭证填制完经济业务事项后，如有空行，应当自金额栏最后一笔金额数字下的空行处至合计数上的空行处划线注销

　　D. 所有的记账凭证都必须附原始凭证

答案：D

【解析】所有的记账凭证后都必须附原始凭证，但结账和改错的记账凭证除外。

3. 下列关于原始凭证的说法中，错误的是（　　）。

　　A. 一式几联的原始凭证，应当注明各联的用途，只能以其中的一联作为报销凭证

　　B. 原始凭证真实性的审核就是审查原始凭证所反映的经济业务的本来面貌，看其有无掩盖、伪造、歪曲和颠倒

　　C. 职工因出差的借款收据，出纳应单独保管，收回借款时退还原借款收据

　　D. 从个人处取得的原始凭证，必须有填制人员的签名或盖章

答案：C

【解析】职工因公出差的借款收据，必须附在记账凭证上，收回借款时，应另开收据或退回借据副本，不得退还原借据收据。

4. 下列有关填制记账凭证的基本要求中，错误的是（　　）。

　　A. 记账凭证各项内容必须完整

　　B. 经济业务较多时，可将不同内容和类别的原始凭证汇总填制在一张记账凭证上

　　C. 记账凭证的书写应清楚、规范

　　D. 填制记账凭证时若发生错误，应当重新填制

答案：B

【解析】记账凭证可以根据每一张原始凭证填制，也可以根据若干张同类原始凭证汇总填制，还可以根据原始凭证汇总表填制，但不得将不同内容和类别的原始凭证汇总填制在一张记账凭证之上。

5. 下列有关收款凭证的叙述中，错误的是（　　）。

　　A. 收款凭证借方科目只可能是"库存现金"或"银行存款"

　　B. 按照借贷记账法的记账规则，所收款项的对应科目都在借方

　　C. 收款凭证上的日期为编制凭证时的日期

　　D. "账页"或"记账"栏要求列明这张记账凭证登记在总账和明细账的第几页

答案：B

【解析】按照借贷记账法的记账规则，所收款项的对应科目都在贷方。

6. 下列不需要在转账凭证上签章的会计人员是（　　）。

    A. 会计主管　　　　B. 记账员　　　　C. 审核员　　　　D. 出纳员

答案：D

【解析】出纳人员只负责登记现金日记账和银行存款日记账，因此只需要在收款凭证和付款凭证上签章即可。

7. 原始凭证按其格式不同，可分为通用原始凭证和专用原始凭证，下列原始凭证中，属于通用原始凭证的是（　　）。

    A. 领料单　　　　　　　　　　B. 银行转账结算凭证

    C. 差旅费报销单　　　　　　　D. 工资费用分配表

答案：B

【解析】通用原始凭证是指由有关部门统一印制、在一定范围内使用、具有统一格式和使用方法的原始凭证，选项 A、C、D 均属于专用原始凭证，是由单位自行印制、仅在本单位内部使用的原始凭证。

8. 关于填制记账凭证的基本要求，下列说法中正确的是（　　）。

    A. 记账凭证必须附有原始凭证

    B. 记账凭证必须根据每一张原始凭证填制

    C. 记账凭证的书写应清楚、规范

    D. 可以将不同内容和类别的原始凭证汇总填制在一张记账凭证上

答案：C

【解析】记账凭证后必须附有原始凭证，除结账和改错的记账凭证除外。因此，选项 A 错误。记账凭证可以根据每一张原始凭证填制，也可以根据若干张同类原始凭证汇总填制，还可以根据原始凭证汇总表填制，但不得将不同内容和类别的原始凭证汇总填制在一张记账凭证上。故选项 B、D 不正确。

9. 将会计凭证划分为原始凭证和记账凭证的依据是（　　）。

    A. 编制的时间　　　　　　　　B. 取得的来源

    C. 编制的程序和用途　　　　　D. 反映的经济业务内容

答案：C

【解析】会计凭证按填制程序和用途的不同可以分为原始凭证和记账凭证。

10. 下列各项属于外来原始凭证的是（　　）。

    A. 产品入库单　　　B. 银行进账通知单　C. 发料汇总表　　　D. 工资单

答案：B

【解析】银行进账单属于外来原始凭证，产品入库单、发料汇总表、工资单均属于自制原始凭证。

11. 企业销售产品一批，部分货款已经收到并存入银行，另有部分货款尚未收到，企业采用收、付、转记账凭证时，对上述业务应编制的记账凭证是（　　）。

    A. 收款凭证和转账凭证　　　　　B. 付款凭证和转账凭证

    C. 收款凭证和付款凭证　　　　　D. 两张转账凭证

答案：A

【解析】根据此笔经济业务，在不考虑增值税的情况下可编制的会计分录为借记"银行存款""应收账款"科目，贷记"主营业务收入"科目，在此情况下需要将会计分录分拆为两笔，即借记"银行存款"，贷记"主营业务收入"，同时借记"应收账款"，贷记"主营业务收入"，故需要编制收款凭证和转账凭证。

12. 从银行提取现金登记库存现金日记账的依据是（　　）。

    A. 银行存款收款凭证　　　　　　　　　B. 银行存款付款凭证

    C. 现金收款凭证　　　　　　　　　　　D. 现金付款凭证

答案：B

【解析】将现金存入银行或从银行提取现金为避免重复记账只编制付款凭证，不编制收款凭证。根据此笔经济业务，可编制的会计分录为借记"库存现金"，贷记"银行存款"，故编制银行存款付款凭证。

二、多项选择题

1. 下列各项中，对原始凭证的处理正确的是（　　）。

    A. 对于完全符合要求的原始凭证，应当及时编制记账凭证入账

    B. 对于不真实、不合法的原始凭证，会计机构和会计人员有权不予接受，但不一定要向单位负责人报告

    C. 对于真实、合法、合理，但内容不够完整、填写有错误的原始凭证，应退回给有关经办人员

    D. 对于不真实、不合法的原始凭证，会计机构和会计人员有权不予接受，并向单位负责人报告

答案：A、C、D

【解析】对于不真实、不合法的原始凭证，会计机构和会计人员有权不予接受，并向单位负责人报告。

2. 下列各项中，可以作为原始凭证并据以记账的有（　　）。

    A. 支票　　　　　B. 购销合同　　　　　C. 发票　　　　　D. 购销申请单

答案：A、C

【解析】购销合同和购销申请单不能体现经济业务已发生或完成情况，故不能作为原始凭证入账。

3. 下列属于记账凭证基本要素的有（　　）。

    A. 记账凭证的名称　　　　　　　　　　B. 记账凭证的编号

    C. 经济业务事项的金额　　　　　　　　D. 记账标记

答案：A、B、C、D

【解析】记账凭证的基本内容包括9个方面，即记账凭证的名称；填制记账凭证的日期；记账凭证的编号；经济业务事项的内容摘要；经济业务所涉及的会计科目及记账方向；经济业务事项的金额；记账标记；所附原始凭证张数；有关记账人员的签章。

4. 下列有关会计凭证保管的规定中，正确的有（　　）。

    A. 单位会计凭证较少时，可不装订成册，但应防止散失

    B. 原始凭证不得外借，更不可以复制

    C. 会计凭证保管期限未满前不得任意销毁

    D. 会计凭证应加封条，防止抽换凭证

答案：C、D

【解析】会计凭证无论多少，均应当按月装订成册，以防止失散。原始凭证不得外借，但因特殊原因需要使用时，经本单位会计机构负责人和会计主管人员批准，可以复制。

5. 下列各项中属于单位专用原始凭证的有（   ）。

    A. 领料单   B. 差旅费报销单   C. 销售发票   D. 折旧计算表

答案：A、B、D

【解析】专用原始凭证是指由本单位自行印制、仅在本单位内部使用的原始凭证，如领料单、差旅费报销单、折旧计算表和工资费用分配表等。

6. 下列关于原始凭证审核的说法中，正确的有（   ）。

    A. 合法性审核主要是审查原始凭证所反映的经济业务内容是否符合企业生产经营活动的需要

    B. 完整性审核主要是审查原始凭证的内容是否完整、手续是否齐备

    C. 正确性审核主要是审查原始凭证的填制方法和数字的计算是否正确

    D. 真实性审核主要是审查原始凭证所反映的经济业务的本来面貌，看其有无掩盖、伪造、歪曲和颠倒

答案：B、C、D

【解析】原始凭证合法性审核包括内容的合法性和形式的合法性两个方面。审核原始凭证内容的合法性，主要是审查原始凭证所反映的经济业务内容是否符合国家的方针、政策、法律及财政、财务、会计制度的规定；审核原始凭证形式的合法性，主要是审查原始凭证的形式是否符合《中华人民共和国发票管理办法》的规定。

7. 发现以前年度记账凭证有错误时，下列处理方法中不正确的有（   ）。

    A. 应当用蓝字填制一张更正错账的记账凭证

    B. 应当对以前年度的账簿资料重新登记

    C. 对原始凭证作废，重新真制正确的记账凭证

    D. 不需要对其进行账务调整

答案：B、C、D

【解析】发现以前年度记账凭证有错误的，应当用蓝字填制一张更正的记账凭证。

三、判断题

1. 企业从外单位取得的原始凭证，必须有填制单位的公章；从个人处取得的原始凭证，必须有填制人员的签名或盖章。（   ）

答案：√

【解析】企业从外单位取得的原始凭证，必须有填制单位的公章；从个人处取得的原始凭证，必须有填制人员的签名或盖章。

2. 填制原始凭证时，阿拉伯数字金额如果有角无分，则分位应写"0"或用"－"表示。（   ）

答案：×

【解析】填制原始凭证时，阿拉伯数字金额如果有角无分，则分位应写"0"，不能用"－"表示。

3. 原始凭证分割单不仅要具备原始凭证的构成要素，还要注明分割的原因。（   ）

答案：√

【解析】本单位保管的原始凭证和开出的原始凭证分割单的存根，应同时作为记账凭证的附件。原始凭证分割单应具备原始凭证的构成要素，还要注明分割的原因。

4. 累计凭证是在一定时期内不断重复地反映同类经济业务的完成情况的凭证，它是由经办人在每次经济业务完成后在其上面重复填制而成的。（   ）

答案：√

【解析】累计凭证是在一定时期内不断重复地反映同类经济业务的完成情况的凭证，它是由经办人在每次经济业务完成后在其上面重复填制而成的。

5. 购销合同是可以反映企业与供应单位的关系的凭据，可以作为原始凭证。（   ）

答案：×

【解析】购销合同不能反映经济业务的发生或完成情况，所以不能作为原始凭证。

强化练习

一、单项选择题

1. 会计凭证按（   ）的不同，分为原始凭证和记账凭证。
   A. 填制程序和用途　　B. 来源　　　　C. 格式　　　　　　D. 填制要求

2. 记账凭证按其（   ）分为收款凭证、付款凭证和转账凭证。
   A. 来源　　　　　　B. 格式　　　　C. 内容　　　　　　D. 用途

3. 将现金存入银行，应当编制（   ）凭证。
   A. 现金收款凭证　　　　　　　　　B. 现金付款凭证
   C. 银行存款收款凭证　　　　　　　D. 银行存款付款凭证

4. 某企业外购材料一批，货款通过银行支付 60%，余款暂欠，根据此笔经济业务应当编制的记账凭证是（   ）。
   A. 收款凭证和转账凭证　　　　　　B. 付款凭证和转账凭证
   C. 付款凭证　　　　　　　　　　　D. 转账凭证

5. 下列（   ）凭证属于累计凭证。
   A. 成本计算单　　　　B. 限额领料单　　　C. 工资结算汇总表　　D. 收料单

6. 收款凭证的借方可能是（   ）科目。
   A. 库存现金　　　　　B. 应收票据　　　　C. 生产成本　　　　　D. 应收账款

7. 下列属于记账凭证内容的有（   ）。
   A. 记账标记　　　　　　　　　　　B. 填制单位签章
   C. 经济业务涉及的数量　　　　　　D. 经济业务涉及的单价

8. 根据记账凭证的审核要求，下列内容不属于记账凭证审核内容的是（   ）。
   A. 会计科目使用是否正确
   B. 凭证所列事项是否符合有关的计划和预算
   C. 凭证的金额与所附原始凭证的金额是否一致
   D. 凭证项目是否填写齐全

9. 发料凭证汇总表属于（   ）。
   A. 记账凭证　　　　　B. 汇总凭证　　　　C. 一次凭证　　　　　D. 累计凭证

10. 下列各项中，不属于原始凭证审核内容的是（   ）。
    A. 凭证反映的内容是否真实
    B. 凭证各项基本要素是否齐全
    C. 会计科目的使用是否正确
    D. 凭证是否有填制单位的公章和填制人员的签章

11. 下列人员中应对原始凭证进行审核的是（   ）。
    A. 财务主管　　　　B. 总会计师　　　　C. 记账人员　　　　D. 经办人员

12. 原始凭证按（   ）的不同，可以分为自制原始凭证和外来原始凭证。
    A. 填制程序和用途　　B. 格式　　　　C. 来源　　　　D. 用途

13. 假设某企业第 8 笔转账业务需要填制 4 张记账凭证，则第 3 张记账凭证的正确编号是（   ）。
    A. 转（字）8-4-3 号　　　　　　　　B. 转（字）8-3-4 号
    C. 转（字）8-3/4 号　　　　　　　　D. 转（字）8-4/3 号

14. 专用记账凭证属于（   ）。
    A. 复式记账凭证　　B. 累计凭证　　　　C. 汇总凭证　　　　D. 单式记账凭证

15. 某企业一笔经济业务的会计分录为借记"库存商品"，贷记"生产成本"，则应当编制（   ）专用记账凭证。
    A. 收款凭证　　　　B. 付款凭证　　　　C. 转账凭证　　　　D. 记账凭证

16. 下列（   ）属于外来原始凭证。
    A. 供货单位开出的发票　　　　　　　B. 成本计算单
    C. 收料单　　　　　　　　　　　　　D. 领料单

17. 下列（   ）属于汇总凭证。
    A. 领料单汇总表　　B. 收料单　　　　C. 费用限额卡　　　　D. 发货票

18. 下列关于外来原始凭证的说法中错误的有（   ）。
    A. 外来原始凭证是在企业同外单位发生经济业务时，由外单位的经办人员填制的
    B. 外来原始凭证一般由税务部门统一印制，或经税务部门批准由经济单位印制
    C. 在填制时应加盖接收单位的公章才能有效
    D. 对于一式多联的原始凭证必须用复写纸套写

19. 下列不属于记账凭证基本内容的是（   ）。
    A. 填制记账凭证的日期　　　　　　　B. 经济业务事项的金额
    C. 记账标记　　　　　　　　　　　　D. 凭证附件

20. 下列关于企业发现以前年度记账凭证填写错误时，说法正确的有（   ）。
    A. 可以先用红字填制一张与原内容相同的记账凭证，予以冲销错账
    B. 冲销后再用蓝字填制一张正确的记账凭证，予以订正
    C. 如果会计科目没有错误，只是金额错误，也可将正确数字与错误数字之间的差额编一张调整的记账凭证
    D. 应当直接用蓝字填制一张更正的记账凭证

21. 某原始凭证在记账时发现金额没有错误，只是文字存在较小的错误，应当由（   ）进行更正后才能作为填制记账凭证和登记账簿的依据。
    A. 经办人员　　　　B. 会计人员　　　　C. 会计主管　　　　D. 企业负责人

22. 收料单是企业购进材料验收入库时，由（　　　）根据购入材料的实际验收情况填制的凭证。

    A. 采购人员　　　　　B. 会计人员　　　　　C. 仓库保管人员　　　D. 记账人员

23. （　　）是在经济业务发生或完成时，由经办人员填制的，一般只反映一项经济业务，或者同时反映若干项同类性质的经济业务。

    A. 外来凭证　　　　　B. 一次凭证　　　　　C. 累计凭证　　　　　D. 汇总凭证

二、多项选择题

1. 下列（　　　）凭证不能作为原始凭证记账。

    A. 各种购销合同　　B. 购销计划　　　　C. 车票　　　　　　　D. 申请单

2. 下列（　　　）凭证属于自制原始凭证。

    A. 差旅费报销单　　　　　　　　　　B. 成本计算单

    C. 供货单位开具的发票　　　　　　　D. 收据

3. 下列（　　　）凭证属于专用原始凭证。

    A. 领料单　　　　　　　　　　　　　B. 折旧计算表

    C. 工资费用分配表　　　　　　　　　D. 增值税专用发票

4. 原始凭证的要素包括（　　　）。

    A. 凭证名称　　　　　　　　　　　　B. 凭证的日期和编号

    C. 经济业务的基本内容　　　　　　　D. 附件张数

5. 下列关于原始凭证填制要求的说法中，正确的有（　　　）。

    A. 一式几联的原始凭证必须注明各联的用途

    B. 大写金额数字有分的，为防止他人涂改"分"后面要写"整"

    C. 填制凭证和接受凭证的单位如果是湖南省，在填制时省名可以简称为"湘"

    D. 原始凭证写错后，连同存根一起保存，不得撕毁

6. 下列（　　　）属于一次凭证。

    A. 领料单　　　　　　B. 费用限额卡　　　C. 工资汇总表　　　　D. 收料单

7. 原始凭证真实性的审核中所说的经济业务的"量"必须是真实的，这里所说的"量"包括（　　　）。

    A. 实物量　　　　　　B. 劳动量　　　　　C. 价值量　　　　　　D. 货币量

8. 下列关于原始凭证完整性的审核，说法正确的有（　　　）。

    A. 从外单位取得的原始凭证必须有填制单位的公章

    B. 凡填有大小写金额的原始凭证，如果大小写不相符以大写金额为准

    C. 支付款项的原始凭证必须有收款单位和收款人的收款证明

    D. 职工因公出差的借款借据，可以不附在记账凭证上面，因为要退还给原借款人

9. 记账凭证按填列方式可以分为（　　　）。

    A. 单式记账凭证　　B. 复式记账凭证　　C. 专用凭证　　　　　D. 通用凭证

10. 下列（　　　）情况下，记账凭证后可以不附原始凭证。

    A. 将"主营业务收入"科目发生额转入"本年利润"科目所编制的记账凭证

    B. 生产车间领用原材料所编制的记账凭证

    C. 发现上月一笔记账凭证的会计科目错误而编制的记账凭证

    D. 将"制造费用"科目转入"生产成本"科目所编制的记账凭证

11. 下列关于记账凭证后所附原始凭证张数的说法中，正确的有（　　　）。
    A. 原始凭证的张数一般以原始凭证的自然张数为准
    B. 凡是与记账凭证中的经济业务记录有关的每一张原始凭证，都应作为记账凭证的"附件"，有一张算一张
    C. 附件中既有原始凭证又有原始凭证汇总表，应当把所附原始凭证和原始凭证汇总表的张数一并计入附件张数
    D. 如果有原始凭证粘贴单，则应当以粘贴单上的原始凭证张数为准，有一张算一张

12. 会计凭证的传递程序主要包括（　　　）。
    A. 传递路线　　　　B. 传递时间　　　　C. 传递手续　　　　D. 传递方法

13. 下列关于会计凭证的保管，说法正确的有（　　　）。
    A. 会计凭证的保管是指会计凭证记账后的整理、装订、归档和存查工作
    B. 会计凭证应定期装订成册，防止散失
    C. 会计凭证应加贴封条，防止抽换凭证
    D. 原始凭证较多时可单独装订

14. 下列（　　　）经济业务应当填制银行存款付款凭证。
    A. 将现金存入银行　　　　　　　　　　B. 从银行提取现金
    C. 出售产品货款未收　　　　　　　　　D. 用存款支付前欠货款

15. 原始凭证的审核内容包括（　　　）。
    A. 合法性　　　　B. 合理性　　　　C. 相关性　　　　D. 正确性

16. 下列关于原始凭证的填制要求，说法正确的有（　　　）。
    A. 除了用圆珠笔复写一式几联的凭证外，单页凭证要用钢笔或签字笔填写
    B. 一式几联的原始凭证，可以注明各联的用途，也可以不注明
    C. 填制凭证和接受凭证单位的名称不能随意简写
    D. 预先印有号码的原始凭证，要按顺序连接使用，不得跳号

17. 下列关于会计凭证的传递，说法正确的有（　　　）。
    A. 各单位应根据经济业务的特点、机构设置、人员分工情况以及经营管理上的需要，明确确定会计凭证的联次及其流程
    B. 会计凭证的传递手续是指在凭证传递过程中的衔接手续
    C. 会计凭证的传递程序还应根据实际情况的变化及时加以修改，以确保会计凭证传递的科学化、制度化
    D. 对会计凭证传递的总的要求是必须满足内部控制制度的要求

18. 下列（　　　）人员应当在转账凭证上签章。
    A. 会计主管　　　　B. 记账　　　　C. 出纳　　　　D. 复核

19. 下列各科目中，可能成为付款凭证借方科目的有（　　　）。
    A. 生产成本　　　　B. 主营业务收入　　　　C. 库存现金　　　　D. 银行存款

20. 记账凭证按用途可以分为（　　　）。
    A. 通用记账凭证　　　　B. 专用记账凭证　　　　C. 单式记账凭证　　　　D. 复式记账凭证

21. 下列关于原始凭证合法性的审核，说法正确的有（　　　）。
    A. 合法性审核包括内容的合法性和形式的合法性两个方面
    B. 审核原始凭证内容的合法性，主要是审查原始凭证是否符合《中华人民共和国发票管理办法》的规定

C. 审核原始凭证形式的合法性，主要是审查原始凭证所反映的经济业务内容是否符合国家的方针、政策、法律及财政、财务、会计制度的规定

D. 除某些专业票据以外，其他一切发票和收款收据都必须印有税务机关全国统一发票监制章

22. 某企业销售人员出差归来，报销差旅费时发现一张车票丢失，处理方法为（　　）。

A. 应取得原签发单位盖有公章的证明，并注明原始凭证的号码、金额、内容等，由本单位会计机构负责人、会计主管人员和单位负责人批准后，才能代作原始凭证

B. 若确实无法取得证明的，则应当由会计人员写明详细情况，由本单位会计机构负责人、会计主管人员和单位负责人批准后，才能代作原始凭证

C. 若确实无法取得证明的，则应当由销售人员本人写明详细情况，由车票出具单位会计机构负责人、会计主管人员和单位负责人批准后，才能代作原始凭证

D. 若确实无法取得证明的，则应当由销售人员本人写明详细情况，由本单位会计机构负责人、会计主管人员和单位负责人批准后，才能代作原始凭证

23. 某企业因债务审计需要查看债务单位的一张原始凭证，该企业会计主管张三委托会计王五办理此事，债务单位会计主管赵七要求该企业会计人员李四负责经办，李四在向张三提供原始凭证复印件时，（　　）应在专设的登记簿上签名、盖章。

A. 张三　　　　　　B. 李四　　　　　　C. 王五　　　　　　D. 赵七

三、判断题

1. 原始凭证是记录经济业务发生或完成情况的书面证明，也是登记账簿的直接依据。（　　）

2. 凡是不能证明经济业务发生或完成情况的各种单证均不能作为原始凭证入账。（　　）

3. 自制原始凭证是由本单位的会计人员填制的，仅供本单位内部使用的原始凭证。（　　）

4. 通用原始凭证是指由有关部门统一印制、具有统一格式的原始凭证，该凭证在境内所有地方都可以使用。（　　）

5. 原始凭证金额错误，应当由出具单位更正，更正处应当加盖出具单位的印章。（　　）

6. 原始凭证合法性的审核包括内容的合法性和形式的合法性两个方面，其中形式的合法性的主要依据是符合会计制度的规定。（　　）

7. 对于真实、合理、合法但内容不够完整的原始凭证，应当由会计人员补充完整后才能据以编制记账凭证。（　　）

8. 会计凭证是会计人员根据审核无误的原始凭证填制的。（　　）

9. 单式记账凭证是指在一张记账凭证上只填列每笔会计分录中的一个会计科目。（　　）

10. 填制记账凭证的日期一般应为填制记账凭证当天的日期，但在下月月初编制上月月末的转账凭证时，应填写上月最后一天的日期。（　　）

11. 会计主体若采用通用记账凭证，可以将所有记账凭证统一编号，不标"字"。（　　）

12. 某企业员工出差归来，报销差旅费 2 000 元，退回多余现金 1 000 元，会计在记账时借记"库存现金"1 000，贷记"其他应收款"1 000，同时借记"管理费用"2 000，贷记"其他应收款"2 000，在对记账凭证编号时应采用分数编号法。（　　）

13. 所有记账凭证上，会计主管、审核、出纳、制单都须签章。（　　）

14. 发现以前年度记账凭证有错误的，应当先用红字冲销再用蓝字更正。（　　）

15. 出纳人员在办理收款或付款业务后，应在记账凭证上加盖"收讫"或"付讫"的戳记，以避免重收、重付。（　　）

16. 会计凭证的传递时间是指各种凭证在各经办部门、环节所停留的最短时间。（　　）

17. 凭证的传递应根据各部门和人员在正常情况和非正常情况下办理业务所需的时间来合理确定。（　　）

18. 企业一切会计凭证的传递和处理都应当在报告期内完成。（　　）

19. 如果一张原始凭证所列支出需要几个单位共同负担，可以让共同负担的几个单位中的任何一个单位开出原始凭证分割单，作为原始凭证附在记账凭证后面。（　　）

20. 自制原始凭证都属于专用凭证。（　　）

21. 记账凭证比原始凭证具有更强的法律效力。（　　）

22. 所有的发票和收据都必须印有税务机关的全国统一发票监制章。（　　）

23. 对于不真实、不合法的原始凭证，会计机构和会计人员有权不予接受，并向会计机构负责人报告。（　　）

24. 专用原始凭证是指由有关部门统一印制、在本单位内部使用的原始凭证，如领料单、差旅费报销单等。（　　）

25. 累计凭证是为了简化记账凭证的填制工作，将一定时期内若干份记录同类经济业务的原始凭证汇总编制成一张汇总凭证，用以集中反映某项经济业务的完成情况。（　　）

26. 原始凭证一律不得外借，也不得复制。（　　）

四、计算分析题

请根据题目所述条件填列（1）～（5）处。

（1）甲企业 2016 年 1 月 5 日销售甲产品一批，价款 10 000 元，增值税税率为 17%。收到购货单位支票一张，收讫后存入银行，出纳人员根据审核无误的原始凭证填制银行存款收款凭证。

收款凭证

借方科目：银行存款　　　　　2016 年 1 月 5 日　　　　　收字 1 号

摘要	借方科目		金额	记账
	一级科目	二级科目或明细科目		
销售甲产品	主营业务收入	甲产品	（1）	
	应交税费	应交增值税	（2）	
合计			（3）	

会计主管　　　记账　　　稽核　　　填制　　　出纳　　　交款人

（2）甲企业 2016 年 1 月 12 日购入 A 材料一批，买价 6 000 元，增值税税率为 17%，开出支票一张支付购料款，出纳人员根据审核无误的原始凭证填制银行存款付款凭证。

付款凭证

贷方科目：银行存款　　　　　2016 年 1 月 12 日　　　　　付字 1 号

摘要	借方科目		金额	记账
	一级科目	二级科目或明细科目		
购买材料	材料采购	A 材料	6 000	
	应交税费	应交增值税	（4）	
合计			（5）	

会计主管　　　记账　　　稽核　　　填制　　　出纳　　　领款人

强化练习参考答案及解析

一、单项选择题

1. 答案：A

【解析】会计凭证按填制程序和用途的不同，分为原始凭证和记账凭证。

2. 答案：C

【解析】记账凭证按其包括的内容可以分为收款凭证、付款凭证和转账凭证。

3. 答案：B

【解析】将现金存入银行或从银行提取现金，为避免重复记账只编制付款凭证，不编制收款凭证。本题的会计分录为借记"银行存款"，贷记"库存现金"。故编制现金付款凭证。

4. 答案：B

【解析】此题在不考虑增值税情况下的会计分录应当分拆为两笔：第一笔分录借记"原材料"，贷记"银行存款"，此笔分录应当编制付款凭证；第二笔分录借记"原材料"，贷记"应付账款"，此笔分录应当编制转账凭证，故本题选 B。

5. 答案：B

【解析】累计凭证包括限额领料单、费用限额卡等。选项 A、D 属于一次凭证，选项 C 属于汇总凭证。

6. 答案：A

【解析】收款凭证的借方可能是"库存现金"或"银行存款"科目。

7. 答案：A

【解析】选项 B、C、D 均属于原始凭证的基本内容。

8. 答案：B

【解析】记账凭证审核的内容主要包括：①内容是否真实；②项目是否齐全；③科目是否正确；④金额是否正确；⑤书写是否正确。

9. 答案：B

【解析】发料凭证汇总表属于汇总凭证。

10. 答案：C

【解析】会计科目的使用是否正确不属于原始凭证的审核内容，而属于记账凭证的审核内容。

11. 答案：C

【解析】记账人员应对原始凭证进行审核，以便根据审核无误的原始凭证编制记账凭证并予以记账。

12. 答案：C

【解析】原始凭证按来源不同，可以分为自制原始凭证和外来原始凭证。

13. 答案：C

【解析】对于一笔经济业务需要填制两张以上的记账凭证时，应当采用分数编号法编号，在采用分数编号法的过程中，分母代表凭证的总张数，分子代表目前的凭证张数，故选项 C 正确。

14. 答案：A

【解析】复式记账凭证是指在一张记账凭证上完整地填列出每笔会计分录所涉及的全部科目。我们目前所采用的专用记账凭证（收款凭证、付款凭证和转账凭证）和通用记账凭证（记账凭证）均属于复式记账凭证。

15. 答案：C

【解析】转账凭证是根据不涉及现金和银行存款收付的转账业务的原始凭证填制的，也就是说在采用专用记账凭证的情况下，如果一笔会计分录中没有出现"库存现金"和"银行存款"等科目，就应当编制转账凭证。

16. 答案：A

【解析】外来原始凭证是指在经济业务发生时，从其他单位或个人处取得的凭证，如供货单位的发票、收据、车票等均属于外来原始凭证。选项 B、C、D 均属于自制原始凭证。

17. 答案：A

【解析】领料单汇总表属于汇总凭证。在判断此类题型的过程中注意选项中有汇总两字的都属于汇总凭证，选项 B 和选项 D 属于一次凭证，选项 C 属于累计凭证。

18. 答案：C

【解析】在填制时应加盖出具单位的公章才有效，而不是接收单位的公章。故选项 C 错误。

19. 答案：D

【解析】凭证附件属于原始凭证的基本内容。

20. 答案：D

【解析】发现以前年度的记账凭证有错误的，应当用蓝字填制一张更正的记账凭证。选项 A、B、C 均是属于发现当年内的记账凭证有错误的情况下的正确处理方法。

21. 答案：A

【解析】对于真实、合法、合理但内容不够完整、填写有错误的原始凭证，应退回给有关经办人员。由其负责将有关凭证补充完整、更正错误或重开后，再办理正式的会计手续。

22. 答案：C

【解析】收料单是企业购进材料验收入库时，由仓库保管人员根据购入材料的实际验收情况填制的凭证。

23. 答案：B

【解析】一次凭证的填制手续是在经济业务发生或完成时，由经办人员填制的，一般只反映一项经济业务，或者同时反映若干项同类性质的经济业务。

二、多项选择题

1. 答案：A、B、D

【解析】凡是不能证明经济业务发生或完成情况的各种单证均不能作为原始凭证入账，如购销合同、购销申请单等。

2. 答案：A、B

【解析】选项 C 和选项 D 属于外来原始凭证。

3. 答案：A、B、C

【解析】选项 D 属于通用原始凭正。

4. 答案：A、B、C

【解析】选项 D 属于记账凭证的基本内容，原始凭证是凭证附件，记账凭证才是附件张数。故选项 D 不选。

5. 答案：A、D

【解析】大写金额到元或角为止的，在"元"或"角"之后应写"整"，大写金额数字有分的，"分"后面不再写"整"，故选项 B 不选。填制凭证和接受凭证的单位名称必须写明省、市、县单位的全称，不能写简称，故选项 C 不选。

6. 答案：A、D

【解析】选项 B 属于累计凭证，选项 C 属于汇总凭证。

7. 答案：A、B、C

【解析】原始凭证真实性的审核中所说的经济业务的"量"必须是真实的，这里所说的"量"包括实物量、劳动量和价值量 3 个方面。

8. 答案：A、C

【解析】凡填有大写和小写金额的原始凭证，大写与小写金额必须相符，故选项 B 错误。职工因公出差的借款借据，必须附在记账凭证上，收回借款时应另开收据或退还借据副本，不得退还原借款收据，故选项 D 错误。

9. 答案：A、B

【解析】记账凭证按填列方式可以分为单式记账凭证和复式记账凭证。

10. 答案：A、C、D

【解析】记账凭证后必须附有原始凭证，但结账和更正错误的记账凭证可以除外。

11. 答案：A、B、C

【解析】如果原始凭证为零散的车票、船票等，应当先将其粘贴在原始凭证粘贴单上，以一张粘贴单为一张附件计算。故选项 D 错误。

12. 答案：A、B、C

【解析】会计凭证的传递程序主要包括传递路线、传递时间和传递手续，不包括传递方法。

13. 答案：A、B、C、D

【解析】会计凭证的保管是指会计凭证记账后的整理、装订、归档和存查工作。企业会计凭证应定期装订成册，防止散失。当企业会计原始凭证较多时也可单独装订。企业应当将装订好的会计凭证加贴封条，防止抽换凭证。

14. 答案：B、D

【解析】选项 A 是编制现金付款凭证，选项 B 是编制银行存款付款凭证，选项 C 是编制转账凭证，选项 D 是编制银行存款付款凭证。

15. 答案：A、B、D

【解析】原始凭证的审核内容包括合法性审核、真实性审核、合理性审核、正确性审核、完整性审核、及时性审核。

16. 答案：A、C、D

【解析】一式几联的原始凭证必须注明各联的用途。故选项 B 不正确。

17. 答案：A、B、C、D

【解析】各单位应根据经济业务的特点、机构设置、人员分工情况以及经营管理上的需要，明确确定会计凭证的联次及其流程。会计凭证的传递手续是指在凭证传递过程中的衔接手续。会计凭证传递程序还应根据实际情况的变化及时加以修改，以确保会计凭证传递的科学化、制度化。对会计凭证传递的总的要求是必须满足内部控制制度的要求。

18. 答案：A、B、D

【解析】转账凭证上出纳人员不需要签章，出纳人员只需要在收、付款凭证上签章即可。

19. 答案：A、B

【解析】付款凭证的贷方科目为"库存现金"或"银行存款"科目，因此借方科目是除了"库存现金"和"银行存款"以外的其他会计科目。

20. 答案：A、B

【解析】记账凭证按用途可以分为通用记账凭证和专用记账凭证。

21. 答案：A、D

【解析】原始凭证合法性的审核包括内容的合法性和形式的合法性两个方面。审核原始凭证内容的合法性，主要是审查原始凭证所反映的经济业务的内容是否符合国家的方针、政策、法律及财政、财务、会计制度的规定；审核原始凭证形式的合法性，主要是审查原始凭证的形式是否符合《中华人民共和国发票管理办法》的规定。

22. 答案：A、D

【解析】从外单位取得的原始凭证遗失时，应取得原签发单位盖有公章的证明，并注明原始凭证的号码、金额、内容等，由经办单位会计机构负责人、会计主管人员和单位负责人批准后，才能代作原始凭证；若确认无法取得证明的，如车票丢失，则应当由当事人写明详细情况，由经办单位会计机构负责人、会计主管人员和单位负责人批准后，才能代作原始凭证。

23. 答案：B、C、D

【解析】原始凭证不得外借，其他单位如有特殊原因确实需要使用时，经本单位会计机构负责人、会计主管人员批准后，可以复制。向外单位提供的原始凭证复制件，应在专设的登记簿上登记，并由提供人员和收取人员共同签名、盖章。

三、判断题

1. 答案：×

【解析】会计凭证是记录经济业务发生或完成情况的书面证明，也是登记账簿的直接依据。

2. 答案：√

【解析】凡是不能证明经济业务发生或完成情况的各种单证均不能作为原始凭证入账。

3. 答案：×

【解析】自制原始凭证是由本单位经办业务的部门和个人在执行或完成某项经济业务时填制的，仅供本单位内部使用的原始凭证。

4. 答案：×

【解析】通用原始凭证的使用范围因制作部门的不同而有所不同，可以是某一地区、某一行业，也可以是全国使用。

5. 答案：×

【解析】原始凭证金额错误必须由出具单位重开，如果是金额以外的错误可以由出具单位更正。

6. 答案：×

【解析】原始凭证合法性的审核包括内容的合法性和形式的合法性两个方面，其中形式的合法性主要是根据《中华人民共和国发票管理办法》的规定。

7. 答案：×

【解析】对于真实、合理、合法但内容不够完整的原始凭证，应当退回给有关经办人员，由其负责补充完整后才能据以编制记账凭证。

8. 答案：×

【解析】记账凭证是会计人员根据审核无误的原始凭证填制的。

9. 答案：×

【解析】单式记账凭证是指在一张记账凭证上只填列每笔会计分录中的一方科目。

10. 答案：√

【解析】填制记账凭证的日期一般应为填制记账凭证当天的日期，但在下月月初编制上月月末的转账凭证时，应填写上月最后一天的日期。

11. 答案：√

【解析】会计主体若采用通用记账凭证，则可以将所有记账凭证统一编号，不标"字"。

12. 答案：×

【解析】只有当一笔经济业务所编制的会计分录在一张记账凭证上写不下的时候才能采用分数编号法。例如，一张记账凭证上可以填列 6 个会计科目，而某一笔业务须填制 6 个以上的会计科目，则可采用分数编号法。

13. 答案：×

【解析】出纳只负责登记现金和银行存款日记账，故出纳人员只需对涉及"库存现金"和"银行存款"科目的记账凭证签章，不需要对不涉及"库存现金"和"银行存款"科目的记账凭证签章。

14. 答案：×

【解析】发现以前年度记账凭证有错误的，应当用蓝字填制一张更正的记账凭证，不需要先用红字冲销。

15. 答案：×

【解析】出纳人员在办理收款或付款业务后，应在原始凭证上加盖"收讫"或"付讫"的戳记，以避免重收、重付。

16. 答案：×

【解析】会计凭证的传递时间是指各种凭证在各经办部门、环节所停留的最长时间。

17. 答案：×

【解析】会计凭证的传递应根据各部门和人员在正常情况下办理业务所需的时间来合理确定。

18. 答案：√

【解析】一切会计凭证的传递和处理都应当在报告期内完成，否则将影响会计核算的及时性。

19. 答案：×

【解析】如果一张原始凭证所列支出需要由几个单位共同负担，则应从保管原始凭证的单位开出原始凭证分割单，作为原始凭证附在记账凭证后面。

20. 答案：√

【解析】自制原始凭证都属于专用凭证。

21. 答案：×

【**解析**】原始凭证比记账凭证具有更强的法律效力。

22. 答案：×

【**解析**】除某些专业票据如车票、船票等以外，其他一切发票和收据都必须印有税务机关的全国统一发票监制章。

23. 答案：×

【**解析**】对于不真实、不合法的原始凭证，会计机构和会计人员有权不予接受，并向单位负责人报告。

24. 答案：×

【**解析**】专用原始凭证是指由本单位自行印制、仅在本单位内部使用的原始凭证，如领料单、差旅费报销单等。

25. 答案：×

【**解析**】汇总凭证是为了简化记账凭证的填制工作，将一定时期内若干份记录同类经济业务的原始凭证汇总编制成一张汇总凭证，用以集中反映某项经济业务的完成情况。

26. 答案：×

【**解析**】原始凭证不得外借，其他单位如有特殊原因确实需要使用时，经本单位会计机构负责人、会计主管人员批准，可以复制。

四、计算分析题

答案如下。

收款凭证

借方科目：银行存款　　　　　　　　2016 年 1 月 5 日　　　　　　　　收字 1 号

摘要	借方科目		金额	记账
	一级科目	二级科目或明细科目		
销售甲产品	主营业务收入	甲产品	10 000	
	应交税费	应交增值税	1 700	
合计			11 700	

会计主管　　　　记账　　　　稽核　　　　填制　　　　出纳　　　　交款人

付款凭证

贷方科目：银行存款　　　　　　　　2016 年 1 月 12 日　　　　　　　付字 1 号

摘要	借方科目		金额	记账
	一级科目	二级科目或明细科目		
购买材料	材料采购	A 材料	6 000	
	应交税费	应交增值税	1 020	
合计			7 020	

会计主管　　　　记账　　　　稽核　　　　填制　　　　出纳　　　　领款人

第八章
会计账簿

主要考点

1. 账簿的分类
2. 账簿的基本格式和登记方法
3. 账簿的登记规则
4. 对账和更正错账
5. 结账方法

复习重点

第一节 | 会计账簿的概念

一、会计账簿的概念

会计账簿是指由一定格式账页组成，以经过审核的会计凭证为依据，全面、系统、连续地记录各项经济业务的簿籍。

二、会计账簿的分类

1. 按用途分类

会计账簿按用途不同可以分为日记账簿、分类账簿和备查账簿3类。

（1）日记账簿。日记账簿也称序时账，按其记录的内容不同，又分为普通日记账和特种日记账两种。

① 普通日记账是用来登记全部经济业务发生情况的日记账，所以又称为分录日记账。

② 特种日记账只把重要的项目按经济业务发生的先后顺序记入日记账中，为了加强货币资金的管理，单设现金日记账和银行存款日记账。

（2）分类账簿。分类账簿又可分为总分类账簿和明细分类账簿两种。

① 总分类账簿，也称总账，是根据总分类科目开设的账户，用来分类登记全部经济业务，提供总括核算资料的分类账簿。

② 明细分类账簿，也称明细账，通常是根据总分类科目设置，按所属二级或明细科目开设账户。

在实际工作中，若经济业务比较简单，总分类科目不多，也可以把日记账簿和分类账簿结合在一本账簿中进行登记。这种兼有日记账簿和分类账簿性质和作用的账簿，称为联合账簿，如日记总账。

（3）备查账簿。备查账簿，又称辅助账簿，是对某些未能在日记账簿和分类账簿中记录的事项或记载不全的经济业务进行补充登记的账簿，如租入固定资产登记簿、受托加工材料登记簿、代销商品登记簿等。

2．账簿按账页格式分类

账簿按账页格式可以分为两栏式账簿、三栏式账簿、多栏式账簿和数量金额式账簿 4 类。

（1）两栏式账簿。两栏式账簿是指只有借方和贷方两个基本金额栏目的账簿。

（2）三栏式账簿。三栏式账簿是设有借方、贷方和金额 3 个基本栏目的账簿。各种日记账、总分类账及资本、债权、债务明细账都可采用三栏式账簿。

【例 8-1】 下列（　　）科目的明细账采用三栏式账簿。

A．无形资产　　　　　B．在途物资　　　　　C．管理费用　　　　　D．生产成本

答案：A

【解析】 在途物资明细账采用数量金额式账簿，管理费用、生产成本明细账采用多栏式账簿。

（3）多栏式账簿。收入、成本、费用、利润和利润分配明细账一般均采用这种格式的账簿。

（4）数量金额式账簿。原材料、库存商品、产成品等存货明细账一般都采用数量金额式账簿。

3．账簿按外表形式分类

账簿按外表形式的不同可分为订本式账簿、活页式账簿和卡片式账簿 3 种。

（1）订本式账簿。订本式账簿是在启用前就把编有序号的若干账页固定装订成册的账簿。这种账簿的优点是可以防止账页的散失和非法抽换；缺点是账页固定不便于分工记账，也不能根据记账需要增减账页。它适用于重要账簿（如现金日记账、银行存款日记账）和具有统驭作用的总分类账。

（2）活页式账簿。活页式账簿是把账页装在账夹内，可以随时取放的账簿。这种账簿的优点是可以根据记账需要取放和重新排列账页，并且可以组织同时分工记账；缺点是账页容易散失和被抽换。它主要用于一般的明细分类账。

（3）卡片式账簿。卡片式账簿不需要每年更换，可以跨年度使用。固定资产明细账（卡）、低值易耗品明细账一般采用这种形式。

三、会计账簿与账户

1．账户的基本结构

账户的具体格式各异，但其基本结构一般应具备以下内容：①账户名称；②日期；③摘要；④凭证号数；⑤金额的增加额、减少额和余额。

为了便于在教学中说明问题，常把账户的结构简化为"T"型账户，在实际工作中，最基本的账户格式是三栏式账户。

每个账户一般有 4 个金额要素，即期初余额、本期增加发生额、本期减少发生额和期末余额。在正常情况下，账户 4 个数额之间的关系如下。

$$期末余额 = 期初余额 + 本期增加发生额 - 本期减少发生额$$

2. 账簿与账户的关系

账簿与账户的关系是形式和内容的关系。账户是根据会计科目开设的，账户存在于账簿之中，账簿中的每一账页就是账户的存在形式和载体。账簿只是一个外在形式，账户才是它的真实内容。

第二节 | 会计账簿的内容、启用与登记规则

一、会计账簿的基本内容

封面、扉页和账页是账簿用来记录经济业务事项的载体，包括账户的名称、登记账户的日期栏、凭证种类和号数栏、摘要栏、金额栏、总页次、分户页次等基本内容。

二、会计账簿的启用

启用会计账簿时，应当在账簿封面上写明单位名称和账簿名称，并在账簿扉页上附启用表。启用订本式账簿应当从第一页到最后一页顺序编写页数，不得跳页、缺号。使用活页式账页应当按账户顺序编号，并须定期装订成册；装订后再按实际使用的账页顺序编写页码，另加目录，记明每个账户的名称和页次。

三、会计账簿的登记规则

（1）登记完毕以后要在记账凭证上签名或者盖章，并注明已经登账的符号表示已经记账。

（2）账簿中书写的文字和数字应紧靠底线书写，上面要留有适当的空格，不要写满格，一般应占格距的 1/2。

（3）下列情况，可以用红色墨水记账。

① 按照红字冲账的记账凭证，冲销错误记录。

② 在不设借贷等栏的多栏式账页中，登记减少数。

③ 在三栏式的余额栏前，如未印明余额方向，则在余额栏内登记负数余额。

④ 根据国家统一会计制度的规定可以用红字登记的其他会计记录。

（4）各种账簿应按页次顺序连续登记，不得跳行、隔页。如果发生跳行、隔页，应当将空行、空页划线注销，或注明"此行空白""此页空白"。

（5）凡需要结出余额的账户，结出余额后，应当在"借或贷"等栏内写明"借"或者"贷"的字样。没有余额的账户应在"借或贷"栏内写"平"字，并在"余额"栏内的"元"位上用"0"表示。

（6）每一账页登记完毕结转下页时，应当结出本页合计数及余额，写在本页最后一行和下一页第一行有关栏内，并在"摘要"栏内注明"过次页"和"承前页"字样；也可以将本页合计数及余额只写在下页第一行有关栏内，并在"摘要"栏内注明"承前页"字样。

第三节 | 会计账簿的格式和登记方法

一、日记账的格式和登记方法

1. 现金日记账的格式和登记方法

现金日记账的格式有三栏式和多栏式两种，一般采用三栏式。现金日记账必须使用订本账。

2．银行存款日记账的格式和登记方法

银行存款日记账应按存款种类设置，其格式可分为三栏式和多栏式两种，一般采用三栏式账页，由出纳人员根据审核后的银行存款收付款凭证逐日逐笔登记。银行存款日记账中的"收入（借方）"栏根据银行存款的收款凭证登记，对于将现金存入银行，为了避免重复记账，只编付款凭证。因而，这种业务的存款收入数应根据有关现金付款凭证登记。

二、总分类账的格式和登记方法

1．总分类账的格式

总分类账只采用货币计量单位进行登记，其最常用的格式为三栏式。

2．总分类账的登记方法

总分类账可以直接根据各种记账凭证逐笔进行登记，也可以通过一定的汇总方式，定期或分期汇总登记，这主要取决于各单位所采用的账务处理程序。

三、明细分类账的格式和登记方法

1．明细分类账的格式

明细分类账的格式有两栏式、三栏式、多栏式和数量金额式4种。

（1）三栏式明细账。三栏式明细账适用于只需要进行金额核算的明细账。

（2）多栏式明细账。多栏式明细账一般适用于费用、成本、收入类账户，如"生产成本""管理费用""本年利润"等账户的明细核算。

【例8-2】通常情况下，多栏式明细账各栏目分别按借方和贷方设立，如果某明细账的贷方在月份内只登记一两项经济业务，这类明细账可只按借方分设专栏，发生贷方业务时，可在借方有关栏内用蓝字登记。（　　　）

答案：×

【解析】通常情况下，多栏式明细账各栏目分别按借方和贷方设立，如果某明细账的贷方在月份内只登记一两项经济业务，这类明细账可只按借方分设专栏，发生贷方业务时，可在借方有关栏内用红字登记。

（3）数量金额式明细账。数量金额式明细账主要适用于既要进行金额明细核算，又要进行数量明细核算的各种实物存货账户。

2．明细分类账的登记方法

明细账的登记方法，一般原则是可以根据记账凭证、原始凭证或原始凭证汇总表逐日逐笔登记，也可以定期汇总登记。

第四节　对账

一、对账

对账，即核对账目，是指在会计核算中，对账簿记录所进行的核对工作。每个单位应当定期对会计账簿记录的有关数字与实物、款项及有关资料等进行相互核对，保证账证相符、账账相符、账实相符和账表相符。

对账按其范围可分为内部对账和外部对账；按其进行的时间，可分为平时对账和报告期期末对账（月末、季末、半年末、年末）；按其内容又包括账证核对、账账核对、账实核对和账表核对。

1. 账证核对

账证核对是指各种账簿的记录与会计凭证的核对。

2. 账账核对

账账核对就是将各种账簿之间的有关指标核对相符，这种核对至少每月末进行一次。核对的内容包括以下几点。

（1）所有总分类账户借方余额合计与贷方余额合计应核对相符。

（2）所有总分类账户借方发生额合计与贷方发生额合计应核对相符。

（3）总分类账"库存现金"账户和"银行存款"账户的期末余额应分别与现金日记账和银行存款日记账的期末余额核对相符。

（4）总分类账各账户的期末余额与所属明细分类账户的期末余额之和应核对相符。

（5）会计部门的各种财产物资明细分类账期末余额与财产物资保管和使用部门有关财产物资明细分类账期末余额应核对相符。

3. 账实核对

账实核对是指将各种财产物资的账面余额与实存数额进行核对。核对的主要内容有如下几点。

（1）现金日记账的账面余额与现金实际库存数核对相符。

（2）银行存款日记账的账面余额与开户银行对账单核对，每月至少核对一次。

（3）各种财产物资明细分类账的账面余额与财产物资的实存数核对相符。

（4）有关债权债务明细分类账的账面余额与对方单位的账面记录核对相符。

二、更正错账

错账是企业在过账和结算账户时发生的错误，如漏记账、记重账、记反账、记账串户、记错金额等。更正错账的方法一般有如下3种。

1. 划线更正法

在结账前发现账簿记录有文字或数字错误，而记账凭证没有错误，可采用划线更正法进行更正。更正时，应先将错误的数字全部划一条红线，表示注销，然后再在所划红线的数字上面填写正确的数字，使原来错误数字的字迹仍可识别，并由记账人员在更正处盖章。数字错误不论几位，应将整个数字全部划去，不得只划错误的数字。

2. 红字更正法

（1）如果在记账后发现记账凭证中应借、应贷方向或会计科目发生错误，可用红字更正法进行更正。更正时先用红字金额填写一张同原错误凭证相同的记账凭证，并用红字金额登记入账，以示冲销原错误记录，同时在"摘要"栏中注明"冲销×月×日第×号凭证错误"，然后再用蓝字填制一张正确的记账凭证，在"摘要"栏中注明"更正×月×日第×号凭证错误"并据以登记入账。

（2）如果记账后发现记账凭证的应借、应贷方向和会计科目正确，而所记金额大于应记金额，也可采用红字更正法更正。更正时，只将正确数字与错误数字之间的差额，用红字金额填制一张应借、应贷科目与错误凭证相同的记账凭证，在"摘要"栏中注明"冲销×月×日第×号凭证多记金额"，并据以用红字金额过账，以示冲销多记的金额。

【例8-3】 某企业车间固定资产发生折旧2 000元，会计人员在记账时将会计分录记为借记"管理费用"2 000，贷记"累计折旧"2 000，记账后发现错误，则下列更正的会计分录中正确的有（　　）。

A．采用红字更正法借记"管理费用"2 000，贷记"累计折旧"2 000，金额用红字以示冲销

B．采用补充登记法借记"制造费用"2 000，贷记"累计折旧"2 000

C．采用划线更正法将"管理费用"用红线划掉，在上方改为"制造费用"

D．采用红字更正法借记"制造费用"2 000，贷记"累计折旧"2 000，用蓝字以示订正

答案：A、D

【解析】 此笔经济业务是应借应贷的会计科目发生错误，故采用红字更正法更正。

3．补充登记法

记账以后，发现记账凭证中科目正确，但金额有错误（所记金额小于应记金额），应将少记金额用蓝字填制一张记账凭证，并登记入账。

第五节　结账

月度、季度和半年度结账称为会计结算，年度结账称为会计决算。

一、结账方式

以各种账簿的结账时间而论，有定期结账和不定期结账两种方式。

1．定期结账

单位必须按月、按季、按半年、按年结账，以便按规定编报月度、季度、半年度、年度会计报表。

2．不定期结账

是指单位结账日期不确定。

二、结账的方法

（1）对于不需要按月结计本期发生额的账户，每次记账以后，都要随时结出余额，每月最后一笔余额即为月末余额。也就是说，月末余额就是本月最后一笔经济业务记录的同一行内的余额。月末结账时，只需在最后一笔经济业务记录下通栏划单红线，不需要再结计一次余额。

（2）对于需要按月结计发生额的账户，每月结账时，只需在最后一笔经济业务记录下通栏划单红线，结出本月发生额和余额，在"摘要"栏中注明"本月合计"字样，在下面通栏划单红线。

（3）对于需要结计本年累计发生额的账户，1～11月结账时，在"摘要"栏中注明"本年累计"字样，并在下面通栏划单红线。12月月末的"本年累计"就是全年累计发生额，其下通栏划双红线。

（4）总账账户平时只需要结出月末余额，年终结账时，要将所有总账账户结出全年发生额和年末余额，在"摘要"栏中注明"本年合计"字样，并在合计数下通栏划双红线。

第六节　账簿的更换与保管

一、会计账簿的更换

在年终办理决算后，总分类账、日记账和大部分明细账均应更换账簿。只有变动较小的部分明细账如固定资产明细账可继续使用，不必办理新年更换账簿手续。

【例8-4】企业年末所有账簿均应当重新更换，使用新的账簿。（　　）

答案：×

【解析】总分类账、日记账和大部分明细账均应更换账簿。只有变动较小的部分明细账如固定资产明细账可继续使用，不必办理新年更换账簿手续。

二、会计账簿的保管

年度终了，会计账簿暂由本单位财务会计部门保管1年，期满之后，由财务会计部门编造清册移交本单位的档案部门保管。

会计账簿未经领导和会计机构负责人或者有关人员批准，非经管人员不得随意翻阅查看、摘抄和复制等。

会计账簿除需要与外单位核对外，一般不得携带外出，对需要携带外出的账簿，通常由经管人员负责或会计主管人员指定专人负责。

历年真题及解析

一、单项选择题

1. 下列账簿记录情况中，可以用划线更正法更正错误的是（　　）。

    A. 在结账前发现账簿记录有文字或数字错误，而记账凭证没有错

    B. 登账后发现记账凭证中会计科目发生错误

    C. 登账后发现记账凭证中科目正确但所记金额小于应记金额

    D. 登账后发现记账凭证中应借、应贷方向发生错误

答案：A

【解析】选项B、D采用红字更正法更正，选项C采用补充登记法更正。

2. 账簿按用途不同可以分为（　　）。

    A. 两栏式账簿、三栏式账簿、多栏式账簿　　B. 日记账簿、分类账簿、备查账簿

    C. 订本式账簿、活页式账簿、卡片式账簿　　D. 日记账簿、分类账簿、数量金额式账簿

答案：B

【解析】账簿按用途可以为分日记账、分类账和备查账3类。

3. 账户按期末余额可以分为虚账户和实账户。下列账户中，属于虚账户的是（　　）。

    A. 营业外收入　　　　B. 固定资产　　　　　C. 预付账款　　　　　　D. 资本公积

答案：A

【解析】虚账户即期末没有余额的账户，"营业外收入"账户会计期末将发生额转入"本年利润"账户，因此期末没有余额。

4. 下列关于会计账簿记账规则的说法中，错误的是（　　）。

    A. 各种账簿应按页次顺序连续登记，不得跳行、隔页

    B. 登记会计账簿时，应当将会计凭证日期、编号、业务内容摘要、金额和其他有关资料逐项计入账内

    C. 账簿中书写的文字和数字应紧靠底线书写，一般应占格距的2/3

    D. 登账完毕，要注明已经登账的符号并在记账凭证上签名或盖章

答案：C

【解析】账簿中书写的文字和数字应紧靠底线书写，一般应占格距的 1/2。

5. 下列有关结账的叙述中，错误的是（　　）。

  A. 现金、银行存款日记账每月结账时，应在最后一笔经济业务记录下面的借方、贷方和余额栏划单红线，结出发生额和余额

  B. 总账账户平时只需结出月末余额

  C. 12 月月末的"本年利润"就是全年累计发生额

  D. 年度终了结账时，有余额的账户要将余额结转至下年

答案：A

【解析】现金、银行存款日记账每月结账时，应在最后一笔经济业务记录下面通栏划单红线，结出发生额和余额。

6. 下列关于分类账的格式和登记方法的说法中，错误的是（　　）。

  A. 总分类账只采用货币计量单位进行登记

  B. 三栏式明细账的基本结构为"借方""贷方"和"余额"三栏

  C. 数量金额式明细账的基本结构为"收入""发出"和"结余"三栏，每栏再分设"数量""单价"和"金额"三栏

  D. 多栏式明细账一般不适用于费用、成本、收入类账户

答案：D

【解析】多栏式明细账一般适用于费用、成本、收入类账户。

7. 会计账簿按用途可以分为（　　）3 类。

  A. 日记账、分类账、备查账   B. 日记账、分类账、卡片式账

  C. 日记账、活页式账、备查账   D. 订本式账、活页式账、备查账

答案：A

【解析】会计账簿按用途可以分为日记账、分类账和备查账。日记账也称序时账。

8. 下列情况中，可以用红色墨水记账的是（　　）。

  A. 交回多余差旅费借支款

  B. 在不设借贷等栏的多栏式账页中，登记减少数

  C. 计提固定资产折旧

  D. 收到退回的押金

答案：B

【解析】企业发生下列情况，可以用红色墨水记账：①按照红字冲账的记账凭证，冲销错误的记录；②在不设"借""贷"等栏的多栏式账页中，登记减少数；③在三栏式账户的"余额"栏前，如未印明余额方向，则在"余额"栏内登记负数余额；④根据国家统一会计制度的规定可以用红字登记的其他会计记录。

二、多项选择题

下列情况中，可以用红色墨水记账的有（　　）。

  A. 按照红字冲账的记账凭证，冲销错误记录

  B. 在不设借贷等栏的多栏式账页中，登记减少数

  C. 在三栏式账簿的"余额"栏前，如未印明余额方向，则在"余额"栏内登记负数余额

  D. 根据国家统一会计制度的规定可以用红字登记的其他会计记录

答案：A、B、C、D

【解析】企业发生下列情况，可以用红色墨水记账：①按照红字冲账的记账凭证，冲销错误的记录；②在不设"借""贷"等栏的多栏式账页中，登记减少数；③在三栏式账户的"余额"栏前，如未印明余额方向，则在"余额"栏内登记负数余额；④根据国家统一会计制度的规定可以用红字登记的其他会计记录。

2. 对账工作的主要内容包括（　　）。

　A. 账证核对　　　　B. 账账核对　　　　C. 账实核对　　　　D. 账表核对

答案：A、B、C

【解析】对账按内容分为账证核对、账账核对、账实核对和账表核对，但结账前的对账工作只包括账证核对、账账核对和账实核对。

3. 单位在启用会计账簿时，应在账簿扉页上附启用表，表内注明（　　）。

　A. 账簿名称　　　　B. 单位名称　　　　C. 记账人员　　　　D. 会计主管

答案：A、B、C、D

【解析】账簿启用登记表中应当注明的内容有账簿名称、账簿编号、账簿页数、启用日期、记账人员、会计主管等。

4. 账账核对的内容包括（　　）。

　A. 所有总分类账户借方发生额合计与贷方发生额合计核对相符

　B. 所有总分类账户借方余额合计与贷方余额合计核对相符

　C. 银行存款日记账的账面余额与开户银行对账单核对，每月至少核对一次

　D. 总分类账各账户的期末余额与所属各明细分类账户的期末余额之和核对相符

答案：A、B、D

【解析】银行存款日记账的账面余额与开户银行对账单的核对属于账实核对。

5. 某企业计提本月银行短期借款利息 8 600 元，填制会计凭证时，误编为借记"管理费用" 8 600，贷记"应付利息" 8 600，并已登记入账，下列更正方法中错误的是（　　）。

　A. 先用红字冲账，借：管理费用　　　　　　　　　　　　　8 600

　　　　　　　　　　　贷：应付利息　　　　　　　　　　　　　　8 600

　　同时用蓝字登记，借：财务费用—利息支出　　　　　　　8 600

　　　　　　　　　　　贷：应付利息　　　　　　　　　　　　　　8 600

　B. 先将错误记录用一条红线划去，同时用蓝字登记

　　借：财务费用—利息支出　　　　　　　　　　　　　　　　8 600

　　　　贷：银行存款　　　　　　　　　　　　　　　　　　　8 600

　C. 先用红字冲账，借：管理费用　　　　　　　　　　　　　8 600

　　　　　　　　　　　贷：应付利息　　　　　　　　　　　　　　8 600

　　同时用蓝字登记，借：财务费用—利息支出　　　　　　　8 600

　　　　　　　　　　　贷：银行存款　　　　　　　　　　　　　　8 600

　D. 直接更正凭证，借：财务费用　　　　　　　　　　　　　8 600

　　　　　　　　　　　贷：管理费用　　　　　　　　　　　　　　8 600

答案：B、C、D

【解析】此笔业务属于应借应贷的会计科目发生错误，应当采用红字更正法更正，正确的会计处理为选项 A。

6. 关于会计账簿的启用，下列表述正确的有（　　）。

　　A. 启用账簿时，应在封面上写明单位名称和账簿名称，并正确填写账簿启用表

　　B. 启用订本式账簿时，应预留页数，归档保管时再统一编号，允许跳页、缺号

　　C. 使用活页式账页应当按账户顺序编号，并定期装订成册

　　D. 活页式账簿装订后，应按实际使用的账页顺序编定页码，另加目录记明每个账户的名称和页次

答案：A、C、D

【解析】启用订本式账簿应当从第一页到最后一页按顺序编写页数，不得跳页、缺号。使用活页式账页应当按账户顺序编号，并须定期装订成册。

7. 按账簿的外表形式分类，账簿分为（　　）。

　　A. 卡片式账簿　　　　B. 备查账簿　　　　C. 订本式账簿　　　　D. 活页式账簿

答案：A、C、D

【解析】账簿按外表形式的不同可分为订本式账簿、活页式账簿和卡片式账簿 3 种。

8. 下列账户的明细分类账适宜采用多栏式账簿的有（　　）。

　　A. 生产成本　　　　B. 制造费用　　　　C. 主营业务收入　　　　D. 本年利润

答案：A、B、C、D

【解析】收入、成本、费用、利润和利润分配明细账一般采用多栏式账簿。

9. 账实核对的内容包括（　　）。

　　A. 现金日记账账面余额与现金实际库存数核对

　　B. 银行存款日记账账面余额与开户银行对账单核对

　　C. 总分类账户期末余额与所属明细分类账户期末余额之和核对

　　D. 财产物资明细分类账账面余额与财产物资的实存数核对

答案：A、B、D

【解析】总分类账户期末余额与所属明细分类账户期末余额之和核对属于账账核对。

三、判断题

1. 对不需要按月结计本期发生额的账户，月末余额就是本月最后一笔经济业务记录的同一行内余额。（　　）

答案：√

【解析】对不需要按月结计本期发生额的账户，每次记账以后，都要随时结出余额，每月最后一笔余额即为月末余额。也就是说，月末余额就是本月最后一笔经济业务记录的同一行内余额。

2. 总分类账簿是根据总分类科目开设账户，用来分类登记全部经济业务，提供总括核算资料的账簿。（　　）

答案：√

【解析】总分类账簿是根据总分类科目开设账户，用来分类登记全部经济业务，提供总括核算资料的账簿。

3. 企业应当设置银行存款日记账，根据收、付款凭证进行登记。（　　　）

答案：√

【解析】银行存款日记账按存款种类分别设置，其格式可分为三栏式和多栏式两种，一般采用三栏式账页，由出纳人员根据审核后的银行存款收、付款凭证逐日逐笔登记。

强化练习

一、单项选择题

1. 下列（　　　）科目的明细账采用数量金额式。
   A. 库存商品　　　B. 应收账款　　　　C. 无形资产　　　D. 应付职工薪酬

2. 无形资产明细账适合采用（　　　）。
   A. 订本式账簿　　B. 活页式账簿　　　C. 数量金额式账簿　D. 备查账簿

3. 下列账簿应当采用订本式账簿的有（　　　）。
   A. 原材料总账　　B. 生产成本明细账　C. 库存商品明细账　D. 工程物资明细账

4. 下列关于结账方法的说法中，错误的有（　　　）。
   A. 对不需要按月结计本期发生额的账户，月末结账时，只需要在最后一笔经济业务记录之下通栏划单红线，不需要再结计一次余额
   B. 现金账户每月结账时，通栏划单红线
   C. 需要结计本年累计发生额的某些明细账，12 月月末结账时，通栏划单红线
   D. 年终结账时，通栏划双红线

5. 下列关于红字更正法的说法中，正确的有（　　　）。
   A. 记账凭证没有错误，只是记账时发现账簿记录发生错误
   B. 记账前发现记账凭证中应借应贷的方向或会计科目发生错误
   C. 记账后发现记账凭证的应借应贷方向和会计科目正确，而所记金额大于应记金额
   D. 记账后发现记账凭证的应借应贷方向和会计科目正确，而所记金额小于应记金额

6. 某企业生产车间为生产产品领用原材料一批，价款为 2 000 元，该企业会计人员的会计处理如下：借记"制造费用"200，贷记"原材料"200，随后将其登记到了账簿中。请问，该企业采用（　　　）更正错账。
   A. 划线更正法　　B. 红字更正法　　　C. 补充登记法　　D. 差额检查法

7. 对账按（　　　）可分为内部对账和外部对账。
   A. 范围　　　　　B. 时间　　　　　　C. 来源　　　　　D. 程序

8. 本年利润账户的明细账适用于（　　　）格式的账页。
   A. 三栏式　　　　B. 多栏式　　　　　C. 数量金额式　　D. 两栏式

9. 三栏式明细分类账适用于按（　　　）核算的明细账。
   A. 金额　　　　　B. 数量　　　　　　C. 实物　　　　　D. 劳动

10. 账户是根据（　　　）设置的。
    A. 会计科目　　　B. 会计要素　　　　C. 会计对象　　　D. 会计职能

11. 数量金额式明细分类账的账页格式适用于下列（　　　）明细账。
    A. 在途物资　　　B. 固定资产　　　　C. 无形资产　　　D. 制造费用

12. 多栏式明细分类账的账页格式适用于下列（　　）明细账。

    A. 营业税金及附加　B. 应付股利　　　　C. 周转材料　　　　　D. 库存现金

13. 三栏式明细分类账的账页格式适用于下列（　　）明细账。

    A. 生产成本　　　　B. 销售费用　　　　C. 原材料　　　　　D. 银行存款

14. 日记账按（　　）分为普通日记账和特种日记账。

    A. 用途　　　　　　B. 内容　　　　　　C. 格式　　　　　　D. 形式

15. 若记账凭证上的会计科目和应借应贷方向正确但所记金额小于应记金额，并据以登记入账，对此应采用的更正方法是（　　）。

    A. 划线更正法　　　　　　　　　　　　B. 红字更正法

    C. 补充登记法　　　　　　　　　　　　D. 编制相反分录冲减

16. 若登账后发现会计人员在将"制造费用"转入"生产成本"时，误将"制造费用"转入了"主营业务成本"科目。此时，应采用的更正方法是（　　）。

    A. 划线更正法　　　　　　　　　　　　B. 红字更正法

    C. 补充登记法　　　　　　　　　　　　D. 编制相反分录冲减

17. 会计人员在结账前发现，若根据记账凭证登记入账时，误将 900 元写成 9 000 元，而记账凭证无误，此时应采用的更正方法是（　　）。

    A. 补充登记法　　　B. 划线更正法　　　C. 红字更正法　　　D. 横线登记法

18. 如果记账前发现记账凭证中应借应贷的科目和金额均有错误，则应采用的更正方法是（　　）。

    A. 划线更正法　　　B. 红字更正法　　　C. 补充登记法　　　D. 重新填制

19. 登记账簿的依据是（　　）。

    A. 会计分录　　　　　　　　　　　　　B. 审核无误的会计凭证

    C. 记账凭证　　　　　　　　　　　　　D. 单位领导批示

20. 11 月月末结账时，应在"本年累计"行下划（　　）。

    A. 通栏单红线　　　B. 通栏双红线　　　C. 半栏单红线　　　D. 半栏双红线

21. 期末无余额的账户，应在"借或贷"栏内填写（　　）。

    A. 0　　　　　　　　B. 零　　　　　　　C. 平　　　　　　　D. 0 或零

22. 在实际工作中，最基本的账户格式是（　　）账户。

    A. 三栏式　　　　　B. 多栏式　　　　　C. 数量金额式　　　D. 横线登记式

23. 多栏式日记账中"支出"栏按（　　）科目设专栏登记，月末结账时分栏结计发生额。

    A. 借方　　　　　　B. 贷方　　　　　　C. 余额　　　　　　D. 借方或贷方

24. 总分类账可以逐日逐笔登记，也可以定期汇总登记，这主要取决于（　　）。

    A. 登账的程序　　　　　　　　　　　　B. 登账的方法

    C. 账务处理程序　　　　　　　　　　　D. 会计人员的记账习惯

25. 下列账簿形式中，适用于原材料、库存商品等存货类明细账的是（　　）。

    A. 数量金额式　　　B. 多栏式　　　　　C. 横线登记式　　　D. 三栏式

26. 下列各项中，不符合账簿平时管理具体要求的是（　　）。

    A. 会计账簿除需要与外单位核对外，一般不能携带外出

    B. 年度终了，一般要把旧账交给总账会计集中统一管理

    C. 会计账簿不能随意交与其他人员管理

    D. 各种账簿应指定专人管理

27. 下列各项中，适用于出纳所登记的库存现金账的是（　　　　）。

    A. 序时账簿　　　　　B. 分类账簿　　　　　C. 卡片式账簿　　　　　D. 备查账簿

28. 关于需要结出本年累计发生额的账户，结计"过次页"的合计数，下列说法中正确的是（　　　　）。

    A. 自本页初至本页末止的累计数　　　　　B. 自年初至本页末止的累计数

    C. 自月初至本页末止的累计数　　　　　D. 自年初至本日止的累计数

29. 下列关于库存现金日记账的表述中，正确的是（　　　　）。

    A. 库存现金日记账应当每月结出发生额和余额

    B. 库存现金日记账应当每 15 天结出发生额

    C. 库存现金日记账应当每日结出发生额和余额

    D. 库存现金日记账应当每隔 3～5 天结出余额

30. 下列账簿中，一般采用活页形式的是（　　　　）。

    A. 备查账　　　　　B. 总分类账　　　　　C. 日记账　　　　　D. 明细分类账

31. 下列各项中，属于由具有一定格式账页组成，以审核无误的会计凭证为依据，全面、系统地记录各项经济业务的簿籍的是（　　　　）。

    A. 分类账簿　　　　　B. 会计账户序时账簿　C. 会计账簿　　　　　D. 序时账簿

32. 甲企业与乙企业之间存在购销关系，甲企业定期将"应收账款—乙企业"明细账与乙企业的"应付账款—甲企业"明细账进行核对，下列各项中，准确描述这种对账性质的是（　　　　）。

    A. 账实核对　　　　　B. 账账核对　　　　　C. 账证核对　　　　　D. 余额核对

33. 下列各项中，可以作为总分类账一般采用的账页格式的是（　　　　）。

    A. 多栏式　　　　　B. 三栏式　　　　　C. 两栏式　　　　　D. 数量金额式

34. 下列明细分类账中，可以采用多栏式的是（　　　　）。

    A. 库存商品明细分类账　　　　　B. 实收资本明细分类账

    C. 应付账款明细分类账　　　　　D. 管理费用明细分类账

35. 下列各项中，可以采用划线更正法的是（　　　　）。

    A. 记账凭证中会计科目或借贷方向正确，所记金额小于应记金额，导致账簿记录错误

    B. 记账凭证中会计科目或借贷方向错误，导致账簿记录错误

    C. 记账凭证正确，登记账簿时发生文字错误

    D. 记账凭证中会计科目或借贷方向正确，所记金额大于应记金额，导致账簿记录错误

36. 下列各项中，应作为会计账簿登记依据的是（　　　　）。

    A. 会计报表　　　　　B. 会计科目

    C. 审核无误的会计凭证　　　　　D. 原始凭证

37. 用库存现金支付职工医药费 69 元，会计人员编制的记账凭证为借记"应付职工薪酬"96，贷记"库存现金"96，并登记入账，下列各种方法中，适用于此情况的是（　　　　）。

    A. 补充登记法　　　　　B. 划线更正法　　　　　C. 重新编制正确凭证　D. 红字更正法

38. 下列各项中，其主要用途是对主要账簿未能记载不全的事项进行补充登记的是（　　　　）。

    A. 分类账簿　　　　　B. 备查账簿　　　　　C. 序时账簿　　　　　D. 卡片式账簿

39. 下列各更正方法中，适用于在结账前发现记账凭证正确，而在登记账簿时发生错误的

是（　　　）。

    A. 划线更正法　　　B. 补充登记法　　　C. 红字更正法　　　D. 涂改法

40. 下列关于库存现金及银行存款日记账月末结账做法的表述中，正确的是（　　　）。

    A. 应在"本月合计"栏上下通栏划单红线

    B. 应在"本月合计"栏上下通栏划双红线

    C. 应在"本月合计"栏"金额"栏划单红线

    D. 应在"本月合计"栏下面划双红线

41. 下列各项中，一般适用于序时账簿和总分类账簿的是（　　　）。

    A. 活页式　　　　B. 卡片式　　　　C. 订本式　　　　D. 辅助式

42. 下列关于银行存款账实核对的表述中，正确的是（　　　）。

    A. 将银行存款日记账余额与银行金库中存款的实有数核对

    B. 将银行存款日记账的余额与总账中的银行存款核对

    C. 将银行存款日记账的余额与银行对账单核对

    D. 将银行存款日记账的余额与银行存款的收、付款凭证核对

43. 下列各项中，适用借方多栏式明细账的账页格式的是（　　　）。

    A. 管理费用　　　　B. 本年利润　　　　C. 主营业务收入　　　D. 预收账款

44. 下列日期中，应填写在库存现金日记账"日期"栏的是（　　　）。

    A. 登记账簿的日期　B. 记账凭证的日期　C. 当月末日期　　　D. 当月1日

45. 对所发生的每项经济业务事项，以会计凭证为依据，一方面记入有关总分类账户，另一方面记入总账所属明细分类账户，下列各项中，反映该记账方法的是（　　　）。

    A. 平行登记　　　　B. 复式记账法　　　C. 借贷记账法　　　D. 同时登记

46. 下列账簿组成部分中，作为记录经济业务事项的载体的是（　　　）。

    A. 扉页　　　　　　B. 封面　　　　　　C. 账页　　　　　　D. 说明

47. 下列关于账簿与账户关系的表述中，正确的是（　　　）。

    A. 实质和形式的关系　　　　　　　　B. 总体和具体的关系

    C. 形式和内容的关系　　　　　　　　D. 概念和应用的关系

48. 下列各种方法中，适用于记账后发现错误是由于记账凭证中会计科目运用错误引起的情况的是（　　　）。

    A. 划线更正法　　　B. 补充登记法　　　C. 红字更正法　　　D. 平行登记法

49. 登记账簿过程中，每一页的最后一行及下一页第一行都要办理转页手续，下列关于该做法的主要目的的表述中，正确的是（　　　）。

    A. 防止隔页　　　　B. 便于查账　　　　C. 防止遗漏　　　　D. 保持记录的连续性

50. 下列各项中，适用于采用活页式账簿形式的是（　　　）。

    A. 明细分类账　　　B. 备查账　　　　　C. 库存现金日记账　D. 银行存款日记账

51. 下列各项中，可以作为银行存款日记账逐日逐笔登记依据的是（　　　）。

    A. 转账凭证　　　　　　　　　　　　B. 银行存款收、付款凭证

    C. 银行对账单　　　　　　　　　　　D. 库存现金收款凭证

52. 下列关于登记账簿记满一页时的做法的表述中，正确的是（　　　）。

    A. 计算本页的发生额和余额，同时在"摘要"栏内注明"转次页"字样

    B. 计算本页的余额

    C. 计算本页的发生额

    D. 不计算本页的发生额和余额，但应在"摘要"栏内注明"转次页"字样

53. 下列关于年终结账的表述中，正确的是（　　　）。

    A. 应编制记账凭证，并将上年账户的余额反向结平

    B. 应编制记账凭证予以结转，但不需要将上年账户的余额反向结平

    C. 不需要编制记账凭证，也不需要将上年账户的余额反向结平，直接注明"结转下年"即可

    D. 不需要编制记账凭证，但应将上年账户的余额反向结平才能结转下年

54. 某企业厂部行政人员报销差旅费 4 000 元，会计人员编制记账凭证为"借：制造费用 4 000，贷：库存现金 4 000"并已登记入账，结账时发现该错误，下列各种更正方法中，适用于此情况的是（　　　）。

    A. 补充登记法　　　　B. 红字更正法　　　　C. 划线更正法　　　　D. 字迹削除法

55. 下列账簿形式中，属于固定资产明细账宜采用的是（　　　）。

    A. 订本式　　　　　　B. 备查式　　　　　　C. 卡片式　　　　　　D. 活页式

56. 下列账簿形式中，应作为库存现金日记账和银行存款日记账必须采用的形式的是（　　　）。

    A. 活页式　　　　　　B. 备查账　　　　　　C. 卡片式　　　　　　D. 订本式

57. 下列各项中，以设置和登记会计账簿为基础的是（　　　）。

    A. 编制会计分录　　　B. 编制会计报表　　　C. 填制记账凭证　　　D. 填制原始凭证

二、多项选择题

1. 账簿按用途可以分为（　　　）。

    A. 日记账簿　　　　　B. 订本式账簿　　　　C. 卡片式账簿　　　　D. 备查账簿

2. 下列（　　　）登记备查账簿。

    A. 融资租入固定资产　　　　　　　　　　B. 经营租入固定资产

    C. 委托加工材料　　　　　　　　　　　　D. 代销商品

3. 账簿按账页格式可以分为（　　　）。

    A. 两栏式账簿　　　　B. 三栏式账簿　　　　C. 多栏式账簿　　　　D. 数量金额式账簿

4. 账簿按外表形式的不同可分为（　　　）。

    A. 订本式账簿　　　　B. 活页式账簿　　　　C. 卡片式账簿　　　　D. 备查账簿

5. 下列关于订本式账簿的说法中，正确的有（　　　）。

    A. 在启用前就把编号的若干账页固定装订成册的账簿

    B. 缺点是可以防止账页的失散和非法抽换

    C. 优点是不便于分工记账，也不能根据记账需要增减账页

    D. 主要适用于重要账簿和具有统驭作用的总分类账

6. 下列关于活页式账簿的说法中，正确的有（　　　）。

    A. 活页式账簿是可以随时取放的账簿

    B. 优点是可以根据记账需要取放，便用分工记账

    C. 缺点是账页容易散失

    D. 主要适用于一般的明细分类账

7. 下列（　　）采用卡片式账簿。

    A. 固定资产明细账　　　　　　　　　　　　B. 低值易耗品明细账

    C. 生产成本明细账　　　　　　　　　　　　D. 原材料明细账

8. 账户的金额要素有（　　）。

    A. 期初余额　　　　B. 借方发生额　　　　C. 贷方发生额　　　　D. 期末余额

9. 下列（　　）属于账户的基本结构。

    A. 记录经济业务发生的日期　　　　　　　　B. 账户名称

    C. 摘要　　　　　　　　　　　　　　　　　D. 金额

10. 账簿的基本内容包括（　　）。

    A. 封面　　　　　　B. 扉页　　　　　　C. 账页　　　　　　D. 账户

11. 账簿启用登记表包括下列（　　）内容。

    A. 账簿页数　　　　B. 单位名称　　　　C. 账簿名称　　　　C. 会计科目名称

12. 下列（　　）情况，可以用红色墨水笔记账。

    A. 冲销错误的记账凭证

    B. 划线更正错误的账簿

    C. 在不设"借""贷"等栏的多栏式账页中，登记增加数

    D. 在三栏式账户的"余额"栏前，如未印明余额方向，则在"余额"栏内登记负数余额

13. 下列关于会计账簿登记规则的说法中，正确的有（　　）。

    A. 登记完毕后，要在记账凭证上签名或者盖章，并注明已经登账的符号表示已经记账

    B. 账簿中书写的文字和数字应紧靠底线书写，要写满格

    C. 如果发生跳行、隔页，应当将空行、空页划线注销，或注明"此行空白""此页空白"

    D. 没有余额的账户，应在"借或贷"栏内写"平"字，并在"余额"栏内的"元""角"
      "分"位上用"0"表示

14. 现金日记账的格式有（　　）。

    A. 三栏式　　　　　B. 多栏式　　　　　C. 数量金额式　　　　D. 两栏式

15. 银行存款日记账可采用下列（　　）记账凭证登记。

    A. 银行存款收款凭证　　　　　　　　　　　B. 银行存款付款凭证

    C. 现金收款凭证　　　　　　　　　　　　　D. 现金付款凭证

16. 对账按其进行的时间，可分为（　　）。

    A. 平时对账　　　　B. 报告期对账　　　　C. 账证核对　　　　D. 账账核对

17. 对账按其内容可以分为（　　）。

    A. 账证核对　　　　B. 账单核对　　　　C. 账表核对　　　　D. 账报核对

18. 下列（　　）情况，属于账实核对。

    A. 财务部门的各种财产物资明细账期末余额与财产物资保管部门有关财产物资明细账期
      末余额核对

    B. 银行存款日记账的账面余额与开户银行对账单核对

    C. 债权债务明细账的账面余额与对方单位的账面记录核对

    D. 现金日记账的账面余额与现金实际库存数核对

19. 错账更正的方法主要有（　　　）。

    A. 划线更正法 　　　　B. 红字更正法 　　　　C. 补充登记法 　　　　D. 差额检查法

20. 新的年度开始时，下列（　　　）账簿不需要更换。

    A. 固定资产明细账 　B. 低值易耗品明细账 　C. 银行存款日记账 　D. 原材料总账

21. 三栏式账簿适用于（　　　）。

    A. 现金日记账 　　　　B. 总分类账 　　　　　C. 债权债务明细账 　D. 本年利润明细账

22. 多栏式账簿适用于（　　　）。

    A. 收入明细账 　　　　B. 成本总账 　　　　　C. 利润明细账 　　　D. 利润分配明细账

23. 下列关于账户与账簿的关系的说法中，正确的有（　　　）。

    A. 账簿与账户的关系是形式和内容的关系

    B. 账户是根据会计科目开设的，账户存在于账簿之中，账簿中的每一账页就是账户的形式和载体

    C. 没有账簿，账户也可以单独存在

    D. 账簿只是一个外在的形式，账户才是它的真实内容

24. 下列说法中，正确的有（　　　）。

    A. 对需要结计本月发生额的账户，结计过次页的本页合计数应当为自本月初起至本页末止的发生额合计数

    B. 对需要结计本年累计发生额的账户，结计过次页的本页合计数应当为自年初起至本页末止的累计数

    C. 对既不需要结计本月发生额，也不需要结计本年累计发生额的账户，可以只将每页末的余额结转至次页

    D. 对需要结计本年累计发生额的账户，可以只将每页末的余额结转至次页

25. 下列（　　　）属于账账核对。

    A. 所有总分类账户借方余额合计与贷方余额合计核对相符

    B. 总分类账的期末余额与明细账的期末余额核对相符

    C. 会计部门的各种财产物资明细账期末余额与财产物资保管和使用部门的有关财产物资明细账核对相符

    D. 债权债务明细账的账面余额与对方单位的账面记录核对相符

26. 下列关于结账程序的说法中，正确的有（　　　）。

    A. 将本期发生的经济业务全部登记入账，并保证其正确性

    B. 根据权责发生制的要求，调整有关账户，合理确定本期应计的收入和应计的费用

    C. 将有关损益类科目转入"本年利润"账户，结平所有损益类账户

    D. 结算出资产、负债和所有者权益类账户的本期发生额和余额，并结转至下期

27. 下列关于账簿更换的说法中，正确的有（　　　）。

    A. 为保证账簿资料的连续性，在年度内订本式账簿记满时，应将旧账的借贷方发生额和余额转入新账有关栏次

    B. 各种账簿在年度终了后结账时，应在旧账账户的最后一行数额下面注明"结转下年"，在新账有关的账户第一行"摘要"栏内注明"上年结转"字样

    C. 新、旧账有关账户之间转记余额，需要编制记账凭证，并核对相符

    D. 在年终办理决算后，对于变动较小部分的明细账不必办理新年更换账簿手续

28. 记账时不得隔页、跳行登记，当发生隔页、跳行时，不得随意涂改，而应采取的处理方法是（   ）。

    A. 将空页、空行用红线对角划掉   B. 将账页撕下并装入档案保存

    C. 加盖"作废"字样   D. 按规定由相关人员盖章

29. 数量金额式账簿适用于（   ）。

    A. 原材料总账   B. 库存商品明细账

    C. 生产成本明细账   D. 工程物资明细账

30. 下列（   ）明细账与制造费用明细账的账页格式相同。

    A. 生产成本   B. 原材料   C. 主营业务成本   D. 短期借款

31. 下列（   ）日记账属于特种日记账。

    A. 现金   B. 银行存款   C. 应收账款   D. 资本公积

32. 下列关于三栏式账户结构的说法中，正确的有（   ）。

    A. 三栏式账户中的"日期"栏反映记账时间

    B. "凭证号数"栏反映记账依据

    C. "摘要"栏反映会计事项的内容

    D. "借方金额"和"贷方金额"栏记录账户的余额

33. 下列关于明细账的登记方法中，正确的有（   ）。

    A. 记账凭证记载单项经济业务的，可根据记账凭证登记

    B. 记账凭证记载多项经济业务的，根据记账凭证和所属原始凭证登记

    C. 记账凭证记载多项经济业务的，只根据记账凭证登记

    D. 各项财产明细账必须根据原始凭证登记

34. 下列关于账簿运用的说法中，正确的有（   ）。

    A. 库存现金及银行存款日记账必须用订本账 B. 明细账必须用活页账

    C. 总账用订本账   D. 备查账用卡片账

35. 下列各项中，需要划双红线的有（   ）。

    A. 在 12 月月末的"本年累计"下面   B. 在"本年合计"下面

    C. 在"本年累计"下面   D. 在"本月合计"下面

36. 下列说法中，正确的有（   ）。

    A. 库存现金日记账由出纳人员根据库存现金的收、付款凭证，逐日逐笔顺序登记

    B. 银行存款日记账应该定期或者不定期与开户银行提供的对账单进行核对，每月至少核对 3 次

    C. 库存现金日记账和银行存款日记账，应该定期与会计人员登记的库存现金总账和银行存款总账核对

    D. 出纳人员主要负责登记库存现金日记账和银行存款日记账

37. 下列各项中，属于明细分类账登记依据的有（   ）。

    A. 汇总原始凭证   B. 原始凭证   C. 记账凭证   D. 总分类账

38. 下列各项中，属于账账核对的有（   ）。

    A. 总账与备查账之间的核对   B. 总账与有关账户之间的核对

    C. 总账与明细账之间的核对   D. 总账与日记账的核对

39. 下列对账工作中，属于账实核对的是（　　）。

    A. 企业银行日记账与银行对账单核对

    B. 总分类账与日记账核对

    C. 总分类账与所属明细分类账核对

    D. 会计部门的账产物资明细账与账产物资保管部门的有关明细账核对

40. 下列各账簿中，必须逐日逐笔登记的是（　　）。

    A. 收入明细账　　　B. 应收账款明细账　　　C. 费用明细账　　　D. 原材料明细账

41. 下列各种账簿中，属于出纳人员可以登记和保管的有（　　）。

    A. 库存现金日记账　B. 银行存款日记账　C. 库存现金总账　D. 银行存款总账

42. 下列关于银行存款日记账的说法中，正确的有（　　）。

    A. 银行存款日记账应按会计主体在银行开立的账户和币种分别设置

    B. 银行存款日记账的格式和登记方法与库存现金日记账相同

    C. 银行存款日记账是用来核算和监督银行存款每日的收入、支出和结余情况的账簿

    D. 每个银行账户设置一本日记账

43. 下列关于会计账簿的更换和保管的表述中，正确的是（　　）。

    A. 会计账簿由本单位财务会计部门保管半年后，将由本单位档案管理部门保管

    B. 备查账不可以连续使用

    C. 总账、日记账和多数明细账每年更换一次

    D. 变动较小的明细账可以连续使用，不必每年更换

44. 下列各项中，属于账簿按照账页格式不同所分类别的有（　　）。

    A. 三栏式账簿　　　B. 多栏式账簿　　　C. 单式账簿　　　D. 数量金额式账簿

45. 下列各项中，属于账簿按其经济用途不同所分类别的有（　　）。

    A. 序时账簿　　　　B. 总分类账簿　　　C. 备查账簿　　　D. 分类账簿

46. 下列各项中，属于登记现金日记账和银行存款日记账依据的有（　　）。

    A. 明细分类账　　　B. 总分类账　　　　C. 收款凭证　　　D. 付款凭证

47. 下列各项中，属于日记账登记特点的是（　　）。

    A. 逐日逐笔登记　　B. 定期逐笔登记　　C. 汇总登记　　　D. 顺序登记

48. 下列各种账簿中，属于必须逐日结出余额的有（　　）。

    A. 库存现金日记账　B. 银行存款日记账　C. 库存现金总账　D. 银行存款总账

49. 下列书写工作中，可以用于账簿资料登账使用的有（　　）。

    A. 圆珠笔　　　　　B. 碳素墨水笔　　　C. 蓝黑墨水笔　　D. 铅笔

50. 下列说法中，不正确的有（　　）。

    A. 总账最常用的格式为三栏式

    B. 日记账必须采用三栏式

    C. 银行存款日记账应按企业在银行开立的账户和币种分别设置，每个银行账户设置一本日记账

    D. 三栏式明细账适用于成本费用类科目的明细核算

51. 下列关于对账工作的说法中，正确的有（　　）。

    A. 对账工作一般在月初进行

    B. 对账就是核对账目，即对账簿、账户记录的正确与否进行的核对工作

    C. 对账工作是为了保证账证相符、账账相符和账实相符的一项检查工作

    D. 对账工作的目的在于使期末用于编制会计报表的数据真实、可靠

52. 下列关于平行登记的表述中，正确的有（　　）。

    A. 总账账户的期末余额=所属于明细账账户的期末余额合计

    B. 计入总分类账户的金额与计入其所属明细分类账户的合计金额相等

    C. 总账账户的本期发生额=所属明细账账户的本期发生额合计

    D. 总账账户的期初余额=所属明细账账户的期初余额合计

53. 下列关于分类账簿的说法中，正确的有（　　）。

    A. 分类账簿提供的核算是编制会计报表的主要依据

    B. 分类账簿是对全部经济业务事项按照会计要素的具体类别而设置的分类账户进行登记的账簿

    C. 总分类账簿是按照总分类账户登记经济业务事项的账簿

    D. 明细分类账簿是按照明细分类账户分类登记经济业务事项的账簿

54. 下列各项中，属于结账通常包括的内容的有（　　）。

    A. 结清各所有者权益类账户，分别结出本期发生额合计和余额

    B. 结清各种损益类账户，并据以计算确定本期利润

    C. 结清各负债类账户，分别结出本期发生额合计和余额

    D. 结清各资产类账户，分别结出本期发生额合计和余额

55. 下列各项中，属于账簿按其外表形式不同所分类别的有（　　）。

    A. 活页式　　　　　　B. 订本式　　　　　　C. 分类账　　　　　　D. 卡片式

56. 下列各项中，属于登记会计账簿应当注的事项的有（　　）。

    A. 特殊记账使用红墨水

    B. 各种账簿应按页次顺序登记，不得跳行、隔页

    C. 发果发生跳行、隔页，应当将空行、空页划线注销，或者注明"此行空白""此页空白"字样，并由记账人员签名或者盖章

    D. 一般采用蓝黑墨水

57. 下列各项中，属于会计账簿记规则的有（　　）。

    A. 结清余额

    B. 按页顺序连续记账

    C. 账簿记载的内容应与记账凭证一致，不得随便增减

    D. 记账必须有依据

58. 下列各项中，属于账账核对的有（　　）。

    A. 总分类账簿与所属明细分类账簿核对　　　　B. 总分类账簿与序时账簿核对

    C. 明细分类账簿之间的核对　　　　　　　　　D. 总分类账簿有关账户的余额核对

59. 下列关于总分类账格式的说法中，正确的有（　　）。

    A. 所有单位都要设置总分类账

    B. 总分类必须采用订本式账簿

    C. 总分类账最常用的格式为三栏式，设置"借方""贷方"和"余额"3个基本金额栏目

    D. 大多数总分类账一般采用"借方""贷方"两栏

60. 下列说法中，正确的有（　　）。

    A. 银行存款日记账必须逐日结出余额

    B. 库存现金日记账必须逐日结出余额

  C. 凡需要结出余额的账户，结出余额后，应在"借或贷"栏内写明"借"或者"贷"字样

  D. 没有余额的账户，应当在"借或贷"栏内写"－"，并在余额栏内用"0"表示

61. 下列关于会计账簿的说法中，正确的有（ ）。

  A. 是全面、系统、连续地记录各项经济业务的簿籍

  B. 由一定格式账页组成

  C. 是编制会计报表的基础

  D. 以会计凭证为依据

62. 下列各项中，属于银行存款日记账（三栏式日记账）通常包括的栏目的有（ ）。

  A. "收入""支出"栏

  B. "日期"栏

  C. "库存现金支票号数"与"转账支票号数"栏

  D. "对方科目"栏

63. 下列各项中，应当用红字更正法予以更正的有（ ）。

  A. 在填制记账凭证时，误将"应收账款"科目填为"应付账款"，并已登记入账

  B. 在登记账簿将 256 元误记为 265 元，记账凭证正确无误

  C. 记账凭证的借贷方向用错，并已入账

  D. 在填制记账凭证时，误将 3 000 元填为 300 元，尚未入账

三、判断题

1. 会计账簿是指由一定格式的账页组成，以经过审核的记账凭证为依据，全面、系统、连续地记录各项经济业务的簿籍。（ ）

2. 普通日记账用来将重要的项目按经济业务发生的先后顺序记入日记账中。（ ）

3. 总分类账簿也称总账，是根据总分类科目开设账户，用来分类登记全部经济业务总括核算的分类账簿。（ ）

4. 兼有日记账簿和分类账簿性质和作用的账簿，称为联合账簿。（ ）

5. 债权、债务明细分类账均采用三栏式账簿。（ ）

6. 在实际工作中，最基本的账户格式是多栏式账户。（ ）

7. 账簿与账户的关系是形式和内容的关系。（ ）

8. 总分类账只能采用货币计量单位进行登记。（ ）

9. 总分类账只能采用定期汇总的方式登记。（ ）

10. 数量金额式明细账是既适用于金额核算又适用于数量核算的明细账。（ ）

11. 平行登记是指对所发生的每一项经济业务都要以记账凭证为依据，一方面记入有关总分类账户，另一方面也要记入有关总分类账户所属明细分类账户。（ ）

12. 对账就是指核对账目。（ ）

13. 账证核对是指各种账簿的记录与各种原始凭证进行核对。（ ）

14. 在对账时，账账核对每月至少要进行 1～2 次。（ ）

15. 划线更正法适用于记账凭证发生错误而引起的账簿记录错误。（ ）

16. 年度结账称为会计结算。（ ）

17. 新年开始时，总分类账和现金日记账都应当重新更换。（ ）

18. 日记账也称为序时账，现金和银行存款日记账属于普通日记账。（　　　）

19. 每一账页登记完毕结转下页时，应当结出本页合计数及余额，写在本页最后一行和下页第一行的有关栏内，并在"摘要"栏内注明"过次页"和"承前页"字样，也可以将本页合计数及余额只写在本页最后一行栏内，并在"摘要"栏内注明"过次页"字样。（　　　）

20. 每日逐笔登记完银行存款日记账后，应分别计算银行存款的收入、支出合计数，并结算出结存数，定期与银行对账单核对，此核对属于账账核对。（　　　）

21. 活页式账页应当从第一页到最后一页按顺序编定页数，不得跳页、缺号。（　　　）

22. 日记账一般是按一级科目设置的，它提供的是某类经济业务每日的动态会计资料。（　　　）

23. 多栏式日记账就是将"收入"栏按贷方科目设专栏登记的日记账。（　　　）

24. 错账是企业在过账和结算账户时发生的错误。（　　　）

25. 采用红字更正法和补充登记法时，对于重新填制的"凭证摘要"栏中只要注明原记账凭证的日期、编号即可，以便查阅核实。（　　　）

26. 会计账簿一律不得携带外出。（　　　）

27. 会计人员根据记账凭证记账时，将贷记账户的金额 39 000 元写成了 93 000 元，更正时应采用划线更正法。（　　　）

28. 除总分类账外，其他账簿一般应采用活页式。（　　　）

29. 卡片账簿一般适用于固定资产、低值易耗品等资产的明细分类账。（　　　）

30. 活页账簿的最大优点是使用中不用装订成册，比较灵活，因此可以随意抽换账页。（　　　）

31. 总分类账户平时不必每日结出余额，只需每月结出月末余额。（　　　）

32. 订本账簿是指为防止抽换账页，而在使用后的期末将若干账页固定装订成册的账簿。（　　　）

33. 按规定，库存现金日记账应由出纳人员登记，银行存款日记账应由会计人员登记。（　　　）

34. 账簿只是一个外在形式，账户才是它的真实内容，账簿与账户在关系是形式和内容的关系。（　　　）

35. 三栏式账簿是指具有"日期""摘要""金额"3 个栏目格式的账簿。（　　　）

36. 总分类账户和明细分类账户主要的区别是登记的原始依据和详细程度不同。（　　　）

37. 期末对账时，包括账证核对，即会计账簿记录与原始凭证、记账凭证的时间、凭证字号、内容、金额是否一致，记账方向是否相符。（　　　）

38. 由于编制的记账凭证会计科目错误，导致账簿记录错误，更正时，可以将错误的会计科目划红线注销，然后，在划线上方写正确的会计科目。（　　　）

39. 在年度开始，启用新账簿时，为了保证年度之间账簿记录的相互衔接，应将上年度的年末余额记录在新账的第一行，并在"摘要"栏中注明"本年结转"或者"年初余额"字样。（　　　）

40. 办理月结，应在各账户最后一笔记录下面划一条通栏红线，在红线下计算出本月发生额及月末余额，并在"摘要"栏内注明"本月合计"或"本月发生额及余额"字样，然后在下面划上一条蓝线。（　　　）

41. 对需要按月进行月结的账簿，结账时，应在"本月合计"字样下面通栏划单红线，而不是划双红线。（　　　）

42. 生产成本明细账一般用多栏式，制造费用明细账一般用三栏式。（　　　）

43. 采用补充登记法更正错账时，按正确的金额与错误金额的差额，用蓝字编制一张账户对应关系与原错误凭证相同的记账凭证，并用蓝字登记入账，以补记少记的金额。（　　　）

44. 总分类账的月末借方余额合计数应当同月末贷方余额合计数核对相符。（　　　）

45. 明细账一般是逐笔登记，也可以定期汇总登记。（　　　）

46. 明细分类账一般是根据记账凭证直接登记，但个别明细分类账可以根据原始凭证登记。（　　　）

47. 总分类账簿一般采用多栏式账页格式。（　　　）

48. 账簿中的每一账页就是账户的存在形式和载体，没有账簿，账户就无法存在。（　　　）

49. 年末结账，应在全年累计发生额下通栏划单红线。（　　　）

50. 在审查当年的记账凭证时，发现某记账凭证应借应贷的科目正确，但所记的金额大于实际金额，并已入账，可用红字更正法更正。（　　　）

51. 在贷方多栏式的明细账中，平时如果发生借方发生额，应该用红字在贷方对应的明细栏中登记。（　　　）

52. 年度终了，日记账、总账和所有明细账、备查账必须更换新账，不能延续使用旧账。（　　　）

53. 备查账也是编制企业会计报表的直接依据。（　　　）

54. 审核无误的原始凭证是登记账簿的直接依据。（　　　）

55. 各种账簿必须按照国家统一规定的保存年限妥善保管，保管期满后可以销毁。（　　　）

56. 库存现金日记账由出纳人员根据审核无误的库存现金收、付款凭证和转账凭证按照经济业务的发生顺序，逐日、逐笔序时登记。（　　　）

四、计算分析题

1. 某企业 2016 年 2 月发生的经济业务及登记的总分类账和明细分类账如下。

（1）3 日，向甲企业购入 A 材料 200 千克，单价 80 元，价款 16 000 元；购入 B 材料 300 千克，单价 70 元，价款 21 000 元。货已验收入库，款项尚未支付（不考虑增值税，下同）。

（2）8 日，向乙企业购入 A 材料 1 500 千克，单价 10 元，材料已验收入库，款项尚未支付。

（3）12 日，生产车间为生产产品领用材料，其中领用 A 材料 1 200 千克，单价 20 元；领用 B 材料 1 100 千克，单价 30 元。

（4）20 日，向 A 企业偿还前欠货款 30 000 元，向 B 企业偿还前欠货款 10 000 元，用银行存款支付。

（5）28 日，向 A 企业购入 B 材料 3 000 千克，单价 20 元，价款已用银行存款支付，货物同时验收入库。

要求：根据上述资料，填写下述有关账页中空缺的金额。

总分类账

会计科目：应付账款

2016 年		凭证编号	摘要	借方	贷方	借或贷	余额
月	日						
2	1	略	月初余额			贷	36 000
	3		购入材料		37 000	贷	（1）
	8		购入材料		15 000	贷	88 000
	20		归还前欠货款	（2）		贷	48 000
			本月合计		（3）	贷	

应付账款明细分类账户   会计科目：甲企业

2016年		凭证编号	摘要	借方	贷方	借或贷	余额
月	日						
2	1	略	月初余额			贷	（4）
	3		购入材料		37 000	贷	（5）
	8		归还前欠货款	30 000		贷	33 000
			本月合计				

2. 某企业2016年8月发生的经济业务及登记的总分类账如下。

（1）4日，向A企业购入甲材料1 000千克，单价17元，价款17 000元；购入乙材料2 500公斤，单价9元，价款22 500元。货已验收入库，款项尚未支付（不考虑增值税，下同）。

（2）8日，向B企业购入甲材料2 000千克，单价17元，价款34 000元，货已验收入库，款项尚未支付。

（3）13日，生产车间为生产产品领用材料，其中领用甲材料1 400千克，单价17元，价值23 800元；领用乙材料3 000千克，单价9元，价值27 000元。

（4）23日，向A企业偿还前欠货款20 000元，向B企业偿还前欠货款40 000元，用银行存款支付。

（5）28日，向A企业购入乙材料1 600千克，单价9元，价款14 400元，已用银行存款支付，货物同时验收入库。

要求：根据上述资料，完成下表的编制。

总分类账户   会计科目：原材料

2016年		凭证编号	摘要	借方	贷方	借或贷	余额
月	日						
8	1	略	月初余额			借	（1）
	4		购入材料	39 500		借	（2）
	8		购入材料	（3）		借	88 400
	13		生产领用材料		（4）	借	37 600
	28		购入材料	14 400		借	（5）
	31		合计	87 900	50 800	借	52 000

3. 某企业2016年8月发生的经济业务及登记的明细分类账如下。

（1）4日，向A企业购入甲材料1 000千克，单价17元，价款17 000元；购入乙材料2 500千克，单价9元，价款22 500元。货已验收入库，款项尚未支付（不考虑增值税，下同）。

（2）8日，向B企业购入甲材料2 000千克，单价17元，价款34 000元，货已验收入库，款项尚未支付。

（3）13日，生产车间为生产产品领用材料，其中领用甲材料1 400公斤，单价17元，价款23 800元；领用乙材料3 000千克，单价9元，价款27 000元。

（4）23日，向A企业偿还前欠货款20 000元，向B企业偿还前欠货款40 000元，用银行存款支付。

（5）28日，向 A 企业购入乙材料 1 600 千克，单价 9 元，价款 14 400 元，已用银行存款支付，货物同时验收入库。

要求：根据上述资料，完成下表的编制。

原料明细分类账——甲材料

2016 年		凭证编号	摘要	收入			发出			结存		
月	日			数量	单价	金额	数量	单价	金额	数量	单价	金额
8	1	略	月初余额							400	17	6 800
	4		购入材料	1 000	17	（1）				1 400	17	23 800
	8		购入材料	2 000	17	34 000				（2）	17	（3）
	13		领用材料				1 400	17	23 800	2 000	17	34 000
	31		合计	3 000	17	51 000	（4）	17	（5）	2 000	17	34 000

强化练习参考答案及解析

一、单项选择题

1. 答案：A

【解析】原材料、库存商品、产成品等存货明细账一般都采用数量金额式账簿，选项 B、C、D 均采用三栏式。

2. 答案：B

【解析】总分类账和日记账采用订本式账簿，明细账一般采用活页式账簿。本题是明细账，故采用活页式账簿。

3. 答案：A

【解析】总分类账和日记账采用订本式账簿，明细账一般采用活页式账簿。

4. 答案：C

【解析】需要结计本年累计发生额的某些明细账，12 月月末结账时，通栏划双红线。

5. 答案：C

【解析】红字更正法适用于以下两种情况：①记账后发现记账凭证中应借应贷的方向或会计科目发生错误；②记账后发现记账凭证的应借应贷方向和会计科目正确，而所记金额大于应记金额。选项 A 采用划线更正法更正，选项 D 采用补充登记法更正。

6. 答案：B

【解析】此题的错误有两处：一是会计科目错误，二是金额错误。应当采用红字更正法更正错账。

7. 答案：A

【解析】对账按范围可分为内部对账和外部对账。

8. 答案：B

【解析】"本年利润"账户的明细账适用于多栏式格式。

9. 答案：A

【解析】三栏式明细分类账适用于只需要进行金额核算的明细账。

10. 答案：A

【解析】账户是根据会计科目设置的，具有一定格式和结构，用于分类反映会计要素增减变动情况及其结果的载体。会计科目的名称就是账户的名称。

11. 答案：A

【解析】选项 B、C 采用三栏式明细账，选项 D 采用多栏式明细账。

12. 答案：A

【解析】选项 B、D 采用三栏式明细账，选项 C 采用数量金额式明细账。

13. 答案：D

【解析】选项 A、B 采用多栏式明细账，选项 C 采用数量金额式明细账。

14. 答案：B

【解析】日记账也称序时账，按其记录的内容不同，又分为普通日记账和特种日记账两种。

15. 答案：C

【解析】补充登记法适用于记账凭证中科目正确但金额有误（所记金额小于应记金额）的情况。

16. 答案：B

【解析】对于记账凭证中应借应贷的会计科目发生错误，应采用红字更正法更正。

17. 答案：B

【解析】对于记账凭证没有错误而只是账簿记录发生错误，应当采用划线更正法更正。

18. 答案：D

【解析】记账前发现记账凭证有错误应当重新填制记账凭证；如果是记账后发现记账凭证中应借应贷的科目和金额均有错误，则应采用红字更正法更正。

19. 答案：B

【解析】企业应当以审核无误的会计凭证（包括原始凭证和记账凭证）作为登记账簿的依据。

20. 答案：A

【解析】11 月月末结账时，应在"本年累计"行下划通栏单红线。

21. 答案：C

【解析】期末无余额的账户，应在"借或贷"栏内填写"平"。

22. 答案：A

【解析】在实际工作中，最基本的账户格式是三栏式账户。

23. 答案：A

【解析】多栏式日记账中"支出"栏按借方科目设专栏登记，月末结账时分栏结计发生额。

24. 答案：C

【解析】总分类账可以逐日、逐笔登记，也可以定期汇总登记，这主要取决于账务处理程序。

25. A

【解析】原材料、库存商品等存货类明细账一般采用数量金额式。

26. 答案：B

【解析】年度终了，各种账户结转下年、建立新账后，一般应将旧账集中统一管理。会计账簿暂由本单位财务会计部门保管一年，期满后，由本单位财务会计部门编造清册移交到本单位的档案部门保管。

27. 答案：A

【解析】序时账簿，又称日记账，是按照经济业务发生时间的先后顺序逐日、逐笔登记的账簿。企业一般都必须设置库存现金和银行存款日记账，以对库存现金和银行存款的收付及结存情况进行序时登记。

28．答案：B

【解析】对于需要结出本年累计发生额的账户，结计"过次页"的合计数应为自年初至本页末止的累计数。

29．答案：C

【解析】库存现金日记账应当每日结出发生额和余额。

30．答案：D

【解析】明细分类账一般采用活页式账簿。

31．答案：C

【解析】会计账簿，简称账簿，是指由具有一定格式的账页组成的，以审核无误的会计凭证为依据，全面、系统地记录各项经济业务的簿籍。

32．答案：A

【解析】账实核对是指各项财产物资、债权债务等账面余额与实有数额之间的核对。有关债权债务明细账账面余额与对方单位的债权债务账面记录核对是否相符，属于账实核对。

33．答案：B

【解析】总分类账一般采用三栏式；普通日记账与转账日记账一般采用两栏式；原材料、库存商品等存货明细分类账一般采用数量金额式；收入、费用、成本一般采用多栏式。

34．答案：D

【解析】收入、费用、成本一般采用多栏式。

35．答案：C

【解析】在结账前发现账簿记录有文字或数字错误，而记账凭证没有错误，采用划线更正法进行更正。

36．答案：C

【解析】会计账簿，简称账簿，是指由具有一定格式的账页组成的，以审核无误的会计凭证为依据，全面、系统地记录各项经济业务的簿籍。

37．答案：D

【解析】记账后发现记账凭证和账簿记录中应借、应贷会计科目无误或所记金额大于应记金额所引起的记账错误，应采用红字更正法进行更正。更正方法是：按多记的金额用红字编制一张与原记账凭证应借、应贷科目完全相同的记账凭证，在"摘要"栏内写明"冲销某月某日某号记账凭证多记金额"，以冲销多记的金额，并据以用红字登入账。

38．答案：B

【解析】备查账簿，又称辅助登记簿或补充登记簿，是指对某些在序时账簿和分类账簿中记载不全的事项进行补充登记。

39．答案：A

【解析】在结账前发现账簿记录有文字或数字错误，而记账凭证没有错误，采用划线更正法进行更正。

40．答案：A

【解析】库存现金、银行存款日记账和需要按月结计发生额的收入、费用等明细账，每月结账时，要在最后一笔经济业务记录的下面通栏划单红线，结出本月发生额和余额，在"摘要"栏内注明"本月合计"字样，并在下面通栏划单红线。

41. 答案：C

【解析】序时账簿和总分类账簿一般采用订本式。

42. 答案：C

【解析】银行存款的账实核对是指银行存款日记账账面余额与银行存款对账单的余额定期核对是否相符。

43. 答案：A

【解析】收入、费用、成本一般采用多栏式明细账格式。管理费用适用于借方多栏式明细账的账页格式，选项C适用于贷方多栏式明细账的账页格式。

44. 答案：B

【解析】库存现金日记账是根据有关现金收付业务的记账凭证逐日、逐笔登记的。库存现金日记账的日期就是现金收、付款凭证上的日期。

45. 答案：A

【解析】平行登记对所发生的每项经济业务事项，以会计凭证为依据，一方面记入有关总分类账户，另一方面记入总账所属明细分类账户。

46. 答案：C

【解析】账簿都应具备以下基本内容：封面、扉页、账页。账页是账簿用来记录经济业务的主要载体。

47. 答案：C

【解析】账簿与账户的关系是形式和内容的关系。

48. 答案：C

【解析】红字更正法适用于以下两种情形：①记账后发现由于记账凭证中会计科目运用错误引起的记账错误；②记账后发现记账凭证和账簿记录中应借、应贷会计科目无误，只是所记金额大于应记金额所引起的记账错误。

49. 答案：D

【解析】每一账页登记完毕时，应当结出本页发生额合计及余额，在该账页最末一行"摘要"栏内注明"转次页"或"过次页"的字样，并将这一金额记入下一页第一行有关金额栏内，在该行"摘要"栏内注明"承前页"，以保持账簿记录的连续性，便于对账和结账。

50. 答案：A

【解析】明细分类账适合采用活页式账簿形式，库存现金日记账、银行存款日记账适合采用订本式账簿形式。

51. 答案：B

【解析】银行存款日记账根据银行存款收、付款凭证逐日、逐笔登记。

52. 答案：A

【解析】每一账页登记完毕时，应当结出本页发生额合计及余额，在该账页最末一行"摘要"栏内注明"转次页"或"过次页"的字样。

53. 答案：C

【解析】年度终了结账时，有余额的账户，应将其余额结转至下年，并在"摘要"栏内注明"结转下年"字样，无须编制记账凭证。

54. 答案：B

【解析】记账后发现由于记账凭证中会计科目运用错误引起的记账错误，应采用红字更正法更正。

55. 答案：C

【解析】固定资产明细账适合采用卡片式。

56. 答案：D

【解析】库存现金日记账和银行存款日记账必须采用的账簿形式是订本式。

57. 答案：B

【解析】设置和登记账簿是编制会计报表的基础，是连接会计凭证和财务报表的中间环节。

二、多项选择题

1. 答案：A、D

【解析】账簿按用途不同可以分为 3 大类：日记账簿、分类账簿和备查账簿。分类账簿包括总分类账簿和明细分类账簿。

2. 答案：B、C、D

【解析】备查账簿，又称辅助账簿，是对某些未能在日记账簿和分类账簿中记录的事项或记载不全的经济业务进行补充登记的账簿，如租入固定资产登记簿、受托加工材料登记簿、代销商品登记簿。

3. 答案：A、B、C、D

【解析】账簿按账页格式可以分为 4 大类：两栏式账簿、三栏式账簿、多栏式账簿和数量金额式账簿。

4. 答案：A、B、C

【解析】账簿按外表形式的不同可分为订本式账簿、活页式账簿和卡片式账簿 3 种。

5. 答案：A、D

【解析】订本式账簿是在启用前就把编号的若干账页固定装订成册的账簿。这种账簿的优点是可以防止账页的失散和非法抽换；缺点是不便于分工记账，也不能根据记账需要增减账页。它主要适用于重要账簿和具有统驭作用的总分类账。

6. 答案：A、B、C、D

【解析】活页式账簿是把账页装在账夹页，可以随时取放的账簿。这种账簿的优点是可以根据记账需要取放和重新排列账页，并且可以组织同时分工记账。缺点是账页容易散失和被抽换。它主要适用于一般的明细分类账。

7. 答案：A、B

【解析】选项 C、D 采用活页式账簿。

8. 答案：A、D

【解析】每一个账户一般有 4 个金额要素，即期初余额、本期增加发生额、本期减少发生额和期末余额。

9. 答案：A、B、C、D

【解析】账户的基本结构一般应包括以下内容：①账户名称；②日期；③摘要；④凭证号数；⑤金额的增加额、减少额和余额。

10. 答案：A、B、C

【解析】会计账簿的基本内容主要有封面、扉页和账页。

11. 答案：A、B、C

【解析】账簿启用登记表包括账簿名称、单位名称、账簿编号、账簿页数、启用日期、记账人员、会计主管签章等。

12. 答案：A、D

【解析】可以用红色墨水记账的情况有：①按照红字冲账的记账凭证，冲销错误记录；②在不设"借""贷"等栏的多栏式账页中登记减少数；③在三栏式账户的余额前，如未印明余额方向，在余额栏内登记负数余额；④根据国家统一制度的规定可以用红字登记的其他会计记录。

13. 答案：A、C

【解析】账簿中书写的文字和数字应紧靠底线书写，上面要留有适当的空格，不要写满格，一般应占格距的 1/2。没有余额的账户，应在"借或贷"栏内写"平"字，并在"余额"栏内的"元"位上用"0"表示。

14. 答案：A、B

【解析】现金日记账的格式有三栏式和多栏式两种，一般采用三栏式。

15. 答案：A、B、D

【解析】银行存款日记账可采用银行存款收款凭证、银行存款付款凭证和现金付款凭证登记，因为现金付款凭证也有可能出现银行存款科目，如将现金存入银行。

16. 答案：A、B

【解析】对账按其进行的时间，可分为平时对账和报告期对账。

17. 答案：A、C

【解析】对账按其内容可以分为账证核对、账实核对、账账核对和账表核对。

18. 答案：B、C、D

【解析】选项 A 属于账账核对。

19. 答案：A、B、C

【解析】错账更正的方法主要有 3 种：①划线更正法；②红字更正法；③补充登记法。

20. 答案：A、B

【解析】新的年度开始时，总分类账、日记账和大部分明细账均应更换账簿，只有变动较小的部分明细账如固定资产明细账、低值易耗品明细账可以继续使用，不必办理新年更换账簿手续。

21. 答案：A、B

【解析】各种日记账、总分类账以及资本、债权、债务明细账都可以采用三栏式账簿。选项 D 应当采用多栏式明细账。

22. 答案：A、C、D

【解析】收入、成本、费用、利润和利润分配明细账一般采用多栏式账簿。

23. 答案：A、B、D

【解析】没有账簿，账户就无法存在，因此选项 C 错误。

24. 答案：A、B、C

【解析】对需要结计本年累计发生额的账户，结计过次页的本页合计数应当为自年初起至本页末止的累计数。

25. 答案：A、B、C

【解析】债权、债务明细账的账面余额与对方单位的账面记录核对相符属于账实核对。

26. 答案：A、B、C、D

【解析】企业结账应按下列程序进行：①将本期发生的经济业务全部登记入账，并保证其正确性；②根据权责发生制的要求，调整有关账户，合理确定本期应计的收入和应计的费用；③将有关损益类科目转入"本年利润"账户，结平所有损益类账户；④结算出资产、负债和所有者权益类账户的本期发生额和余额，并结转至下期。

27. 答案：A、B、D

【解析】新、旧账有关账户之间转记余额，不需要编制记账凭证，但应核对相符。

28. 答案：A、D

【解析】各种账簿应按页次顺序连续登记，不得跳行、隔页，如果发生跳行、隔页，应当将空行、空页划线注销，或注明"此行空白""此页空白"，并由相关人员签章。

29. 答案：B、D

【解析】选项 A 采用三栏式账簿，选项 C 采用多栏式账簿。

30. 答案：A、C

【解析】制造费用采用多栏式账簿，故与之相同的有生产成本和主营业务成本明细账，选项 B 采用数量金额式账簿，选项 D 采用三栏式账簿。

31. 答案：A、B

【解析】特种日记账只把重要的项目按经济业务发生的先后顺序记入日记账中，反映某个特定项目的详细情况。目前，我国现金和银行存款日记账属于特种日记账。

32. 答案：A、B、C

【解析】借方金额栏和贷方金额栏记录本期发生额。

33. 答案：A、B、D

【解析】记账凭证记载单项经济业务的，可根据记账凭证登记。记账凭证记载多项经济业务的，根据记账凭证和所属原始凭证登记。各项财产明细账必须根据原始凭证登记。

34. 答案：A、C

【解析】总账、库存现金及银行存款日记账必须用订本账；明细账一般采用活页账，固定资产明细账采用卡片式；备查账没有固定的格式。

35. 答案：A、B

【解析】在"本年累计"下面不一定划双红线，只有在 12 月月末的"本年累计"下面才划双红线，因为 12 月月末的"本年累计"就是全年累计发生额。

36. 答案：A、C、D

【解析】库存现金日记账由出纳人员根据库存现金的收、付款凭证逐日、逐笔顺序登记。银行存款日记账由出纳人员根据与银行收付业务有关的记账凭证，按时间先后顺序进行逐日、逐笔登记。库存现金日记账和银行存款日记账，应该定期与会计人员登记的库存现金总账和银行存款总账核对。库存现金要日清月结，银行存款至少每月核对一次。

37. 答案：A、B、C

【解析】明细分类账是根据有关明细分类账户设置并登记的账簿。明细分类账可以根据原始凭证、汇总原始凭证、记账凭证进行登记。

38. 答案：A、B、C、D

【解析】账账核对包括总分类账簿之间的核对、总分类账簿与所属明细账之间的核对、总分类账簿与序时账簿之间的核对、明细分类账簿之间的核对。

39. 答案：A、D

【解析】账实核对是指各项财产物资、债权债务等账面余额与实有数之间的核对，主要包括库存现金日记账与现金实际库存数逐日核对是否相符；银行存款日记账账面余额与银行对账单的余额定期核对是否相符；各项财产物资明细账账面余额与财产物资的实有数额定期核对是否相符；有关债权、债务明细账账面余额与对方单位的债权债务账面记录核对是否相符。

40. 答案：A、B、C

【解析】收入、费用、债权、债务明细账都必须逐日、逐笔登记。

41. 答案：A、B

【解析】出纳人员负责现金日记账和银行存款日记账的登记工作，会计人员负责现金总账和银行存款总账的登记工作。

42. 答案：A、B、C、D

【解析】银行存款日记账是用来核算和监督银行存款每日的收入、支出和结余情况的账簿。

银行存款日记账应按企业在银行开立的账户和币种分别设置，每个银行账户设置一本日记账。银行存款日记账的格式和登记方法与库存现金日记账基本相同。

43. 答案：C、D

【解析】年度终了，各种账户结转下年、建立新账后，一般应将旧账集中统一管理。会计账簿暂由本单位财务会计部门保管一年，期满后，由本单位财务会计部门编造清册移交到本单位的档案部门保管。会计账簿的更换通常在新会计年度建账时进行。

44. 答案：A、B、D

【解析】账簿按照账页格式的不同可分为两栏式、三栏式、多栏式和数量金额式。

45. 答案：A、C、D

【解析】账簿按其经济用途的不同可分为序时账簿、分类账簿和备查账簿。

46. 答案：C、D

【解析】现金日记账和银行存款日记账由出纳人员根据收、付款凭证逐日、逐笔登记。

47. 答案：A、D

【解析】序时账簿，又称日记账　是按照经济业务发生时间的先后顺序逐日、逐笔登记的账簿。

48. 答案：A、B

【解析】库存现金日记账、银行存款日记账必须逐日结出余额。

49. 答案：B、C

【解析】在书写时，登记账簿必须使用蓝黑墨水或碳素墨水。

50. 答案：B、D

【解析】总账主要采用三栏式。日记账一般采用三栏式，普通日记账和转账日记一般采用两栏式。银行存款日记账应按企业在银行开立的账户和币种分别设置，每个银行账户设置一本日记账。各种日记账、总账以及资本、债权、债务明细账都可以采用三栏式账簿。收入、成本、费用一般采用多栏式。

51. 答案：B、C、D

【解析】对账工作一般在月末进行。对账就是核对账目，即对账簿、账户记录的正确与否进行的核对工作。对账就是为了保证账簿记录的真实性、完整性和准确性，在记账之后结账之前，定期或不定期地对有关数据进行检查、核对，以便为编制会计报表提供真实、可靠的数据。

52. 答案：A、B、C、D

【解析】平行登记对所发生的每项经济业务要以会计凭证为依据，一方面记入有关总分类账户，另一方面记入所涉及的明细分类账户的方法。平等登记的要点是依据相同、方向相同、期间相同、金额相等，即计入总分类账户的金额与计入其所属明细分类账户的合计金额相等。

53. 答案：A、B、C、D

【解析】分类账簿是对全部经济业务事项按照会计要素的具体类别而设置的分类账户进行登记的账簿。它按其反映经济业务的详略程度，可分为总分类账簿和明细分类账簿。总分类账簿是根据总分类账户开设的，主要为了编制会计报表提供直接数据资料。明细分类账簿是根据明细分类账户开设的，是会计账簿的主体，也是编制会计报表的主要依据。

54. 答案：A、B、C、D

【解析】结账是一项将账簿记录定期结算清楚的账务工作。结账的内容通常包括两个方面：一是结清各种损益类账户，并据以计算确定本期利润；二是结清各资产、负债和所有者权益类账户，分别结出本期发生额合计和余额。

55. 答案：A、B、D

【解析】账簿按其外表形式的不同可分为活页式、订本式和卡片式。

56. 答案：A、B、C、D

【解析】登记账簿时，正常记账使用蓝黑墨水或碳素墨水书写，不得使用铅笔或圆珠笔；特殊记账使用红墨水。账簿按顺序连续登记，不得跳行、隔页，如果发生跳行、隔页，应当将空行、空页划线注销，或者注明"此行空白""此页空白"字样，并由记账人员在更正处签章。

57. 答案：B、C、D

【解析】会计账簿的记账规则主要包括准确完整；注明记账符号；书写留空；正常记账用蓝黑墨水；特殊记账使用红墨水；顺序连续登记；结出余额；过次承前；不得涂改、刮擦、挖补。

58. 答案：A、B、C、D

【解析】账账核对包括总分类账簿之间的核对、总分类账簿与所属明细账之间的核对、总分类账簿与序时账簿之间的核对、明细分类账簿之间的核对。

59. 答案：A、B、C

【解析】总分类账簿是按总分类账户开设的，每个企业都必须开设，能够全面地反映企业的经济活动，主要采用三栏式和订本式，设"借""贷""余"三栏。

60. 答案：A、B、C

【解析】库存现金、银行存款日记账必须逐日、逐笔结出余额。凡需要结出余额的账户，结出余额后，应在"借或贷"栏内写明"借"或者"贷"字样；没有余额的账户，应当在"借或贷"栏内写"平"字，并在余额栏内用"0"表示。

61. 答案：A、B、C、D

【解析】账簿是由一定格式的账页组成的，以经过审核的会计凭证为依据，全面、系统、连续地记录各项经济业务的簿籍。设置和登记账簿是编制财务报表的基础。

62. 答案：A、B、C、D

【解析】银行存款日记账（三栏式日记账）通常包括的栏目的有日期、凭证字号、对方科目、摘要、收入、支出、结余。

63. 答案：A、B、C

【解析】红字更正法适用于以下两种情形：①记账后发现由于记账凭证中会计科目运用错误引起的记账错误；②记账后发现记账凭证和账簿记录中应借、应贷会计科目无误，但所记金额大于应记金额。

三、判断题

1. 答案：×

【解析】会计账簿是指由一定格式的账页组成，以经过审核的会计凭证为依据，全面、系统、连续地记录各项经济业务的簿籍。

2. 答案：×

【解析】普通日记账是用来登记全部经济业务发生情况的日记账。特种日记账只将重要的项目按经济业务发生的先后顺序记入日记账中。

3. 答案：√

【解析】总分类账簿也称总账，是根据总分类科目开设账户，用来分类登记全部经济业务总括核算的分类账簿。

4. 答案：√

【解析】兼有日记账簿和分类账簿性质和作用的账簿，称为联合账簿。

5. 答案：√

【解析】各种日记账、总分类账簿以及资本、债权、债务明细账都可采用三栏式账簿。

6. 答案：×

【解析】在实际工作中，最基本的账户格式是三栏式账户。

7. 答案：√

【解析】账簿与账户的关系是形式和内容的关系。

8. 答案：√

【解析】总分类账只采用货币计量单位进行登记，最常用的格式是三栏式。

9. 答案：×

【解析】总分类账可以直接根据各种记账凭证逐笔登记，也可以通过一定的汇总方式，定期或分期汇总登记，这主要取决于各单位所采用的账务处理程序。

10. 答案：√

【解析】数量金额式明细账是既适用于金额核算又适用于数量核算的明细账。

11. 答案：×

【解析】平行登记是指对所发生的每一项经济业务都要以会计凭证为依据，一方面记入有关总分类账户，另一方面也要记入有关总分类账户所属的明细分类账户。

12. 答案：√

【解析】对账，简而言之就是核对账目。

13. 答案：×

【解析】账证核对是指将各种账簿的记录与各种会计凭证进行核对。

14. 答案：×

【解析】在对账时，账账核对每月至少要进行一次。

15. 答案：×

【解析】划线更正法适用于记账凭证没有错误，只是账簿中记录的文字或数字发生错误。

16. 答案：×

【解析】年度结账称为会计决算。月度、季度结账称为会计结算。

17. 答案：√

【解析】在年终办理决算后，总分类账、日记账和大部分明细分类账均应当更换账簿。只有变动较小的明细账可以不必办理新年更换手续。

18. 答案：×

【解析】日记账也称为序时账，现金和银行存款日记账属于特种日记账。

19. 答案：×

【解析】每一账页登记完毕结转下页时，应当结出本页合计数及余额，写在本页最后一行和下页第一行的有关栏内，并在"摘要"栏内注明"过次页"和"承前页"字样，也可以将本页合计数及余额只写在下页第一行有关栏内，并在"摘要"栏内注明"承前页"字样。

20. 答案：×

【解析】每日逐笔登记完银行存款日记账后，应分别计算银行存款的收入、支出合计数，并结算出结存数，定期与银行对账单核对，此核对属于账实核对。

21. 答案：×

【解析】启用订本式账簿应当从第一页到最后一页顺序编写页数，不得跳页、缺号。使用活页式账簿应当按账户顺序编号，并须定期装订成册。

22. 答案：×

【解析】日记账一般是按一级科目设置的，它提供的是某类经济业务每日的动态及静态资料。

23. 答案：√

【解析】多栏式日记账就是将"收入"栏按贷方科目设专栏登记的日记账。

24. 答案：√

【解析】错账是企业在过账和结算账户时发生的错误。

25. 答案：×

【解析】采用红字更正法和补充登记法时，应在重新填制的记账凭证"摘要"栏内注明原记账凭证的日期、编号及更正原因，以便查阅核实。

26. 答案：×

【解析】会计账簿除需要与外单位核对外，一般不得携带外出，对需要携带外出的账簿，通常由经管人员负责或会计主管人员指定专人负责。

27. 答案：√

【解析】在结账前发现账簿记录有文字或数字错误，而记账凭证没有错误，采用划线更正法。

28. 答案：×

【解析】总分类账、日记账采用订本式，多数明细账采用活页式，固定资产明细账采用卡片式。

29. 答案：√

【解析】在我国，企业一般只对固定资产的核算采用卡片式账簿，也有少数企业在材料核算时用材料卡片。

30. 答案：×

【解析】活页账簿的最大优点是记账时可以根据实际需要，随时将空白账页装入账簿，或抽去不需要的账页，便于分工记账；其缺点是如果管理不善，可能会造成账页散失或故意抽换账页。

31. 答案：√

【解析】总账账户只需要结出月末余额。

32. 答案：×

【解析】订本式账簿是在启用前将编有顺序页码的一定数量的账页装订成册的账簿。订本账的优点是防止抽换账页；缺点是不能准确地为各账户预留账页。

33. 答案：×

【解析】按规定，库存现金日记账、银行存款日记账应由出纳人员登记。

34. 答案：√

【解析】账簿与账户的关系是形式和内容的关系。账簿只是一个外在形式，账户才是它的真实内容。

35. 答案：×

【解析】三栏式账簿是指具有"借""贷""余"3个栏目格式的账簿。

36. 答案：×

【解析】总分类账户与明细分类账户尽管反映经济业务的详细程度不同，但二者核算的内容是相同的，登记的原始依据也是共同的，因此总分类账户与明细分类账户采取平行登记的方法。

37. 答案：√

【解析】记账后，应将账簿记录与会计凭证核对，核对会计账簿记录与原始凭证、记账凭证的时间、凭证字号、内容、金额是否一致，记账方向是否相符，账证是否相符。

38. 答案：×

【解析】由编制的记账凭证会计科目错误而导致的账簿记录错误，应采用红字更正法进行更正。

39. 答案：√

【解析】在年度开始、启用新账簿时，应将余额记入新账的第一行，并在"摘要"栏内注明"上年结转"字样。

40. 答案：×

【解析】结账时，应当结出每个账户的期末余额。需要结出当月发生额的，应当在"摘要"栏内注明"本月合计"字样，并在下面通栏划单红线。

41. 答案：√

【解析】结账时，应当结出每个账户的期末余额。需要结出当月发生额的，应当在"摘要"栏内注明"本月合计"字样，并在下面通栏划单红线。

42. 答案：×

【解析】收入、费用、成本明细账一般采用多栏式。

43. 答案：√

【解析】记账后发现记账凭证和账簿记录中应借、应贷会计科目无误，只是所记金额小于应记金额的，采用补充登记法。采用补充登记法更正错账时，按正确的金额与错误金额的差额，用蓝字编制一张账户对应关系与原错误凭证相同的记账凭证，并用蓝字登记入账，以补记少记的金额。

44. 答案：×

【解析】总分类账的月末借方余额合计数应当同月末所属明细账的借方余额合计数核对相符。

45. 答案：√

【解析】库存商品、原材料、产成品收发明细账以及收入、费用明细账可以逐笔登记，也可以定期汇总登记。

46. 答案：√

【解析】不同经济业务的明细分类账可以根据管理需要，依据记账凭证、汇总原始凭证、原始凭证进行登记。

47. 答案：×

【解析】总分类账簿一般采用三栏式账页格式。

48. 答案：√

【解析】账簿是由若干账页组成的一个整体，账簿中的每一账页就是账户的存在形式和载体，没有账簿，账户就无法存在。

49. 答案：×

【解析】年末结账时，应在全年累计发生额下通栏划双红线。

50. 答案：√

【解析】记账后发现记账凭证和账簿记录中应借、应贷会计科目无误，只是所记金额大于应记金额所引起的记账错误，应采用红字更正法进行更正。

51. 答案：√

【解析】红字表示负数，表示相反方向。

52. 答案：×

【解析】总账、日记账和多数明细账应每年更换一次，备查账可以连续使用。

53. 答案：×

【解析】备查账簿只是对其他账簿记录的一种补充，与其他账簿之间不存在严密的依存和勾稽关系。

54. 答案：×

【解析】账簿是根据审核无误的会计凭证进行登记的。

55. 答案：×

【解析】保管期满但未结清的债权、债务原始凭证和涉及其他未了事项的原始凭证不得销毁，应当单独抽出立卷，保管到未了事项完结时为止。

56. 答案：×

【解析】库存现金日记账由出纳人员根据审核无误的库存现金收、付款凭证按照经济业务的发生顺序，逐日、逐笔序时登记。

四、计算分析题

1. 答案如下。

（1）36 000+37 000=73 000。

（2）40 000。

（3）37 000+15 000=52 000。

（4）63 000-37 000=26 000。

（5）33 000+30 000=63 000。

2. 答案如下。

（1）54 400-39 500=14 900。

（2）88 400-34 000=54 400。

（3）34 000。

（4）88 400-37 600=50 800。

（5）37 600+14 400=52 000。

3. 答案如下。

（1）1 000×17=17 000。

（2）1 400+2 000=3 400。

（3）3 40×17=57 800。

（4）1 400。

（5）1 400×17=23 800。

第九章 财产清查

主要考点

1. 财产清查的分类
2. 库存现金、银行存款、实物财产的清查方法
3. 财产清查结果的处理步骤
4. 财产清查结果盘盈、盘亏的会计处理

复习重点

第一节 | 财产清查的概述

一、财产清查的概念

财产清查是通过对各项资产的实地盘点以及对各种债权、债务的查核，将一定时点的实存数与账面结存数进行核对，借以查明账实是否相符的一种专门方法。

【例9-1】财产清查的范围既包括对资产的清查也包括对负债的清查。（　　　）

答案：√

【解析】财产清查的范围包括各种债权、债务，故包括资产和负债。

1. 按清查范围分类

财产清查按其清查范围的不同，可分为全面清查和局部清查。

（1）全面清查。全面清查是对所有财产进行全面盘点和核对。一般在以下情况下需要进行全面清查：①年终决算前；②单位撤销、合并、改组或改变隶属关系时；③在清产核资时；④开展全面的资产评估；⑤发生重大经济违法事件时。

（2）局部清查。局部清查是根据需要对某一项或某一部分财产所进行的清查。对于各种贵重物资，应当每月盘点一次；对于库存现金，每日终了应当由出纳人员清点核对；对于银行存款、银行借款，每月应当与银行核对一次；对于各种债权、债务，每年至少要同对方核对 1～2 次。

2. 按清查时间分类

财产清查按清查时间的不同，可分为定期清查和不定期清查。

（1）定期清查。定期清查的清查对象可以是全部财产，也可以是部分财产，一般在年末、季末、月末结账时进行。

（2）不定期清查。不定期清查的清查对象可以是全部财产，也可以是部分财产，一般在更换财产物资和现金保管人员、财产发生非常灾害和意外损失、上级有关部门进行会计检查、进行临时性清产核资时进行。

二、财产清查的意义

（1）通过财产清查，可以查明各项财产物资的实有数量，确定实有数量与账面数量之间的差异，查明原因和责任，以便采取有效措施，消除差异，改进工作，从而保证账实相符，提高会计资料的准确性和真实性。

（2）通过财产清查，可以查明各项财产物资的库存和使用情况，能够促进企业改善经营管理，合理安排生产经营活动，充分利用各项财产物资，加速资金周转，提升资金的使用效果。

【例9-2】通过财产清查，可以合理地安排生产经营活动，充分利用各项财产物资，加速资金周转，提升资金的使用效果。（   ）

答案：√

【解析】通过财产清查，可以查明各项财产物资的库存和使用情况，合理安排生产经营活动，充分利用各项财产物资，加速资金周转，提升资金的使用效果。

第二节 | 财产清查的方法

一、货币资金的清查方法

1．库存现金的清查

库存现金的清查方法是进行实地盘点，即盘点库存现金的实有数，再同现金日记账的账面余额核对，查明账实是否相符，确定盘亏情况。

在盘点现金时，出纳人员必须在场，并且不允许以借条、收据抵充现金。盘点完毕，根据盘点的结果填列现金盘点报告表。现金盘点报告表是现金实存数的重要原始凭证，由盘点人员和出纳员共同签章方能生效。

2．银行存款的清查

银行存款的清查采用与银行核对账目的方法来进行。即将从银行取得的对账单和单位的银行存款日记账逐笔进行核对，以查明账实是否相符。

未达账项是由于银行和企业之间入账的时间不一致，造成一方已经入账，而另一方尚未入账的款项。企业与银行之间发生的未达账项，有以下4种情况。

（1）企业已收、银行未收。

（2）企业已付、银行未付。

（3）银行已收、企业未收。

（4）银行已付、企业未付。

当发生（1）、（4）两种情况时，会使企业银行存款日记账的余额大于银行对账单的余额；当发生第（2）、（3）两种情况时，会使企业银行存款日记账的余额小于银行对账单的余额。同时，为消除未达账项的影响，通常要编制银行存款余额调节表。通过调整核对，如果发现双方账面余额仍不相符，则可能是一方或双方账簿记录中有差错。

经过银行存款余额调节表调节后得出的余额，既不等于本单位银行存款日记账的账面余额，也不等于银行账面余额，而是本单位可以动用的银行存款实有数。

需要说明的是，调整账面余额并不是更改账簿记录，对于银行已经入账而本单位尚未入账的未达账项不做账务处理，应在收到有关原始凭证之后，才据以编制记账凭证，登记入账。

【例9-3】银行存款余额调节表是调整银行存款日记账账面记录的原始依据。（　　　）

答案：×

【解析】调整账面余额并不是更改账簿记录，对于银行已经入账而本单位尚未入账的未达账项不做账务处理，应在收到有关原始凭证之后，才据以编制记账凭证，登记入账。

上述银行存款的清查方法也适用于其他货币资金的清查。

二、实物的清查方法

1．实物财产的清查方法

常用的实物财产清查方法包括以下几种。

（1）实地盘点法。实地盘点法一般适用于机器设备、包装物、原材料、产成品和库存商品等的清查。

（2）技术推算法。技术推算法一般适用于散装的、大量成堆的煤炭、砂石、化肥、饲料等物资的清查。

（3）抽样盘存法。抽样盘存法是指对数量多、重量均匀的实物财产，可以采用抽样盘点的方法，确定财产的实有数额。

（4）函证核对法。函证核对法是指对于委托外单位加工或保管的物资，可以采用向对方单位发函调查，并与本单位的账存数相核对的方法。

2．实物财产清查使用的凭证

对各项财产的盘点结果，应如实、准确地登记在盘存单上。盘存单是财产盘点结果的书面证明，也是实物财产实有数额的原始凭证。

盘点完毕后，将盘存单中所记录的实存数与账面结存数余额进行核对，如发现实物盘点结果与账面结存结果不相符，应根据盘存单和有关账簿记录填列实存账存对比表，以确定实物财产的盘盈或盘亏数。实存账存对比表是财产清查的重要报表，是调整账面记录的原始凭证，也是分析盘亏原因、明确经济责任的重要依据。

【例9-4】实物财产清查完毕以后，应根据实存账存对比表和有关账簿记录填列盘存单，以确定实物财产的盘盈或盘亏数。（　　　）

答案：×

【解析】盘点完毕后，将盘存单中所记录的实存数与账面结存数余额进行核对，如发现实物盘点结果与账面结存结果不相符，应根据盘存单和有关账簿记录填列实存账存对比表，以确定实物财产的盘盈或盘亏数。

三、往来款项的清查方法

各种往来款项的清查，采用与对方核对账目的方法进行。

第三节 | 财产清查结果的处理

一、财产清查结果的处理步骤

一般情况下，企业财产清查结果的会计处理步骤分为以下3步。

（1）将已查明属实的资产盘盈（不含固定资产）、盘亏和毁损金额记入"待处理财产损溢"科目。盘盈固定资产不通过"待处理财产损溢"科目，应作为前期差错记入"以前年度损溢调整"科目。

（2）查明资产差异的原因，落实经济责任，将相关情况报股东大会或董事会，或经理（厂长）会议等类似机构批准。

（3）根据上述相关机构的批准结果，按照国家统一会计制度分别进行会计处理。

二、财产清查结果的会计处理方法

1. 资产盘盈

当企业盘盈各种材料、产成品、商品等流动资产时，应借记"原材料""库存商品"等科目，贷记"待处理财产损溢"科目；经有关机构批准后，借记"待处理财产损溢"科目，贷记"管理费用""营业外收入"等科目。当企业盘盈固定资产时，应作为前期差错记入"以前年度损益调整"科目。

现金盘盈的账务处理程序如图 9-1 所示。

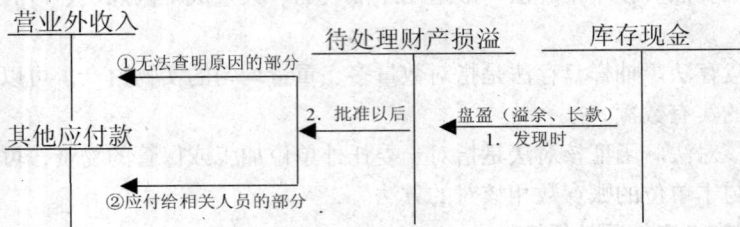

图 9-1　现金盘盈的账务处理程序

存货盘盈的账务处理程序如图 9-2 所示。

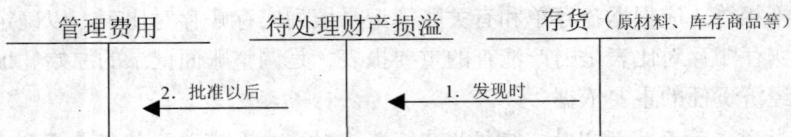

图 9-2　存货盘盈的账务处理程序

固定资产盘盈的账务处理如图 9-3 所示。

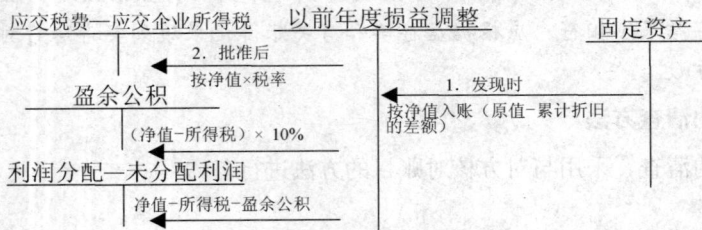

图 9-3　固定资产盘盈的账务处理程序

2. 资产盘亏、毁损

企业盘亏、毁损各种材料、产成品、商品等流动资产及盘亏固定资产时，应借记"待处理财产损溢"科目，贷记"原材料""库存商品""固定资产"等科目；经有关机构批准后，应按收回的残料价值借记"原材料"等科目，按可收回的保险赔偿或过失人赔偿数借记"其他应收款"科目，按"待处理财产损溢"科目借方余额贷记"待处理财产损溢"科目，按其差额借记"管理费用""营业外支出"等科目。

如果存货的盘亏或毁损属于一般性经营损失，则其净损失记入"管理费用"科目；如果因自然灾害或意外事故等原因造成存货非常毁损，则净损失记入"营业外支出"科目。

现金盘亏的账务处理程序如图 9-4 所示。

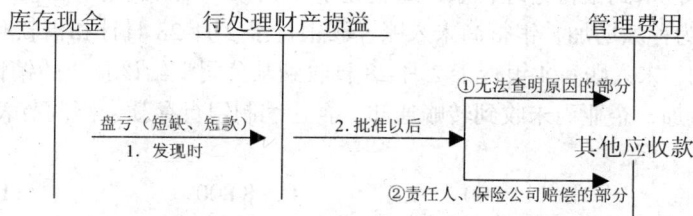

图 9-4　现金盘亏的账务处理程序

存货盘亏的账务处理程序如图 9-5 所示。

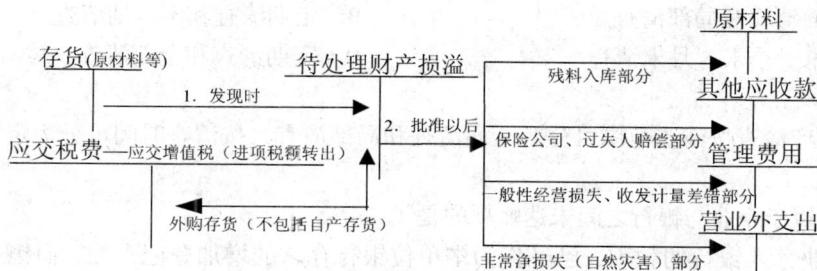

图 9-5　存货盘亏的账务处理程序

【例 9-5】下列会计科目中，存货盘亏经批准处理以后，可能记入借方的有（　　）。

A. 管理费用　　B. 营业外支出　　C. 其他应付款　　D. 待处理财产损溢

答案：AB

【解析】存货盘亏经有关机构批准后，应按收回的残料价值，借记"原材料"等科目；按可收回的保险赔偿或过失人赔偿数，借记"其他应收款"科目；按"待处理财产损溢"科目借方余额，贷记"待处理财产损溢"科目；按其差额，借记"管理费用""营业外支出"等科目。

历年真题及解析

一、单项选择题

1. 某企业 2009 年 1 月 31 日银行存款日记账余额为 980 000 元，银行对账单余额为 1 008 000 元，经双方核对查明，是由于下列未达账项所致：①企业于 1 月 30 日从其他单位收到转账支票一张计 50 000 元，企业已入账，银行未入账；②企业于 1 月 31 日开出转账支票 68 000 元购买原材料，企业已入账，银行未入账；③银行于 1 月 31 日收到其他公司汇给企业的销售款 40 000 元，银行已入账，企业未入账；④银行于 1 月 31 日扣企业借款利息 30 000 元，企业未收到银行计息单而尚未入账。该企业调整后的银行存款实际余额是（　　　）元。

    A．96 200   B．970 000   C．1 018 000   D．990 000

答案：D

【解析】银行存款的实际余额就是银行存款余额调节表调节后的余额，因此980 000+40 000-30 000=1 008 000+50 000-68 000=990 000（元）。

2．某企业2010年2月月底，银行存款日记账余额为8 400元，银行对账单余额为9 000元，经核对查实，是由下列未达账项造成的：①企业于2月28日开出转账支票支付材料款5 800元，企业已入账，收款单位未到银行办理转账；②企业于2月27日从其他单位收到转账支票一张计5 000元，企业已作为存款增加，银行尚未入账；③银行于2月28日计扣借款利息2 200元，企业尚未收到付款通知，未入账；④银行于2月28日收到某公司汇给该企业的销售款2 000元，银行已作为企业存款增加，企业尚未收到转账通知。企业编制银行存款余额调节表，下列调整后的余额正确的是（　　　）元。

    A．4 600   B．11 800   C．8 800   D．8 200

答案：D

【解析】8 400-2 200+2 000=9 000-5 800+5 000=8 200（元）。

3．财产清查按清查范围可分为（　　　）。

    A．全面清查和局部清查   B．定期清查和不定期清查

    C．年末、季末、月末清查   D．定期清查和全面清查

答案：A

【解析】财产清查按清查范围可分为全面清查和局部清查，按清查时间可分为定期清查和不定期清查。

4．下列不属于企业与银行之间未达账项的是（　　　）。

    A．企业存入银行的款项，已经作为本单位银行存款的增加登记入账，而银行尚未登记入账

    B．企业开出支票从银行存款中支付款项，企业已经作为本单位银行存款的减少登记入账，银行已经付款和记账

    C．银行代企业支付的款项，银行已经作为企业银行存款的增加登记入账，而企业因未收到有关凭证，尚未登记入账

    D．银行代企业支付的款项，银行已经作为企业银行存款的减少登记入账，而企业因未收到有关凭证，尚未登记入账

答案：B

【解析】企业与银行之间未达账项的情形有：①银行已收企业未收的款项；②银行已付企业未付的款项；③企业已收银行未收的款项；④企业已付银行未付的款项。

二、多项选择题

1．国家统一的会计制度和单位内部会计控制制度对于财产清查结果处理的规定和要求是（　　　）。

    A．分析产生差异的原因和性质，提出处理建议

    B．积极处理多余积压财产，清理往来款项

    C．总结经验教训，建立健全各项管理制度

    D．及时调整账簿记录，保证账实相符

答案：A、B、C、D

【解析】对于财产清查结果的处理，会计制度和单位内部会计控制制度都有规定和要求，具体包括如下几个方面：①分析产生差异的原因和性质，提出处理建议；②积极处理多余积压财产，清理往来款项；③总结经验教训，建立健全各项管理制度；④及时调整账簿记录，保证账实相符。

2. 下列情况下，应进行全面清查的有（　　　）。

    A. 企业年终决算之前

    B. 单位撤销、合并、改组或改变隶属关系

    C. 企业清产核资时

    D. 企业发生重大经济违法事件时

答案：A、B、C、D

【解析】企业一般在以下情况下需要进行全面清查：年终决算之前；单位撤销、合并、改组或改变隶属关系时；企业清产核资时；企业发生重大经济违法事件时。

三、判断题

1. 存货的盘亏或毁损属于自然灾害造成的，其净损失记入"管理费用"。（　　　）

答案：×

【解析】存货的盘亏或毁损属于自然灾害造成的，其净损失记入"营业外支出"。

2. 抽样盘存法是指对于数量多但重量不均匀的实物财产，可以采用抽样盘点的方法，确定财产的实有数额。（　　　）

答案：×

【解析】抽样盘存法是指对于数量多、重量均匀的实物财产，可以采用抽样盘点的方法，确定财产的实有数额。

3. 通过财产清查，可以查明各项财产物资的实有数量，确定实有数量与账面数量之间的差异，从而最终杜绝差异的出现。（　　　）

答案：×

【解析】通过财产清查，可以查明各项财产物资的实有数量，确定实有数量与账面数量之间的差异，查明原因和责任，以便采取有效措施，消除差异，改进工作，从而保证账实相符，提高会计资料的准确性。

强化练习

一、单项选择题

1. 贵重物资应当（　　　）盘点一次。

    A. 每日   B. 每月   C. 每年   D. 每季

2. 编制银行存款余额调节表后，如果银行存款日记账与银行对账单的余额仍不相符，则其原因主要是（　　　）。

    A. 未达账项   B. 出现银行已收企业未收的款项

    C. 企业记账有误   D. 出现银行已付企业未付的款项

3. 某企业某月银行存款日记账的余额为 100 万元，本月出现以下未达账项：①银行代企业支付水电费 1 万元，企业尚未接到付款通知，因而未入账；②企业收到销货单位的转账支票一张，价款为 20 万元，企业尚未到银行办理入账手续，因而银行尚未入账；③银行收到债务单位预付款 30 万元，

企业尚未接到收款通知，因而尚未入账。请问该企业月末银行存款可动用的实有数额为（　　）万元。

    A. 129   B. 149   C. 89   D. 119

4. 对包装物的清查采用（　　）清查方法。

    A. 实地盘点法   B. 技术推算法   C. 抽样盘存法   D. 核对账目法

5. 散装的化肥在进行财产清查时采用（　　）清查方法。

    A. 实地盘点法   B. 技术推算法   C. 抽样盘存法   D. 对账法

6. 对债权、债务的清查一般采用（　　）清查方法。

    A. 实地盘点法   B. 技术推算法   C. 抽样盘存法   D. 函证核对法

7. 下列（　　）原始凭证是进行账面记录调整的原始凭证。

    A. 盘点报告单   B. 银行存款余额调节表

    C. 盘存单   D. 实存账存对比表

8. 需要通过"以前年度损益调整"账户的是（　　）。

    A. 现金盘亏   B. 存货盘盈   C. 固定资产盘亏   D. 固定资产盘盈

9. 现金盘盈计入（　　）科目。

    A. 营业外收入   B. 管理费用   C. 财务费用   D. 销售费用

10. 存货收发计量方面的错误造成的盘亏计入（　　）科目。

    A. 管理费用   B. 营业外支出   C. 其他应付款   D. 其他应收款

11. 下列财产清查方式中，不属于实物财产清查方法的有（　　）。

    A. 实地盘点法   B. 技术推算法   C. 抽样盘存法   D. 核对账目法

12. 意外事故造成的存货盘亏计入（　　）科目。

    A. 管理费用   B. 营业外支出   C. 其他应付款   D. 其他应收款

13. 对库存现金采用（　　）清查方法。

    A. 实地盘点法   B. 技术推算法   C. 抽样盘存法   D. 函证核对法

14. 固定资产盘亏应计入（　　）科目。

    A. 管理费用   B. 营业外支出

    C. 销售费用   D. 以前年度损益调整

15. 库存商品盘盈经批准后贷方应计入（　　）科目。

    A. 待处理财产损溢 B. 以前年度损益调整 C. 管理费用   D. 营业外收入

16. 下列各项中，可以作为企业调整账面数字原始凭证的是（　　）。

    A. 实存账存对比表   B. 往来款项对账单

    C. 盘存单   D. 银行存款余额调节表

17. 某企业期末银行存款日记账余额为 80 000 元，银行送来的对账单余额为 82 425 元，经对未达账项调节后的余额为 83 925 元。该企业在银行的可实际动用的存款金额是（　　）。

    A. 24 250 元   B. 83 925 元   C. 80 000 元   D. 82 425 元

18. 下列关于"待处理财产损溢"科目未转销的借方余额的表述中，正确的是（　　）。

    A. 尚待批准处理的财产盘盈数大于尚待批准处理的财产盘亏和毁损数的差额

    B. 等待处理的财产盘亏

    C. 等待处理的财产盘盈

    D. 尚待批准处理的财产盘盈数小于尚待批准处理的财产盘亏和毁损数的差额

19. 某企业仓库本期期末盘亏原材料，查明属于一般性经营损失。下列经批准后进行会计处理的分录中，正确的是（　　）。

  A. 借：管理费用   B. 借：营业外支出

    贷：待处理财产损溢   贷：待处理财产损溢

  C. 借：待处理财产损溢   D. 借：待处理财产损溢

    贷：原材料   贷：管理费用

  20. 华晨公司 2014 年 6 月 30 日银行存款日记账的余额为 100 万元，经核对，未达账项如下：银行已收、企业未收的 2 万元；银行已付、企业未付的 1.5 万元。华晨公司可动用的银行存款余额为（　　）。

  A. 102 万元   B. 103.5 万元   C. 100 万元   D. 100.5 万元

  21. 对财产清查中查明的财产物资的盘盈、盘亏，在审批之前应编制记账凭证并及时调整有关账簿记录。下列关于该工作目的的表述中，正确的是（　　）。

  A. 确保总账与明细账相符   B. 确保明细账与记账凭证相符

  C. 确保账簿记录与实际盘存数相符 D. 确保盘盈数与盘亏数相符

  22. 甲企业 12 月 31 日银行存款日记账的余额为 150 000 元，经核对，未达账项如下：银行已收、企业未收的 92 000 元；银行已付、企业未付的 2 000 元。企业可动用的银行存款余额为（　　）元。

  A. 244 000   B. 240 000   C. 56 000   D. 60 000

  23. 因保管人员失职造成的财产盘亏损失而应由过失人赔偿的，经批准后应计入"待处理财产损溢"科目贷方。下列关于借方科目的表述中，正确的是（　　）。

  A. "营业外支出" B. "其他业务支出" C. "其他应收款" D. "管理费用"

  24. 某企业仓库本期期末盘亏原材料，查明属于自然损耗，经批准后进行会计处理。下列会计分录中，正确的是（　　）。

  A. 借：营业外支出   B. 借：待处理财产损溢

    贷：待处理财产损溢   贷：原材料

  C. 借：待处理财产损溢   D. 借：管理费用

    贷：管理费用   贷：待处理财产损溢

二、多项选择题

1. 财产清查按其清查的范围，可分为（　　）。

  A. 全面清查   B. 局部清查   C. 定期清查   D. 不定期清查

2. 下列属于全面清查的有（　　）。

  A. 单位撤销   B. 年终决算

  C. 清产核资   D. 发生经济违法事件

3. 下列（　　）既属于全面清查又属于不定期清查。

  A. 更换企业仓库保管人员时   B. 企业发生意外火灾时

  C. 财政部门对企业的财务进行检查时 D. 因重组进行清产核资时

4. 下列（　　）既属于局部清查又属于不定期清查。

  A. 更换企业仓库保管人员时   B. 企业发生意外火灾时

  C. 财政部门对企业的财务进行检查时 D. 因重组进行清产核资时

5. 银行存款日记账小于银行对账单的原因有（　　）。

  A. 银行已收、企业未收的款项   B. 银行已付、企业未付的款项

  C. 企业已收、银行未收的款项   D. 企业已付、银行未付的款项

6. 下列关于银行存款余额调节表的说法中，正确的有（   ）。
   A. 银行存款余额调节表调节后的余额既不等于单位日记账的账面余额也不等于银行存款
      的账面余额
   B. 银行存款余额调节表调节后的余额表示企业可以支配的银行存款
   C. 企业可以根据银行存款余额调节表对银行存款日记账进行账面调整
   D. 银行存款余额调节表调节后如果不相等就说明企业记账肯定有误

7. 财产清查中的定期清查一般是在（   ）进行。
   A. 月初　　　　　　B. 月末　　　　　　C. 季末　　　　　　D. 年末

8. 下列（   ）原始凭证，不能作为账面记录的调整依据。
   A. 现金盘点报告表　　　　　　　　　　B. 银行存款余额调节表
   C. 盘存单　　　　　　　　　　　　　　D. 实存账存对比表

9. 需要在现金盘点报告表上签章的人员有（   ）。
   A. 盘点人员　　　　B. 出纳　　　　　　C. 财务主管　　　　D. 单位负责人

10. 实物财产的清查方法有（   ）。
    A. 实地盘点　　　　B. 抽样盘存　　　　C. 函证核对　　　　D. 账实核对

11. 下列关于固定资产的盘亏正确的会计处理有（   ）。
    A. 借：固定资产　　　　　　　　　　　B. 借：待处理财产损溢
    　　贷：待处理财产损溢　　　　　　　　　贷：固定资产
    C. 借：管理费用　　　　　　　　　　　D. 借：营业外支出
    　　贷：待处理财产损溢　　　　　　　　　贷：待处理财产损溢

12. 某企业发现账外设备一台，该设备同类产品的市场价为 10 万元，该设备目前尚有五成新，该企业所得税税率为 20%，按净利润的 10%提取法定盈余公积，则下列会计分录中正确的有（   ）。
    A. 借：固定资产　　　　　　　　　　　　　　　　100 000
    　　贷：以前年度损益调整　　　　　　　　　　　　　　　100 000
    B. 借：固定资产　　　　　　　　　　　　　　　　50 000
    　　贷：以前年度损益调整　　　　　　　　　　　　　　　50 000
    C. 借：以前年度损益调整　　　　　　　　　　　　20 000
    　　贷：应交税费—应交所得税　　　　　　　　　　　　　20 000
    D. 借：以前年度损益调整　　　　　　　　　　　　40 000
    　　贷：盈余公积—法定盈余公积　　　　　　　　　　　　4 000
    　　　　利润分配—未分配利润　　　　　　　　　　　　36 000

13. 下列关于库存现金的盘点说法正确的有（   ）。
    A. 为明确经济责任，在盘点现金时，出纳人员必须在场
    B. 经单位负责人批准后允许以借条、收据抵充现金
    C. 盘点完毕后，根据盘点结果填列现金盘点报告表和账存实存对比表
    D. 现金盘点报告表可以反映现金清查盘盈和盘亏的情况

14. 下列关于实物财产清查的说法中，正确的有（   ）。
    A. 为明确经济责任，进行财产清查时，有关实物财产的保管人员必须在场
    B. 对各项财产的盘点结果，应如实、准确地登记在盘存单上
    C. 盘存单是财产盘点结果的书面证明
    D. 盘存单是反映实物财产实有数额的原始凭证

15. 某企业某日出纳人员在进行现金盘点时发现，账面现金比库存现金多 200 元，原因不明，经报批准，下列会计分录中正确的有（　　　）。

　　A. 借：待处理财产损溢　　　　　　　　　　　　 200
　　　　　 贷：库存现金　　　　　　　　　　　　　　　　　 200
　　B. 借：库存现金　　　　　　　　　　　　　　　 200
　　　　　 贷：待处理财产损溢　　　　　　　　　　　　　　 200
　　C. 借：营业外支出　　　　　　　　　　　　　　 200
　　　　　 贷：待处理财产损溢　　　　　　　　　　　　　　 200
　　D. 借：管理费用　　　　　　　　　　　　　　　 200
　　　　　 贷：待处理财产损溢　　　　　　　　　　　　　　 200

16. 某企业某日出纳人员在进行现金盘点时发现，账面现金比库存现金少 800 元，其中 500 元为销售人员张三的工资，另 300 元原因不明，经报批准后，下列会计分录中错误的有（　　　）。

　　A. 借：待处理财产损溢　　　　　　　　　　　　 500
　　　　　 贷：应付账款　　　　　　　　　　　　　　　　　 500
　　B. 借：待处理财产损溢　　　　　　　　　　　　 500
　　　　　 贷：应付职工薪酬　　　　　　　　　　　　　　　 500
　　C. 借：待处理财产损溢　　　　　　　　　　　　 300
　　　　　 贷：管理费用　　　　　　　　　　　　　　　　　 300
　　D. 借：待处理财产损溢　　　　　　　　　　　　 300
　　　　　 贷：营业外收入　　　　　　　　　　　　　　　　 300

17. 下列情况下，企业应当对账产进行不定期清查的有（　　　）。

　　A. 财产保管人员变动　　　　　　　　 B. 与其他企业合并
　　C. 发现财产被盗　　　　　　　　　　 D. 自然灾害造成部分财产损失

18. 下列关于财产清查意义的表述中，正确的有（　　　）。

　　A. 通过财产清查，可以查明各项财产物资的保管情况是否良好，以便采取有效措施，改善管理，保障各项财产物资的安全完整

　　B. 通过财产清查查明账实不符的原因和责任，以便采取措施，清除差异，改进工作，从而保证账实相符，提高会计资料的准确性

　　C. 通过财产清查，可以查明各项财产物资的库存和使用情况，合理安排生产经营活动，充分利用各项财产物资，加速资金周转，提升资金使用效果

　　D. 通过财产清查，可以查明各项财产物资的实有数量，确定实有数量与账面数量之间的差异

19. 下列各项中，按照清查的时间对财产清查进行分类，正确的有（　　　）。

　　A. 不定期清查　　　 B. 定期清查　　　 C. 全面清查　　　 D. 局部清查

20. 下列情况下，企业需要进行财产全面清查的有（　　　）。

　　A. 企业合并前　　　　　　　　　　　 B. 出纳人员调离工作前
　　C. 企业股份制改制前　　　　　　　　 D. 公司财务主管调离工作前

21. 下列情况下，可能造成账实不符的有（　　　）。

　　A. 未达账项　　　　　　　　　　　　 B. 管理不善
　　C. 财产收发计量或检验不准　　　　　 D. 账簿记录发生差错

22. 下列各项中，属于财产清查一般程序的有（　　　）。
    A. 组织清查人员学习有关政策规定　　　　B. 填制盘存单和清查报告表
    C. 确定清查对象、范围，明确清查任务　　D. 制定清查方案

23. 下列关于银行存款清查的表述中，正确的有（　　　）。
    A. 对于发生的未达账项，只有等有关凭证到达后，才能进行有关账务处理
    B. 银行存款日记账与银行对账单即使都计算、记录正确，也可能出现二者余额不一致的情况
    C. 通过与开户银行转来的对账单进行核对，查明银行存款的实有数额
    D. 在核对之前，出纳人员应详细检查银行存款日记账的登记有无差错、经济业务是否记录完整、余额计算是否正确

24. 下列各项中，属于银行存款对账时未达账项的有（　　　）。
    A. 企业未付款入账，银行也未付款入账　　B. 银行已收款入账，企业未收款入账
    C. 企业未付款入账，银行已付款入账　　　D. 银行已收款入账，企业也收款入账

25. 下列各项中，属于"待处理财产损溢"账户贷方登记交易事项的有（　　　）。
    A. 转销已批准处理的毁损　　　　　　　　B. 发生的待处理财产盘亏
    C. 发生的待处理财产盘盈　　　　　　　　D. 转销已批准处理的盘亏

26. 下列关于财产全面清查特点的表述中，正确的有（　　　）。
    A. 清查的花费大　　B. 清查的内容多　　C. 清查的范围广　　D. 清查的时间长

27. 下列各项中，属于财产清查结果的处理步骤的有（　　　）。
    A. 调整凭证，做到账实相符　　　　　　　B. 调整账簿，做到账实相符
    C. 核准数字，查明原因　　　　　　　　　D. 进行批准后的账务处理

28. 下列关于实物资产清查的表述中，正确的有（　　　）。
    A. 要从数量上和质量上进行严格的清查
    B. 绝大部分实物资产都可以采用实地盘点法进行清查
    C. 清查时填写的实存账存对比表是用于调整账簿记录的原始凭证
    D. 在对实物资产的清查中，实物保管人员应当在场

29. 下列关于"固定资产清理"科目的表述中，正确的有（　　　）。
    A. 贷方登记结转的清理净收益
    B. 贷方登记清理收入
    C. 借方登记结转的清理净损失
    D. 借方登记清理费用、固定资产净值损失等

30. 存货在盘亏或毁损时记入"待处理财产损溢"的金额，经批准后可能会记入的科目有（　　　）。
    A. 管理费用　　　　　B. 其他应收款　　　　C. 其他应付款　　　　D. 营业外支出

31. 下列情况下，可能造成账实不符的有（　　　）。
    A. 未达账项　　　　　　　　　　　　　　B. 管理不善
    C. 财产收发计量或检验不准　　　　　　　D. 账簿记录发生差错

32. 出纳人员每天工作结束前都要将库存现金日记账结清并与库存现金实存数核对。下列关于清查类别的表述中，正确的有（　　　）。
    A. 全面清查　　　B. 局部清查　　　　C. 不定期清查　　　　D. 定期清查

33. 下列关于库存现金清查的表述中，正确的有（ ）。
    A. 对于出现的现金长款或短款，要按照有关规定进行处理
    B. 在清查库存现金的实际结存数时，还要核查有无违反现金管理制度的情况
    C. 清查时，出纳人员必须在场
    D. 通过实地盘点的方法来确定库存现金的实存数
34. 下列情况下，企业需要进行全面清查的有（ ）。
    A. 年终决算前　　　　　　　　　　B. 清产核资时
    C. 单位改变隶属关系时　　　　　　D. 单位撤销、合并时
35. 下列资产中，可以采用实地盘点法进行清查的有（ ）。
    A. 原材料　　　B. 银行存款　　　C. 固定资产　　　D. 库存现金

三、判断题

1. 财产清查的内容不仅包括对资产的清查，也包括对负债的清查。（ ）
2. 债务清查时，应当由企业根据实际情况至少每月同债权单位核对一次。（ ）
3. 定期清查和不定期清查可以是对全部财产进行清查，也可以是对部分财产进行清查。（ ）
4. 定期清查是指财产清查的时间发生在年末。（ ）
5. 在盘点现金时出纳人员必须在场，如果有单位负责人签字的收据允许抵充现金。（ ）
6. 现金盘点报告表是调整现金账面记录的重要原始凭证。（ ）
7. 对财产物资清查完后，应当真制盘存单，盘存单是财产盘点结果的书面证明，也是调整账面记录的原始凭证。（ ）
8. 所有资产的盘盈和盘亏均通过"待处理财产损溢"科目核算。（ ）
9. 各种往来款项的清查，应采用与对方核对账目的方法进行。（ ）
10. 盘存单是财产盘点结果的书面证明，也是反映实物财产实有数额的原始凭证。（ ）
11. 未达账项是由企业和银行之间的错账造成的。（ ）
12. 实物财产盘点完毕后，将盘存单中所记录的实存数与账面结存数进行核对，如发现实物盘点结果与账存结果相符，则不需要填制实存账存对比表。（ ）
13. 往来款项的清查一般采用发函询证的方法进行核对。（ ）
14. 实物财产的盘点报告表可以作为记账和登记账簿的原始凭证。（ ）
15. 财产不定期清查可以是全面清查，也可以是局部清查。（ ）
16. 转销已批准处理的财产盘盈数登记在"待处理财产损溢"账户的贷方。（ ）
17. 在企业与银行双方均记账无误的情况下，银行对账单与企业银行存款日记账账面余额不一致的原因是由于未达账项造成的。（ ）
18. 经银行存款余额调节表调节后的银行存款余额，就是企业可以动用的银行存款实有数，因此企业应根据"银行存款余额调节表"登记企业的银行日记账，调整企业的账面余额。（ ）
19. 实物资产盘点后，编制的"实存账存对比表"应作为调整实物资产账面余额记录的原始依据。（ ）
20. 存货的盘亏或毁损属于自然灾害造成的，其净损失应记入"管理费用"科目。（ ）
21. 技术推算法用于量大、成堆而价值又不高、难以一一清点数量的财产物资的清查。（ ）
22. 对仓库中的所有存货进行盘点属于全面清查。（ ）
23. 在进行财产物资盘点时，实物保管员必须在场。（ ）

24. 企业发生毁损的固定资产的净损失，应当计入"管理费用"。（　　　）

四、计算分析题

C 公司 2015 年 9 月 30 日银行存款日记账余额为 54 000 元，与收到的银行对账单的存款余额不符。经核对，公司与银行均无记账错误，但发现有下列未达账款，资料如下。

（1）9 月 28 日，C 公司开出一张金额为 3 500 元的转账支票用以支付供货方货款，但供货方尚未持该支票到银行兑现。

（2）9 月 29 日，C 公司送存我银行的有某客户的转账支票 2 100 元，因对方存款不足而被退票，而公司未接到通知。

（3）9 月 30 日，C 公司当月的水电费为 750 元，银行已代为支付，但公司未接到付款通知而尚未入账。

（4）9 月 30 日，银行计算应付给 C 公司存款利息 120 元，银行已入账，而公司尚未收到收款通知。

（5）9 月 30 日，C 公司委托银行代收的款项 14 000 元，银行已转入公司存款账户，但公司尚未收到通知入账。

（6）9 月 30 日，C 公司收到购货方转账支票一张，金额为 6 000 元，已经送存银行，但银行尚未入账。

要求：完成下列 C 公司的银行存款余额调节表。

银行存款余额调节表

编制单位：C 公司　　　　　　　　　　2015 年 9 月 30 日　　　　　　　　　　单位：元

项目	金额	项目	金额
企业银行存款日记账余额	54 000	银行对账单余额	62 770
加：银行已收、企业未收的款项合计	（1）	加：企业已收、银行未收的款项合计	（4）
减：银行已付、企业未付的款项合计	（2）	减：企业已付、银行未付的款项合计	（5）
调节后余额	（3）	调节后余额	（6）

（1）_____元　　（2）_____元　　（3）_____元
（4）_____元　　（5）_____元　　（6）_____元

强化练习参考答案及解析

一、单项选择题

1. 答案：B
【解析】贵重物资应当每月盘点一次。

2. 答案：C
【解析】编制银行存款余额调节表后，如果银行存款日记账与银行对账单的余额仍不相符，则其原因主要是存在错账。

3. 答案：A
【解析】此题要求计算该企业月末银行存款可动用的实有数额，实际上就是计算银行存款余额调节表调节后的余额，故银行存款日记账余额 100 万元-银行已付企业未付的款项 1 万元+银行已收企业未收的款项 30 万元=调节后的余额 129 万元。

4. 答案：A

【解析】实地盘点法一般适用于机器设备、包装物、原材料、产成品和库存商品等实物财产的清查。

5. 答案：B

【解析】技术推算法一般适用于散装的、大量、成堆的化肥、饲料等实物财产的清查。

6. 答案：D

【解析】对债权、债务的清查一般采用函证核对法进行。

7. 答案：D

【解析】实存账存对比表是财产清查的重要报表，是调整账面记录的原始凭证，选项 A、B、C 均不能对账面记录进行调整，只是反映其实有数额的原始凭证。

8. 答案：D

【解析】选项 A、B、C 均通过"待处理财产损溢"账户，在所有资产盈亏中只有固定资产的盘盈需要通过"以前年度损益调整"账户。

9. 答案：A

【解析】现金盘盈计入"营业外收入"科目。

10. 答案：A

【解析】存货收发计量方面的盘亏计入"管理费用"科目。

11. 答案：D

【解析】实物财产的清查方法有实地盘点法、技术推算法、抽样盘存法、函证核对法。

12. 答案：B

【解析】存货的盘亏如果属于一般性经营损益，则其净损失记入"管理费用"科目；如果是由自然灾害或意外事故等原因造成的，则其净损失记入"营业外支出"科目。

13. 答案：A

【解析】库存现金的清查方法是进行实地盘点。

14. 答案：B

【解析】固定资产盘亏应计入"营业外支出"科目。

15. 答案：C

【解析】库存商品盘盈经批准后贷方应计入"管理费用"科目。会计分录为借记"待处理财产损溢"，贷记"管理费用"。

16. 答案：A

【解析】往来款项对账单、盘存单、银行存款余额调节表不能作为调整账面数字的原始凭证。

17. 答案：B

【解析】银行存款余额调节表调节后的余额是企业在银行的实际可动用的存款金额。

18. 答案：D

【解析】本题考核"待处理财产损溢"科目的核算内容。

19. 答案：A

【解析】存货盘亏属管理不善等原因造成净损失的金额计入"管理费用"科目。

20. 答案：D

【解析】华晨公司可动用的银行存款余额=100+2-1.5=100.5（万元）。

21. 答案：C

【解析】对财产清查中查明的财产物资的盘盈、盘亏，在审批之前编制记账凭证并及时调整有关账簿记录，以确保账簿记录与实际盘存数相符。

22. 答案：B

【解析】企业可动用的银行存款余额=150 000+92 000-2 000=240 000（元）。

23. 答案：C

【解析】因保管人员失职造成的财产盘亏损失而应由过失人赔偿的部分，应借记"其他应收款"科目。

24. 答案：D

【解析】原材料盘亏属于自然损耗的，应计入"管理费用"科目。

二、多项选择题

1. 答案：A、B

【解析】财产清查按其清查的范围，可分为全面清查和局部清查。

2. 答案：A、B、C

【解析】需要进行全面清查的情况有：年终决算之前；单位撤销、合并、改组或改变隶属关系时；清产核资时；发生重大的经济违法事件。

3. 答案：C、D

【解析】选项A、B属于局部清查。

4. 答案：A、B

【解析】选项C、D属于全面清查。

5. 答案：A、D

【解析】选项B、C均会造成银行存款日记账账面余额大于银行对账单余额。

6. 答案：A、B

【解析】企业不可以根据银行存款余额调节表对银行存款日记账进行账面调整。对于银行已入账而企业尚未入账的未达账项应在收到有关原始凭证之后，才据以编制记账凭证，登记入账。银行存款余额调节表调节后如果不相等就说明企业和银行双方或一方记账有误。但并不能说肯定是企业记账有误，故只选A、B。

7. 答案：B、C、D

【解析】财产清查中的定期清查一般是在月末、季末、年末进行。

8. 答案：A、B、C

【解析】只有实存账存对比表可以作为调整账面记录的原始依据，选项A、B、C只是反映实存数额的原始凭证，并不能对账面记录做出调整。

9. 答案：A、B

【解析】现金盘点报告表是现金实存数的重要原始凭证，由盘点人员和出纳人员共同签章方能生效。

10. 答案：A、B、C

【解析】实物财产的清查方法有：①实地盘点法；②技术推算法；③抽样盘存法；④函证核对法。

11. 答案：B、D

【解析】固定资产的盘亏应当计入"营业外支出"科目。

12. 答案：B、D

【解析】固定资产盘盈按净值入账（即市价×成新率），故选项 A、C 错误。

13. 答案：A、D

【解析】为明确经济责任，在盘点现金时，出纳人员必须在场，并且不允许以借条、收据抵充现金。盘点完毕，根据盘点结果填列现金盘点报告表，现金盘点报告表可以反映现金清查盘盈和盘亏的情况。

14. 答案：A、B、C、D

【解析】为明确经济责任，进行财产清查时，有关实物财产的保管人员必须在场，并参加盘点工作。对各项财产的盘点结果，应如实、准确地登记在盘存单上，并由参加盘点的人员同时签章生效。盘存单是财产盘点结果的书面证明，也是反映实物财产实有数额的原始凭证。

15. 答案：A、D

【解析】现金盘亏原因不明的，计入"管理费用"科目。

16. 答案：A、B、C

【解析】在现金盘盈的过程中，属于应支付给相关人员的计入"其他应付款"，原因不明的部分计入"营业外收入"。此笔经济业务正确的会计分录为借记"待处理财产损溢"800，贷记"其他应付款"500，"营业外收入"300。

17. 答案：A、B、C、D

【解析】本题考核需要进行不定期清查的情形。

18. 答案：A、B、C、D

【解析】本题考核财产清查的意义。

19. 答案：A、B

【解析】财产清查按照清查的范围，可分为全面清查和局部清查；按照清查的时间，可分为定期清查和不定期清查。

20. 答案：A、C

【解析】B、D 选项需要进行局部清查。

21. 答案：A、B、C、D

【解析】本题考核造成账实不符的原因。

22. 答案：A、B、C、D

【解析】本题考核财产清查的一般程序。

23. 答案：A、B、C、D

【解析】银行存款余额调节表是一种对账记录或对账工具，不能作为调整账面记录的依据，即不能根据银行存款余额调节表中的未达账项来调整银行存款账面记录，未达账项只有在收到有关凭证后才能进行有关的账务处理。当存在未达账项时，即使银行存款日记账与银行对账单都计算、记录正确，二者余额也会不一致。银行存款的清查是采用与开户银行核对账目的方法进行的。

24. 答案：B、C

【解析】未达账项是指企业和银行之间由于记账时间不一致而发生的一方已经入账，而另一方尚未入账的事项。选项 A、D 企业与银行之间的记账时间是一致的。

25. 答案：A、C、D

【解析】选项 B 登记在"待处理财产损溢"账户借方。

26. 答案：A、B、C、D

【解析】全面清查由于清查范围大、内容多、时间长、参与人员多，不宜经常进行。

27. 答案：B、C、D

【解析】企业可根据清查结果报告表、盘点报告表等已经查实的数据资料，编制记账凭证，记入有关账簿，使账簿记录与实际盘存数相符。这调整的是账簿记录，无需调整凭证。

28. 答案：A、B、C、D

【解析】本题考核实物资产清查的清查要求与方法。

29. 答案：B、D

【解析】借方登记结转的清理净收益，贷方登记结转的清理净损失。

30. 答案：A、B、D

【解析】对于盘亏的存货，应及时查明原因，按管理权限报经批准后，可收回的保险赔偿和过失人赔偿的金额借记"其他应收款"科目，由管理不善等原因造成净损失的金额借记"管理费用"科目，由自然灾害等原因造成净损失的金额借记"营业外支出"科目。

31. 答案：A、B、C、D

【解析】选项 A、B、C、D 均可造成账实不符。

32. 答案：B、D

【解析】出纳人员每天工作结束前都要将库存现金日记账结清并与库存现金实存数核对。这按清查范围分类属于局部清查，按清查时间分类属于定期清查。

33. 答案：A、B、C、D

【解析】本题考核库存现金的清查方法与要求。

34. 答案：A、B、C、D

【解析】需要进行全面清查的情况通常有：年终决算前；企业在合并、撤销或改变隶属关系前；中外合资、国内合资前；企业股份制改造前；开展全面的资产评估、清产核资前；单位主要领导调离工作前等。

35. 答案：A、C、D

【解析】银行存款的清查是采用与开户银行核对账目的方法进行的。

三、判断题

1. 答案：√

【解析】财产清查的内容包括对各项资产的实地盘点以及对各种债权、债务的查核。

2. 答案：×

【解析】对于各种债权、债务，每年至少要同对方核对 1~2 次。

3. 答案：√

【解析】定期清查和不定期清查，可以是对全部财产进行清查，也可以是对部分财产进行清查。

4. 答案：×

【解析】定期清查的清查时间一般在年末、季末、月末结账时进行。

5. 答案：×

【解析】在盘点现金时出纳人员必须在场，并且不允许以借条、收据抵充现金。

6. 答案：×

【解析】现金盘点报告表是现金实存数的重要原始凭证，不能根据现金盘点报告表进行账面记录的调整。

7. 答案：×

【解析】对财产物资清查完后，应当填制盘存单。盘存单是财产盘点结果的书面证明，也是反映实物财产实有数额的原始凭证，但不能据此对账面记录进行调整。

8. 答案：×

【解析】除固定资产以外所有资产的盘盈和盘亏均通过"待处理财产损溢"科目核算，固定资产盘盈通过"以前年度损溢调整"科目核算，盘亏通过"待处理财产损溢"科目核算。

9. 答案：√

【解析】各种往来款项的清查，应采用与对方核对账目的方法进行。

10. 答案：√

【解析】盘存单是财产盘点结果的书面证明，也是反映实物财产实有数额的原始凭证。且该原始凭证不能作为调整账面记录的原始依据。

11. 答案：×

【解析】未达账项是指由于银行和企业之间入账时间不一致，造成一方已经入账，而另一方没有入账的款项。

12. 答案：√

【解析】实物财产盘点完毕后，将盘存单中所记录的实存数与账面结存数进行核对，如发现实物盘点结果与账存结果不相符，应根据盘存单和有关账簿记录填制实存账存对比表，以确定实物财产的盘盈数和盘亏数。

13. 答案：√

【解析】往来款项的清查一般采用发函询证的方法进行。

14. 答案：×

【解析】实存账存对比表可以作为记账和登记账簿的原始凭证。

15. 答案：√

【解析】财产不定期清查一般是局部清查，有时也是全面清查。

16. 答案：×

【解析】"待处理财产损溢"账户借方登记清查中发现的盘亏、毁损的财产物资数额以及报经批准后转出的盘盈财产物资数额；贷方登记清查中发现盘盈的财产物资数额以及报经批准后转出的盘亏、毁损的财产物资数额。

17. 答案：√

【解析】银行对账单与企业银行存款日记账账面余额不一致的原因有一方或双方有记账错误及存在未达账项。

18. 答案：×

【解析】银行存款余额调节表不能作为调整账面记录的原始凭证。

19. 答案：√

【解析】实存账存对比表可以作为调整实物资产账面余额记录的原始依据。

20. 答案：×

【解析】存货的盘亏或毁损属于自然灾害造成的，其净损失应记入"营业外支出"科目。

21. 答案：√

【解析】本题考核技术推算法的运用范围。

22. 答案：×

【解析】全面清查是指对所有财产进行全面的盘点和核对，不单是指仓库中的存货。

23. 答案：√

【解析】为明确经济责任，进行财产清查时，实物财产保管人员必须在场，并参与财产清查工作。

24. 答案：×

【解析】企业发生毁损的固定资产的净损失，应当计入"营业外支出"科目。

四、计算分析题

答案：

（1）14 120 元   （2）750 元   （3）67 370 元

（4）8 100 元   （5）3 500 元   （6）67 370 元

第十章 财务会计报告

主要考点

1. 财务会计报告的构成及编制要求
2. 资产负债表的格式及意义
3. 资产负债表各项目的具体编制方法
4. 利润表的格式及具体项目的编制方法

复习重点

第一节 | 财务会计报告的概述

一、财务会计报告的概念

财务会计报告是指企业对外提供的反映企业某一特定日期财务状况和某一会计期间经营成果、现金流量的书面文件。

二、财务会计报告的构成

财务会计报告至少应当包括下列组成部分：①资产负债表；②利润表；③现金流量表；④所有者权益（或股东权益）变动表；⑤附注。

附注应当包括：①企业的基本情况；②财务会计报告的编制基础；③遵循《企业会计准则》的声明；④重要会计政策和会计估计；⑤会计政策和会计估计变更以及差错更正的说明；⑥报表重要项目的说明；⑦或有事项；⑧资产负债表日后事项；⑨关联方关系及交易。

企业的财务会计报告分为年度、半年度、季度和月度财务报告。

三、财务会计报告的编制要求

（1）真实可靠：财务报告中的各项目数据必须真实可靠。

（2）全面完整：财务报告应当反映企业经济业务的全貌。

（3）编报及时：月度财务会计报告应于月份终了后的 6 天内报出，季度财务会计报告应于季度终了后的 15 天内报出，半年度财务会计报告应于半年度终了后的 60 天内报出，年度财务会计报告应于年度终了后的 4 个月内报出。

（4）便于理解：财务报告的编制应当便于报告使用者理解。

第二节 | 资产负债表

一、资产负债表的概念和意义

资产负债表是反映企业某一特定日期（如月末、季末、年末）财务状况的财务报表。它是根据"资产=负债+所有者权益"这一会计等式，依照一定的分类标准和顺序，将企业在一定日期的全部资产、负债和所有者权益项目进行适当分类、汇总、排列后编制而成的。

资产负债表反映企业资产、负债和所有者权益的全貌。通过编制资产负债表，可以反映企业在某一日期所拥有的经济资源及分布情况，分析企业资产的构成及其状况；可以反映企业某一日期的负债总额及其结构，分析企业目前与未来需要支付的债务数额；可以反映企业所有者权益的情况，了解企业现有的投资者在企业资产总额中所占的份额。总之，通过资产负债表，可以帮助报表使用者全面了解企业的财务状况，分析企业的债务偿还能力，为未来的经济决策提供参考。

二、资产负债表的格式

目前，资产负债表的格式主要有账户式和报告式两种。我国企业的资产负债表采用账户式结构。

账户式资产负债表分左右两方，左方为资产，全部项目按资产的流动性大小排列；右方为负债及所有者权益，全部项目按求偿权先后顺序排列。

三、资产负债表编制的基本方法

资产负债表项目数据的来源有以下几种。

1. 根据总账科目的余额直接填列

资产负债表中各项目的数据主要根据总账科目的期末余额直接填列，如"应付票据"项目根据"应付票据"总账科目的期末余额直接填列；"短期借款"项目根据"短期借款"总账科目的期末余额直接填列。

2. 根据总账科目的余额计算填列

资产负债表中某些项目需要根据若干个总账科目的期末余额计算填列，如"货币资金"项目根据"库存现金""银行存款""其他货币资金"科目的期末余额的合计数填列。

3. 根据明细科目的余额计算填列

资产负债表中某些项目不能根据总账科目的期末余额或若干个总账科目的期末余额计算填列，而需要根据有关科目所属的相关明细科目的期末余额计算填列，如"应付账款"项目根据"应付账款""预付账款"科目的所属相关明细科目的期末贷方余额计算填列。

4. 根据总账科目余额和明细科目余额计算填列

资产负债表中某些项目既不能根据有关总账科目的期末余额直接或计算填列，也不能根据有关明细科目余额分析计算填列，如"长期借款"项目根据"长期借款"总账科目余额扣除"长期借款"所属明细科目中反映的将于一年内到期的长期借款部分分析计算填列。

5. 综合运用上述填列方法分析填列

例如，"存货"项目应根据"材料采购""在途物资""原材料""包装物及低值易耗品""周转材料""发出商品""委托加工物资""生产成本"等科目的期末余额合计，减去"存货跌价准备"科目的期末余额后的金额填列。材料采用计划成本核算，以及库存商品采用计划成本或售价核算的企业，还应按加或减材料成本差异、商品进销差价后的金额填列。

6．资产负债表附注内容的填列

资产负债表附注的内容应根据实际需要和有关备查账簿等的记录分析填列。

四、资产负债表各项目期末余额的具体填列方法

1．资产项目

（1）"货币资金"项目，反映企业库存现金、银行结算户存款、外埠存款、银行汇票存款、银行本票存款、信用卡存款、信用证保证金存款、存出投资款等的合计数。本项目应根据"库存现金""银行存款""其他货币资金"科目的合计数填列。

（2）"交易性金融资产"项目，反映企业为交易目的持有的债券投资、股票投资、基金投资、权证投资等交易性金融资产。本项目应根据"交易性金融资产"科目的期末余额分析填列。

（3）"应收账款"项目，反映企业因销售商品、产品和提供劳务等而应向购买单位收取的各种款项，减去已计提的坏账准备后的科目净额。本项目应根据"应收账款"和"预收账款"科目所属的各明细科目的期末借方余额合计，减去"坏账准备"科目中有关应收账款计提的坏账准备期末余额后的金额填列。例如，"应收账款"科目所属各明细科目期末有贷方余额，应在资产负债表"预收款项"项目内填列。

（4）"预付款项"项目，反映企业按照购货合同规定预付给供应单位的款项。本项目应根据"预付账款"和"应付账款"科目所属各明细科目的期末借方余额的合计数，减去"坏账准备"科目中有关预付款项计提的坏账准备期末余额后的金额填列。例如，"预付账款"科目所属各明细科目期末有贷方余额的，应在资产负债表"应付账款"项目内填列。

（5）"存货"项目，反映企业期末在库、在途和加工中的各项存货的可变现净值，包括各种材料、商品、在产品、半产品、包装物及低值易耗品、发出商品、委托代销商品等。本项目应根据"材料采购""在途物资""原材料""包装物及低值易耗品""周转材料""消耗性生物资产""库存商品""发出商品""委托加工物资""生产成本"等科目的期末余额合计，减去"存货跌价准备"科目期末余额后的金额填列。材料采用计划成本核算，以及库存商品采用计划成本或售价核算的企业，还应按加或减材料成本差异、商品进销差价后的金额填列。

（6）"一年内到期的非流动资产"项目，反映长期应收款、持有至到期投资、长期待摊费用等资产中将于一年内到期或摊销完毕的部分。本项目应根据有关科目的期末余额填列。

（7）"长期应收款"项目，反映企业融资租赁产生的应收款项和采用递延方式分期收款、实质上具有融资性质的销售商品和提供劳务等经营活动产生的应收款项。融资租赁出租以及分期收款销售且实质上具有融资性质的"长期应收款"项目，反映扣减相应的未实现融资收益后的净额。本项目应根据"长期应收款"科目期末余额减去相应的"未实现融资收益"科目期末余额和"坏账准备"科目所属相关明细科目期末余额的金额填列。

（8）"固定资产"项目，反映企业持有固定资产的期末净额。本项目应根据"固定资产"科目的期末余额减去"累计折旧"和"固定资产减值准备"科目期末余额后的金额填列。

（9）"工程物资"项目，反映企业为在建工程准备的各种物资的价值，包括工程用材料、尚未安装的设备以及为工程准备的工器具等。本项目应根据"工程物资"科目的期末余额填列。

（10）"固定资产清理"项目，反映企业因出售、报废和毁损、对外投资、非货币性资产交换、债务重组等原因转入清理但尚未清理完毕的固定资产净值以及在清理过程中所发生的清理费用和清理收入等。本项目应根据"固定资产清理"科目的期末借方余额填列；"固定资产清理"科目期末为贷方余额的，以"-"填列。

（11）"无形资产"项目，反映企业持有的无形资产，包括专利权、非专利技术、商标权、著作权、土地使用权等。本项目应根据"无形资产"科目的期末余额，减去"累计摊销"和"无形资产减值准备"科目期末余额后的金额填列。

（12）"长期待摊费用"项目，反映企业已经发生但应当由本期和以后各期负担的分摊期限在一年以内的各项费用。长期待摊费用中在一年内（含一年）摊销的部分，应在本表"一年内到期的非流动资产"项目中填列。本项目应根据"长期待摊费用"科目的期末余额减去一年内（含一年）摊销的数额后的金额填列。

（13）"递延所得税资产"项目，反映企业确认的可抵扣暂时性差异产生的所得税资产。本项目应根据"递延所得税资产"科目的期末余额填列。

2. 负债项目

（1）"应付账款"项目，反映企业购买原材料、商品和接受劳务供应等经营活动应支付的款项。本项目应根据"应付账款"和"预付账款"科目所属各有关明细科目的期末贷方余额合计填列。例如，"应付账款"科目所属各明细科目期末有借方余额，应在本表"预付账款"项目内填列。

（2）"预收款项"项目，反映企业按照购货合同规定预收购买单位的款项。本项目应根据"预收账款"和"应收账款"科目所属各有关明细科目的期末贷方余额合计填列。例如，"预收账款"科目所属各有关明细科目有借方余额，应在本表"应收账款"项目内填列。

（3）"应付职工薪酬"项目，反映企业根据有关规定应付给职工的各种薪酬。外商投资企业按规定从净利润中提取的职工奖励及福利基金，也包含在本项目内。本项目应根据"应付职工薪酬"科目的期末贷方余额填列；"应付职工薪酬"科目期末为借方余额的，应以"-"填列。

（4）"应交税费"项目，反映企业按照税法规定计算应缴纳的各种税费。本项目根据"应交税费"科目的期末贷方余额填列；"应交税费"科目期末为借方余额的，应以"-"填列。

（5）"应付利息"项目，反映企业按照合同约定应支付的利息，包括吸收存款、分期付息、到期还本的长期借款应支付的利息、企业债券等应支付的利息。本项目应根据"应付利息"科目的期末余额填列。

（6）"应付股利"项目，反映企业分配但尚未支付的现金股利或利润。本项目应根据"应付股利"科目的期末余额填列。

（7）"长期借款"项目，反映企业向银行或其他金融机构借入的期限在一年以上（不含一年）的各项借款。本项目应根据"长期借款"科目的期末余额分析填列。

（8）"预计负债"项目，反映企业根据或有事项等相关准则确认的各项预计负债，包括对外提供担保、未决诉讼、产品质量保证、重组义务、亏损性合同以及固定资产和矿区权益弃置义务等产生的预计负债。本项目应根据"预计负债"科目的期末余额填列。

（9）"其他应付款"项目，反映企业除应付票据、应付账款、预收账款、应付职工薪酬、应付利息、应付股利、应交税费、长期应付款等经营活动以外的其他各项应付、暂收的款项。本项目应根据"其他应付款"科目的期末余额填列。

（10）"一年内到期的非流动负债"项目，反映长期应付款、长期借款、应付债券、预计负债等负债中将于一年内到期的部分。本项目应根据有关科目的期末余额填列。

3. 所有者权益项目

（1）"实收资本（或股本）"项目，反映企业各投资者实际投入的资本（或股本）总额。本项目应根据"实收资本（或股本）"科目的期末余额填列。

（2）"资本公积"项目，反映企业资本公积的期末余额。本项目应根据"资本公积"的期末余额填列。

（3）"库存股"项目，反映企业收购、转让或注销的本公司股份金额。本项目应根据"库存股"科目的期末借方余额填列。

（4）"盈余公积"项目，反映企业盈余公积的期末余额。本项目应根据"盈余公积"科目的期末余额填列。

（5）"未分配利润"项目，反映企业尚未分配的利润。本项目应根据"本年利润"和"利润分配"科目的余额填列。未弥补的亏损，在本项目内以"-"填列。

第三节 | 利润表

一、利润表的概念和意义

利润表又称损益表，是反映企业一定期间经营成果的会计报表。

二、利润表的格式

利润表的格式主要有多步式和单步式两种，我国企业的利润表一般采用多步式。

（1）营业利润。营业利润是以营业收入为基础，减去为所得营业收入发生的营业成本、营业税金及附加、期间费用和资产减值损失，加上公允价值变动收益和投资收益得出。

（2）利润总额。利润总额是在营业利润的基础上，加上营业外收入，减去营业外支出得出的。

（3）净利润。净利润是在利润总额的基础上，减去所得税费用得出的。

（4）每股收益。每股收益根据每股收益准则的规定计算。

三、利润表编制的基本方法

1. "本期金额"栏的填列方法

利润表"本期金额"栏内的各项数字一般应根据损益类账户的发生额分析填列。

2. "上期金额"栏的填列

利润表"上期金额"栏内的各项数字，应根据上年各期利润表"本期金额"栏内所列数字填列。如果上年该期利润表规定的各个项目的名称和内容同本期不一致，应对上年该期利润表各个项目的名称和数字按照本期规定进行调整，填入利润表"上期金额"栏内。

历年真题及解析

一、单项选择题

1. 填制资产负债表"存货"项目的主要依据不包括（　　）。

　　A. 原材料　　　　　B. 生产成本　　　　　C. 工程物资　　　　　D. 存货跌价准备

答案：C

【解析】工程物资不属于存货项目，期末在资产负债表中应填入"工程物资"项目。

2. 下列关于利润表的说法中，正确的是（　　）。

　　A. 按资金运动形态分类，利润表属于静态报表

　　B. 我国企业的利润表一般采用的格式为单步式

    C. 利润表是反映企业一定期间经营成果的会计报表

    D. 利润表是反映企业某一特定日期财务状况的会计报表

答案：C

【解析】利润表又称损益表，是反映企业一定期间经营成果的会计报表。利润表的格式主要有多步式和单步式两种，我国企业的利润表一般采用多步式。利润表属于动态会计报表。

    3. 下列报表中，不属于对外财务报表的是（   ）。

    A. 资产负债表   B. 产品生产成本表   C. 利润表   D. 现金流量表

答案：B

【解析】对外报送的财务会计报表应当包括下列组成部分：①资产负债表；②利润表；③现金流量表；④所有者权益（或股东权益）变动表；⑤附注。

    4. 某企业应付账款明细账期末资料如下：W 企业贷方余额为 200 000 元，Y 企业借方余额为 180 000 元，Z 企业贷方余额为 300 000 元，假设企业预付账款明细账均为借方余额，则反映在资产负债表"应付账款"项目中的数额为（   ）元。

    A. 680 000   B. 320 000   C. 500 000   D. 80 000

答案：C

【解析】资产负债表中"应付账款"项目的数额＝应付账款所属明细账贷方余额＋预付账款所属明细账贷方余额，即 200 000＋300 000＝500 000（元）。

二、多项选择题

    1. 某企业 2008 年相关收入及支出情况如下。

    营业收入 600 000 元，营业成本 350 000 元，销售费用 15 000 元，管理费用 20 000 元，财务费用 18 000 元，投资收益 50 000 元，营业外收入 35 000 元，营业外支出 12 000 元，资产减值损失 25 000 元。下列关于该企业 2008 年的营业利润总额中，错误的是（   ）元。

    A. 222 000   B. 197 000   C. 247 000   D. 245 000

答案：B、C、D

【解析】营业利润＝营业收入－营业成本－销售费用－管理费用－财务费用＋投资收益－资产减值损失＝600 000－350 000－15 000－20 000－18 000＋50 000－25 000＝222 000（元）。

    2. 利润表中"公允价值变动损益"项目反映的内容包括（   ）。

    A. 交易性金融资产公允价值变动形成的应计入当期损益的利得（或损失）

    B. 交易性金融负债公允价值变动形成的应计入当期损益的利得（或损失）

    C. 采用公允价值模式计量的投资性房地产公允价值变动形成的应计入当期损益的利得（或损失）

    D. 企业以各种方式对外投资所取得的收益

答案：A、B、C

【解析】公允价值变动收益（或损失）是指企业交易性金融资产、交易性金融负债以及采用公允价值模式计量的投资性房地产、衍生工具、套期保值业务等资产的公允价值变动形成的应计入当期损益的利得（或损失）。

    3. 填制资产负债表"货币资金"项目的主要依据有（   ）。

    A. 库存现金   B. 银行存款   C. 应收账款   D. 其他货币资金

答案：A、B、D

【解析】资产负债表中"货币资金"项目的数额=库存现金+银行存款+其他货币资金的总账科目余额。

4. 下列各项中，属于会计报表附注至少包括的有（　　）。

A. 企业的基本情况
B. 财务会计报告的编制基础
C. 资产负债日后事项
D. 遵循企业会计准则的声明

答案：A、B、C、D

【解析】会计报表附注至少应当包括下列组成部分：①企业的基本情况；②财务会计报告的编制基础；③遵循企业会计准则的声明；④重要会计政策和会计估计；⑤会计政策和会计估计变更以及差错更正的说明；⑥报表重要项目的说明；⑦或有事项；⑧资产负债表日后事项；⑨关联方关系及其交易。

5. 下列资产负债表的各有关项目期末余额填列方法中，正确的有（　　）。

A. "短期借款"项目根据其总账余额直接填列
B. "应付账款"项目根据其所属明细科目贷方余额计算填列
C. "货币资金"项目根据"库存现金""银行存款""其他货币资金"的期末余额计算填列
D. "未分配利润"项目根据"本年利润"和"利润分配"的余额计算填列

答案：A、C、D

【解析】"应付账款"项目应根据"应付账款"所属明细账贷方余额+"预付账款"所属明细账贷方余额计算填列。

三、判断题

1. 流动负债是指将在1年（含1年）或者超过1年的一个营业周期内偿还的债务。（　　）

答案：√

【解析】流动负债是指将在1年（含1年）或者超过1年的一个营业周期内偿还的债务。

2. 资产负债表中，"长期待摊费用"项目应根据该科目的期末余额进行填列。（　　）

答案：×

【解析】资产负债表中，"长期待摊费用"项目应根据"长期待摊费用"科目的期末余额减去一年内（含一年）摊销的数额后的金额填列。

3. 将于一年内到期偿还的非流动负债，不需要列为流动负债单独反映。（　　）

答案：×

【解析】将于一年内到期偿还的非流动负债，需要列为一年内到期的流动负债项目单独反映。

4. 利润表中，"营业收入"项目应根据"主营业务收入"的期末余额直接填列。（　　）

答案：×

【解析】利润表中，"营业收入"项目应根据"主营业务收入"+"其他业务收入"的发生额计算填列。

5. 通过资产负债表，可以帮助报表使用者全面了解企业的经营成果，分析企业的债务偿还能力，为未来的经济决策提供参考。（　　）

答案：×

【解析】通过资产负债表，可以帮助报表使用者全面了解企业的财务状况，分析企业的债务偿还能力，为未来的经济决策提供参考。

强化练习

一、单项选择题

1. 反映某一特定日期的财务会计报表是（   ）。
   A. 资产负债表　　　　B. 利润表　　　　　　C. 现金流量表　　　　D. 以上均上

2. 下列关于财务会计报告的编制要求说法不正确的有（   ）。
   A. 编报及时　　　　　B. 便于理解　　　　　C. 相关可靠　　　　　D. 全面完整

3. 季度财务会计报告应于季度终了后（   ）内对外报出。
   A. 6 天　　　　　　　B. 15 天　　　　　　 C. 20 天　　　　　　 D. 10 天

4. 月度财务会计报告应于月度终了后（   ）内对外报出。
   A. 5 天　　　　　　　B. 6 天　　　　　　　C. 8 天　　　　　　　D. 10 天

5. 某企业应收账款的总账科目借方余额为 100 万元，其中明细账借方余额为 170 万元，贷方余额为 70 万元，预收账款总账科目贷方余额为 80 万元，其中明细账贷方科目余额为 120 万元，则期末在资产负债表中"应收账款"项目应填列（   ）。
   A. 210 万元　　　　　B. 370 万元　　　　　C. 190 万元　　　　　D. 250 万元

6. 无形资产的内容不包括（   ）。
   A. 专利权　　　　　　B. 商标权　　　　　　C. 土地使用权　　　　D. 商誉

7. 资产负债表中的"递延所得税资产"项目可根据（   ）科目的余额填列。
   A. 递延所得税资产　　B. 递延所得税负债　　C. 所得税费用　　　　D. 应交税费

8. 某企业"应付账款"的总账科目贷方余额为 180 万元，其中明细账借方余额为 100 万元，贷方余额为 280 万元；"预收账款"的总账科目贷方余额为 80 万元，其中明细账贷方科目余额为 120 万元；"预付账款"的总账科目借方余额为 100 万元，其中明细账贷方科目余额为 150 万元，则期末在资产负债表的"应付账款"项目中应填列（   ）。
   A. 400 万元　　　　　B. 120 万元　　　　　C. 430 万元　　　　　D. 270 万元

9. 反映某一会计期间经营成果的会计报表是（   ）。
   A. 资产负债表　　　　　　　　　　　　　　B. 利润表
   C. 现金流量表　　　　　　　　　　　　　　D. 所有者权益变动表

10. 某企业会计期末长期借款的余额为 100 万元，其中一年内到期的部分为 40 万元，则期末在资产负债表中"一年内到期的非流动负债"项目应填列（   ）万元。
    A. 100　　　　　　　B. 60　　　　　　　　C. 40　　　　　　　　D. 140

11. 某企业"应收账款"的总账科目借方余额为 100 万元，其中明细账借方余额为 170 万元，贷方余额为 70 万元；"预收账款"的总账科目贷方余额为 80 万元，其中明细账贷方科目余额为 120 万元，则期末在资产负债表的"预收款项"项目中应填列（   ）。
    A. 180 万元　　　　　B. 370 万元　　　　　C. 190 万元　　　　　D. 250 万元

12. 某企业"应付账款"的总账科目贷方余额为 180 万元，其中明细账借方余额为 100 万元，贷方余额为 280 万元；"预收账款"的总账科目贷方余额为 80 万元，其中明细账贷方科目余额为 120 万元；"预付账款"的总账科目借方余额为 100 万元，其中明细账贷方科目余额为 150 万元，则期末在资产负债表的"预付款项"项目中应填列（   ）。
    A. 400 万元　　　　　B. 350 万元　　　　　C. 430 万元　　　　　D. 270 万元

13. 某企业某月应付职工薪酬总账科目的借方余额为 5 000 元，应付股利的科目余额为 4 000 元，月末在资产负债表的"应付职工薪酬"项目中应填列（　　）元。

  A. 5 000   B. 9 000   C. -5 000   D. -1 000

14. 某企业某月公允价值变动损益的借方发生额合计为 50 000 元，贷方发生额合计为 30 000 元，月末在利润表的"公允价值变动收益"项目中应填列（　　）元。

  A. 50 000   B. 30 000   C. 20 000   D. -20 000

15. 某企业月末"主营业务收入"的发生额为 100 万元，"主营业务成本"的发生额为 70 万元，"营业税金及附加"的发生额为 10 万元，"管理费用"的发生额为 5 万元，"销售费用"的发生额为 3 万元，"财务费用"的发生额为 2 万元，"投资收益"的借方发生额为 2 万元，"营业外收入"的发生额为 4 万元，"营业外支出"的发生额为 1 万元，则本期的营业利润为（　　）万元。

  A. 8   B. 10   C. 12   D. 15

16. 下列各项中，不包括在财务会计报告类会计档案中的是（　　）。

  A. 利润表   B. 现金流量表   C. 资产负债表   D. 现金日记账

17. 甲公司年初资产总额为 100 万元，本期负债减少 5 万元，所有者权益增加 20 万元。下列选项中，正确反映期末资产总额的是（　　）。

  A. 100 万元   B. 125 万元   C. 115 万元   D. 120 万元

18. 某企业月初资产总额为 300 万元，本月发生下列经济业务：①赊购材料 10 万元；②用银行存款偿还短期借款 20 万元；③收到购货单位偿还欠款 15 万元存入银行。月末资产总额为（　　）万元。

  A. 310   B. 305   C. 290   D. 295

二、多项选择题

1. 半年度财务会计报告至少应当包括（　　）。

  A. 资产负债表   B. 现金流量表

  C. 利润表   D. 所有者权益变动表

2. 附注应当包括（　　）。

  A. 企业的基本情况   B. 重要的会计政策和会计估计

  C. 或有事项   D. 报表重要项目的说明

3. 资产负债表的格式主要有（　　）。

  A. 账户式   B. 报告式   C. 多步式   D. 单步式

4. 资产负债表数字的来源主要（　　）。

  A. 根据总账科目的余额直接填列

  B. 根据明细科目的余额计算填列

  C. 根据总分类科目的余额和明细科目的余额计算填列

  D. 资产负债表的附注内容根据实际需要和有关备查账簿的记录分析填列

5. 资产负债表中的"货币资金"项目应根据（　　）科目的余额计算填列。

  A. 库存现金   B. 银行存款   C. 其他货币资金   D. 应收票据

6. 资产负债表中的"存货"项目应根据（　　）科目的余额计算填列。

  A. 发出商品   B. 库存商品   C. 坏账准备   D. 生产成本

7. 资产负债表中的"固定资产"项目可根据（　　）科目的余额计算填列。

  A. 固定资产   B. 累计折旧

  C. 累计摊销   D. 固定资产减值准备

8. 资产负债表中的"预收款项"项目不应根据（ ）科目的余额计算填列。

    A. 预收账款   B. 应收账款   C. 预付账款   D. 坏账准备

9. 资产负债表中的"未分配利润"项目应根据（ ）科目的余额计算填列。

    A. 本年利润   B. 利润分配

    C. 实收资本   D. 以前年度损益调整

10. 利润表的主要格式有（ ）。

    A. 账户式   B. 多步式   C. 单步式   D. 报告式

11. 利润表中的"营业收入"项目，应根据（ ）科目的发生额计算填列。

    A. 主营业务收入   B. 其他业务收入   C. 营业外收入   D. 其他业务成本

12. 下列利润表项目中影响营业利润的有（ ）。

    A. 主营业务收入   B. 营业税金及附加   C. 资产减值损失   D. 所得税费用

13. 下列属于企业对外的财务会计报告的有（ ）。

    A. 股东权益变动表   B. 附注   C. 预算支出表   D. 利润表

14. 资产负债表中的"无形资产"项目应根据（ ）科目的余额计算填列。

    A. 研发支出   B. 累计摊销   C. 无形资产   D. 累计折旧

15. 资产负债表中的"预计负债"项目，包括（ ）等产生的预计负债。

    A. 对外提供担保   B. 已决诉讼

    C. 重组义务   D. 矿区权益弃置义务

16. 下列各项中，属于企业财务会计报告可以提供的信息的有（ ）。

    A. 劳动状况   B. 财务状况   C. 现金流量   D. 经营成果

17. 下列关于资产负债表的表述中，正确的有（ ）。

    A. 是反映财务状况的报表   B. 是动态报表

    C. 是主要的会计报表   D. 是反映经营成果的报表

18. 下列各项中，影响企业利润总额增减变动的有（ ）。

    A. 销售费用   B. 管理费用   C. 营业外支出   D. 所得税费用

19. 下列所有者权益项目中，由企业净利润形成的有（ ）。

    A. 未分配利润   B. 实收资本   C. 盈余公积   D. 资本公积

20. 下列关于资产负债表的表述中，正确的有（ ）。

    A. 是企业的主要财务报表之一   B. 可据以分析企业的债务偿还能力

    C. 又称为财务状况变动表   D. 其列报依据是总账账户的期末余额

21. 下列关于利润的表述中，正确的有（ ）。

    A. 利润是企业在一定期间的经营成果

    B. 通常情况下，如果企业实现了利润，表明企业的所有者权益将增加，业绩得到了提升

    C. 利润的确认只依赖收入和费用的确认

    D. 利润包括收入减去费用后的净额，直接计入当期利润的利得和损失等

22. 下列各项中，影响企业营业利润金额增减变动的有（ ）。

    A. 营业外收入   B. 管理费用   C. 财务费用   D. 投资收益

23. 下列各项中，列在资产负债表左方的有（ ）。

    A. 无形资产   B. 流动资产   C. 固定资产   D. 长期股权投资

24. 下列各项中，不属于我国企业资产负债表编制格式的有（   ）。

    A. 报告式   B. 多步式   C. 账户式   D. 单步式

25. 单位财务会计报告反映的内容有（   ）。

    A. 某一会计期间的经营成果   B. 某一会计期间的成本水平

    C. 某一特定日期的财务状况   D. 某一会计期间的现金流量

26. 下列关于利润表的表述中，正确的有（   ）。

    A. 根据有关账户发生额编制   B. 是反映经营成果的报表

    C. 是静态报表   D. 是反映财务状况的报表

27. 下列关于利润表中"营业成本"项目填列依据的表述中，正确的有（   ）。

    A. "主营业务成本"发生额   B. "营业处支出"发生额

    C. "营业税金及附加"发生额   D. "其他业务成本"发生额

28. 下列账户的本期发生额，应在利润表"营业收入"项目的"本期金额"中填列的有（   ）。

    A. 其他业务收入   B. 主营业务收入   C. 投资收益   D. 营业外收入

29. 下列各项中，属于企业会计报表组成部分的有（   ）。

    A. 资产负债表   B. 所有者权益变动表   C. 利润表   D. 现金流量表

30. 下列关于资产负债表中"应收账款"项目填列依据的表述中，正确的有（   ）。

    A. "应收账款"科目所属明细科目的贷方余额减去"坏账准备"账户中有关应收账款计提的坏账准备期末余额

    B. "应收账款"科目所属明细科目的贷方余额之和减去"坏账准备"账户中有关应收账款计提的坏账准备期末余额

    C. "应收账款"科目所属明细科目的借方余额之和减去"坏账准备"账户中有关应收账款计提的坏账准备期末余额

    D. "预收账款"科目所属明细科目的借方余额之和减去"坏账准备"账户中有关应收账款计提的坏账准备期末余额

三、判断题

1. 企业的财务会计报告分为年度、半年度、季度和月度财务会计报告。（   ）

2. 半年度财务会计报告应于半年度终了后 2 个月内对外报出。（   ）

3. 资产负债表可以使报表使用者了解企业债务的偿还能力。（   ）

4. 我国企业资产负债表采用报告式结构。（   ）

5. 账户式资产负债表分为左右两方，左方为资产，按流动性大小排列；右方为负债，也按流动性大小排列。（   ）

6. 资产负债表属于对比报表。（   ）

7. 在资产负债表中，"一年内到期的非流动资产"项目可以根据长期应收款、持有至到期投资、长期待摊费用等资产中将于一年内到期或摊销完毕的部分计算填列。（   ）

8. "应交税费"科目期末如果为借方余额，则在资产负债表中应当以"-"填列。（   ）

9. "库存股"项目反映企业收购、转让或注销的本公司股份金额，在资产负债表中应根据"库存股"和"资本公积"科目的余额计算填列。（   ）

10. 利润表"本期金额"栏内的各项数字一般应根据损益类账户的期末余额分析填列。（   ）

11. 在利润表中，"公允价值变动收益"项目的发生额如果在贷方，以"-"填列。（　　　）

12. 在编制利润表的过程中，如果上年该期利润表规定的各个项目的名称和内容同本期不一致，应对本年该期利润表各个项目的名称和数字按照上期的规定进行调整。（　　　）

13. 通过利润表可以分析企业的获利能力及利润的未来发展趋势，了解投资者投入资本的保值增值情况。（　　　）

14. 在资产负债表中，"应收票据"项目应根据该科目的期末余额填列，已向银行贴现和已背书转让的应收票据也包括在该项目内。（　　　）

15. 在资产负债表中，"其他应收款"项目应根据该科目的期末总账科目余额直接填列。（　　　）

16. 银行存款余额调节表不仅是核对账目的一种方式，而且可作为调整银行存款日记账账面余额的原始凭证。（　　　）

17. 资产负债表的表头部分应列明报表的名称、编制报表的单位名称、编制日期和金额的计量单位。（　　　）

18. 资产负债表中的"应收账款"项目应根据"应收账款"和"预收账款"账户所属各明细账户的期末借方余额合计数填列。（　　　）

19. "应收账款"科目所属明细科目期末有贷方余额的，应在资产负债表"预收款项"项目内填列。（　　　）

20. 资产负债表是总括地反映企业特定日期资产、负债和所有者权益情况的动态报表。通过它可以了解企业的资产构成、资金来源构成和债务的偿还能力。（　　　）

21. 通过资产负债表，可以帮助报表使用者全面了解企业在一定时期的现金流入、流出信息及现金增减变动的原因；通过利润表，可以帮助报表使用者全面了解企业的财务状况，分析企业的债务偿还能力，从而为未来的经济决策提供参考信息。（　　　）

22. 我国企业的资产负债表采用的是报告式编制格式。（　　　）

23. 企业货币资金主要包括库存现金、银行存款、银行汇票存款、银行本票存款、信用证保证金存款、信用卡存款、外埠存款和存出投资款等。（　　　）

四、计算分析题

1. 甲公司所得税税率为25%，该公司2015年11月的利润表如下。

利润表

2015年11月

编制单位：甲公司 单位：元

项目	本期金额	本年累计金额
一、营业收入	略	2 985 000
减：营业成本		1 500 000
营业税金及附加		88 000
销售费用		210 000
管理费用		350 000
财务费用		4 000
资产减值准备		3 000
二、营业利润（损失以"-"号填列）		830 000
加：营业外收入		3 000

续表

项目	本期金额	本年累计金额
减：营业外支出		8 000
三、利润总额（损失以"–"号填列）		825 000
减：所得税费用		206 250
四、净利润（损失以"–"号填列）		618 750

甲公司12月份发生以下经济业务。

（1）对外销售甲商品3 000件，每件50元，增值税税率为17%，已办妥银行托收货款手续。

（2）经批准处理财产清查中盘盈的存货，重置成本10 000元。

（3）计算分配本月应付职工工资共计50 000元。其中，管理部门人员工资30 000元，专设销售机构人员工资20 000元。

（4）计提本月办公用固定资产折旧2 000元。

（5）结转已销售的3 000件甲商品的销售成本70 000元。

（6）将本月实现的损益结转至"本年利润"账户。

要求：根据上述资料，计算并填列甲公司2015年利润表中各项目的金额（假设不考虑所得税以外的相关税费，不存在纳税调整事项）。

利润表

2015年12月

编制单位：甲公司　　　　　　　　　　　　　　　　　　　　　　　　　　　　　　　　　　　单位：元

项目	本期金额	本年累计金额
一、营业收入		
减：营业成本		
营业税金及附加		
销售费用		
管理费用		
财务费用		
资产减值准备		
二、营业利润（损失以"–"号填列）		
加：营业外收入		
减：营业外支出		
三、利润总额（损失以"–"号填列）		
减：所得税费用		
四、净利润（损失以"–"号填列）		

2. F公司为增值税一般纳税企业，主要生产和销售甲产品，适用增值税税率为17%，所得税税率为25%，不考虑其他相关税费，该公司于2015年发生以下业务。

（1）销售甲产品一批，该批产品的成本为15万元，销售价格为40万元，专用发票上注明增值税为6.8万元。产品已经发出，提货单交给买方，货款及增值税税款尚未收到。

（2）当年分配并发放职工工资40万元，其中生产工人工资20万元，车间管理人员工资10

万元，企业管理人员工资 10 万元。

（3）本年出租一台设备，取得租金收入 10 万元。

（4）本年度计提固定资产折旧 10 万元，其中计入"制造费用"的折旧 6 万元，计入"管理费用"的折旧 3 万元，出租设备的折旧 1 万元。

（5）用银行存款支付销售费用 2 万元。

（6）因收款方被注销而导致一笔 2 万元的应付款项无法支付，经批准后作为营业外收入。

要求：计算该公司 2015 年度利润表的下列项目中的金额。

（1）营业收入（   ）。

（2）营业成本（   ）。

（3）营业利润（   ）。

（4）利润总额（   ）。

（5）净利润 （   ）。

3. Y 公司 2015 年 9 月的余额试算平衡表如下。

余额试算平衡表

2015 年 9 月 30 日

会计科目	期末余额	
	借方	贷方
库存现金	740	
银行存款	168 300	
应收账款	85 460	
坏账准备		6 500
原材料	66 500	
库存商品	101 200	
存货跌价准备		1 200
固定资产	468 900	
累计折旧		3 350
固定资产清理		5 600
长期待摊费用	14 500	
应付账款		93 000
预收账款		10 000
长期借款		250 000
实收资本		500 000
盈余公积		4 500
利润分配		19 300
本年利润		12 150
合计	905 600	905 600

补充资料：

（1）"长期待摊费用"中含将于一年内摊销的金额 8 000 元。

（2）"长期借款"期末余额中将于一年内到期归还的长期借款数为 100 000 元。

（3）"应收账款"有关明细账期末余额情况为"应收账款—A 公司"借方余额 98 000，"应收账款—B 公司"贷方余额 12 540。

（4）"应付账款"有关明细账期末余额情况为"应付账款—C 公司"贷方余额 98 000，"应付账款—D 公司"借方余额 5 000。

（5）"预收账款"有关明细账期末余额情况为"预收账款—E 公司"贷方余额 12 000，"预收账款—F 公司"借方余额 2 000。

要求：请代 Y 公司完成下列资产负债表有关项目的填列。

（1）应收账款（　　　）。

（2）存货（　　　）。

（3）应付账款（　　　）。

（4）预收款项（　　　）。

（5）长期借款（　　　）。

强化练习参考答案及解析

一、单项选择题

1. 答案：A

【解析】资产负债表是反映企业某一特定日期财务状况的会计报表。利润表是反映企业某一会计期间经营成果的会计报表。现金流量表是反映企业某一会计期间现金流量的会计报表。

2. 答案：C

【解析】财务会计报告的编制要求有：①真实可靠；②全面完整；③编报及时；④便于理解。

3. 答案：B

【解析】季度财务会计报告应于季度终了后 15 天内对外报出。

4. 答案：B

【解析】月度财务会计报告应于月度终了后 6 天内对外报出。

5. 答案：A

【解析】在资产负债表中，"应收账款"项目应根据"应收账款"所属明细账的期末借方余额加"预收账款"所属明细账的期末借方余额减相应的坏账准备计算填列，本题中"应收账款"明细账期末借方余额为 170 万元，"预收账款"明细账的贷方余额 120 万元－"预收账款"总账余额 80 万元得出明细账借方余额 40 万元，故 170+40=210（万元）。

6. 答案：D

【解析】无形资产的内容包括专利权、商标权、土地使用权、著作权等，但不是包括商誉。

7. 答案：A

【解析】在资产负债表中，"递延所得税资产"项目可根据"递延所得税资产"科目的期末余额填列。

8. 答案：C

【解析】在资产负债表中，"应付账款"项目应根据"应付账款"所属明细账的期末贷方余额加"预付账款"所属明细账的期末贷方余额计算填列，本题中"应付账款"明细账贷方余额为 280 万元，"预付账款"明细账贷方余额为 150 万元，故 280+150=430（万元）。

9. 答案：B

【解析】利润表又称损益表，是反映某一会计期间经营成果的会计报表。

10. 答案：B

【解析】对于本题的业务，在资产负债表中，"一年内到期的非流动负债"项目应根据"长期借款"的总账账户余额减去一年内到期的部分填列，即 100-40=60（万元）。

11. 答案：C

【解析】在资产负债表中，"预收款项"项目应根据"预收账款"所属明细账贷方余额加"应收账款"所属明细账贷方余额计算填列。本题中"预收账款"所属明细账的贷方余额为 120 万元，"应收账款"所属明细账贷方余额为 70 万元，故资产负债表中"预收款项"项目的数额=120+70=190（万元）。

12. 答案：B

【解析】在资产负债表中，"预付款项"项目应根据"应付账款"所属明细账借方余额加"预付账款"所属明细账借方余额减相应的坏账准备填列，本题中"预付账款"总账借方余额为 100 万元，所属明细账贷方余额为 150 万元，故"预付账款"所属明细账借方余额为 100+150=250（万元），因此期末在资产负债表中"预付款项"项目的数额=250+100=350（万元）。

13. 答案：C

【解析】在资产负债表的"应付职工薪酬"项目中，如"应付职工薪酬"科目期末为借方余额，应以"-"填列。

14. 答案：D

【解析】"公允价值变动损益"科目借贷相抵后的差额如果在借方则表示损失，在期末利润表中应当以"-"填列。

15. 答案：A

【解析】"投资收益"的发生额在借方表示投资损失，在计算营业利润时应当减去。故营业利润=100-70-10-5-3-2-2=8（万元）。

16. 答案：D

【解析】现金日记账属于财务会计账簿类会计档案。

17. 答案：C

【解析】100-5+20=115。

18. 答案：C

【解析】300+10-20+15-15=290。

二、多项选择题

1. 答案：A、B、C

【解析】半年度财务会计报告至少应当包括资产负债表、现金流量表和利润表，不包括所有者权益（或股东权益）变动表，年度财务会计报告则包括所有者权益（或股东权益）变动表。

2. 答案：A、B、C、D

【解析】附注应当包括：①企业的基本情况；②财务会计报告的编制基础；③遵循《企业会计准则》的声明；④重要会计政策和会计估计；⑤会计政策和会计估计变更以及差错更正的说明；⑥报表重要项目的说明；⑦或有事项；⑧资产负债表日后事项；⑨关联方关系及交易。

3. 答案：A、B

【解析】资产负债表的格式主要有账户式和报告式两种。

4. 答案：A、B、C、D

【解析】资产负债表数字的来源主要有：①根据总账科目的余额直接填列；②根据总账科目的余额计算填列；③根据明细科目的余额计算填列；④根据总账科目的余额和明细科目的余额计算填列；⑤综合运用上述填列方法分析填列；⑥资产负债表附注内容根据实际需要和有关备查账簿的记录分析填列。

5. 答案：A、B、C

【解析】资产负债表中的"货币资金"项目应根据"库存现金""银行存款"和"其他货币资金"科目的合计数计算填列。

6. 答案：A、B、D

【解析】在资产负债表中"存货"项目应根据"发出商品""库存商品""生产成本"等科目的余额计算填列，不包括"坏账准备"科目。

7. 答案：A、B、D

【解析】在资产负债表中，"固定资产"项目可根据"固定资产""累计折旧"和"固定资产减值准备"科目的余额计算填列。

8. 答案：C、D

【解析】在资产负债表中，"预收款项"项目应根据"预收账款"和"应收账款"所属明细账贷方科目的余额计算填列。

9. 答案：A、B

【解析】在资产负债表中，"未分配利润"项目应根据"本年利润"和"利润分配"科目的余额计算填列。

10. 答案：B、C

【解析】利润表的主要格式有多步式和单步式两种。

11. 答案：A、B

【解析】利润表中的"营业收入"项目，应根据"主营业务收入"和"其他业务收入"科目的发生额计算填列。

12. 答案：A、B、C

【解析】选项D不影响营业利润，它影响了"净利润"项目。

13. 答案：A、B、D

【解析】对外报送的财务会计报告应当包括下列组成部分：①资产负债表；②利润表；③现金流量表；④所有者权益（或股东权益）变动表；⑤附注。

14. 答案：B、C

【解析】在资产负债表中，"无形资产"项目应根据"无形资产""累计摊销"和"无形资产减值准备"科目的余额计算填列。

15. 答案：A、C、D

【解析】"预计负债"项目反映企业根据或有事项等相关准则确认的各项预计负债，包括对外提供担保、未决诉讼、产品质量保证、重组义务、亏损性合同以及固定资产和矿区弃置义务等产生的预计负债。

16. 答案：B、C、D

【解析】企业财务会计报告可以提供财务状况、现金流量、经营成果等信息，不能提供劳动状况信息。

17. 答案：A、C

【解析】资产负债表是静态报表。利润表是反映经营成果的报表。

18. 答案：A、B、C

【解析】所得税费用只影响企业净利润。

19. 答案：A、C

【解析】未分配利润、盈余公积属于企业留存收益，是由企业的净利润形成的。实收资本、资本公积属于企业资本，主要由投资者投入的资本形成。

20. 答案：A、B、C

【解析】资产负债表的各项目中只有一部分项目是根据总账账户的期末余额填列的。

21. 答案：A、B、D

【解析】利润包括收入减去费用后的净额直接计入当期利润的利得和损失。因此，利润的确认不只是依赖收入和费用的确认，还包括直接计入当期利润的利得和损失的确认。

22. 答案：B、C、D

【解析】营业外收入只影响企业的利润总额，不影响营业利润。

23. 答案：A、B、C、D

【解析】列在资产负债表左方的是资产类项目。

24. 答案：A、B、D

【解析】我国企业资产负债表的编制格式是账户式。

25. 答案：A、B、C、D

【解析】利润表能反映某一会计期间的经营成果与成本水平。资产负债表能反映某一特定日期的财务状况。现金流量表能反映某一会计期间的现金流量。

26. 答案：A、B

【解析】利润表属于动态表报，是反映某一会计期间经营成果的报表。

27. 答案：A、D

【解析】利润表中"营业成本"项目的填列依据是"主营业务成本"发生额与"其他业务成本"发生额之和。

28. 答案：A、B

【解析】利润表中"营业收入"项目的填列依据是"主营业务收入"发生额与"其他业务收入"发生额之和。

29. 答案：A、B、C、D

【解析】财务报表至少应当包括资产负债表、利润表、现金流量表、所有者权益变动表和附注。

30. 答案：C、D

【解析】"应收账款"项目的填列依据是"应收账款"科目所属明细科目的借方余额之和减去"坏账准备"账户中有关应收账款计提的坏账准备期末余额。"预收账款"项目的填列依据是"预收账款"科目所属明细科目的借方余额之和减去"坏账准备"账户中有关应收账款计提的坏账准备期末余额。

三、判断题

1. 答案：√

【解析】企业的财务会计报告分为年度、半年度、季度和月度财务会计报告。

2. 答案：×

【解析】半年度财务会计报告应于半年度终了后 60 天内对外报出。

3. 答案：√

【解析】资产负债表可以使报表使用者了解企业的财务状况，分析企业的债务偿还能力。

4. 答案：×

【解析】目前，我国企业资产负债表采用账户式结构。

5. 答案：×

【解析】账户式资产负债表分为左右两方，左方为资产，按流动性大小排列；右方为负债，按求偿权先后顺序排列。

6. 答案：√

【解析】资产负债表属于对比报表，其各项目均需填列"期末余额"和"期初余额"两栏。

7. 答案：√

【解析】在资产负债表中，"一年内到期的非流动资产"项目可以根据长期应收款、持有至到期投资、长期待摊费用等资产中将于一年内到期或摊销完毕的部分计算填列。

8. 答案：√

【解析】"应交税费"科目期末如果为借方余额，则在资产负债表中应当以"-"填列。

9. 答案：×

【解析】"库存股"项目反映企业收购、转让或注销的本公司股份金额，在资产负债表中应根据"库存股"科目的期末余额填列。

10. 答案：×

【解析】利润表"本期金额"栏内的各项数字一般应根据损益类账户的发生额分析填列。

11. 答案：×

【解析】在利润表中"公允价值变动收益"项目的发生额如果在借方，以"-"填列，因为借方发生额表示亏损。

12. 答案：×

【解析】如果上年该期利润表规定的各个项目的名称和内容同本期不一致，应对上年该期利润表中各个项目的名称和数字按照本期的规定进行调整。

13. 答案：√

【解析】通过利润表可以分析企业的获利能力及利润的未来发展趋势，了解投资者投入资本的保值增值情况。

14. 答案：×

【解析】在资产负债表中，"应收票据"项目应根据该科目的期末余额填列，已向银行贴现和已背书转让的应收票据不包括在该项目内。

15. 答案：×

【解析】在资产负债表中，"其他应收款"项目应根据该科目的期末总账科目余额减去"坏账准备"科目中有关其他应收款计提的坏账准备期末余额后的金额填列。

16. 答案：×

【解析】银行存款余额调节表不能作为调整银行存款日记账账面余额的原始凭证。

17. 答案：×

【解析】企业应当在财务报表的显著位置（如表首）至少披露编报企业的名称、资产负债表日或财务报表涵盖的会计期间、人民币金额单位；财务报表是合并财务报表的，应当标明。资产负债表日并非编制日期。

18. 答案：×

【解析】"应收账款"项目的填列依据是"应收账款"科目所属明细科目的借方余额之和减去"坏账准备"账户中有关应收账款计提的坏账准备期末余额。

19. 答案：√

【解析】"预收账款"项目的填列依据是"预收账款"科目所属明细科目的借方余额之和减去"坏账准备"账户中有关应收账款计提的坏账准备期末余额。

20. 答案：×

【解析】资产负债表是静态报表。

21. 答案：×

【解析】现金流量表可以帮助报表使用者全面了解企业在一定时期的现金流入、流出信息及现金增减变动的原因；利润表只能反映企业在一定时期内的经营成果，不能反映企业的财务状况。

22. 答案：×

【解析】我国企业的资产负债表采用的是账户式编制格式。

23. 答案：√

【解析】企业的货币资金主要包括库存现金、银行存款及其他货币资金。银行汇票存款、银行本票存款、信用证保证金存款、信用卡存款、外埠存款和存出投资款等都属于其他货币资金。

四、计算分析题

1. 答案如下。

利润表

2015 年 12 月

编制单位：甲公司　　　　　　　　　　　　　　　　　　　　　　　单位：元

项目	本期金额	本年累计金额
一、营业收入	150 000	3 135 000
减：营业成本	70 000	1 570 000
营业税金及附加		88 000
销售费用	20 000	230 000
管理费用	22 000	372 000
财务费用		4 000
资产减值准备		3 000
二、营业利润（损失以"-"号填列）	38 000	868 000
加：营业处收入		3 000
减：营业外支出		8 000
三、利润总额（损失以"-"号填列）	38 000	863 000
减：所得税费用	9 500	215 750
四、净利润（损失以"-"号填列）	28 500	647 250

2. 答案如下。

（1）营业收入（50）。

（2）营业成本（16）。

（3）营业利润（19）。

（4）利润总额（21）。

（5）净利润（15.75）。

3. 答案如下。

（1）应收账款（98 000+12 000=110 000）。

（2）存货（66 500+101 200-1 200=166 500）。

（3）应付账款（98 000）。

（4）预收款项（12 540+12 000=24 540）。

（5）长期借款（250 000-100 000=150 000）。

附录
模拟试题

模拟试题（一）

一、单项选择题（下列各小题备选答案中，只有一个正确答案，将你选定的答案编号用英文大写字母填入括号内。本类题共 20 分，每小题 1 分，多选、错选、不选均不得分。）

1. 资产的评估、费用在受益期的分配等经营活动是建立在（　　）基础之上的。
   A. 会计主体　　　　　B. 持续经营　　　　　C. 会计分期　　　　　D. 货币计量

2. 下列（　　）科目，属于企业流动资产科目。
   A. 预收账款　　　　　B. 递延收益　　　　　C. 累计摊销　　　　　D. 坏账准备

3. 下列（　　）经济业务，会使资产、负债同时发生减少。
   A. 通过证券交易所购入准备随时出售的股票　B. 从银行借入一年期借款用于偿还前欠货款
   C. 计提本期城市维护建设税　　　　　　　　D. 以存款支付职工工资

4. 对于经审核的原始凭证，下列处理不正确的是（　　）。
   A. 对于真实、合法、合理，但内容不够完整、填写有错误的原始凭证，应退回给有关经办人员。由其负责将有关凭证补充完整、更正错误或重开后，再办理正式的会计手续
   B. 对于不真实、不合法的原始凭证，会计机构和会计人员有权不予接受，并向单位负责人报告
   C. 对于完全符合要求的原始凭证，应当及时编制记账凭证入账
   D. 对于真实、合法、合理，但内容不够完整、填写有错误的原始凭证，应由会计人员将有关凭证补充完整、更正错误或重开后，再办理正式的会计手续

5. 原始凭证按来源不同分类，成本计算单属于（　　）。
   A. 自制原始凭证　　　B. 外来原始凭证　　　C. 通用原始凭证　　　D. 专用原始凭证

6. 记账凭证按（　　）可分为单式记账凭证和复式记账凭证两类。
   A. 内容　　　　　　　B. 来源　　　　　　　C. 程序　　　　　　　D. 填列方式

7. "利润分配"所属明细账采用（　　）格式的账簿登记。
   A. 二栏式　　　　　　B. 三栏式　　　　　　C. 多栏式　　　　　　D. 数量金额式

8. 记账后发现记账凭证中应借应贷的科目没有错误，只是方向记反，应采用（　　）更正。
   A. 划线更正法　　　　B. 红字更正法　　　　C. 补充登记法　　　　D. 直接转销法

9. 下列关于账簿更换的说法中，错误的是（　　）。

A. 为保证账簿资料的连续性，在年度内订本式账簿记满时，应将旧账的借贷方发生额和余额转入新账的有关栏次

B. 各种账簿在年度终了后结账时，应在旧账账户的最后一行数额下面注明结转下年，在新账有关的账户第一行"摘要"栏内注明"上年结转"字样

C. 新、旧账有关账户之间转记余额，需要编制记账凭证，并核对相符

D. 在年终办理决算后，对于变动较小部分的明细账不必办理新年更换账簿手续

10. 银行存款日记账不可以根据下列（　　）记账凭证登记。

A. 银行存款收款凭证　　　　　　　　　　B. 银行存款付款凭证

C. 现金收款凭证　　　　　　　　　　　　D. 现金付款凭证

11. 记账凭证账务处理程序与汇总记账凭证账务处理程序的区别是（　　）。

A. 登记总分类账的依据相同　　　　　　　B. 登记总分类账的依据不同

C. 登记明细分类账的依据相同　　　　　　D. 登记明细分类账的依据不同

12. A 企业 2011 年 12 月 31 日银行存款日记账余额为 800 000 元，银行对账单余额为 900 000元，经双方核对查明，是由于下列未达账项所致：①A 企业于 12 月 31 日从 B 企业收到转账支票一张计 100 000 元，A 企业已入账，银行未入账；②A 企业于 12 月 31 日开出转账支票用以支付前欠货款，票面金额为 80 000 元，A 企业已入账，银行未入账；③银行于 12 月 31 日收到长江公司汇给 A 企业的销售款 180 000 元，银行已入账，A 企业未入账；④银行于 12 月 31 日从存款中扣除 A 企业借款利息 60 000 元，A 企业未收到银行计息单而尚未入账。A 企业调整后的银行存款实际余额是（　　）元。

A. 900 000　　　　B. 920 000　　　　C. 1 000 000　　　　D. 950 000

13. 下列情况中，不需要进行全面清查的是（　　）。

A. 企业年终决算之前　　　　　　　　　　B. 单位撤销、合并、改组或改变隶属关系时

C. 企业清产核资时　　　　　　　　　　　D. 企业发生重大违法事件时

14. 原材料盘盈经批准后贷方应计入（　　）科目。

A. 待处理财产损溢　　B. 以前年度损益调整　　C. 管理费用　　　　D. 营业外收入

15. 对库存商品的清查采用（　　）。

A. 实地盘点法　　　　B. 技术推算法　　　　C. 抽样盘存法　　　　D. 核对账目法

16. A 企业"应收账款"的总账科目借方余额为 200 万元，其中明细账借方余额为 340 万元，贷方余额为 140 万元；"预收账款"的总账科目贷方余额为 160 万元，其中明细账贷方科目余额为240 万元，则期末在资产负债表中"应收账款"项目应填列（　　）万元。

A. 360　　　　　B. 420　　　　　C. 380　　　　　D. 500

17. 某企业会计期末长期借款的余额为 300 万元，其中一年内到期的部分为 120 万元，则期末在资产负债表中"一年内到期的非流动负债"项目应填列（　　）万元。

A. 300　　　　　B. 180　　　　　C. 120　　　　　D. 420

18. 企业在填制资产负债表"货币资金"项目时，下列不应当做为填制依据的是（　　）。

A. 库存现金　　　　B. 银行存款　　　　C. 其他货币资金　　　　D. 坏账准备

19. 企业在编制资产负债表时，"无形资产"项目不应根据下列（　　）科目的余额计算填列。

A. 研发支出　　　　B. 无形资产　　　　C. 累计摊销　　　　D. 无形资产减值准备

20. 年度财务会计报告应于年度终了后（　　　）内对外报出。

A. 2 个月　　　　　　B. 3 个月　　　　　　C. 4 个月　　　　　　D. 6 个月

二、多项选择题（下列各小题备选答案中，有两个或两个以上的正确答案，将你选定的答案编号用英文大写字母填入括号内。本类题共 40 分，每小题 2 分，多选、少选、错选均不得分。）

1. 下列关于会计信息质量要求中及时性原则的说法正确的有（　　　）。

A. 要求及时收集会计信息，即在经济交易或者事项发生后，及时收集整理各种原始单据或者凭证

B. 要求及时处理会计信息，即按照企业会计准则的规定，及时对经济交易或者事项进行确认或计量，并编制财务报告

C. 要求及时传递会计信息，即按国家规定的有关时限，及时地将编制的财务报告传递给财务报告使用者，便于其及时使用和决策

D. 要求及时地报告会计信息，即按国家规定将相关的财务报告提供给有关单位进行查阅和审核

2. 会计信息质量要求包括（　　　）。

A. 可理解性　　　B. 实质重于形式　　　C. 权责发生制　　　D. 历史成本

3. 下列关于现值的说法正确的有（　　　）。

A. 资产按照现在购买相同或者相似资产所需支付的现金或者现金等价物的金额计量

B. 资产按照预计从其持续使用和最终处置中所产生的未来净现金流入量的折现金额计量

C. 负债按照现在偿付该项债务所需支付的现金或者现金等价物的金额计量

D. 负债按照预计期限内需要偿还的未来净现金流出量的折现金额计量

4. 费用按日常活动中所处的地位可以分为（　　　）。

A. 主要经营费用　　B. 其他业务费用　　C. 营业成本　　D. 期间费用

5. 下列关于收入的说法正确的有（　　　）。

A. 收入应当是企业在日常活动中形成的，包括主营业务收入、其他业务收入和营业外收入

B. 收入应当会导致经济利益的流入，该流入包括所有者投入的资本

C. 收入应当最终会导致所有者权益的增加

D. 收入是与所有者投入资本无关的经济利益的总流入

6. 复合会计分录是指（　　　）的会计分录。

A. 一借多贷　　　B. 一贷多借　　　C. 多借多贷　　　D. 一借一贷

7. 下列会计人员中，需要在转账凭证上签章的有（　　　）。

A. 出纳人员　　　B. 制单人员　　　C. 会计主管　　　D. 记账人员

8. A 企业购入原材料一批，价款为 100 万元，增值税为 17 万元，货款通过银行当日支付 80 万元，余款尚未支付，材料当日验收入库。A 企业采用收、付、转记账凭证时，在上述业务中不应编制的记账凭证是（　　　）。

A. 收款凭证　　　B. 付款凭证　　　C. 转账凭证　　　D. 两张付账凭证

9. 下列各项中，属于企业专用原始凭证的有（　　　）。

A. 工资费用分配表　　B. 成本计算单　　C. 收料单　　D. 增值税专用发票

10. 下列关于原始凭证的填写说法正确的有（   ）。

    A. 填写凭证时，文字、数字要规范，不得使用国务院未公布的简化字

    B. 在阿拉伯数字前应填写货币符号，阿拉伯数字写有人民币符号"￥"的，数字后面应写"元"字

    C. 所有以"元"为单位的阿拉伯数字，除表示单价等情况外，一律写到角、分，无角、分的，角位和分位应写"00"或符号"-"，有角无分的，分位应写"0"，或者用符号"-"表示

    D. 大写数字到元或角为止的，在"元"或"角"之后应写"整"字，大写金额数字有分的，"分"字后不再写"整"字

11. 下列账户的明细账应当采用多栏式账簿的有（   ）。

    A. 财务费用   B. 制造费用   C. 营业税金及附加   D. 生产成本

12. 下列账户的明细账应当采用三栏式账簿的有（   ）。

    A. 应收股利   B. 在途物资   C. 预计负债   D. 短期借款

13. 账簿按外表形式可以分为（   ）。

    A. 三栏式账簿   B. 订本式账簿   C. 分类账簿   D. 卡片式账簿

14. 下列（   ）情况，企业会计人员可以采用红色墨水记账。

    A. 按照红字冲账的记账凭证，冲销错误记录

    B. 在不设"借""贷"等栏的多栏式账页中登记增加数

    C. 在三栏式账簿的"余额"栏前，印有余额方向的，在"余额"栏内登记负数余额

    D. 根据国家统一会计制度的规定可以用红字登记的其他会计记录

15. 企业在启用会计账簿时，应在账簿扉页上附启用表，启用表内应注明（   ）。

    A. 企业名称   B. 账簿编号   C. 账簿页数   D. 启用日期

16. 汇总收款凭证应采用（   ）的形式。

    A. 一借一贷   B. 一借多贷   C. 多借一贷   D. 多借多贷

17. 某企业发现账外设备一台，该设备同类产品的市场价为 80 万元，该设备目前尚有五成新，该企业所得税税率为 20%，按净利润的 10% 提取法定盈余公积，则下列会计分录中正确的有（   ）。

    A. 借：固定资产   400 000

            贷：以前年度损益调整   400 000

    B. 借：固定资产   800 000

            贷：以前年度损益调整   80 000

    C. 借：以前年度损益调整   160 000

            贷：应交税费—应交所得税   160 000

    D. 借：以前年度损益调整   32 000

            贷：盈余公积—法定盈余公积   3 200

                 利润分配—未分配利润   28 800

18. 下列关于库存现金盘点的说法中，错误的有（   ）。

    A. 为明确经济责任，在盘点现金时，出纳人员必须在场

    B. 经单位负责人批准后允许以收据抵充现金

    C. 盘点完毕后，根据盘点结果填列账存实存对比表

    D. 现金账存实存对比表可以反映现金清查盘盈和盘亏的情况

19. 下列各项，会计报表附注至少包括（　　　）。

    A. 重要会计政策和会计估计　　　　　B. 或有事项

    C. 关联方关系及其交易　　　　　　　D. 财务会计报告的编制基础

20. 某企业 2011 年有关收入及支出情况如下：主营业务收入 400 000 元，主营业务成本 300 000 元，其他业务收入 100 000 元，其他业务成本 75 000 元，销售费用 10 000 元，管理费用 15 000 元，财务费用 10 000 元，投资收益 20 000 元，营业外收入 30 000 元，营业外支出 10 000 元，下列关于该企业 2011 年的利润总额，不正确的有（　　　）元。

    A. 110 000　　　　　B. 120 000　　　　　C. 130 000　　　　　D. 140 000

三、判断题（请将判断结果填入每小题的括号内，正确的用"√"表示，错误的用"×"表示。本类题共 20 分，每小题 1 分。判断结果错误的倒扣 0.5 分，不判断不扣分，本题最低计 0 分。）

1. 会计信息质量的相关性要求企业应当在确认、计量和报告会计信息的过程中，充分考虑使用者的决策模式和信息需要。（　　　）

2. 企业所有的经济活动都可以用货币来进行计量。（　　　）

3. 各单位在社会再生产过程中所处的地位、担负的任务及经济活动的方式不同，但具体的资金运动相同。（　　　）

4. 资产是评价企业管理层业绩的一项重要指标，利润是投资者等财务报告使用者进行决策的重要参考依据。（　　　）

5. 总分类科目及其所属的明细分类科目，应由同一会计人员依据相同的会计凭证分别进行登记。（　　　）

6. 企业的任何会计信息都需要通过会计账簿来记录和反映。（　　　）

7. 原始凭证的合理性审核是指以国家的有关方针、政策等为依据，审核原始凭证所记录的经济业务是否符合企业生产经营活动的需要、是否符合有关计划和预算等。（　　　）

8. 数量金额式账簿的"借方""贷方"和"余额" 3 个栏目内，都分设"数量""单价"和"金额" 3 个小栏，借以反映财产物资的实物数量和价值量。（　　　）

9. 财务制度规定，现金和银行存款日记账可以采用订本式账簿，也可以用银行对账单或者其他方法代替日记账。（　　　）

10. 扉页是账簿用来记录经济业务事项的载体，包括账户的名称、登记账户的"日期"栏、"凭证种类和号数"栏、"摘要"栏、"金额"栏、总页次、分户页次等基本内容。（　　　）

11. 汇总记账凭证账务处理程序一般适用于规模较小、经济业务量少、专用记账凭证较多的会计主体。（　　　）

12. 固定资产的盘亏或毁损属于自然灾害造成的，其净损失记入"营业外支出"科目。（　　　）

13. 会计档案的保管期限从记账完成的第一天开始计算。（　　　）

14. 会计档案保管到期以后就可以销毁。（　　　）

15. 当月增加的固定资产，当月不计提折旧；当月减少的固定资产，当月照提折旧。（　　　）

16. 交易性金融资产是指企业持有的时间超过一年的金融资产。（　　　）

17. 企业筹建期间发生的短期借款利息、银行汇票手续费，均应当通过"财务费用"科目核算。（　　　）

18. 机械化程度较低的车间，其制造费用可以按生产工人工资比例法进行分配。（　　　）

19. 企业应当在资产负债表日对应收款项的账面价值进行检查，有客观证据表明该应收款项

发生减值损失的，应当计提坏账准备，并将其计入"管理费用"科目。（　　　）

20. 提供修理修配劳务按我国税法规定应当缴纳营业税。（　　　）

四、计算分析题（本类题共 20 分，每小题 10 分。）

1. 某月末甲企业有关账户的资料如下，要求在下表的空格中填入正确的数字。

试算平衡表

会计科目	期初余额		本期发生额		期末余额	
	借方	贷方	借方	贷方	借方	贷方
银行存款	（1）	—	8 000	2 000	（2）	—
应收账款	33 000	—	2 000	5 000	30 000	—
预收账款		100 000	（4）	50 000	—	110 000
应付账款		40 000	15 000	（5）	—	（9）
合计	（3）	140 000	（6）	（7）	（8）	（10）

2. 某公司属于增值税一般纳税人，对原材料采用计划成本核算，2016 年 3 月发生下列经济业务。

（1）销售商品一批，取得含税收入 234 000 元，收到款项并将其存入银行。

（2）报废一台不需用设备一台，设备入账价值 100 000 元，已计提折旧 80 000 元，计提减值准备 10 000 元，处置过程中取得残料变价收入 2 000 元，支付清理费用 200 元。

（3）采用工作量法对公司管理部门使用的一辆小汽车计提折旧，小汽车原价为 200 000 元，预计残值为 5%，可行驶 60 000 公里，当月行驶 3 000 公里。

（4）外购一批原材料，货款 30 000 元，增值税税额 5 100 元，发票账单已收到，计划成本为 31 000 元，材料验收入库，款项已支付。

（5）生产领用一批原材料，原材料计划成本为 1 000 元，材料成本差异率为 2%。

要求：根据上述资料，做出相应的会计分录。

模拟试题（一）参考答案及解析

一、单项选择题

1. 答案：B

【解析】只有在持续经营这一正常前提下，企业才有长远的打算，在会计上才能按照预计的使用年限计提固定资产折旧，按照收益期摊提各项跨期费用。否则，资产的评估、费用在受益期的分配、负债的按期偿还以及所有者权益和经营成果将无法确认。

2. 答案：D

【解析】"预收账款""递延收益"属于流动负债科目，"累计摊销"属于非流动资产科目。

3. 答案：D

【解析】选项 A 的会计分录为借记"交易性金融资产"，贷记"其他货币资金"，表现为资产内部一增一减、资产总额不变。选项 B 的会计分录为借记"应付账款"，贷记"短期借款"，表现为负债内部一增一减、负债总额不变。选项 C 的会计分录为借记"营业税金及附加"，贷记"应交税费—应交城市维护建设税"，表现为费用增加、负债增加。选项 D 的会计分录为借记"应付职工薪酬"，贷记"银行存款"，表现为资产负债同时减少，故选 D。

4. 答案：D

【解析】对于真实、合法、合理，但内容不够完整、填写有错误的原始凭证，应退回给有关经办人员。由其负责将有关凭证补充完整、更正错误或重开后，再办理正式的会计手续。

5. 答案：A

【解析】原始凭证按来源不同，可以分为外来原始凭证和自制原始凭证。成本计算单属于自制原始凭证。

6. 答案：D

【解析】记账凭证按填列方式可分为单式记账凭证和复式记账凭证两类。

7. 答案：C

【解析】"利润分配"所属明细账采用多栏式格式的账簿登记。

8. 答案：B

【解析】如果在记账后发现记账凭证中应借、应贷方向或会计科目发生错误，可用红字更正法进行更正。

9. 答案：C

【解析】新、旧账有关账户之间转记余额，不需要编制记账凭证，但应核对相符。

10. 答案：C

【解析】银行存款日记账可采用银行存款收款凭证、银行存款付款凭证和现金付款凭证登记。因为现金付款凭证也有可能出现银行存款科目，如将现金存入银行。

11. 答案：B

【解析】各种账务处理程序之间的根本区别是登记总分类账的依据和方法不同。

12. 答案：B

【解析】银行存款的实际余额就是银行存款余额调节表调节后的余额，因此 800 000+180 000−60 000=900 000+100 000−80 000=920 000（元）。

13. 答案：D

【解析】企业一般在以下情况下需要进行全面清查：年终决算之前；单位撤销、合并、改组或改变隶属关系时；企业清产核资时；企业发生重大经济违法事件时。

14. 答案：C

【解析】原材料盘盈经批准后贷方应计入"管理费用"科目。发现时会计分录为借记"原材料"，贷记"待处理财产损溢"；批准以后会计分录为借记"待处理财产损溢"，贷记"管理费用"。

15. 答案：A

【解析】实地盘点法一般适用于机器设备、包装物、原材料、产成品和库存商品等实物财产的清查。

16. 答案：B

【解析】在资产负债表中，"应收账款"项目应根据"应收账款"所属明细账期末借方余额加"预收账款"所属明细账期末借方余额减相应的坏账准备计算填列，本题中"应收账款"明细账期末借方余额为 340 万元，"预收账款"明细账期末贷方余额 240 万元−总账余额 160 万元得出明细账借方余额 80 万元，故 340+80=420（万元）。

17. 答案：B

【解析】对于本题中的业务，在资产负债表中，"一年内到期的非流动负债"项目应根据"长期借款"的总账账户余额减去一年内到期的部分填列，即 300−120=180（万元）。

18. 答案：D

【解析】资产负债表中，"货币资金"项目的数额=库存现金+银行存款+其他货币资金的总账科目余额。

19. 答案：A

【解析】在资产负债表中，"无形资产"项目应根据"无形资产""累计摊销"和"无形资产减值准备"科目的余额计算填列。

20. 答案：C

【解析】年度财务会计报告应当年度终了后4个月内对外报出。

二、多项选择题

1. 答案：A、B、C

【解析】在会计确认、计量和报告过程中贯彻及时性：一是要求及时收集会计信息，即在经济交易或者事项发生后，及时收集整理各种原始单据或者凭证；二是要求及时处理会计信息，即按照企业会计准则的规定，及时对经济交易或者事项进行确认或计量，并编制财务报告；三是要求及时传递会计信息，即按国家规定的有关时限，及时地将编制的财务报告传递给财务报告使用者，便于其及时使用和做决策。

2. 答案：A、B

【解析】会计信息质量要求主要包括可靠性、相关性、可理解性、可比性、实质重于形式、重要性、谨慎性和及时性等。

3. 答案：B、D

【解析】在现值计量下，资产按照预计从其持续使用和最终处置中所产生的未来净现金流入量的折现金额计量；负债按照预计期限内需要偿还的未来净现金流出量的折现金额计量。

4. 答案：A、B

【解析】费用按日常活动中所处的地位可以分为主要经营费用和其他业务费用；按照费用与收入的关系可分为营业成本和期间费用。

5. 答案：C、D

【解析】收入应当是企业在日常活动中形成的，包括主营业务收入和其他业务收入，但不包括营业外收入。收入应当会导致经济利益的流入，该流入不包括所有者投入的资本。

6. 答案：A、B、C

【解析】简单会计分录的形式是一借一贷，复合会计分录的形式有一借多贷、一贷多借和多借多贷3种。

7. 答案：B、C、D

【解析】出纳人员负责登记现金日记账和银行存款日记账，因此只需要在收款凭证和付款凭证上签章即可。转账凭证上不涉及"库存现金"和"银行存款"科目，故出纳人员不需要签字。

8. 答案：A、D

【解析】根据此笔经济业务编制的会计分录为借记"原材料（材料采购）""应交税费—应交增值税（进项税额）"，贷记"银行存款""应付账款"，在此情况下需要将会计分录拆分为两笔，即借记"原材料（材料采购）""应交税费—应交增值税（进项税额）"，贷记"银行存款"，同时借记"原材料（材料采购）""应交税费—应交增值税（进项税额）"，贷记"应付账款"，故可编制付款凭证和转账凭证。

9. 答案：A、B、C

【解析】专用原始凭证是指由本单位自行印制，仅在本单位内部使用的原始凭证，如领料单、差旅费报销单、折旧计算表和工资费用分配表等。增值税专用发票属于通用原始凭证。

10. 答案：A、D

【解析】在阿拉伯数字前应填写货币符号，阿拉伯数字前写有人民币符号"￥"的，数字后面不再写"元"字。所有以"元"为单位的阿拉伯数字，除表示单价等情况外，一律写到角、分，无角、分的，角位和分位写"00"或符号"-"，有角无分的，分位应写"0"，不得用符号"-"表示。

11. 答案：A、B、C、D

【解析】收入、成本、费用、利润和利润分配明细账一般采用多栏式账簿。

12. 答案：A、C、D

【解析】各种日记账、总分类账以及资本、债权、债务明细账都可以采用三栏式账簿。在途物资明细账采用数量金额式账簿。

13. 答案：B、D

【解析】账簿按外表形式可以分为订本式账簿、活页式账簿和卡片式账簿3种。

14. 答案：A、D

【解析】企业发生下列情况，可以用红色墨水记账：①按照红字冲账的记账凭证，冲销错误的记录；②在不设"借""贷"等栏的多栏式账页中登记减少数；③在三栏式账户的余额前，如未印明余额方向的，在余额栏内登记负数余额；④根据国家统一会计制度的规定可以用红字登记的其他会计记录。

15. 答案：A、B、C、D

【解析】账簿启用登记表中应当注明的内容有账簿名称、账簿编号、账簿页数、启用日期、记账人员、会计主管等。

16. 答案：A、B

【解析】汇总收款凭证是按照收款凭证的借方科目设置的，收款凭证应采用一借一贷或一借多贷的形式，而不能采用多借一贷的形式。

17. 答案：A、D

【解析】固定资产盘盈按净值入账（即市价×成新率）。

18. 答案：B、C、D

【解析】为明确经济责任，在盘点现金时，出纳人员必须在场，并且不允许以借条、收据抵充现金。盘点完毕后，根据盘点结果填列现金盘点报告表。现金盘点报告表可以反映现金清查盘盈和盘亏的情况。

19. 答案：A、B、C、D

【解析】会计报表附注至少应当包括下列组成部分：①企业的基本情况；②财务会计报告的编制基础；③遵循企业会计准则的声明；④重要会计政策和会计估计；⑤会计政策和会计估计变更以及差错更正的说明；⑥报表重要项目的说明；⑦或有事项；⑧资产负债表日后事项；⑨关联方关系及其交易。

20. 答案：A、B、D

【解析】营业利润=营业收入（主营业务收入+其他业务收入）-营业成本（主营业务成本+其他业务成本）-销售费用-管理费用-财务费用+投资收益-资产减值损失+营业外收入-营业外支出=（400 000+100 000）-（300 000+75 000）-10 000-15 000-10 000+20 000+30 000-10 000=130 000（元）。

三、判断题

1. 答案：√

【解析】会计信息质量的相关性要求企业应当在确认、计量和报告会计信息的过程中，充分考虑使用者的决策模式和信息需要。

2. 答案：×

【解析】货币计量有一定的局限性，如产品的质量、技术的提高、人事的变动等，也会影响企业的财务状况和经营成果，而这些活动却不能用货币来进行计量。因此，企业财务会计报告中应对这些重要信息加以文字说明。

3. 答案：×

【解析】各单位在社会再生产过程中所处的地位、担负的任务及经济活动的方式不同，经济业务的内容也不相同，其具体的资金运动就有所区别。

4. 答案：×

【解析】利润是评价企业管理层业绩的一项重要指标，也是投资者等财务报告使用者进行决策的重要参考依据。

5. 答案：×

【解析】总分类科目及其所属的明细分类科目，应由不同的会计人员依据相同的会计凭证分别进行登记。

6. 答案：×

【解析】企业任何会计信息都需要会计凭证来记录和反映。

7. 答案：√

【解析】原始凭证的合理性审核是指以国家的有关方针、政策、法律、法规、制度和相关的计划、合同等为依据，审核原始凭证所记录经济业务是否符合企业生产经营活动的需要、是否符合有关计划和预算等。

8. 答案：√

【解析】数量金额式账簿的"借方""贷方"和"余额"3个栏目内，都分设"数量""单价"和"金额"3个小栏，借以反映财产物资的实物数量和价值量。

9. 答案：×

【解析】财务制度规定，现金和银行存款日记账必须采用订本式账簿，不得用银行对账单或者其他方法代替日记账。

10. 答案：×

【解析】账页是账簿用来记录经济业务事项的载体，包括账户的名称、登记账户的"日期"栏、"凭证种类和号数"栏、"摘要"栏、"金额"栏、总页次、分户页次等基本内容。

11. 答案：×

【解析】汇总记账凭证账务处理程序一般适用于规模较大、经济业务较多、专用记账凭证也较多的会计主体。

12. 答案：√

【解析】固定资产的盘亏或毁损属于自然灾害造成的，其净损失记入"营业外支出"科目。

13. 答案：×

【解析】会计档案的保管期限从会计年度终了后的第一天算起。

14. 答案：×

【解析】对于保管期满但未结清的债权、债务原始凭证以及涉及其他未了事项的原始凭证，不得销毁，而应当单独抽出立卷，保管到未了事项完结时为止。正在建设期间的建设单位，其保管期满的会计档案也不得销毁。

15. 答案：√

【解析】当月增加的固定资产，当月不计提折旧；当月减少的固定资产，当月照提折旧。

16. 答案：×

【解析】交易性金融资产是指企业为了近期内出售而持有的金融资产。

17. 答案：×

【解析】财务费用是指企业为筹集生产经营所需资金而发生的筹资费用，包括利息支出（减利息收入）、汇兑损益、相关的手续费、企业发生的现金折扣或收到的现金折扣等。筹建期间发生的费用应当通过"管理费用"科目核算。

18. 答案：×

【解析】机械化程度较低或生产单位生产的各种产品工艺过程机械化程度大致相同的企业，其制造费用可以按生产工人工时比例法进行分配。

19. 答案：×

【解析】企业应当在资产负债表日对应收款项的账面价值进行检查，有客观证据表明该应收款项发生减值损失的，应当计提坏账准备，计入"资产减值损失"科目。

20. 答案：×

【解析】按照我国《增值税暂行条例》的规定，增值税的纳税人是在我国境内销售货物、进口货物或提供加工、修理修配劳务的企业单位和个人。

四、计算分析题

1. 答案如下。

（1）107 000　　（2）113 000　　（3）140 000　　（4）40 000　　（5）8 000

（6）65 000　　（7）65 000　　（8）143 000　　（9）33 000　　（10）143 000

2. 答案如下。

（1）借：银行存款　　　　　　　　　　　　　　　　　　234 000

　　　　贷：主营业务收入　　　　　　　　　　　　　　　　200 000

　　　　　　应交税费—应交增值税（销项税额）　　　　　　34 000

（2）借：固定资产清理　　　　　　　　　　　　　　　　10 000

　　　　　累计折旧　　　　　　　　　　　　　　　　　　80 000

　　　　　固定资产减值准备　　　　　　　　　　　　　　10 000

　　　　贷：固定资产　　　　　　　　　　　　　　　　　　100 000

　　　借：银行存款　　　　　　　　　　　　　　　　　　2 000

　　　　贷：固定资产清理　　　　　　　　　　　　　　　　2 000

　　　借：固定资产清理　　　　　　　　　　　　　　　　200

　　　　贷：库存现金　　　　　　　　　　　　　　　　　　200

　　　借：营业外支出　　　　　　　　　　　　　　　　　8 200

　　　　贷：固定资产清理　　　　　　　　　　　　　　　　8 200

（3）借：管理费用　　　　　　　　　　　　　　　　　　　　950

　　　　贷：累计折旧　　　　　　　　　　　　　　　　　　　　　950

（4）借：材料采购　　　　　　　　　　　　　　　　　　30 000

　　　　应交税费—应交增值税（进项税额）　　　　　5 100

　　　　贷：银行存款　　　　　　　　　　　　　　　　　　　35 100

借：原材料　　　　　　　　　　　　　　　　　　　　31 000

　　贷：材料采购　　　　　　　　　　　　　　　　　　　30 000

　　　　材料成本差异　　　　　　　　　　　　　　　　　1 000

（5）借：生产成本　　　　　　　　　　　　　　　　　　10 020

　　　　贷：原材料　　　　　　　　　　　　　　　　　　　10 000

　　　　　　材料成本差异　　　　　　　　　　　　　　　　　　20

模拟试题（二）

一、单项选择题（下列各小题备选答案中，只有一个正确答案，将你选定的答案编号用英文大写字母填入括号内。本类题共 20 分，每小题 1 分，多选、错选、不选均不得分。）

1. 某企业为增值税一般纳税人，购入一台不需要安装的设备，取得增值税专用发票，发票上注明固定资产为 10 000 元，增值税税额为 1 700 元，该企业在进行账务处理时，应将增值税计入（　　　）科目。

　　A. 在建工程　　　　　B. 固定资产　　　　　C. 应交税费　　　　　D. 工程物资

2. 某企业有一幢厂房，该厂房原值为 10 万元，预计使用 5 年，预计净残值率为 5%，则该厂房的月折旧率为（　　　）。

　　A. 1.58%　　　　　B. 1.9%　　　　　C. 1.67%　　　　　D. 2%

3. 下列不属于记账凭证的基本内容的是（　　　）。

　　A. 凭证的编号　　　　B. 记账标记　　　　C. 会计科目　　　　D. 凭证附件

4. 下列属于汇总凭证的是（　　　）。

　　A. 收料单　　　　B. 费用限额卡　　　　C. 领料单汇总表　　　　D. 发货单

5. 记账凭证账务处理程序和科目汇总表账务处理程序的区别是（　　　）。

　　A. 登记现金日记账的依据不同　　　　　B. 登记总分类账的依据不同

　　C. 登记明细分类账的依据不同　　　　　D. 编制会计报表的依据不同

6. 固定资产的毁损应当通过下列（　　　）科目核算。

　　A. 固定资产清理　　　B. 待处理财产损溢　　C. 以前年度损益调整　　D. 营业外收入

7. 预付账款不多的企业可以不设置"预付账款"科目，实际发生时通过（　　　）核算。

　　A. "应付账款"的借方　　　　　　　　　B. "应付账款"的贷方

　　C. "应收账款"的借方　　　　　　　　　D. "应收账款"的贷方

8. 2010 年年初，A 企业坏账准备的余额为 5 000 元，2010 年 3 月 8 日 A 企业实际发生坏账 6 000 元，2010 年年末应收款项的余额为 100 万元，根据企业的实际情况，A 企业按应收款项的 5‰ 计提坏账，该企业 2010 年坏账准备的余额为（　　　）元。

　　A. 借方 5 000　　　　B. 贷方 5 000　　　　C. 借方 6 000　　　　D. 贷方 6 000

9. 某企业从二级市场购入某公司股票 10 000 股，准备近期内出售，每股价款为 10.5 元，含已宣告但尚未发放的现金股利每股 0.5 元，发生交易费用 1 000 元，假定该企业当年内未发生其他相关事项，在期末资产负债表"交易性金融资产"项目中应填写（　　　）元。

　　A. 101 000　　　　B. 96 000　　　　C. 95 000　　　　D. 100 000

10. 下列各项中能够引起所有者权益总额变化的是（　　　）。

　　A. 以资本公积转增资本　　　　　　　B. 增发新股

　　C. 向股东支付已宣告但尚未分派的现金股利　　D. 以盈余公积弥补亏损

11. 某企业年末"应付账款"科目的贷方余额为 300 万元，其中"应付账款"明细账的借方余额为 100 万元；"预付账款"科目的借方余额为 200 万元，其中"预付账款"明细账的借方余额为 250 万元，贷方余额为 50 万元。该企业年末资产负债表中"应付账款"项目的金额为（　　　）万元。

　　A. 650　　　　　　B. 450　　　　　　C. 350　　　　　　D. 750

12. 某企业于 2010 年 12 月 1 日以银行存款 12 000 元（其中含有已到付息期但尚未领取的债券利息 2 000 元）购入 A 公司同年 1 月 1 日发行的三年期债券作为短期投资，同时支付手续费 100 元、相关税金 200 元。交易性金融资产的初始投资成本为（　　　）元。

　　A. 12 300　　　　　B. 10 300　　　　C. 10 000　　　　D. 12 200

13. 下列（　　　）税金不通过"应交税费"科目核算。

　　A. 资源税　　　　　B. 房产税　　　　C. 消费税　　　　D. 印花税

14. 持续经营对会计核算范围进行了有效的界定，这种界定主要是指（　　　）。

　　A. 程序上的界定　　B. 理论上的界定　　C. 时间上的界定　　D. 空间上的界定

15. 下列各项中，不属于原始凭证审核内容的是（　　　）。

　　A. 凭证反映的内容是否真实

　　B. 凭证各项基本要素是否齐全

　　C. 会计科目的使用是否正确

　　D. 凭证是否有填制单位的公章和填制人员的签章

16. 企业在记账时，总分类账簿应采用（　　　）。

　　A. 订本账簿　　　　B. 活页账簿　　　　C. 卡片账簿　　　　D. 备查账簿

17. 收入类账户期末结账后，应是（　　　）。

　　A. 借方余额　　　　B. 贷方余额　　　　C. 借方或贷方余额　　D. 没有余额

18. 职工张三出差归来报销差旅费 2 000 元，原预借 3 000 元，余额交回财务部门，该笔经济业务应当编制（　　　）。

　　A. 收款凭证和转账凭证　　　　　　　B. 付款凭证和转账凭证

　　C. 收款凭证和付账凭证　　　　　　　D. 转账凭证

19. 提供除加工、修理修配以外的应税劳务时所发生的营业税通过（　　　）科目核算。

　　A. 管理费用　　　B. 营业税金及附加　　C. 资产减值损失　　D. 销售费用

20. 账户与科目的区别在于（　　　）。

　　A. 反映的经济内容不同　　　　　　　B. 记录资产和权益的内容不同

　　C. 记录资产和权益的方法不同　　　　D. 账户有结构，而会计科目没有结构

　　二、多项选择题（下列各小题备选答案中，有两个或两个以上的正确答案，将你选定的答案编号用英文大写字母填入括号内。本类题共 40 分，每小题 2 分，多选、少选、错选均不得分。）

　　1. 下列属于会计主体的有（　　　）。

　　　A. 企业集团　　　B. 销售部门　　　　C. 子公司　　　　D. 孙公司

2. 资产的特征有（　　　）。

  A. 资产应为企业拥有或者控制的资源 B. 资产由企业过去的交易或事项形成

  C. 该资产有关的经济利益很可能流入企业 D. 该资产的成本或者价值能够可靠地计量

3. 某股份有限公司采用回购本公司股票的方式减少企业注册资本，下列会计分录中正确的有（　　　）。

  A. 借：库存股   B. 借：股本

     贷：银行存款   盈余公积

                   贷：库存股

  C. 借：资本公积   D. 借：股本

     贷：库存股   资本公积

                   贷：库存股

4. 下列关于"资产=负债+所有者权益"这一会计等式的说法正确的有（　　　）。

  A. 是设置会计账户的理论依据 B. 是复式记账的理论依据

  C. 是编制资产负债表的理论依据 D. 是编制利润表的理论依据

5. 下列（　　　）情况通过"其他业务收入"科目核算。

  A. 销售产品取得收入   B. 销售材料取得收入

  C. 出租无形资产取得收入   D. 出租包装物取得收入

6. 制造费用的分配方法有（　　　）。

  A. 生产工人工时比例分配法 B. 生产工人工资比例分配法

  C. 机器工时比例分配法   D. 年度计划分配率分配法

7. 下列（　　　）税金通过"营业税金及附加"科目核算。

  A. 消费税   B. 增值税   C. 教育费附加   D. 车船使用税

8. 某企业当月应交增值税 15 万元、消费税 8 万元、营业税 2 万元，因公司符合出口退税的条件，所以税务机关在征税的过程中退回增值税 5 万元，假定该企业城建税税率为 7%、教育费附加税率为 3%，则该企业本月应纳城建税和教育费附加为（　　　）万元。

  A. 1.75   D. 0.75   C. 1.4   D. 0.6

9. 下列（　　　）属于"财务费用"的核算内容。

  A. 银行本票的手续费   B. 财务部门人员的工资

  C. 银行借款利息   D. 汇兑损益

10. 下列不属于原始凭证的有（　　　）。

  A. 领料单   B. 购销合同   B. 购销申请单   D. 工资结算单

11. 下列（　　　）属于会计档案的内容。

  A. 财务计划   B. 报表附注

  C. 报表相关的文字分析材料   D. 财务制度

12. 对于实物资产的清查，可采用的清查方法有（　　　）。

  A. 差额检查法   B. 发函询证法   C. 顺查法   D. 技术推算法

13. 下列费用中，不能计入采购材料成本的是（　　　）

  A. 运输费   B. 采购存货入库后发生的仓储费用

  C. 加工费   D. 水灾造用的直接材料消耗

14. 下列（　　　）需要通过"营业外收入"科目核算。

  A. 固定资产处置利得   B. 债务重组利得

  C. 政府补助   D. 现金盘盈利得

15. 下列各项费用中，应计入"管理费用"的有（　　）。

    A. 劳动保险费　　　　　　　　　　　　B. 劳动保护费

    C. 销售商品发生的保险费　　　　　　　D. 业务招待费

16. 资产负债表中的下列项目，需根据总账科目余额计算填列的有（　　）。

    A. 预收账款　　　　　　　　　　　　　B. 预付账款

    C. 长期股权投资　　　　　　　　　　　D. 交易性金融资产

17. 下列关于政府补助的说法不正确的有（　　）。

    A. 与资产相关的政府补助是企业取得的用于购建长期资产的政府补助

    B. 收到政府补助时借记"银行存款"，贷记"营业外收入"

    C. 收到与资产相关的政府补助时应当确认为递延收益，然后自资产使用次月起平均分摊

    D. 根据配比原则，企业取得与资产相关的政府补助不能全额确认为当期收益；收到与资
       产相关的政府补助时应当确认为递延收益，然后自资产可供使用时起按月平均分摊

18. 下列（　　）科目影响了营业利润。

    A. 主营业务收入　　　B. 财务费用　　　　C. 所得税费用　　　　D. 营业外支出

19. 未反映未分配利润形成情况的明细科目有（　　）。

    A. 提取法定盈余公积　　　　　　　　　B. 转作股本的股利

    C. 未分配利润　　　　　　　　　　　　D. 应付现金股利

20. 下列税金中，应通过"管理费用"科目核算的有（　　）。

    A．印花税　　　　　　B．房产税　　　　　C．教育费附加　　　　D．契税

三、判断题（请将判断结果填入每小题的括号内，正确的用"√"表示，错误的用"×"表示。本类题共 20 分，每小题 1 分。判断结果错误的倒扣 0.5 分，不判断不扣分，本题最低计 0 分。）

1. 通过利润表可以帮助报表使用者分析企业的偿债能力。（　　）

2. 银行存款日记账与银行对账单核对属于账账核对。（　　）

3. 盈余公积金是指按照国家有关规定从资本中提取的公积金。（　　）

4. 我国《企业会计准则》规定，企业应采用直接转销法确定应收款项的减值。（　　）

5. 明细账的格式有多种，但只适用于金额核算。（　　）

6. 影响固定资产折旧的因素包括固定资产的残值。（　　）

7. 每张会计凭证的后面至少要附有一张原始凭证。（　　）

8. 对不真实、不合法的原始凭证，会计人员有权不予接受；对记载不准确、不完整的原始凭证，会计人员有权要求其重填。（　　）

9. 差旅费报销单属于通用凭证。（　　）

10. 新年度开始时，一些变动较小的明细账，也需要更换新的账簿。（　　）

11. 在企业撤销或兼并时，要对企业的部分财产进行重点清查。（　　）

12. 某会计人员在记账时将金额记错了有关账户，这种错账对试算平衡不会产生影响。（　　）

13. 广义的收入包括主营业务收入、其他业务收入和营业外收入。（　　）

14. 在现值计量下，资产按照现在购买相同资产所需支付的现金或现金等价物的金额计量。（　　）

15. 对于文字存在较小错误的原始凭证，必须经会计人员修改后方可作为填制记账凭证和登记账簿的依据。（　　）

16. 职工食堂领用原材料属于维修时，正确的会计处理为借记"在建工程"，贷记"原材料"。（　　　）

17. "公允价值变动损益"账户借方登记资产负债表日企业持有的交易性金融资产的公允价值高于账面价值的差额。（　　　）

18. 固定资产盘盈需通过"待处理财产损溢"科目。（　　　）

19. "预收账款"科目属于货币性负债。（　　　）

20. 在登记明细账的过程中，"原材料"账户通过数量金额式账簿登记。（　　　）

四、计算分析题（本类题共 20 分，每小题 10 分。）

1. 黄江公司存货发出采用后进先出法计价，2016 年 8 月发生的经济业务及登记的明细分类账如下：

（1）4 日，向 A 企业购入甲材料 2 000 千克，单价 20 元，货已验收入库，款项尚未支付（不考虑增值税，下同）。

（2）8 日，向 B 企业购入甲材料 5 000 千克，单价 17 元，价款 34 000 元，货已验收入库，款项尚未支付。

（3）13 日，生产车间为生产产品领用原材料，其中领用甲材料 6 000 千克。

要求：根据上述资料，完成下表的编制。

原材料明细分类账——甲材料

2016 年		凭证编号	摘要	收入			发出			结存		
月	日			数量	单价	金额	数量	单价	金额	数量	单价	金额
8	1	略	月初余额							（1）	20	（2）
	4		购入材料	2 000	20	40 000				（3）	20	（4）
	8		购入材料	5 000	17	85 000				9 000	—	（5）
	13		领用材料				6 000	—	（6）	3 000	—	（7）
	31		合计	7 000	—	（8）	6 000		（9）	3 000	—	（10）

2. 天宏公司属于增值税一般纳税人，2016 年 3 月发生下列经济业务：

（1）购入不需安装的设备一台，价款为 100 000 元，增值税税额为 17 000 元，支付支运费 1 000 元，并取得运输增值税专用发票，发票上注明增值税税额为 110 元，以上款项均已支付。

（2）生产部门领用原材料 20 000 元，管理部门领用原材料 200 元。

（3）发生固定资产折旧 8 000 元，其中，生产车间 5 000 元，管理部门 2 000 元，专设销售机构 1 000 元。

（4）当月应付职工薪酬总额为 100 000 元，其中，生产工人工资 50 000 元，车间管理人员工资 10 000 元，销售部门人员工资 20 000 元，行政管理人员工资 20 000 元。

（5）归还短期借款本金 200 000 元，利息 10 000 元（已计提）。

要求：根据上述资料，做出相应的会计分录。

模拟试题（二）参考答案及解析

一、单项选择题

1. 答案：C

【解析】企业为增值税一般纳税人，购进机器设备等固定资产的进项税额不纳入固定资产成本核算，计入"应交税费—应交增值税（进项税额）"科目，可以在销项税额中抵扣。

2. 答案：A

【解析】年折旧率=（1-5%）÷5=19%，月折旧率=19%÷12=1.58%。

3. 答案：D

【解析】凭证附件属于原始凭证的基本内容。

4. 答案：C

【解析】收料单和发货单属于一次凭证，费用限额卡属于累计凭证，领料单汇总表属于汇总原始凭证。

5. 答案：B

【解析】记账凭证账务处理程序和科目汇总表账务处理程序的区别是登记总分类账的依据和方法不同。

6. 答案：A

【解析】固定资产的毁损应当通过"固定资产清理"科目核算。

7. 答案：A

【解析】预付账款不多的企业可以不设置"预付账款"科目，实际发生时通过"应付账款"科目的借方核算。

8. 答案：B

【解析】年初坏账准备的余额在贷方，3月8日的会计分录为借记"坏账准备"6 000，贷记"应收账款"6 000。2010年年末应计提的坏账准备为1 000 000×5‰+1 000=6 000，会计分录为借记"资产减值损失"6 000，贷记"坏账准备"6 000，因此坏账准备的科目余额为5 000-6 000+6 000=5 000（贷方）。

9. 答案：D

【解析】资产负债表"交易性金融资产"项目应根据"交易性金融资产"科目的期末余额填列。此笔经济业务的会计分录为借记"交易性金融资产—成本"10 000×（10.5-0.5）=100 000，"应收股利"10 000×0.5=5 000，"投资收益"1 000，贷记"其他货币资金"106 000。

10. 答案：B

【解析】选项A的会计分录为借记"资本公积"，贷记"实收资本（股本）"，表现为所有者权益内部一增一减、总额不变。选项B的会计分录为借记"银行存款"，贷记"股本"，表现为资产增加、所有者权益增加。选项C的会计分录为借记"应付股利"，贷记"银行存款"，表现为负债减少、资产减少。选项D的会计分录为借记"盈余公积"，贷记"利润分配—盈余公积补亏"，表现为所有者权益内部一增一减、总额不变。故选项B正确。

11. 答案：B

【解析】资产负债表中"应付账款"项目根据"应付账款"所属明细账贷方余额与"预付账款"所属明细账贷方余额之和计算填列。本题中"应付账款"所属明细账贷方余额为300+100=400（万元），故资产负债表中"应付账款"项目=400+50=450（万元）。

12. 答案：C

【解析】此笔经济业务的会计为借记"交易性金融资产—成本"（12 000-2 000）=10 000，"应收利息"2 000，"投资收益"300，贷记"银行存款"12 300，故选C。

13. 答案：D

【解析】印花税通过"管理费用"科目核算。

14. 答案：C

【解析】持续经营对会计核算范围进行了有效的界定，这种界定主要是指时间上的界定。

15. 答案：C

【解析】会计科目的使用是否正确属于记账凭证的审核内容。

16. 答案：A

【解析】总分类账簿应采用订本式账簿，三栏式格式。

17. 答案：D

【解析】收入类和费用类账户期末将发生额转入"本年利润"科目，结转后余额为0。

18. 答案：A

【解析】此笔经济业务应该将会计分录分开做才能加以区别，即借记"管理费用"2 000，贷记"其他应收款"2 000，此笔分录编制转账凭证；同时，借记"库存现金"1 000，贷记"其他应收款"1 000，此笔分录编制收款凭证。

19. 答案：B

【解析】提供除增值税以外的应税劳务时所发生的营业税通过"营业税金及附加"科目核算。

20. 答案：D

【解析】账户与科目的区别在于账户有结构，而会计科目没有结构。

二、多项选择题

1. 答案：A、B、C、D

【解析】会计主体可以是企业中的一个特定单位，也可以是特定单位中的某一部分。

2. 答案：A、B

【解析】资产具有以下几个方面的特征：①资产应为企业拥有或者控制的资源；②资产预期能够给企业带来经济利益；③资产是由企业过去的交易或者事项形成的。

3. 答案：A、D

【解析】股份有限公司采用收购本公司股票的方式减资的，按股票面值和注销股数计算的股票面值总额冲减股本；按注销库存股的账面余额与所冲减股本的差额冲减股本溢价，股本溢价不足冲减的，应依次冲减"盈余公积"和"未分配利润"等科目。

4. 答案：A、B、C

【解析】"资产=负债+所有者权益"这一会计等式是设置会计账户、进行复式记账、编制资产负债表的理论依据。

5. 答案：B、C、D

【解析】销售产品取得的收入计入"主营业务收入"。

6. 答案：A、B、C、D

【解析】制造费用分配计入产品成本的方法一般有生产工人工时比例分配法、生产工人工资比例分配法、机器工时比例分配法、按年度计划分配率分配法等。

7. 答案：A、C

【解析】营业税金及附加是指企业日常活动应负担的税金及附加，包括营业税、消费税、城市维护建设税、资源税和教育费附加等相关税费。

8. 答案：C、D

【解析】城建税和教育费附加以其实际缴纳的增值税、消费税、营业税为依据，按纳税人所在地适用的不同税率和费率计算征收。本题中，城建税=（15+8+2-5）×7%=1.4（万元），教育费附加=（15+8+2-5）×3%=0.6（万元）。

9. 答案：A、C、D

【解析】财务部门人员的工资计入"管理费用"科目。

10. 答案：B、C

【解析】购销合同和购销申请单不能证明经济业务已经发生或完成的情况，因此不能作为原始凭证。

11. 答案：B、C

【解析】各单位的预算、计划、制度等文件材料属于文书档案，不属于会计档案。

12. 答案：B、D

【解析】实物财产的清查方法有实地盘点法、发函询证法、抽样盘存法、技术推算法。

13. 答案：B、D

【解析】采购存货入库后发生的仓储费用计入"管理费用"科目，水灾造用的直接材料消耗计入"营业外支出"科目。

14. 答案：A、B、C、D

【解析】营业外收入包括非流动资产处置利得、非货币性资产交换利得、债务重组利得、政府补助、盘盈利得、捐赠利得等。

15. 答案：A、D

【解析】劳动保护费计入"制造费用"科目，销售商品发生的保险费计入"销售费用"科目。

16. 答案：C、D

【解析】"预收账款"和"预付账款"需要根据所属明细科目的余额计算填列。

17. 答案：B、C

【解析】收到政府补助时，借记"银行存款"科目，贷记"递延收益"科目。收到与资产相关的政府补助时应当确认为递延收益，然后自资产使用时起平均分摊。

18. 答案：A、B

【解析】所得税费用影响了净利润，营业外支出影响了利润总额。

19. 答案：A、B、D

【解析】反映未分配利润的形成情况的明细科目有"未分配利润"。

20. 答案：A、B、D

【解析】教育费附加计入"营业税金及附加"科目。

三、判断题

1. 答案：×

【解析】资产负债表可以帮助报表使用者分析企业的偿债能力。

2. 答案：×

【解析】银行存款日记账与银行对账单核对属于账实核对。

3. 答案：×

【解析】盈余公积金是指按照国家有关规定从净利润中提取的公积金。

4. 答案：×

【解析】我国《企业会计准则》规定，企业应采用备抵法确定应收款项的减值。

5. 答案：×

【解析】有些明细账适用于金额核算，有些既适用于金额核算又适用于数量核算，如数量金额式明细账。

6. 答案：√

【解析】影响固定资产折旧的因素主要有：①固定资产原价；②预计净残值（净残值=预计残值-预计清理费用）；③固定资产减值准备；④固定资产的使用寿命。

7. 答案：×

【解析】结账和更正错误的记账凭证可以除外。

8. 答案：√

【解析】对不真实、不合法的原始凭证，会计人员有权不予接受，对记载不准确、不完整的原始凭证，会计人员有权要求其重填。

9. 答案：×

【解析】差旅费报销单属于专用原始凭证。

10. 答案：×

【解析】一些变动较小的明细账，可以连续使用，不必每年更换。

11. 答案：×

【解析】在企业撤销或兼并时，需要对企业财产进行全面清查。

12. 答案：√

【解析】记错了有关账户不会影响试算平衡。

13. 答案：√

【解析】广义的收入包括主营业务收入、其他业务收入和营业外收入。

14. 答案：×

【解析】在重置成本计量下，资产按照现在购买相同资产所需支付的现金或现金等价物的金额计量。

15. 答案：×

【解析】对于文字存在较小错误的原始凭证，必须经经办人员修改后方可作为填制记账凭证和登记账簿的依据。

16. 答案：×

【解析】职工食堂领用原材料用于维修时，正确的会计处理为借记"应付职工薪酬"，贷记"原材料"，"应交税费—应交增值税（进项税额转出）"。

17. 答案：×

【解析】"公允价值变动损益"账户借方登记资产负债表日企业持有的交易性金融资产的公允价值低于账面价值的差额。

18. 答案：×

【解析】固定资产盘盈需通过"以前年度损益调整"科目核算。

19. 答案：×

【解析】"预收账款"科目属于非货币性负债。

20. 答案：√

【解析】在登记明细账的过程中，"原材料"账户通过数量金额式账簿登记。

四、计算分析题

1. 答案如下。

（1）2 000　　　　（2）40 000　　　（3）4 000　　　（4）80 000　　　（5）165 000

（6）105 000　　　（7）6 000　　　（8）125 000　　　（9）105 000　　　（10）6 000

2. 答案如下。

（1）借：固定资产　　　　　　　　　　　　　　　　　　　　101 000

　　　　应交税费—应交增值税（进项税额）　　　　　　　　17 110

　　　　贷：银行存款　　　　　　　　　　　　　　　　　　　　　　118 110

（2）借：生产成本　　　　　　　　　　　　　　　　　　　　20 000

　　　　管理费用　　　　　　　　　　　　　　　　　　　　　200

　　　　贷：原材料　　　　　　　　　　　　　　　　　　　　　　　20 200

（3）借：制造费用　　　　　　　　　　　　　　　　　　　　5 000

　　　　管理费用　　　　　　　　　　　　　　　　　　　　　20 00

　　　　销售费用　　　　　　　　　　　　　　　　　　　　　1 000

　　　　贷：累计折旧　　　　　　　　　　　　　　　　　　　　　　8 000

（4）借：生产成本　　　　　　　　　　　　　　　　　　　　50 000

　　　　制造费用　　　　　　　　　　　　　　　　　　　　　10 000

　　　　管理费用　　　　　　　　　　　　　　　　　　　　　20 000

　　　　销售费用　　　　　　　　　　　　　　　　　　　　　20 000

　　　　贷：应付职工薪酬　　　　　　　　　　　　　　　　　　　　100 000

（5）借：短期借期　　　　　　　　　　　　　　　　　　　　200 000

　　　　应付利息　　　　　　　　　　　　　　　　　　　　　10 000

　　　　贷：银行存款　　　　　　　　　　　　　　　　　　　　　　210 000

模拟试题（三）

一、单项选择题（下列各小题备选答案中，只有一个正确答案，将你选定的答案编号用英文大写字母填入括号内。本类题共 20 分，每小题 1 分，多选、错选、不选均不得分。）

1. 会计信息质量的（　　　）原则要求既不高估资产或收益，也不低估负债或者费用。

　　A. 重要性　　　　　　B. 相关性　　　　　　C. 谨慎性　　　　　　D. 真实性

2. 下列（　　　）属于成本类科目。

　　A. 制造费用　　　　　B. 在建工程　　　　　C. 公允价值变动损益　　D. 库存股

3. 下列（　　　）经济业务，会使所有者权益增加。

　　A. 资本公积转增资本　　　　　　　　　　　B. 宣告发放现金股利

　　C. 盈余公积弥补亏损　　　　　　　　　　　D. 收到投资者投入的固定资产

4. 费用限额卡属于（　　　）。

　　A. 记账凭证　　　　　B. 汇总凭证　　　　　C. 一次凭证　　　　　D. 累计凭证

5. 下列不属于记账凭证基本内容的是（　　　）。

　　A. 记账标记　　　　　B. 凭证的编号　　　　C. 附件张数　　　　　D. 单位领导签章

6. 下列关于限额领料单的说法正确的是（　　）。

　　A. 限额领料单是多次使用的累计领、发料凭证

　　B. 在有效期内（一般为一个月）可以连续使用

　　C. 它是由财务部门下达生产任务和材料消耗定额按每种材料用途分别开出的

　　D. 限额领料单一料一单，一式三联

7. 制造费用总分类账采用（　　）格式的账簿。

　　A. 二栏式　　　　　B. 三栏式　　　　　C. 多栏式　　　　　D. 数量金额式

8. 三栏式明细账的基本结构不包括（　　）。

　　A. 借方　　　　　B. 贷方　　　　　C. 余额　　　　　D. 数量

9. 明细分类账不可以根据下列（　　）逐笔登记。

　　A. 记账凭证　　　B. 原始凭证　　　C. 原始凭证汇总表　　　D. 科目汇总表

10. 兼有日记账簿和分类账簿性质和作用的账簿，称为（　　）。

　　A. 日记账簿　　　B. 分类账簿　　　C. 备查账簿　　　D. 联合账簿

11. 科目汇总表账务处理程序的优点是（　　）。

　　A. 可以做到试算平衡　　　　　　　　B. 可以反映账户之间的对应关系

　　C. 可以反映经济业务的来龙去脉　　　D. 便于核对账目

12. 甲企业某月银行存款日记账的余额为 200 万元，本月发生以下未达账项：①银行代企业支付水电费 2 万元，企业尚未接到付款通知，因而未入账；②企业收到销货单位的转账支票一张，价款为 40 万元，企业尚未到银行办理入账手续，因而银行尚未入账；③银行收到债务单位预付款 60 万元，企业尚未接到收款通知，因而尚未入账。请问该企业月末银行存款可动用的实有数额为（　　）万元。

　　A. 258　　　　　B. 298　　　　　C. 178　　　　　D. 238

13. 在财产清查的处理中，需要通过"以前年度损益调整"账户的是（　　）。

　　A. 原材料盘亏　　　B. 库存商品盘盈　　　C. 固定资产盘亏　　　D. 固定资产盘盈

14. 某企业在清查应收账款时，应选用的清查方法是（　　）。

　　A. 实地盘点法　　　B. 技术推算法　　　C. 抽样盘存法　　　D. 函证核对法

15. 填制资产负债表"存货"项目的主要依据不包括（　　）。

　　A. 库存商品　　　B. 材料采购　　　C. 累计摊销　　　D. 材料成本差异

16. 下列关于利润表的说法中，错误的是（　　）。

　　A. 按资金运动形态分类，利润表属于动态会计报表

　　B. 我国企业的利润表一般采用多步式结构

　　C. 利润表是反映企业一定期间财务状况的会计报表

　　D. 利润表是反映企业一定期间经营成果的会计报表

17. 甲企业"应付账款"总账余额为 160 000 元，各明细账期末资料如下：A 企业贷方余额为 100 000 元，B 企业借方余额为 90 000 元，C 企业贷方余额为 150 000 元，"预付账款"总账余额为 200 000 元，D 企业借方余额为 200 000 元，则期末反映在资产负债表上"应付账款"项目的金额为（　　）元。

　　A. 340 000　　　　　B. 160 000　　　　　C. 250 000　　　　　D. 40 000

18. 某企业 2016 年有关收入及支出情况如下：主营业务收入 800 000 元，主营业务成本 500 000 元，其他业务收入 200 000 元，其他业务成本 150 000 元，销售费用 20 000 元，管理费用 30 000 元，财务费用 10 000 元，投资收益 40 000 元，营业外收入 10 000 元，营业外支出 20 000 元，下

列关于该企业 2016 年的营业利润总额，正确的是（   ）元。

    A. 300 000   B. 310 000   C. 320 000   D. 330 000

19. 下列各项关于资产负债表有关项目期末余额的填列方法中，正确的有（   ）。

    A. "固定资产"项目根据其总账余额直接填列

    B. "预付账款"项目根据其所属明细科目的借方余额计算填列

    C. "长期待摊费用"项目根据科目的期末余额减去一年内（含一年）摊销的数额后的金额填列

    D. "递延所得税资产"项目根据科目的期末余额减去递延所得税负债的期末余额计算填列

20. 某企业购入一台不需要安装的机器设备，该设备的购价为 500 000 元，预计使用年限为 5 年，预计残值为 10 000 元，该企业对该设备采用年限平均法计提折旧，则该机器设备的月折旧率是（   ）。

    A. 1.63%   B. 1.65%   C. 2.87%   D. 2.96%

二、多项选择题（下列各小题备选答案中，有两个或两个以上的正确答案，将你选定的答案编号用英文大写字母填入括号内。本类题共 40 分，每小题 2 分，多选、少选、错选均不得分。）

1. 下列关于负债和所有者权益区别的说法正确的有（   ）。

    A. 负债到期需要还本付息，而所有者权益除非发生减资、清算或分派现金股利，企业不需要偿还所有者权益

    B. 企业清算时，先偿还所有者权益再偿还负债

    C. 负债只能要求企业还本付息，不能参与企业的利润分配

    D. 所有者凭借所有者权益能够参与企业的利润分配

2. 留存收益包括（   ）。

    A. 实收资本   B. 本年利润   C. 盈余公积   D. 未分配利润

3. 反映留存收益的科目包括（   ）。

    A. 实收资本   B. 本年利润   C. 盈余公积   D. 未分配利润

4. 下列关于重置成本的说法正确的有（   ）。

    A. 资产按照现在购买相同或者相似资产所需支付的现金或者现金等价物的金额计量

    B. 资产按照预计从其持续使用和最终处置中所产生的未来净现金流入量的折现金额计量

    C. 负债按照现在偿付该项债务所需支付的现金或者现金等价物的金额计量

    D. 负债按照预计期限内需要偿还的未来净现金流出量的折现金额计量

5. 费用会导致经济利益的流出，其表现形式包括（   ）。

    A. 现金或者现金等价物的流出   B. 存货的流出

    C. 固定资产的消耗   D. 无形资产的消耗

6. 企业期初"资本公积"余额为 200 000 元，本期借方发生额为 140 000 元，本期贷方发生额为 180 000 元，则下列选项中，不属于"资本公积"期末余额的有（   ）。

    A. 160 000   B. 200 000   C. 120 000   D. 240 000

7. 下列有关填制记账凭证的基本要求中，正确的有（   ）。

    A. 记账凭证各项凭证要素必须记载完整

    B. 记账凭证可以根据每一张原始凭证填制，也可以根据若干张同类原始凭证汇总填制

    C. 填制记账凭证的日期一般应为填制记账凭证当天的日期

    D. 填制记账凭证时若发生错误，可以更正，但金额错误必须重新填制

8. 将现金存入银行，企业在登记银行存款日记账时，其依据不能是（　　）。
    A. 现金收款凭证　　　　　　　　　　B. 银行存款收款凭证
    C. 现金付款凭证　　　　　　　　　　D. 银行存款付款凭证
9. 下列有关会计凭证保管的说法正确的有（　　）。
    A. 原始凭证不得外借，其他单位如有特殊情况确实需要使用时，经本单位领导批准后可以复制和查阅
    B. 向外单位提供原始凭证复制件时，应在专设的登记簿上登记，并由提供人员和收取人员共同签名、盖章
    C. 严格执行会计凭证保管期限要求，期满前不得任意销毁
    D. 会计凭证无论多少，均应当按月装订成册，以防止失散
10. 记账时，会计人员发现当年记账凭证的会计科目有错误，下列处理方法正确的有（　　）。
    A. 应当用红字编制一张与原内容相同的记账凭证，以示冲销
    B. 应当用蓝字填制一张与原内容相同的记账凭证，以示冲销
    C. 应当用红字编制一张更正的记账凭证，以示订正
    D. 应当用蓝字编制一张更正的记账凭证，以示订正
11. 下列账户的明细账应当采用三栏式账簿的有（　　）。
    A. 应收账款　　　B. 实收资本　　　C. 营业税金及附加　　　D. 库存商品
12. 下列账户的明细账应当采用数量金额式的有（　　）。
    A. 原材料　　　B. 库存商品　　　C. 应付票据　　　D. 销售费用
13. 下列属于账实核对的有（　　）。
    A. 现金日记账的账面余额与现金实际库存数核对相符
    B. 银行存款日记账的账面余额与银行存款总分类账每月至少核对一次
    C. 各种财产物资明细分类账的期末余额与财产物资保管和使用部门的有关财产物资明细账期末余额核对相符
    D. 有关债权、债务明细分类账的账面余额与对方单位的账面记录核对相符
14. 下列关于会计账簿记账规则的说法中，正确的有（　　）。
    A. 各种账簿在登记过程中如果发生跳行、隔页，只能将空行、空页划线注销
    B. 每一账页登记完毕结转下页时，应当结出本页合计数及余额
    C. 账簿中书写的文字和数字应紧靠底线书写，一般应占格距的1/2
    D. 登账完毕后，要在记账凭证上签名或盖章，并注明已经登账的符号表示已经过账。
15. A企业以存款支付固定资产维修费6 000元，填制会计凭证时，误编为借记"制造费用"6 000，贷记"银行存款"6 000，并已登记入账，下列更正方法中错误的是（　　）。
    A. 先用红字冲账，借：制造费用　　　　　　　　　　6 000
    　　　　　　　　　　贷：银行存款　　　　　　　　　　6 000
    　　同时用蓝字登记，借：管理费用　　　　　　　　　　6 000
    　　　　　　　　　　贷：银行存款　　　　　　　　　　6 000
    B. 先将错误记录用一条红线划去，同时用蓝字登记
    　　借：管理费用　　　　　　　　　　6 000
    　　　　贷：银行存款　　　　　　　　　　6 000

    C. 用蓝字登记，借：管理费用   6 000

                      贷：银行存款   6 000

    D. 直接更正凭证：借：管理费用   6 000

                      贷：制造费用   6 000

16. 下列（   ）属于企业的错账。

    A. 记错金额   B. 记账串户   C. 记重账   D. 漏记账

17. 企业在采用汇总记账凭证账务处理程序时，汇总转账凭证是按转账凭证的（   ）科目设置，按（   ）科目予以汇总。

    A. 借方科目设置   B. 贷方科目设置   C. 借方科目汇总   D. 贷方科目汇总

18. 某企业某日出纳人员在进行现金盘点时，发现账面现金比库存现金多 1 000 元，经过核对后仍无法查明原因，经报批准后，下列会计分录中正确的有（   ）。

    A. 借：待处理财产损溢   1 000

           贷：库存现金   1 000

    B. 借：库存现金   1 000

           贷：待处理财产损溢   1 000

    C. 借：待处理财产损溢   1 000

           贷：管理费用   1 000

    D. 借：管理费用   1 000

           贷：待处理财产损溢   1 000

19. 企业银行对账单小于银行存款日记账的原因有（   ）。

    A. 银行已收、企业未收的款项   B. 银行已付、企业未付的款项

    C. 企业已收、银行未收的款项   D. 企业已付、银行未付的款项

20. 下列（   ）属于"销售费用"的核算内容。

    A. 销售过程中发生的运输费、保险费   B. 销售部门发生的业务招待费

    C. 购料过程中发生的运输费、保险费   D. 展览费

三、判断题（请将判断结果填入每小题的括号内，正确的用"√"表示，错误的用"×"表示。本类题共 20 分，每小题 1 分。判断结果错误的倒扣 0.5 分，不判断不扣分，本题最低计 0 分。）

1. 会计的本质是一种经济管理活动，它要对经济业务进行连续、系统、综合、全面的计算和记录。其中，系统是指借助统一的货币计量，将大量、分散的数据进行集中反映。（   ）

2. 通过设置会计科目，能够为企业内部经营管理和外部有关各方面提供一系列具体的分类指标。（   ）

3. 所有者投入的资本是指所有者投入企业的资本部分，它包括构成企业注册资本或者股本部分的金额，但不包括投入资本超过注册资本或者股本部分的金额。（   ）

4. 企业任何一笔经济业务的发生，都必然会导致两个或两个以上的账户发生变动。（   ）

5. 收料单是企业购进材料验收入库时，由会计人员根据购入材料的实际验收情况填制的一次凭证。（   ）

6. 所有通用原始凭证在我国境内所有地区均可使用。（   ）

7. 企业取得支付款项的原始凭证时可以没有收款人的收款证明，但是必须要有收款单位的收款证明。（   ）

8. 会计账簿一般不得携带外出，但需要与外单位核对时除外。（　　　）

9. 总分类账只能采用货币计量单位进行登记。（　　　）

10. 日记账一般是按一级科目设置的，它提供的是某类经济业务每日的动态会计资料。（　　　）

11. 记账凭证账务处理程序的特点是根据记账凭证登记总分类账。（　　　）

12. 函证核对法是指对于委托外单位加工或保管的物资，可以采用向对方单位发函调查，并与本单位的账存数相核对的方法。（　　　）

13. 利润表中"营业成本"项目，应根据"主营业务成本"与"其他业务成本"的期末余额之和计算填列。（　　　）

14. 企业应将于一年内到期的长期待摊费用在流动资产中反映，不需要列为非流动资产单独反映。（　　　）

15. 根据国家会计档案统一规定，会计移交清册的保管期限为永久。（　　　）。

16. 已完成销售手续，但购买单位暂存放在本单位、月末仍未提取的产品，也应作为企业的库存商品核算。（　　　）

17. 固定资产的使用寿命、预计净残值一经确定，不得随意变更。（　　　）

18. 小规模纳税人应在"应交税费"科目下设置"应交增值税"明细科目，并在"应交增值税"明细科目下设置"进项税额""已交税金""销项税额""出口退税""进项税额转出"等专栏。（　　　）

19. "制造费用"科目除季节性生产企业外，期末结转后无余额。（　　　）

20. "盈余公积"科目用于核算从利润总额中提取的法定盈余公积和任意盈余公积。（　　　）

四、计算分析题（本类题共 20 分，每小题 10 分。）

1. 甲公司 2016 年有关损益类科目的年末余额如下。

科目名称	结账前余额（元）
主营业务收入	4 500 000（贷）
其他业务收入	525 000（贷）
投资收益	450 000（借）
营业外收入	180 000（贷）
主营业务成本	3 450 000（借）
其他业务成本	300 000（借）
营业税金及附加	60 000（借）
销售费用	375 000（借）
管理费用	450 000（借）
财务费用	75 000（借）
营业外支出	150 000（借）
公允价值变动损益	205 000（贷）

甲公司适用的所得税税率为 25%，假定当年不存在纳税调整事项。

要求：

（1）计算甲公司 2016 年的营业收入。

（2）计算甲公司 2016 年的期间费用。

（3）计算甲公司 2016 年的营业利润。

（4）计算甲公司 2016 年的利润总额。

（5）计算甲公司 2016 年的净利润。

2. 黄河公司属于增值税一般纳税人，对原材料采用实际成本法核算，实收资本为 1 800 000 元，2016 年 2 月发生下列经济业务。

（1）1 日，购入 A 原材料一批，取得的增值税专用发票上注明的价款为 100 000 元，增值税税额为 17 000 元，款项尚未支付，原材料尚未验收入库。

（2）10 日，接受天河公司一项专利权投资，合同约定该项专利权的入账价值为 200 000 元，占黄河公司实收资本的 10%。

（3）11 日，收到 A 材料，并验收入库。

（4）12 日，销售商品一批，并开具增值税专用发票，注明价款为 50 000 元，增值税税额为 8 500 元，收到对方开来的一张商业汇票。

（5）20 日，因销售商品，发生运费 2 000 元，增值税 220 元，并取得增值税专用发票，款项已用银行存款支付。

要求：根据上述资料，做出相应的会计分录。

模拟试题（三）参考答案及解析

一、单项选择题

1. 答案：C

【解析】会计信息质量的谨慎性原则要求企业在面临不确定性因素的情况下需要做出职业判断时，应当保持应有的谨慎，充分估计各种风险和损失，既不高估资产或收益，也不低估负债或费用。

2. 答案：A

【解析】"在建工程"属于资产类科目，"公允价值变动损益"属于损益类科目，"库存股"属于所有者权益类科目。

3. 答案：D

【解析】选项 A 的会计分录为借记"资本公积"，贷记"实收资本（股本）"，表现为所有者权益内部一增一减、所有者权益总额不变。选项 B 的会计分录为借记"利润分配—未分配利润"，贷记"应付股利"，表现为所有者权益减少、负债增加。选项 C 的会计分录为借记"盈余公积"，贷记"利润分配—盈余公积补亏"，表现为所有者权益内部一增一减、所有者权益总额不变。选项 D 的会计分录为借记"固定资产"，贷记"实收资本（股本）"，表现为资产、所有者权益同时增加。故选 D。

4. 答案：D

【解析】限额领料单、费用限额卡均属于累计凭证。

5. 答案：D

【解析】记账凭证的基本内容包括 9 个方面，即记账凭证的名称；填制记账的日期；记账凭证的编号；经济业务事项的内容摘要；经济业务事项所涉及的会计科目和记账方向；经济业务事项的金额；记账标记；所附原始凭证张数；制证、审核、记账、会计主管等相关人员的签名或盖章。

6. 答案：A

【解析】在有效期内（一般为一个月），只要领用数量不超过限额，限额领料单就可以连续使用。它是由生产计划部门下达生产任务和材料消耗定额按每种材料用途分别开出的，一料一单，一式两联。

7. 答案：B

【解析】各种日记账、总分类账均采用三栏式账簿。

8. 答案：D

【解析】三栏式明细账的基本结构包括"借方""贷方"和"余额"三栏。"数量"属于数量金额式明细账的基本结构。

9. 答案：D

【解析】明细账的登记方法应根据本单位经济业务的繁简和经营管理上的需要来确定。一般的原则是可以直接根据记账凭证、原始凭证或原始凭证汇总表逐日、逐笔登记，也可定期汇总登记。

10. 答案：D

【解析】在实际工作中，若经济业务比较简单，总分类科目为数不多，也可以把日记账簿和分类账簿结合在一本账簿中进行登记。这种兼有日记账簿和分类账簿性质和作用的账簿，称为联合账簿，如日记总账。

11. 答案：A

【解析】科目汇总表账务处理程序的优点是可以做到试算平衡，大大减轻了登记总分类账的工作量。

12. 答案：A

【解析】此题要求计算该企业月末银行存款可动用的实有数额，实际上就是计算银行存款余额调节表调节后的余额，故银行存款日记账余额 200 万元-银行已付企业未付的款项 2 万元+银行已收企业未收的款项 60 万元=调节后的余额 258 万元。

13. 答案：D

【解析】选项 A、B、C 均通过"待处理财产损溢"账户，在所有资产盈亏中只有固定资产的盘盈需要通过"以前年度损益调整"账户。

14. 答案：D

【解析】对债权、债务的清查一般采用函证核对法进行。

15. 答案：C

【解析】"累计摊销"不属于存货项目，期末在资产负债表中应计入"固定资产"项目。

16. 答案：C

【解析】利润表又称损益表，是反映企业一定期间经营成果的会计报表。利润表的格式主要有多步式和单步式两种，我国企业的利润表一般采用多步式。利润表属于动态会计报表。

17. 答案：C

【解析】资产负债表中"应付账款"项目的数额="应付账款"所属明细账贷方余额+"预付账款"所属明细账贷方余额，即 100 000+150 000=250 000（元）。

18. 答案：D

【解析】营业利润=营业收入（主营业务收入+其他业务收入）-营业成本（主营业务成本+其他业务成本）-销售费用-管理费用-财务费用+投资收益-资产减值损失=（800 000+200 000）-（500 000+150 000）-20 000-30 000-10 000+40 000=330 000（元）。

19. 答案：C

【解析】"固定资产"项目应根据"固定资产"科目的期末余额减去"累计折旧"和"固定资产减值准备"科目的期末余额后的金额填列。"预付账款"项目应根据"预付账款"和"应付账款"科目所属各明细科目的期末借方余额的合计数，减去"坏账准备"科目中有关预付款项计提的坏账准备期末余额后的金额填列。"递延所得税资产"项目应根据"递延所得税资产"科目的期末余额填列。

20．答案：A

【解析】月折旧额=（500 000-10 000）÷5÷12=8 166.67（元），月折旧率=8 166.67÷500 000=1.63%。

二、多项选择题

1．答案：A、C、D

【解析】负债和所有者权益的区别：①负债到期需要还本付息，而所有者权益除非发生减资、清算或分派现金股利，不需要企业偿还；②企业清算时，只有在清偿全部负债后，所有者权益才能返还给所有者；③负债只能要求企业还本付息，不能参与企业的利润分配，所有者凭借所有者权益能够参与企业的利润分配。

2．答案：C、D

【解析】留存收益包括盈余公积和未分配利润两部分。

3．答案：B、C、D

【解析】反映留存收益的科目包括"盈余公积""未分配利润"和"本年利润"科目。

4．答案：A、C

【解析】在重置成本计量下，资产按照现在购买相同或者相似资产所需支付的现金或者现金等价物的金额计量；负债按照现在偿付该项债务所需支付的现金或者现金等价物的金额计量。

5．答案：A、B、D

【解析】费用会导致经济利益的流出，其表现形式包括现金或者现金等价物的流出，存货、固定资产和无形资产等的流出或者消耗等。

6．答案：A、B、D

【解析】"资本公积"属于所有者权益类科目，所有者权益类科目的期末余额=期初贷方余额+本期贷方发生额-本期借方发生额，即200 000+180 000-140 000=240 000（元）。

7．答案：A、B、C

【解析】填制记账凭证时若发生错误，必须重新填制。原始凭证填制时发生错误可以更正或重开，但金额错误的原始凭证必须重开。

8．答案：A、B、D

【解析】将现金存入银行或从银行提取现金，为避免重复记账只编制付款凭证，不编制收款凭证，根据此笔经济业务可编制的会计分录为借记"银行存款"，贷记"库存现金"，故编制现金付款凭证。

9．答案：B、C、D

【解析】原始凭证不得外借，但因特殊原因需要使用时，经本单位会计机构负责人和会计主管人员批准，可以复制。

10．答案：A、D

【解析】发现当年记账凭证的会计科目有错误时，应当先用红字编制一张与原内容相同的记账凭证，以示冲销；然后再用蓝字编制一张更正的记账凭证，以示订正。发现以前年度记账凭证有错误时，应当用蓝字填制一张更正的记账凭证。

11．答案：A、B

【解析】各种日记账、总分类账以及资本、债权、债务明细账都可以采用三栏式账簿。营业税金及附加所属明细账采用多栏式账簿，库存商品所属明细账采用数量金额式账簿。

12. 答案：A、B

【解析】应付票据所属明细账采用三栏式账簿，销售费用所属明细账采用多栏式账簿。

13. 答案：A、D

【解析】账实核对是指将各种财产物资的账面余额与实存数额进行核对。核对的主要内容有：①现金日记账的账面余额与现金实际库存数核对相符；②银行存款日记账的账面余额与开户银行对账单核对，每月至少核对一次；③各种财产物资明细分类账的账面余额与财产物资的实存数核对相符；④有关债权债务明细分类账的账面余额与对方单位的账面记录核对相符。选项 B、C 属于账账核对。

14. 答案：B、C、D

【解析】各种账簿应按页次顺序连续登记，不得跳行、隔页。如果发生跳行、隔页，应当将空行、空页划线注销，或注明"此行空白""此页空白"。

15. 答案：B、C、D

【解析】此笔业务属于应借应贷的会计科目发生错误，应当采用红字更正法更正，正确的会计处理为选项 A。

16. 答案：A、B、C、D

【解析】错账是企业、单位在过账和结算账户时发生的错误，如漏记账、记重账、记反账、记账串户、记错金额等。

17. 答案：B、C

【解析】汇总转账凭证是根据一定时期内的转账凭证编制的，但由于转账凭证借贷双方科目都不是主体科目，故在具体操作时规定以贷方科目作为主体科目。也就是说，汇总转账凭证是按转账凭证的贷方科目设置，按借方科目予以汇总，计算出每一借方科目相对应的发生额合计数。

18. 答案：A、D

【解析】现金盘亏经报批准处理后计入"管理费用"科目。

19. 答案：B、C

【解析】选项 A、D 均会造成银行对账单余额大于银行存款日记账余额。

20. 答案：A、D

【解析】业务招待费无论是哪个环节发生的，均通过"管理费用"科目核算。购料过程中发生的运输费、保险费计入材料（商品）的成本。

三、判断题

1. 答案：×

【解析】系统是指采用科学的方法进行分类、汇总、加工处理，以生成管理所需要的信息。综合是指借助统一的货币计量，将大量、分散的数据进行集中反映。

2. 答案：√

【解析】通过设置会计科目，可以在账户中分门别类地核算各项会计要素具体内容的增减变化，能够为企业内部经营管理和外部有关各方面提供一系列具体的分类指标。

3. 答案：×

【解析】所有者投入的资本是指所有者投入企业的资本部分，它包括构成企业注册资本或者股本部分的金额，也包括投入资本超过注册资本或者股本部分的金额，即资本溢价或者股本溢价。

4. 答案：√

【解析】企业任何一笔经济业务的发生，都必然会导致两个或两个以上的账户发生变动。或者说，交易或事项发生后，应同时至少在两个账户中相互联系地进行记录。

5. 答案：×

【解析】收料单是企业购进材料验收入库时，由仓库保管人员根据购入材料的实际验收情况填制的一次凭证。

6. 答案：×

【解析】通用原始凭证的使用范围因制作部门的不同而有所不同，可以是某一地区、某一行业，也可以在全国通用。

7. 答案：×

【解析】企业取得支付款项的原始凭证时必须要有收款单位和收款人的收款证明。

8. 答案：√

【解析】会计账簿除需要与外单位核对外，一般不得携带外出，对需要携带外出的账簿，通常由经管人员负责或会计主管人员指定专人负责。

9. 答案：√

【解析】总分类账只能采用货币计量单位进行登记，其最常用的格式为三栏式。

10. 答案：×

【解析】日记账一般是按一级科目设置的，它提供的是某类经济业务每日的动态及静态资料。

11. 答案：√

【解析】记账凭证账务处理程序的特点是根据记账凭证登记总分类账。

12. 答案：√

【解析】函证核对法是指对于委托外单位加工或保管的物资，可以采用向对方单位发函调查，并与本单位的账存数相核对的方法。

13. 答案：×

【解析】利润表中的"营业成本"项目，应根据"主营业务成本"与"其他业务成本"的发生额之和计算填列。

14. 答案：√

【解析】企业应将于一年内到期的长期待摊费用在流动资产中反映，不需要列为非流动资产单独反映。

15. 答案：×

【解析】会计移交清册的保管期限为15年。

16. 答案：×

【解析】已完成销售手续，但购买单位在月末未提取的产品，不应作为企业的库存商品，而应作为代管商品处理，单独设置代管商品备查簿进行登记。

17. 答案：√

【解析】固定资产的使用寿命、预计净残值一经确定，不得随意变更。

18. 答案：×

【解析】一般纳税人应在"应交税费"科目下设置"应交增值税"明细科目，并在"应交增值税"明细科目下设置"进项税额""已交税金""销项税额""出口退税""进项税额转出"等专栏。小规模纳税人只在"应交税费"下设置"应交增值税"明细科目即可，"应交增值税"明细科目下不再设置专栏。

19. 答案：√

【解析】"制造费用"科目除季节性生产企业外，期末结转后无余额。

20. 答案：×

【解析】"盈余公积"科目用于核算从净利润中提取的法定盈余公积和任意盈余公积。

四、计算分析题

1. 答案如下。

（1）甲公司 2016 年的营业收入为 5 025 000 元。

（2）甲公司 2016 年的期间费用为 900 000 元。

（3）甲公司 2016 年的营业利润为 70 000 元。

（4）甲公司 2016 年的利润总额为 100 000 元。

（5）甲公司 2016 年的净利润为 75 000 元。

2. 答案如下。

（1）借：在途物资　　　　　　　　　　　　　　　　　　100 000

　　　应交税费—应交增值税（进项税额）　　　　　　　　17 000

　　　　贷：应付账款　　　　　　　　　　　　　　　　　　　　117 000

（2）借：无形资产　　　　　　　　　　　　　　　　　　200 000

　　　　贷：实收资本　　　　　　　　　　　　　　　　　　　　18 000

　　　　　　资本公积　　　　　　　　　　　　　　　　　　　　20 000

（3）借：原材料　　　　　　　　　　　　　　　　　　　100 000

　　　　贷：在途物资　　　　　　　　　　　　　　　　　　　　100 000

（4）借：应收票据　　　　　　　　　　　　　　　　　　58 500

　　　　贷：主营业务收入　　　　　　　　　　　　　　　　　　50 000

　　　　　　应交税费—应交增值税（销项税额）　　　　　　　　8 500

（5）借：销售费用　　　　　　　　　　　　　　　　　　2 000

　　　应交税费—应交增值税（进项税额）　　　　　　　　220

　　　　贷：银行存款　　　　　　　　　　　　　　　　　　　　2 220

参考文献

[1] 财政部会计资格评价中心. 初级会计资格 初级会计实务[M]. 北京：中国财政经济出版社，2016.

[2] 财政部会计资格评价中心. 中级会计资格 中级会计实务[M]. 北京：中国财政经济出版社，2016.

[3] 财政部会计资格评价中心. 中级会计资格 财务管理[M]. 北京：中国财政经济出版社，2016.

[4] 湖南省会计从业资格证考试学习丛书编委员. 会计基础[M]. 北京：中国人民大学出版社，2016.

[5] 中华会计网校. 会计基础应试指南[M]. 北京：人民出版社，2016.